Berufliche Oberschule

Sozialkunde

Unterrichtswerk für die FOS 12

bearbeitet von
Sophie Blume
Anita Hitzler
Thomas Volkert

C.C.Buchner Verlag · Bamberg

Bayern

Buchners Sozialkunde Berufliche Oberschule Bayern

Sozialkunde FOS 12

Bearbeitet von Sophie Blume, Anita Hitzler, Thomas Volkert

Zu diesem Titel ist erhältlich:
- Digitaler Lehrerassistent click & teach (BN 8919-01)
- Digitales Schulbuch click & study (BN 8918-01)

Weitere Materialien finden Sie unter www.ccbuchner.de

Dieser Titel ist auch als digitale Ausgabe unter www.ccbuchner.de erhältlich.

1. Auflage, 1. Druck 2018
Alle Drucke dieser Auflage sind, weil untereinander unverändert, nebeneinander benutzbar.

Dieses Werk folgt der reformierten Rechtschreibung und Zeichensetzung. Ausnahmen bilden Texte, bei denen künstlerische, philologische oder lizenzrechtliche Gründe einer Änderung entgegenstehen.

Die Mediencodes enthalten zusätzliche Unterrichtsmaterialien, die der Verlag in eigener Verantwortung zur Verfügung stellt.

Redaktion: Stephanie Gebhardt; Jürgen Patner, Braunschweig
Grafische Gestaltung: HOCHVIER GmbH & Co. KG, Bamberg
Umschlag: tiff.any GmbH, Berlin
Druck und Bindung: creo Druck & Medienservice GmbH, Bamberg

www.ccbuchner.de

ISBN 978-3-7661-8918-9

Liebe Schülerinnen und Schüler,

Seit dem Schuljahr 2018/19 gilt auch für das Fach Sozialkunde ein neuer Lehrplan, dem wir in diesem Buch Rechnung tragen.

Sie und Ihre Entwicklung stehen an der Fachoberschule im Mittelpunkt. Diese bietet Ihnen einen Lern- und Lebensraum, in dem Sie Wissen und Fähigkeiten auf- und ausbauen, Einstellungen und Haltungen weiterentwickeln und so Ihr persönliches Potenzial entfalten können, um als mündige Mitglieder einer Gesellschaft verantwortlich zu handeln und die eigene Zukunft zu gestalten. Gerade das Fach Sozialkunde soll dazu beitragen, dass Sie als mündiger Bürger am politischen Prozess partizipieren und diesen auch kritisch hinterfragen können.

In Sozialkunde setzen Sie sich mit aktuellen Herausforderungen, etwa im Zusammenhang mit der Entwicklung eines europäischen Zusammengehörigkeitsgefühls oder mit zentralen gesellschaftlichen und politischen Veränderungen auseinander.

Wahrscheinlich haben Sie den Sozialkunde-Unterricht in den Klassen 8-10 sehr verschieden erlebt – möglicherweise in verschiedenen Schulformen, in getrennten Klassen und mit unterschiedlichen Schwerpunkten und Arbeitsformen.

Damit Sie einen möglichst guten Zugang zum Fach und seinen Themen finden und ihre theoretischen Erkenntnisse anwenden können, arbeiten wir mit aufschlussreichen Beispielen, die Sie in Ihrem Umfeld oder in den Medien bereits wahrgenommen haben könnten.

Interessante Diskussionen, gewinnbringende Erkenntnisse und vor allem viel Spaß mit Sozialkunde wünschen

Die Autoren und der Verlag

Zum Aufbau der Kapitel

Der Kapitelaufbau folgt dem Doppelseiten- bzw. Vier-Seiten-Prinzip. Dieser Aufbau erleichtert die Strukturierung der Unterrichtsstunden.

Einführung

Jedes Kapitel beginnt mit einem **Problemaufriss**, einer **Lernstandserhebung** und der Formulierung der im Kapitelverlauf **zu erwerbenden Kompetenzen**.

Lernaufgabe – Gemeinsam aktiv

Über QR-/Mediencodes können auf der Doppelauftaktseite komplexere Lernaufgaben zum Großkapitel abgerufen werden. Projektartig können sich die Schülerinnen und Schüler mit Materialien und Inhalts des Kapitels auseinandersetzen und dazu ggf. ein Produkt erstellen.

Unterkapitel

Jedes Unterkapitel zeichnet sich durch exemplarisches Vorgehen sowie eine konsequente Schüler- und Problemorientierung aus. Die **Materialien** sind multiperspektivisch angelegt und vertiefen zentrale Themenaspekte. Sie ermöglichen einen vielseitigen und kompetenzorientierten Unterricht. Unter anderem die Darstellung aktueller Kontroversen fördert die Urteilskompetenz der Schüler.
In **Infoboxen** und in der **Randspalte** werden grundlegende Sachinformationen platziert. Inhaltliche Bezüge zu anderen Kapiteln werden durch **Verweise** ebenfalls in der Randspalte gekennzeichnet.

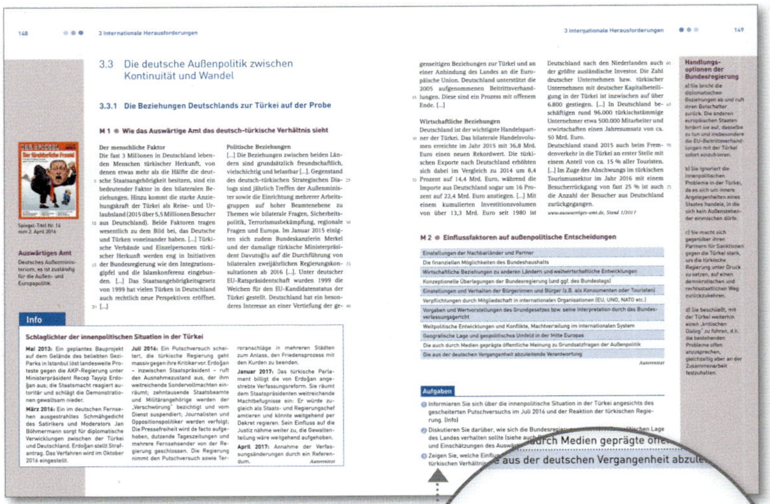

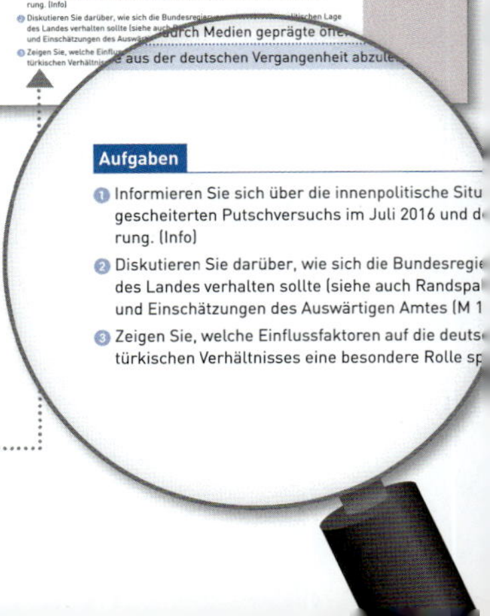

Aufgaben

Jede Themeneinheit schließt mit Aufgaben ab, die die Schüler gezielt an den aufgeworfenen Zusammenhängen und Problemstellungen arbeiten lassen. Die Aufgaben sind durchgängig mit den **Operatoren** formuliert.
In der Randspalte sind Aufgaben zum **Helfen** Ⓗ, **Fordern** Ⓕ platziert. Sie bilden den Ausgangspunkt für einen binnendifferenzierten Unterricht.

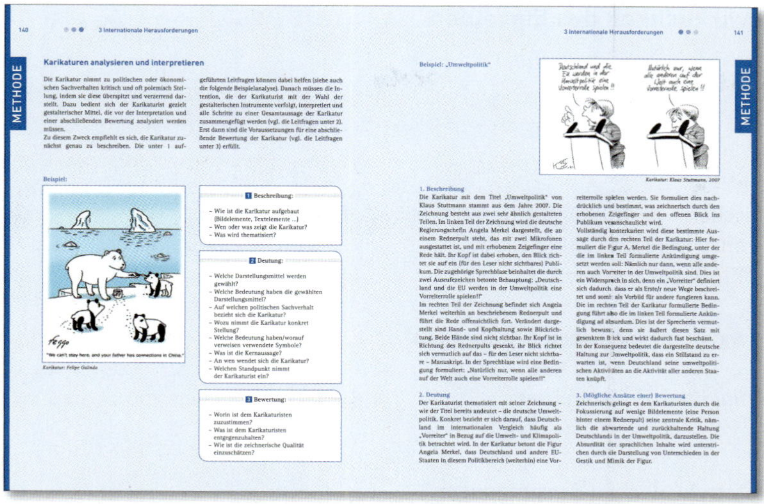

Methoden

Grundlegende Methoden und Arbeitstechniken für das Fach werden für Schüler verständlich und strukturiert eingeführt und beispielhaft ausgearbeitet.

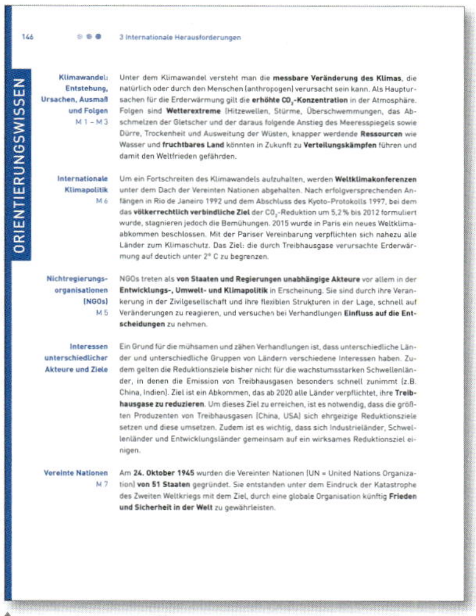

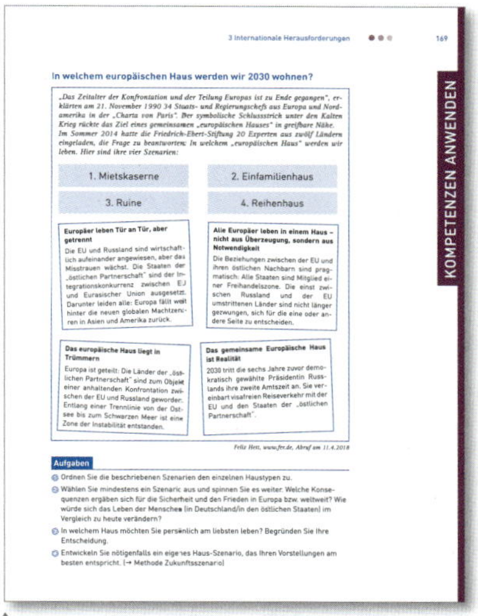

Orientierungswissen

Orientierungswissen am Ende der Unterkapitel hilft den Schülern, das erworbene Wissen konzentriert zu sichern, und ermöglicht eine Wiederholung zentraler Inhalte.

Kompetenzen anwenden

Kompetenzseiten runden die Kapitel ab. Mit diesen können die Schüler die am Kapitelanfang formulierten Kompetenzen an komplexen Aufgabenstellungen zeigen und weiter ausbauen.

Serviceanhang

Am Ende des Buches finden die Schülerinnen und Schüler viele hilfreiche Angebote, mit denen sie selbstständiges, strukturiertes Arbeiten einüben und sich auf die Herausforderungen des Faches vorbereiten können: Beschreibung der erwarteten Leistung zu allen **Operatoren**, Hinweise zur **Bearbeitung von Aufgabenstellungen** sowie ein **Methodenglossar**.

INHALT

* optional/Wahlmodul

Hinweis zu Internetquellen:
Bei Quellen, bei denen das Erscheinungsdatum des Textes bekannt ist, wird das Datum ohne Klammer angegeben, z.B. *Vorname, Nachname des Autors, URL, 6.12.2017.*
Bei Quellen, bei denen nur das Abrufdatum angegeben werden kann, wird dieses in Klammern gesetzt, z.B. *Vorname, Nachname des Autos, URL (6.12.2017).*

Über QR-Codes können in verschiedenen Kapiteln digitale Inhalte direkt angesteuert werden. Diese können außerdem über die Eingabe von Mediencodes im Suchfeld auf www.ccbuchner.de aufgerufen werden.
Beispiel: 8918-01

Methoden im Überblick

1 Gesellschaftliche Lebenswirklichkeit des Einzelnen

Aus dem Mund älterer Menschen hört man oft, wie schnell sich die Dinge in unserer Gesellschaft verändern und wie schwierig es für viele von ihnen ist, da mitzuhalten. Vor allem in IT-Dingen wird das sichtbar. Für junge Menschen ist das in der Regel kein Problem: Sie wachsen mit den technischen Neuerungen und deren regelmäßig auf dem Markt erscheinenden Nachfolgeprodukten auf und finden sogar Spaß daran, die jeweils neuen „Features" auszuprobieren.
Gesellschaftlicher Wandel meint aber nicht nur technische Veränderungen, sondern auch solche in unseren Beziehungsformen, Lebensstilen, Arbeitsverhältnissen und in weiteren Bereichen unserer Gesellschaft, die in diesem Kapitel besprochen werden.

KOMPETENZEN

Am Ende dieses Kapitels sollten Sie Folgendes wissen und können:

... Nutzen und Grenzen von Gesellschaftsmodellen erörtern – auch im Hinblick auf aktuelle gesellschaftliche Entwicklungen.

... anhand eines geeigneten Beispiels erläutern, inwiefern der gesellschaftliche Wandel ein typisches Merkmal einer modernen Gesellschaft ist.

... sich mit den Chancen und Hindernissen der individuellen Lebensplanung auseinandersetzen, um für sich selbst Konsequenzen bezüglich der eigenen Zukunftsvorstellungen zu ziehen.

Lernaufgabe – Gemeinsam aktiv

Mediencode: 8918-01

Was wissen und können Sie schon?

1. Beschreiben Sie anhand der Bildercollage den Wandel in den dargestellten gesellschaftlichen Bereichen und definieren Sie den Begriff *Gesellschaft*.
2. Die Wissenschaft zur Erforschung der Gesellschaft wird *Soziologie* genannt. Entwickeln Sie Ideen, wie die Gesellschaft und deren Entwicklung erforscht werden können.
3. Überlegen Sie, für wen die Analyse der Gesellschaft interessant sein könnte.

Klassenmodell
Entstanden in der 2. Hälfte des 19. Jh.; Hauptvertreter: Karl Marx; Grundprinzip: Zwischen besitzenden und besitzlosen Klassen entsteht ein Klassenkampf.

Schichtmodell
Entstanden in den 1930ern; Hauptvertreter: Ralf Dahrendorf, Rainer Geißler; Grundprinzip: Einteilung der Gesellschaft in vertikale Schichten, je nach Einkommen, Beruf, Prestige

Tertiärer Sektor
= „**Dienstleistungssektor**“
Dienstleistungen sind Leistungen wie ein Beratungsgespräch beim Rechtsanwalt, eine Fahrt mit dem Taxi oder der Besuch einer Kinovorstellung.

Wirtschaftssektoren
Einteilung der Wirtschaft in ursprünglich drei Sektoren nach Jean Fourastié.
Primärer Sektor: Land- und Forstwirtschaft, Fischerei
Sekundärer Sektor: Fertigungsbetriebe, Bergbau
Tertiärer Sektor: Dienstleistungsbetriebe

Inzwischen hat sich ein vierter Sektor herausgebildet, der **quartäre Sektor** (Informations- und Kommunikationsdienstleistungen).

1.1 Gesellschaftsstruktur

1.1.1 Gesellschaftsmodelle im Wandel der Zeit

M 1 ● Ein Gespräch, das so nie stattfand ...

Marx: Im Jahr 2011 setzte in einigen Städten rund um den Globus die „Occupy-Bewegung“ ein. Meine Herren, das ist ein deutlicher Hinweis darauf, dass rund 130 Jahre nach meinem Tod ein Klassenkampf vorherrscht, so wie ich ihn vorausgesagt habe.
Geißler: Nicht ganz, alter Freund. Sie erklärten in Ihrer **Klassentheorie** die soziale Ungleichheit mit der Stellung des Menschen im Produktionssystem: Zwischen den *Produktionsmittelbesitzern*, den sogenannten Kapitalisten, und denen, die lediglich ihre Arbeitsleistung anbieten können, den Arbeitern bzw. *Proletariern*, sollte Ihrer Prognose nach der Klassenkonflikt entstehen. Die heutigen Protestbewegungen richten sich aber nicht vornehmlich gegen Eigentümer von Firmen, sondern vor allem gegen Spitzenmanager und eine zu banken- und wirtschaftsfreundliche Politik.
Flaig: Seit den 1970ern dominiert nämlich, anders als zu Ihrer Zeit, der **tertiäre Sektor** in Deutschland. Damit einher ging die Entwicklung, dass nicht mehr nur Besitz, sondern zunehmend auch Bildung und Wissen die Schlüssel zu Elitepositionen sind.
Geißler: Dem wird auch das **Modell der Sozialen Schichtung** gerecht, wonach der Beruf des Haushaltsvorstandes und damit verbunden Macht, Einkommen und Qualifikationen die soziale Stellung des Menschen bestimmen. Zudem habe ich unter anderem mit dem Anbau an das „Dahrendorfsche Häuschen“, in das die Bevölkerung mit Migrationshintergrund eingefügt wurde, auch noch die Faktoren „Prestige“ und „Mentalitäten“ mitberücksichtigt.
Flaig: Hier muss ich einhaken, denn ich halte es für überholt, die soziale Stellung einer Familie zu stark am Beruf des Vaters zu messen. In Zeiten der Pluralisierung der Lebens- und Familienformen müssen insgesamt die horizontalen Einteilungsmerkmale viel stärker gewichtet werden. Schauen wir uns mal exemplarisch zwei Milieus der sogenannten Unterschicht an: Sowohl das traditionelle als auch das hedonistische Milieu würden demnach in einem klassischen Schichtmodell als Einheit gesehen werden. Deren Geschmäcker, Verhaltensweisen, Freizeitgestaltung, Werteorientierung und Interessen sind allerdings so gegensätzlich, dass es dringend dieser Unterscheidung bedarf, um unsere heutige Gesellschaft beschreiben zu können.
Marx: Eine Erklärung für die gesellschaftlichen Entwicklungen liefern Sie allerdings kaum. Zudem sollte ein Modell die Gesell-

Karl Marx (1818-1883), deutscher Philosoph und Gesellschaftstheoretiker; mit Friedrich Engels einflussreichster Theoretiker des Sozialismus / Kommunismus (Marxismus)

Rainer Geißler (*1939), Soziologe an der Universität Siegen, entwickelte im Jahr 2000 in Anlehnung an Ralf Dahrendorfs Hausmodell von 1965 ein differenzierteres Modell der sozialen Schichtung der westdeutschen Gesellschaft

schaft doch auch anhand einiger weniger Kriterien vereinfacht darstellen, um sie untersuchen und vergleichen zu können. Können das Ihre Konzepte überhaupt noch erfüllen?

Flaig: Unsere heutige Gesellschaft ist so komplex geworden, dass sich dem auch die Theorie anpassen muss. Die vielen Überschneidungen sind dazu unbedingt notwendig. Gesamtgesellschaftliche Entwicklungen lassen sich aber ebenso auf einen Blick erkennen, wenn man die Milieustudien aus verschiedenen Jahren vergleicht. So zeigt unser Modell auch, dass die von Ihnen, Herr Marx, prognostizierte Verelendung der Arbeiterklasse nicht eingetreten, sondern im Gegenteil der gesamtgesellschaftliche Wohlstand gestiegen ist.

Marx: Dafür sind an die Stelle alter Dimensionen neue Formen von Ungleichheit getreten. Zwar besitzt heute jeder Jugendliche ein Handy, das heißt aber keinesfalls, dass es allen gleich gut geht und alle dieselben Chancen im Leben haben. Handy hin oder her: Früher oder später werden Lohnarbeiter immer abhängig sein von Kapitalisten, denn sie müssen ihre Arbeitskraft anbieten.

Geißler: Auch hier darf man nicht pauschalisieren. Durch den demografischen Wandel entsteht derzeit ein Fachkräftemangel, der vielleicht sogar dazu führt, dass die Arbeitgeber von manchen Arbeitnehmergruppen abhängig werden. Gut Ausgebildete könnten sich dann aussuchen, für wen sie tätig sein wollen. Prekär würde die Situation dann allerdings für die Geringqualifizierten, da der Bedarf an Arbeitskräften hier sehr begrenzt sein wird, dieser Trend zeichnet sich bereits ab. Dazu trägt auch die Globalisierung bei.

Marx: Interessant, dass Sie die Globalisierung ansprechen. Sehen Sie gerade durch die moderne Internationalisierung meine These von der Zentralisierung der Verfügungsmacht bestätigt?

Flaig: Vermutlich haben Sie persönlich das im 19. Jahrhundert noch anders gemeint, aber wenn man die Innenstädte betrachtet, sieht man die Konzentration von Unternehmen ganz deutlich: Man gewinnt fast den Eindruck, Kaffee und Imbisse könnten nur von ein oder zwei Firmen produziert werden, egal, auf welchem Teil der Welt man ist, und überall finden sich in den Fußgängerzonen dieselben Geschäfte. Was allerdings noch nicht global vereinheitlicht wurde, ist der Lohn.

Marx: Da haben Sie Recht. Aber vielleicht überspringt Ihre Gesellschaft ja diese von mir als „Sozialismus" betitelte Phase und erreicht direkt die Endphase des Kommunismus, in der sich die Verteilung nach den jeweiligen Bedürfnissen bemisst und die Herrschaft von Menschen über Menschen obsolet geworden ist. Meine Herren, ich danke Ihnen für das Gespräch.

Berthold Bodo Flaig (*1948), Geschäftsführer des SINUS-Instituts in Heidelberg und Miterfinder der Sinus-Milieus

Grundbegriffe der Klassentheorie

Produktionsmittel
Gesamtheit der Gegenstände, die der Mensch benötigt, um seine Arbeit verrichten zu können (z. B. Werkzeuge, Maschinen, Rohstoffe);
Einteilung der Gesellschaft in Proletariat (Nichtbesitzende) und Bourgeoisie (Produktionsmittelbesitzer, Kapitalisten).

Sozialismus
„Diktatur des Proletariats" über die Reste der Bourgeoisie.
Die Entlohnung der Menschen vollzieht sich noch nach ihrer Leistung.

Kommunismus
Herrschaft von Menschen über Menschen verschwindet; die Verteilung bemisst sich nach den jeweiligen Bedürfnissen.

Zentralisierung der Verfügungsmacht
Produktionsmittel und Unternehmen konzentrieren sich zunehmend in den Besitz weniger; Folge: zunehmende Macht und Reichtum der Kapitalisten, Lohndruck und zunehmende Verelendung der Lohnarbeiter.

Nach: Stefan Hradil, Soziale Ungleichheit in Deutschland, 8. Aufl., Opladen 2001, S. 55 f.

Aufgabe

1. a) Arbeiten Sie in Gruppen die verschiedenen Gesellschaftsmodelle aus M 1 heraus.
   b) Positionieren Sie sich anschließend zu der Frage: Welches Modell beschreibt die heutige Gesellschaft am besten? (M 1)

1.1.2 Welches Modell passt zu unserer Gesellschaft?

M 2 ● Klassenmodell nach Karl Marx

1. Die Lebenschancen, die ein Mensch im Vergleich zu denen anderer im Rahmen einer Gesellschaft hat, hängen von seiner Stellung im gesellschaftlichen Produktions- und Reproduktionsprozess ab.
2. Die Stellung ist insbesondere durch die Tatsache des Besitzes oder Nichtbesitzes von Produktionsmitteln bestimmt. [...] Die Nichtbesitzer (die Lohnarbeiter) geraten in wirtschaftliche Abhängigkeit von den Besitzern, weil sie ihre Arbeitsleistung an jene verkaufen müssen. Solange das Privateigentum an Produktionsmitteln nicht angetastet wird, verfügen die Besitzer über etwas, das die gesamte Gesellschaft benötigt und können sich dadurch vielfältige Rechte sichern sowie die Verteilung der Erträge des Produktionsprozesses zu ihren Gunsten beeinflussen.
3. Innerhalb des liberalistisch-kapitalistischen Wirtschaftssystems wirken Mechanismen, die zur Zentralisierung der Verfügungsmacht über Produktionsmittel, zur Konzentration der Unternehmen sowie zur Freisetzung von Arbeitskräften und zum Lohndruck führen. Dies bedeutet zunehmende Macht und Reichtum der Kapitalisten und zunehmende Verelendung der Lohnarbeiter.
4. Die Zusammenballung wirtschaftlicher und politischer Macht bei den Produktionsmittelbesitzern führt dazu, dass sich die Gesellschaftsordnung allmählich so entwickelt, dass primär die Interessen dieser Gruppen gesichert werden und ihre Vorstellungen (Ideologien) Verbreitung finden.
5. Ausgehend von den Produktionsverhältnissen spaltet sich also die Gesellschaft in ständiger Wechselwirkung zwischen wirtschaftlichen, politischen, ideellen und weiteren Antriebskräften in Bevorzugte und Benachteiligte auf. Sie haben ungleiche Lebenschancen und befinden sich in grundsätzlich ungleichen Lebenslagen. Ihre Interessen sind einander entgegengesetzt (antagonistisch).
6. Auf Dauer werden diese Interessen den Lohnarbeitern ebenso wie den Produktionsmittelbesitzern bewusst werden. Klassenbewusstsein wird sich herausbilden. Die beiden Klassen werden sich organisieren. Ein Klassenkampf wird entstehen.
7. Der Klassenkampf endet mit dem Sieg der besitzlosen Arbeiterklasse. Eine Revolution wird die kapitalistischen Produktionsverhältnisse und das Privateigentum an Produktionsmitteln beseitigen.

Stefan Hradil, Soziale Ungleichheit in Deutschland, 8. Aufl., Opladen 2001, S. 55 f.

Info

Modellbildung als wissenschaftliche Methode

Modellbildung muss vereinfachen und beschränkt sich auf wenige Aspekte, um das Wesentliche darzustellen und die Komplexität der Wirklichkeit zu reduzieren. Als Leitmotiv kann Albert Einsteins Forderung gelten: „Alles sollte so einfach wie möglich gemacht werden, aber nicht einfacher!" Mitunter werden Modelle auch mit Landkarten verglichen: Sie wollen die Wirklichkeit nicht abfotografieren, sondern als Orientierungshilfe die grundlegenden Kennzeichen und Verknüpfungen sichtbar machen.

Jedem Modell liegen Annahmen zugrunde, die über die Art der Darstellung, über Begriffe und über Erläuterungen deutlich werden. Die verschiedenen Annahmen über die gesellschaftliche Struktur in verschiedenen Jahrhunderten müssen demnach zu ganz unterschiedlichen Modellen führen. Gegenwärtig gilt die (auch in der Soziologie sogenannte) „Kartoffelgrafik" (M 6) mit der Darstellung von Milieus als angemessene Darstellung.

Autorentext

M 3 ● Schichtmodelle nach Dahrendorf und Geißler

Schichtmodell nach Ralf Dahrendorf

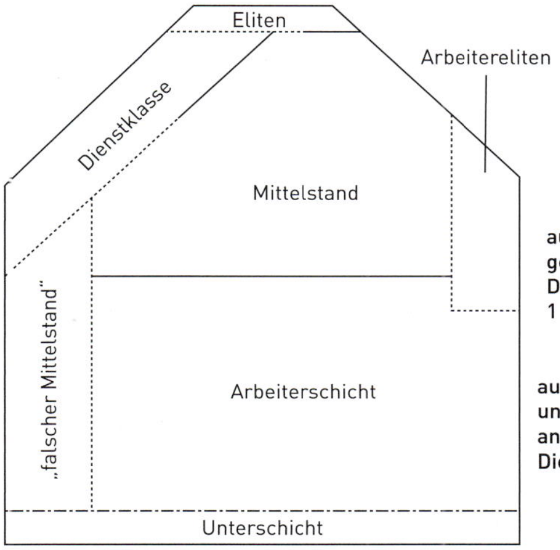

Quelle: Ralf Dahrendorf, Gesellschaft und Demokratie in Deutschland, München 1965, S. 105

Schichtmodell nach Rainer Geißler: Soziale Schichtung der westdeutschen Bevölkerung im Jahr 2009

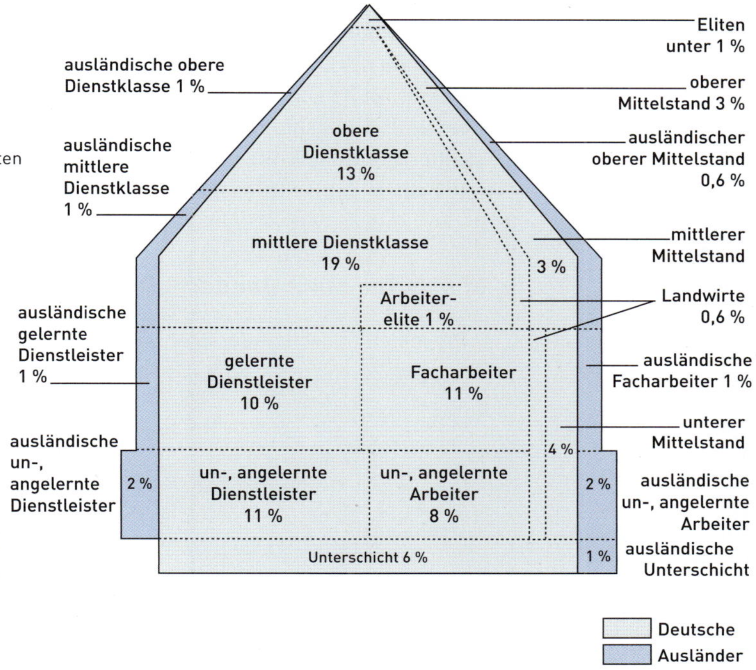

Quelle: Rainer Geißler, Die Sozialstruktur Deutschlands, 7. Aufl., Wiesbaden 2014, S. 100

M 4 ● Das modernisierte Hausmodell

Ein modernisiertes Hausmodell für die soziale Schichtung der westdeutschen Bevölkerung im Jahr 2000 orientiert sich an dem von Dahrendorf erkannten Grundmuster, zieht jedoch einige weitere Differenzierungslinien ein und berücksichtigt auch einige Umschichtungen. [...]

Es gibt eine langfristige historische Tendenz zur Differenzierung und Auflockerung der Schichtstruktur: Die Zusammenhänge zwischen äußeren Lebensbedingungen einerseits und Mentalitäten und Verhaltensweisen andererseits lockern sich in einigen Bereichen auf; schichttypische und schichtunspezifische Verhaltensweisen existieren nebeneinander. [...] Schichttypische Unterschiede sind im Zeitalter des Massenkonsums manchmal nicht „auf den ersten Blick" an der lebensweltlichen Oberfläche zu beobachten [...]. So steht zum Beispiel heute in den Wohnungen aller Schichten das sofort wahrnehmbare Farbfernsehgerät, aber die Art, wie es genutzt wird, welche Sendungen gesehen werden, ist nach wie vor schichttypisch unterschiedlich.

Schließlich sind die Schichten durch soziale Mobilität durchlässiger geworden. Menschen wechseln häufiger von einer Schicht in eine andere; auch die Chancen, sozial aufzusteigen, haben zugenommen.

Rainer Geißler, Facetten der modernen Sozialstruktur – Modelle und Kontroversen, Informationen zur politischen Bildung, 2000, Heft 269, S. 57f.

M 5 ● Wozu dienen Milieustudien?

Die Menschen, die einem bestimmten sozialen Milieu angehören, denken und verhalten sich in der Praxis relativ ähnlich; Menschen, die verschiedenen sozialen Milieus angehören, denken und handeln oft unterschiedlich. [...] Weil die Zugehörigkeit zu sozialen Milieus die jeweilige Selbstdefinition und Alltagspraxis der Menschen beeinflusst, wurden Milieustudien in den letzten beiden Jahrzehnten in zunehmendem Maße zur Erklärung von Verhaltensunterschieden und so auch zur Lösung praktischer Probleme eingesetzt. [...]
Ist die Milieuzugehörigkeit eines Menschen bekannt, so weiß man viel darüber, welche Sehnsüchte, welche Interpretationen, Motive und Nutzenerwartungen er aufweisen wird.

Stefan Hradil, Soziale Milieus - eine praxisorientierte Forschungsperspektive, APuZ, 44-45/2006, S. 8

Soziale Milieus

Entstanden in den 1980ern;
Hauptvertreter: SINUS Markt- und Sozialforschung GmbH (Geschäftsführer: Berthold Bodo Flaig);
Grundprinzip: Einteilung der Gesellschaft nach vertikalen und horizontalen (Werteorientierung, Interessen) Merkmalen, ermittelt in repräsentativen Interviews.

Soziale Milieus verändern sich im Laufe der Zeit. Sie werden größer oder kleiner. Neue Milieus bilden sich heraus, alte verschwinden oder teilen sich. Allein seit den achtziger Jahren hat sich der Bevölkerungsanteil traditioneller Milieus fast halbiert. Dies geschah wohl seltener, weil Menschen ihre Milieuzugehörigkeit wechselten. Vielmehr sind die Menschen in den genannten Milieus häufig schon alt. Diese Milieus sterben langsam aus.

Stefan Hradil, Soziale Milieus - eine praxisorientierte Forschungsperspektive, APuZ, 44-45/2006, S. 3 ff.

M 6 ● Die Milieulandschaft in den 1980er Jahren und im Jahr 2015

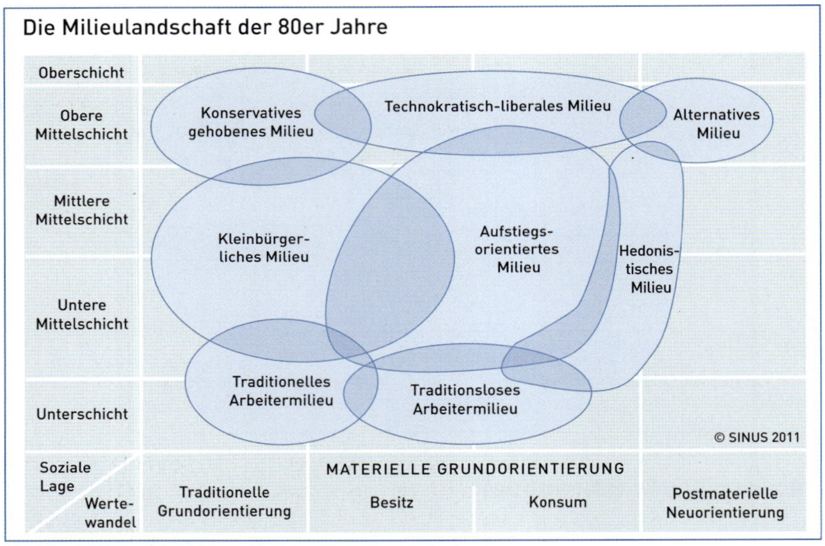

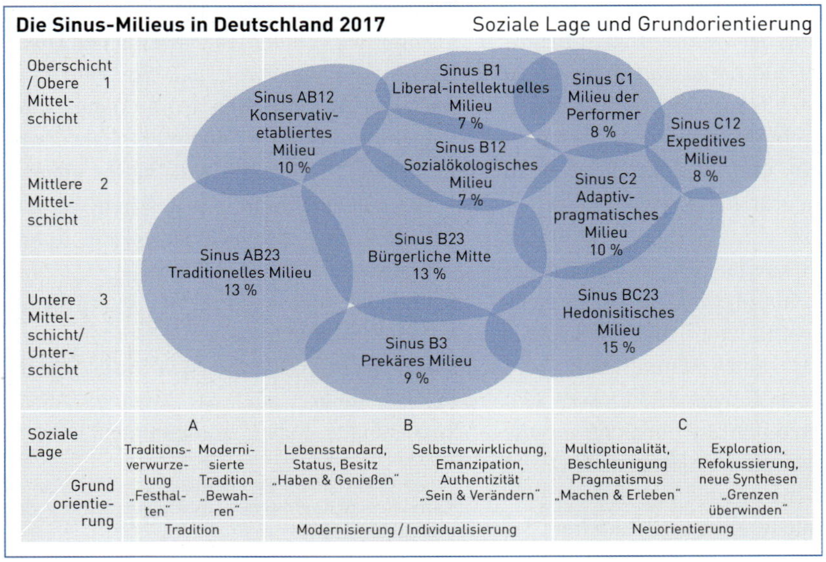

Quelle: Sinus Sociovision GmbH, Heidelberg 2017

M 7 ● Tabelle mit Kurzcharakteristik der Milieus

	Milieu	Kurzcharakteristik der Sinus-Milieus®
Sozial gehobene Milieus	Konservativ-etabliert 10 %	Das klassische Establishment: Verantwortungs- und Erfolgsethik; Exklusivitäts- und Führungsansprüche; Standesbewusstsein, Entre-nous-Abgrenzung
	Liberal-intellektuell 7 %	Die aufgeklärte Bildungselite: liberale Grundhaltung und postmaterielle Wurzeln; Wunsch nach selbstbestimmtem Leben, vielfältige intellektuelle Interessen
	Performer 7 %	Die multi-optionale, effizienzorientierte Leistungselite: global-ökonomisches Denken; Konsum- und Stil-Avantgarde; hohe IT- und Multimedia-Kompetenz
	Expeditiv 7 %	Die ambitionierte kreative Avantgarde: mental und geografisch mobil, online und offline vernetzt und auf der Suche nach neuen Grenzen und neuen Lösungen
Milieus der Mitte	Bürgerliche Mitte 14 %	Der leistungs- und anpassungsbereite bürgerliche Mainstream: generelle Bejahung der gesellschaftlichen Ordnung; Wunsch nach beruflicher und sozialer Etablierung, nach gesicherten und harmonischen Verhältnissen
	Adaptiv-pragmatisch 9 %	Die moderne junge Mitte unserer Gesellschaft mit ausgeprägtem Lebenspragmatismus und Nutzenkalkül: zielstrebig und kompromissbereit, hedonistisch und konventionell, flexibel und sicherheitsorientiert; starkes Bedürfnis nach Verankerung und Zugehörigkeit
	Sozialökologisch 7 %	Konsumkritisches /-bewusstes Milieu mit normativen Vorstellungen vom „richtigen" Leben: ausgeprägtes ökologisches und soziales Gewissen; Globalisierungs-Skeptiker, Bannerträger von Political Correctness und Diversity
Milieus der unteren Mitte / Unterschicht	Traditionell 15 %	Die Sicherheit und Ordnung liebende Kriegs- / Nachkriegsgeneration: verhaftet in der alten kleinbürgerlichen Welt bzw. in der traditionellen Arbeiterkultur; Sparsamkeit, Konformismus und Anpassung an die Notwendigkeiten
	Prekär 9 %	Die um Orientierung und Teilhabe bemühte Unterschicht mit starken Zukunftsängsten und Ressentiments: Häufung sozialer Benachteiligungen, geringe Aufstiegsperspektiven, reaktive Grundhaltung; bemüht, Anschluss zu halten an die Konsumstandards der breiten Mitte
	Hedonistisches Milieu 15 %	Die spaß- und erlebnisorientierte moderne Unterschicht / untere Mittelschicht: Leben im Hier und Jetzt, Verweigerung von Konventionen und Verhaltenserwartungen der Leistungsgesellschaft

Nach: Copyright by SINUS Markt- und Sozialforschung GmbH, Heidelberg, www.sinus-institut.de (29.7.2015)

Milieustudien ermöglichen viele Voraussagen

Mithilfe von Milieustudien kann man Voraussagen treffen, warum jemand eine bestimmte Zeitschrift liest oder welche Partei eine bestimmte Person wahrscheinlich wählen wird. Auf der anderen Seite ermöglichen Milieustudien Prognosen bzw. Angaben darüber, welche Inhalte Zeitschriftenartikel, Werbebotschaften oder Parteiprogramme etc. aufweisen müssen, um den Motiven und Werthaltungen bestimmter Personen zu entsprechen.

Autorentext

Regionale Unterschiede

→ vgl. Kap. 2.5.2

Aufgaben

1. a) Grenzen Sie die unterschiedlichen Gesellschaftsmodelle voneinander ab. (M 2 – M 5)

   b) Erläutern Sie, warum die Modelle zur Beschreibung der Gesellschaft immer stärker ausdifferenziert wurden. (M 2 – M 7)

2. Bewerten Sie die Aussagekraft und die Zweckmäßigkeit bzw. die Möglichkeiten und Grenzen von Gesellschaftsmodellen. (Info, M 3, M 6)

3. Beziehen Sie Stellung: Welches Modell vertritt Ihrer Ansicht nach die heutige Gesellschaft am treffendsten?

H zu Aufgabe 3
Berücksichtigen Sie hierbei auch aktuelle Spannungsfelder, wie Bildung, Arbeit, Vermögen, etc.

ORIENTIERUNGSWISSEN

Soziale Differenzierung

Gliedert sich eine ursprünglich homogen strukturierte Gesellschaft auf, spricht man von **sozialer Differenzierung**. Mit **sozialer Ungleichheit** wird die **vertikale** („oben – unten") Differenzierung einer Gesellschaft nach Kriterien wie Berufstand, Einkommen, Vermögen, Bildung, Macht, Einfluss und Ansehen beschrieben. Die ungleiche Verteilung von Ressourcen und sozialen Positionen in dieser Perspektive stellt ein **gesellschaftliches Problem** dar, das es zu lösen gilt.

Ständegesellschaft

In der Ständegesellschaft werden die Gesellschaftsmitglieder nach ihrer **Herkunft** unterschieden. Die jeweiligen Stände verfügen in der Regel über **eigene rechtliche, soziale und kulturelle Normen**. Beispielhaft kann die mittelalterliche Ständeordnung genannt werden: Klerus (erster Stand), Adel (zweiter Stand), Bürgertum und Bauernstand (dritter Stand).

Klassengesellschaft
M 2

In der Klassengesellschaft befinden sich die **Kapitalisten (Besitzer von Produktionsmitteln)** am oberen Ende der Hierarchie, während das **Proletariat (Nicht-Besitzende**, die gezwungen sind, ihre Arbeitskraft zu verkaufen, um den Lebensunterhalt bestreiten zu können) am unteren Rand der Gesellschaft steht.

(Schicht)-gesellschaft
M 3, M 4

Schichtungsmodelle legen den **Schwerpunkt auf vertikale Dimensionen** bei der Gesellschaftsanalyse, berücksichtigen jedoch daneben einige horizontale Aspekte (z. B. schichttypische Mentalitäten, Verhaltensweisen). Das **Wechseln der Schichten** ist um ein Vielfaches einfacher als in der Stände- bzw. Klassengesellschaft.

Soziale Milieus
M 5 – M 7

Aufgrund der fortschreitenden Differenzierung der Gesellschaft haben sich auch die Gesellschaftsmodelle **weiter ausdifferenziert** und sind **detaillierter** geworden. So haben neuere Ansätze wie die der „**sozialen Milieus**" in ihren Analysen die vertikale Achse um eine horizontale („nebeneinander") mit Kriterien wie z. B. Alter, Geschlecht, Region, Konsumverhalten, Wertorientierung, etc. erweitert. Dadurch passt sich das Milieumodell der Individualisierung und Pluralisierung der Lebensformen an und spiegelt aktuelle gesellschaftliche Entwicklungen wider. **Kritiker** bemängeln neben dem **geringen Erkenntnisgewinn**, den diese Modelle bieten, die **Überbetonung der horizontalen Dimension:** Auch heute beeinflussen die vertikalen Faktoren die Verteilung von Lebenschancen (z. B. im Bereich Bildung, Arbeitsmarktchancen) entscheidend. Die Milieutheorie unterschätze die Bedeutung vertikaler Faktoren.

Soziale Mobilität

Durch den **Strukturwandel in den 1970er Jahren** (Entwicklung von der Industrie- zur Dienstleistungsgesellschaft) kann sich das Individuum **zwischen den Schichten bewegen**, so dass man auch von **vertikaler Mobilität** spricht. Soziale Mobilität kann u. a. durch Erbschaften, sozialhomogene Heiratsmuster, unterschiedliche Startchancen von Kindern unterschiedlicher sozialer Herkunft gebremst werden.

Unterschied zwischen Schichtenmodell und Sinus-Milieus

In Schichtenmodellen („Dahrendorf-Haus", „Geißler-Haus") werden die Menschen zunächst nach ausgewählten objektiven Faktoren (Beruf, Einkommen, Bildung) in verschiedene Gruppen eingeteilt und anschließend wird danach gefragt, wie damit bestimmte schichtspezifische Mentalitäten, Lebenschancen, Lebensstile zusammenhängen. Milieukonzepte („Sinus-Milieus") verbinden demografische Eigenschaften (Beruf, Einkommen, Bildung) mit der subjektiven Seite der Gesellschaft (Wertorientierung, Lebensweise, Konsumverhalten etc.).

Vor- und Nachteile von Schichtmodellen

Durch **eindeutig definierbare vertikale Kriterien** wie „Einkommen" und „Berufsstatus" ist die Zuordnung einer Person in ein Schichtmodell erleichtert. Allerdings berücksichtigt diese stereotype Zuordnung **keine individuellen Persönlichkeitsmerkmale**. Die „neuen" sozialen Ungleichheiten (= horizontale Kriterien wie Alter, Geschlecht, Religion, private Lebensform, Konsumverhalten, Werteorientierung) sind außen vor.

Vor- und Nachteile von Milieukonzepten

Durch die Erweiterung der vertikalen Analyse um eine horizontale Achse („neue" soziale Ungleichheiten) werden Milieukonzepte **eher individuellen Lebenseinstellungen** gerecht und sind damit differenzierter als Schichtmodelle. **Aktuelle gesellschaftliche Entwicklungen** wie Individualisierung und Pluralisierung der Lebensformen können so widergespiegelt werden. Nachteilig wirkt sich aber sicherlich immer noch die **Vielfalt der Individualitäten** aus, so dass eine Person nicht immer eindeutig einem einzigen Milieu zugeordnet werden kann. Außerdem beeinflussen nach wie vor die **vertikalen Faktoren** wie z. B. Einkommen die Verteilung der Lebenschancen wesentlich, die jedoch aufgrund der Fokussierung der horizontalen Dimensionen **nicht genügend Beachtung** finden.

Zur Aktualität von Klassen- und Schichtmodellen

Der Soziologe **Helmut Schelsky** ging in seiner These von der **„nivellierten Mittelstandsgesellschaft"** von einer **hochmobilen Sozialstruktur** aus. Durch kollektive Auf- und Abstiegsprozesse seien bereits im Zuge des Übergangs vom sekundären (Industrie) zum tertiären Sektor (Dienstleistung) Industriearbeiter und technische Angestellte kollektiv aufgestiegen. Die Nivellierung (Angleichung) in der gesellschaftlichen Mitte zeigt sich auch durch gleiche politische Rechte, ähnliche materielle Lebensbedingungen etc. Durch den Massenkonsum von materiellen und geistigen Gütern ähneln sich die Lebensstile, so dass sich die Mittellagen in der Gesellschaft zahlenmäßig ausdehnen.
Die **Kritiker Schelskys** zeigen jedoch weiterhin bestehende, erhebliche soziale Unterschiede hinsichtlich **deutlicher Mobilitätsbarrieren** sowie **schichttypischer Verteilung von Lebenschancen und Ressourcen** (Besitz, Einkommen, Bildung, Macht) auf. Zudem führen die Kritiker Studien an, die belegen, dass in Deutschland die Reichen immer reicher und die Armen immer ärmer werden bzw. arm bleiben, so dass sie unsere Gesellschaft heute nach wie vor als Klassengesellschaft sehen.

1.2 Vielfalt der Geschlechterrollen

1.2.1 Gleichberechtigung der Geschlechter – gesellschaftliche Realität?

M 1 ● Wer erreicht einen Hochschulabschluss?

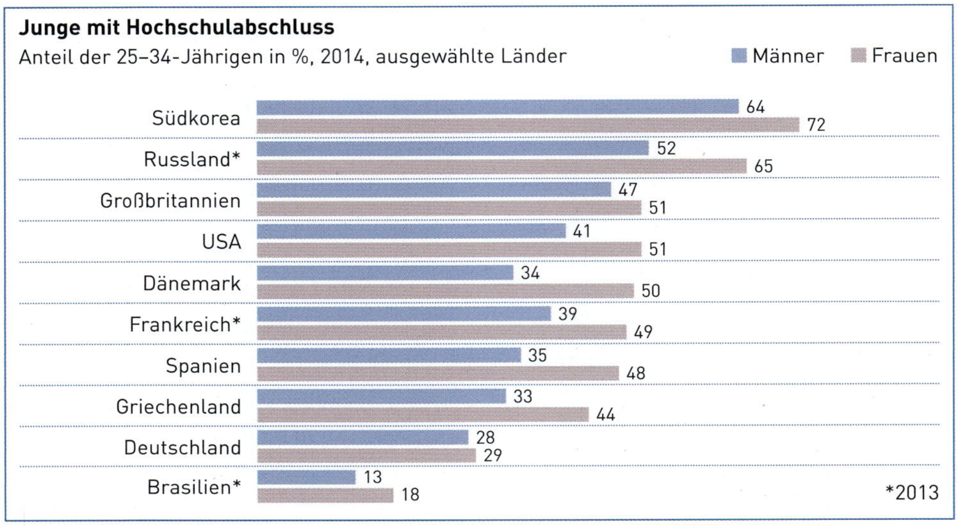

Nach: www.statista.com (7.12.2017)

M 2 ● Diese Fächer studieren Frauen in Deutschland

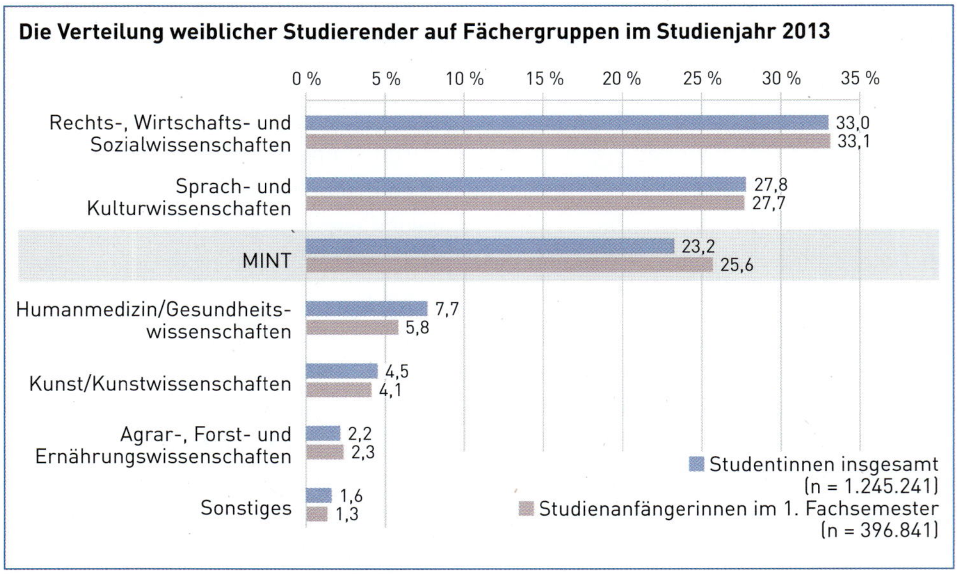

Nach: Statistisches Bundesamt, Fachserie 11 Reihe 4.1 (Studienjahr 2013)
Kompetenzzentrum Technik-Diversity-Chancengleichheit e.V. 2014

M 3 ● Ungleicher Verdienst

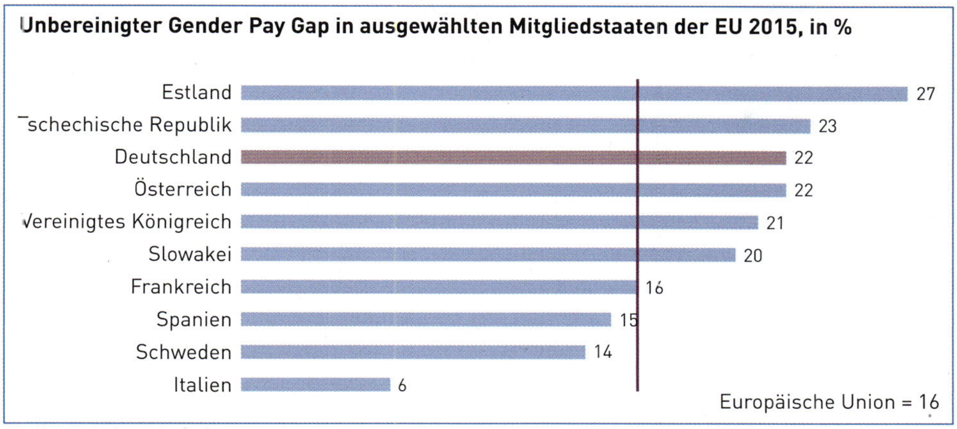

Nach: www.destatis.de (4.4.2017)

Gender Pay Gap

Die Differenz des durchschnittlichen Bruttostundenverdienstes der Männer und Frauen im Verhältnis zum Bruttoverdienst der Männer

M 4 ● Arbeitszeiten und Teilzeit

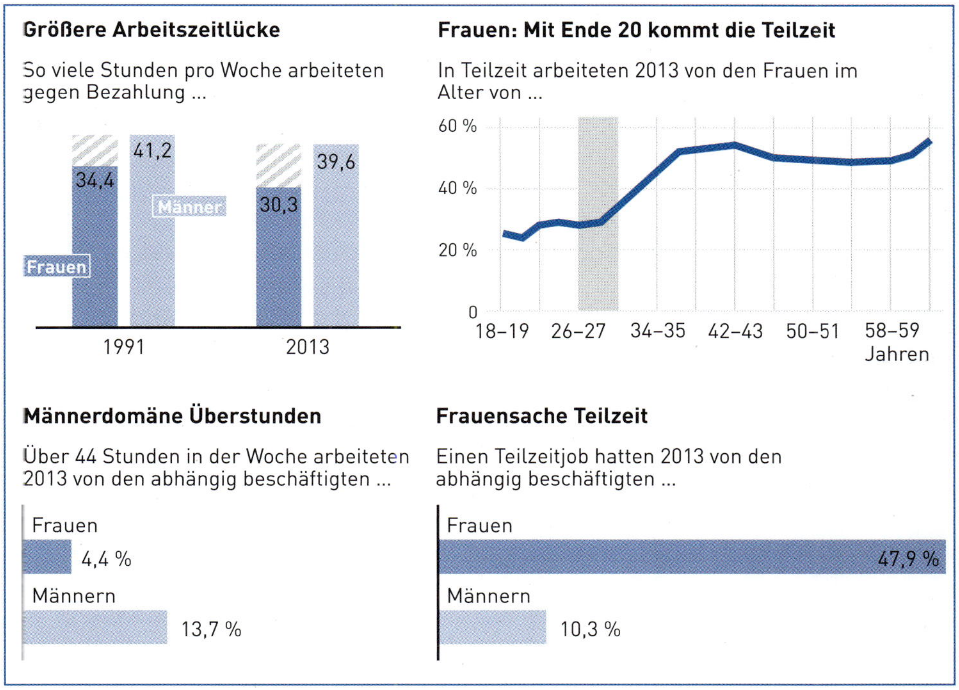

Nach: WSI GenderDatenPortal 2015 | Hans-Böckler-Stiftung 2015

Aufgaben

1. Werten Sie die Informationen aus M 1 – M 4 arbeitsteilig aus und fassen Sie anschließend die Aussagen thesenartig zusammen.
2. „Gleichberechtigung – gesellschaftliche Realität?". Nehmen Sie zu der Frage begründet Stellung.

1.2.2 Typisch Mann, typisch Frau – alles leere Klischees?

M 5 ● Was sagen Profilbilder aus?

Soziale Online-Netzwerke wie Facebook gehören zur alltäglichen Lebenswelt von Jugendlichen. Sie dienen der Kommunikation und Orientierung. Vor allem werden sie aber auch zur Selbstdarstellung und zum Abgleichen des Selbst- und Fremdbildes genutzt: Wie sehe ich mich selbst? Entspricht das dem Bild, das andere von mir haben?

Analysen zeigen dabei, dass sich Jugendliche bei ihrer Selbstinszenierung in sozialen Netzwerken an den Geschlechterstereotypen der Massenmedien orientieren und diese zum Vorbild nehmen. So dominieren bei den – vor allem visuellen – Selbstdarstellungen wie dem Profilbild der männlichen Jugendlichen die Eigenschaften Stärke, Dominanz, Macht und Distanziertheit. Diese sind versinnbildlicht durch teilweise nackte Oberkörper oder angespannte Arm-, Brust- oder Bauchmuskeln. Durch raumgreifende Posen sowie direkte, fokussierte Blicke kommt Überlegenheit zum Ausdruck. Damit entsprechen die männlichen Jugendlichen in hohem Maße den massenmedial vermittelten Männlichkeitsbildern. In Teilen wenden sich die Jungen auf den Fotos auch ab. Sie sind dann in sich versunken, verstecken und vermummen sich oder provozieren mit entsprechenden Gesten (Stinkefinger, geballte Faust, Gangzeichen). Durch diese Darstellungsform machen sie sich ein Stück weit unabhängig vom Betrachter: Sie erscheinen als autonome Personen, die über den Dingen stehen. Ihren Körper setzen sie dabei als deutliches Männlichkeitszeichen ein. Aber auch das Zeigen der „weiblichen" Seite ist möglich. So ist die Darstellung des metrosexuellen „Emo-Mannes" nicht nur in Mode- oder Streetstyle-Blogs allgegenwärtig, sondern auch in sozialen Netzwerken zu finden.

Mädchen arbeiten dagegen stark mit den Eigenschaften Gefühlsbetontheit und Schutzbedürftigkeit, die sie durch entsprechende Körperhaltungen und wenig raumgreifende Posen ausdrücken. Zum Teil setzen sie sich attraktiv in Szene, indem sie sich in offenherzigen und erotisierenden Gesten und Posen darstellen und so die Anerkennung des anderen Geschlechts suchen.

Der Einfluss der Geschlechterrollenbilder reicht über das Individuum hinaus bis in die Gesellschaftsordnung hinein. Die Wirkungsforschung spricht hierbei von „Kultivierung". Wenn Frauen kaum Expertenstatus zugeschrieben wird oder diese in Führungspositionen nicht über fachliche Kompetenz, sondern über familiäre Kontexte oder Äußerlichkeiten beschrieben werden, so kann das – im Sinne einer Kultivierung – zu einer verzerrten Wahrnehmung der tatsächlichen Geschlechterverhältnisse führen. Gleiches gilt für die Darstellungen von Männern als stark und dominant sowie von Frauen als ausschließlich emotional und fürsorglich – die Reduktion auf das traditionelle Bild „Haus – Herd – Mutter".

Landeszentrale für Medien und Kommunikation Rheinland-Pfalz, Bedeutung rollenstereotyper Darstellungen, www.klicksafe.de (4.4.2017)

Metrosexualität
Bezeichnung für einen Lebensstil überwiegend junger heterosexueller Männer, zu dem Eigenschaften oder Verhaltensweisen gehören, die traditionell Frauen oder Homosexuellen zugeschrieben werden

Typische Männerpose im Fitnessstudio

Typisches Selfie junger Frauen mit „Duckface"-Gesichtsausdruck

M 6 ● Was Frauen an Männern und was Männer an Männern sympathisch finden

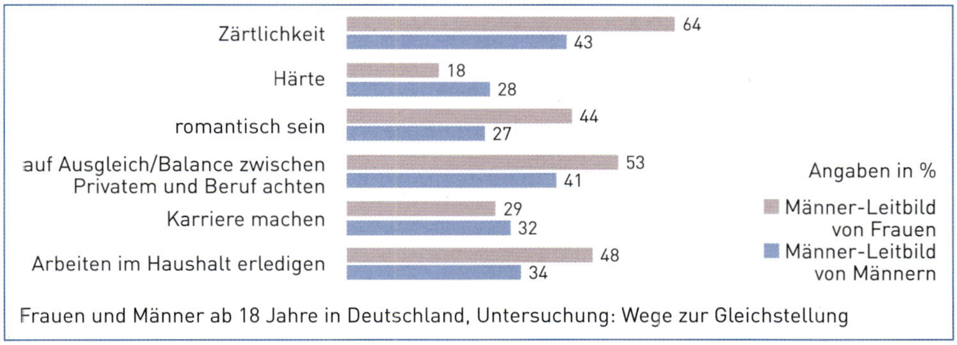

BMFSFJ (Hg.), Jungen und Männer im Spagat: Zwischen Rollenbildern und Alltagspraxis, Berlin 2014, S.33/35

M 7 ● Frauen verlieren als Chef Sozialkompetenzen

Je mehr Frauen in die Chefetagen aufsteigen, desto härter und zielorientierter wird der Führungsstil im Unternehmen. Zu diesem überraschenden Ergebnis kommt eine Untersuchung der internationalen Personalberatung Russell Reynolds Associates. [...]

Das widerspricht der bisher herrschenden Meinung in der Diversity-Debatte. Danach werde mit dem Einzug weiblicher Chefs auch die Führung „weiblicher“, sprich sozialer und verantwortungsvoller.

Der Auswertung von Tiefeninterviews mit über 4.300 internationalen Entscheidern zufolge ist das Gegenteil der Fall: Steigt der Frauenanteil in Führungsgremien über die kritische Masse von 22 Prozent, bricht das klassische Geschlechterstereotyp auf. Dann kümmern sich Frauen stärker um ihre eigene Karriere und nähern sich in Sachen Durchsetzungskraft und Härte ihren männlichen Kollegen an. Die Fürsorge für andere und die Beziehungspflege dagegen nehmen messbar ab und das sowohl bei den Männern als auch bei den Frauen.

„Dadurch wird die Managerwelt härter“, sagte Studienautor Joachim Bohner, Assessment-Experte von Russell Reynolds [...]. Dafür würden alle miteinander fokussierter, kämpferischer und damit auch erfolgreicher. „Frauen und Männer an der Spitze nähern sich dem Idealtypus des ‚General Managers‘ an“, so Bohner. Dieser Typus ist nach Ansicht der Personalberater am besten gerüstet für unsere dynamische Zeit, in der sich Märkte und Anforderungen an Unternehmen mit so rasanter Geschwindigkeit verändern wie nie zuvor.

Inga Michler, www.welt.de, 24.1.2016

Diversity/ Diversität

Der Begriff bezeichnet die Vielfalt in unserer Gesellschaft, die sich mithilfe vieler Aspekte untersuchen und beschreiben lässt: Geschlecht, Kultur, Alter, sexuelle Orientierung, Religion, Behinderung, soziale Herkunft usw.

Angela Merkel (*1954) ist „Chefin“ der Bundesregierung. Sie hat ihren Führungsstil in der Männerwelt behauptet. Das US-Magazin Forbes wählte die deutsche Bundeskanzlerin fünfmal in Folge zur mächtigsten Frau der Welt.

Aufgaben

1. a) Analysieren Sie die Profilbilder Ihrer Online-Freunde, hinsichtlich der in M 5 thematisierten Geschlechterrollenbilder.
   b) Beurteilen Sie die Gefahr, die von deren „Kultivierung“ ausgeht.
2. a) Ermitteln Sie aus M 6 Unterschiede zwischen den Geschlechtern.
   b) Erschließen Sie, welche Aussagen sich daraus ableiten lassen.
3. Erwägen Sie mögliche Gründe für die in M 7 dargestellten Sachverhalte.

1.2.3 Entscheidungsdruck zwischen Kind und Karriere?

M 8 ● Kinderschühchen und Windeltorte: Warum Frauen Babypartys feiern

Früher gab es Geschenke zur Geburt eines Kindes, heute gibt es Baby-Partys: Strampler in Pastelltönen, Zuckertörtchen und als großes Finale eine Torte aus Windeln. Der Trend aus den USA ist hier angekommen – aber warum?

Während einer Babyparty

Die Muttis sitzen in ihren pastellfarbenen Klamotten auf dem Sofa, alles ist ganz zauberhaft dekoriert, ein Berg Geschenke – ebenfalls in zartem Rosa – türmt sich auf dem Tischchen. Gackernd wird mit verbundenen Augen Babybrei verkostet und Wickeln geübt. Und natürlich gibt es zuckrige kleine Muffins, gesunde Smoothies – alles ist zart und hell und gesund und so wahnsinnig positiv.

Die „Baby-Shower" ist eine Tradition aus den USA. Bei diesem Fest soll die Mutter überschüttet [...] werden mit Geschenken rund ums Baby. Üblicherweise wird diese Party rund um den sechsten Schwangerschaftsmonat gefeiert. Und so wie es schon bei Halloween funktionierte, schwappte auch dieser Party-Trend über den Atlantik nach Deutschland. Hierzulande boomen Partys für Schwangere. Doch warum feiern Frauen zwischen Mitte 20 und Ende 30 noch vor der Geburt auf Hochglanz polierte Feste? „Die Frau möchte zeigen, dass das Kind in eine wohlbehütete Umgebung geboren wird, dass man sich kümmert, freut – und bis ins kleinste Detail bemüht", sagt die Soziologin Christina Mundlos dem Spiegel. Das habe auch mit dem Leben der Frauen vor der Schwangerschaft zu tun. Im Job ganz vorne dabei, soll nun auch bei der Schwangerschaft, der Geburt und mit dem Baby alles perfekt laufen. „Dieses Streben nach Perfektion setzt sich im Privaten fort", so Mundlos.

Aber woher kommt der Drang immer alles richtig zu machen? [...] „Heute feiert man die Schwangere mehr als vor 30 oder 40 Jahren", sagt Luisa Lücke, die eine Kinderboutique [...] betreibt, zur Morgenpost. „Die Wahrnehmung hat sich verändert. Sicher auch deshalb, weil die Mütter heute deutlich später Kinder bekommen und nicht so viele. Wenn es bei einem Kind bleibt, will man die Schwangerschaft vielleicht stärker zelebrieren." Soziologin Mundlos hat noch eine andere Erklärung für den neuen Trend: „Wir beobachten seit einiger Zeit eine Rückkehr zur Häuslichkeit", sagt sie dem Spiegel. „Schultüten sind heute wieder selbst gebastelt, junge Frauen kochen Marmelade, lernen stricken." Da passt eine Babyparty perfekt.

www.stern.de, 13.08.2016

M 9 ● Ich will keine Kinder

Die Geburtenrate soll gesteigert werden, das ist ein großes Thema in der Politik. Ich gehöre zur Zielgruppe, habe aber einfach keine Lust auf Kinder. [...]

Zum einen habe ich angesichts der Debatten über Familienpolitik den Eindruck, es sei heutzutage unmöglich, ohne Hilfe ein Kind großzuziehen. Kinder müssen betreut werden und sind teuer. Eltern müssen beruflich zurückstecken. Aber dafür arbeite ich zu gerne, in meinem Job bekomme ich Anerkennung. [...] Ich empfinde einen starken Erfolgsdruck, eine perfekte Familie zustande zu bringen. Das würde bedeuten, im Job und zu Hause erfolgreich sein zu müssen. Zum anderen stört mich die Haltung potenzieller Väter. Ich habe noch keinen Mann getroffen, der sagt: „Ich würde mich um die Kinder kümmern!"

Anne Heidmann, www.zeit.de, 24.3.2013

M 10 ● Er würde ja wollen, aber ...

Seit Jahren arbeitet die Journalisten Britta Mersch für Print und Hörfunk, moderiert Veranstaltungen, ist viel unterwegs. Aber seit ihre ältere Tochter geboren wurde, sind ihre Handlungsmöglichkeiten stark eingeschränkt.

Viele Frauen legen ihre Karriere auf Eis, wenn der Nachwuchs kommt. Der Mann arbeitet weiter Vollzeit, die Frau weniger, so macht es die Hälfte der Paare in Deutschland. Das macht sich natürlich auch beim Lohn bemerkbar: Frauen verdienen im Schnitt etwa ein Viertel weniger als Männer.

Seit unsere erste Tochter da ist, bin auch ich in die Gender-Falle geraten. Ich habe ganz selbstverständlich ein Jahr Pause gemacht, weil ich stillen und unsere Tochter nicht zu früh in die Betreuung geben wollte. Nach dem Jahr habe ich meinen Job reduziert. Ich laufe morgens zum Arzt, wenn das Kind Fieber hat, und schichte alle Aufträge um, damit ich zu Hause bleiben kann, bis das Kind wieder gesund ist. Verlange ich das gleiche von meinem Mann, weil ich einen wichtigen Termin habe, verfinstert sich sein Gesicht.

Er weiß: Fällt er aus, bekommen seine Chefs und um die 30 weitere Mitarbeiter Probleme. Er ist in einem IT-Unternehmen beschäftigt, arbeitet mehr als 40 Stunden pro Woche. Ein krankes Kind, das zu Hause betreut werden muss, bedeutet Verzug für alle, wichtige Kunden müssten warten. Also beiße meist ich in den sauren Apfel, verschiebe Aufträge, nehme im Voraus schon weniger an – weil ich als Freiberuflerin ja theoretisch flexibel bin. Und gucke mir selbst dabei zu, wie die berufliche Freiheit, die ich in den Jahren ohne Kind so genossen habe, zur Krux wird.

Mutter versucht Heimarbeit und Kinderbetreuung zu vereinbaren.

Britta Mersch, www. spiegel.de, 7.12.2015

M 11 ● Neue Väter, neue Probleme

Auch Umfragen bestätigen den zunehmenden Wunsch von Vätern, mehr im Alltag ihrer Familien mitzumachen. Viele von ihnen wollen nicht mehr 40 Stunden und mehr arbeiten, sondern [...] Teilzeit. Diesem Bedürfnis entspricht der Vorschlag der neuen Familienministerin, die die Wochenarbeitszeit für junge Eltern reduzieren möchte. Hauptgewinner wären die Kinder, die in vielen Umfragen über besonders wenig Zeit mit ihren Vätern klagen. Gerade für Jungen hat das fatale Auswirkungen. Laut einer australischen Studie führt eine hohe Berufsbelastungen der Väter auffällig oft zu

Männer beteiligen sich nur selten ausreichend an der Hausarbeit und Kinderbetreuung.

negativem Sozialverhalten der Kinder – vor allem der Söhne. Jungen schreiben schlechtere Schulnoten als Mädchen, gehen seltener aufs Gymnasium, brechen die Schule öfter ab und dominieren mit 64 Prozent bei den Förderschülern. Maßgeblich schuld daran ist nach Ansicht von Forschern die fast vollständige Abwesenheit von Männern in den ersten Lebens- und Schuljahren der Kinder.

Träten die Väter durch längere Elternzeiten oder Teilzeitarbeit beruflich kürzer, hätten ihre Partnerinnen auch neue berufliche Perspektiven. Das Berufs- und Karriererisiko Kind könnten Personalchefs nicht länger den Frauen zuordnen. [...]

Die bundesdeutsche Wirklichkeit sieht aber anders aus. [...] Von einer gleichverteilten Erziehungs- und Alltagsverantwortung in der Familie ist das weit entfernt. [...] Bei der Mehrheit der Familien [...] ist es so, dass [...] immer mehr Eltern ohne zwei Vollzeitjobs wirtschaftlich nicht über die Runden kommen.

Auch die populäre Forderung nach einem Ende der Präsenzpflicht und die Hinwendung zu einer Ergebniskultur in den Betrieben verspricht mehr, als sie hält. Bei Dienstleistungsberufen wie Kinderbetreuung, Krankenversorgung oder Altenpflege geht es nicht ohne persönliche Anwesenheit.

Und in Zeiten verschlankter Belegschaften in der Privatwirtschaft wie im öffentlichen Dienst bei wachsendem Arbeitsanfall spielt es keine Rolle, wo die Beschäftigten in den Burn-out getrieben werden – im Büro oder zu Hause. Es ist egal, wo sie nach Feierabend und am Wochenende für den Chef erreichbar bleiben. [...] Ökonomen und Arbeitsmarktexperten sehen andere Probleme auf Deutschland zukommen als zu wenig Zeit für Kinder: Angesichts der Alterung von Deutschlands Bevölkerung könnten trotz Einwanderung bis 2025 mehr als fünf Millionen Fachkräfte fehlen. Welche Auswirkungen das auf die staatlichen Aufgaben und die erworbenen Ansprüche auf die Sozialversicherungen hat, mag sich niemand ausmalen. [...] Angesichts dieser bedrohlichen Aussichten will die Regierung, dass vor allem mehr Mütter möglichst in Vollzeit erwerbstätig sind. Die Bundesagentur für Arbeit schlägt in einem Strategiepapier vor, die wöchentliche Arbeitszeit Vollzeitbeschäftigter von gegenwärtig 42 auf 44 Wochenstunden zu erhöhen. Das ist das Gegenteil dessen, was sich Eltern der sogenannten Generation Y wünschen.

Kostas Petropulos, www.zeit-online.de, 10.1.2014

Generation Y

Die Generation der zwischen 1980 und 1999 geborenen – sie wurden mit Internet und mobilen Kommunikationsgeräten groß. Die Generationenkonzepte (wie Generation X, Y oder Z) werden von einigen Sozialwissenschaftlern als pseudowissenschaftlich kritisiert.

F zu Aufgabe 3

a) Erläutern Sie, warum sich die Autorin von M 10 in der „Gender-Falle" sieht.

b) Schreiben Sie aus ihrer Sicht einen Brief an den Ehemann mit konkreten Änderungswünschen.

Aufgaben

1. Legen Sie dar, weshalb Geschlechterrollen heutzutage in manchen Bereichen regelrecht zelebriert werden. (M 8)
2. a) Ermitteln Sie, aus welchen Gründen sich die Autorin von M 9 gegen Kinder entscheidet.

   b) Beurteilen Sie deren Relevanz und Gültigkeit auf einer Skala von 1 (unwichtig/ stimmt nicht) bis 10 (sehr wichtig/ stimmt voll und ganz) bei der Entscheidung für bzw. gegen Kinder.
3. a) Stellen Sie dar, was heute von Müttern und Vätern erwartet wird.

   b) Erläutern Sie, welche Hindernisse Ihnen dabei jeweils im Weg stehen. (M 10, M 11).

Forderungen an die Arbeitswelt und die Gesellschaft
M 1, M2

Die vollständige und **gleichberechtigte Einbeziehung von Frauen in den Arbeitsprozess** ist nicht nur gesellschaftlich wünschenswert und gesetzlich vorgeschrieben, sondern ist auch unter dem Aspekt des **akuten Fachkräftemangels** in Deutschland zu bedenken. Dafür müssen neue und alternative Formen des Arbeitens stärker etabliert werden: **Teilzeitmodelle, Arbeitszeitkonten, Jobsharing**. Väter sind notwendig, die sich über die zwei Partnermonate der Elternzeit hinaus intensiver in die Erziehung ihrer Kinder einbringen. Das partnerschaftliche Aushandeln von Aufgaben zur **besseren Vereinbarkeit von Familie und Beruf** ist für beide Geschlechter und die gesamte Gesellschaft von enormer Bedeutung.

Frauenquote

Mit der Quote sollen **Führungspositionen** von großen Firmen und Unternehmen mit einer **gesetzlich festgelegten Anzahl von Frauen** besetzt werden. Damit soll gewährleistet werden, dass Frauen tatsächlich die gleichen Chancen wie ihre männlichen Kollegen bekommen und nicht an der sogenannten „gläsernen Decke" (unsichtbare Hürden, die den Aufstieg von Frauen in Führungspositionen verhindern) scheitern. Man erhofft sich, dass durch die Präsenz von Frauen in höheren Positionen eine Sogwirkung auf weitere Bereiche der Arbeits- und Berufswelt entsteht und Frauen mehr Führungspositionen besetzen.

Frauen werden schlechter bezahlt als Männer
M 3

Mitte März ist es jedes Jahr soweit: Um das Einkommen zu erzielen, das Männer bereits am 31. Dezember des Vorjahres hatten, müssen Frauen bis zum sogenannten Equal Pay Day (Aktionstag für gleiches Entgelt) des Folgejahres arbeiten. Anders ausgedrückt: **Frauen verdienen durchschnittlich 22 Prozent weniger** als ihre männlichen Kollegen. Steigt in einem Beruf der Frauenanteil, so sinkt das dortige Lohnniveau. Selbst wenn man Faktoren wie Berufswahl und Teilzeit herausrechnet, bleiben Frauen immer noch sieben Prozent unter dem Lohn der Männer.

Kooperation bei der Familienarbeit
M 4

Spätestens mit der Geburt des ersten Kindes wird die **Arbeitsteilung zwischen den Eltern mehrheitlich traditionell**. Zwar sind Frauen heute wesentlich häufiger erwerbstätig als noch vor zehn Jahren, doch meist in Teilzeit – Kinder und Haushalt bleiben damit an ihnen hängen. Selbst wenn beide Partner in Vollzeit beschäftigt sind, kümmern sich Frauen laut Deutschem Institut für Wirtschaftsforschung täglich drei Stunden länger um Haushalt und Kinder als ihre Männer. Einen Hoffnungsschimmer gibt es: Männer beteiligen sich heute wesentlich häufiger an der Familienarbeit als früher.

Die Genderfalle
M 10, M 11

Frauenkarrieren verlaufen bis zur Familienpause meist parallel zu denen ihrer Männer. Erst nach der **Geburt des ersten Kindes** und durch den **Wechsel aus einer Vollzeitstelle in Teilzeitarbeit** oder **ausschließlich Familienarbeit** geraten sie beruflich auf ein Nebengleis. Während sich Männer überwiegend um die Berufsarbeit kümmern, reiben sich Frauen zwischen Kinderbetreuung, Haushalt und Teilzeitjob auf und ihre berufliche Entwicklung bleibt auf der Strecke – mit allen Folgen: **geringes Einkommen, niedrigerer beruflicher Status, wenig Rente**.

1.3 Migration und ihre Auswirkungen auf die Lebenswirklichkeit

1.3.1 Migration und Integration

M 1 ● Wann ist man integriert?

Integration

Soziologie: Verbindung einer unterschiedlichen Vielheit von Menschen zu einer gesellschaftlichen (und kulturellen) Einheit

Menschen, die nach Deutschland zugewandert sind, sind integriert, wenn sie ...	stimme ich zu	stimme ich nicht zu
... die deutsche Sprache beherrschen.		
... das Wahlrecht besitzen und dieses auch ausüben.		
... deutsches Fernsehen schauen.		
... in einem vorwiegend von Deutschen bewohnten Wohnviertel wohnen.		
... deutsche Speisen kochen und essen.		
... eine Schule in Deutschland besuchen und abgeschlossen haben.		
... sich zu den Grundwerten unserer Demokratie bekennen.		
... in der Öffentlichkeit nicht durch ihre Kleidung (z. B. Kopftuch) auffallen.		
... sich zum christlichen Glauben bekennen.		
... die deutsche Fußballnationalmannschaft „anfeuern".		
... in deutschen Gaststätten speisen.		
... deutsche Freunde haben.		
... Weihnachten mit Weihnachtsbaum und Geschenken feiern.		
... auch zu Hause Deutsch sprechen.		
... einen Arbeitsplatz haben.		

M 2 ● Integration – aus Sicht der Karikaturisten

Integration – aus Sicht der Journalisten

„Integration ist der wichtigste Beitrag zum inneren Frieden."

Heribert Prantl, Deutsche Einheit die zweite, Süddeutsche Zeitung, 12.2.2008, S. 4

Karikatur: Thomas Plaßmann, Baaske Cartoons

M 3 ● Wie Integration funktioniert – psychologisch

Auswandern ist Stress pur für den Geist. Die Psychologie teilt den Prozess in vier Phasen auf: Die erste ist die „Honeymoon"-Phase, in der sich der Migrant sicher fühlt, weil er Armut und Perspektivlosigkeit hinter sich gelassen hat und einem neuen Leben entgegensieht; die zweite Phase ist von „Überkompensation" geprägt. Der Migrant gibt sich der Illusion einer Rückkehr in die alte Heimat hin, die er verklärt: Dort war alles schöner, dorthin will er irgendwann, wenn er genug Geld verdient hat, wieder zurück. Diese Phase kann lange anhalten.

Danach folgt eine Periode der „Dekompensation": Der Migrant hat mittlerweile Kinder in der Fremde, die seine Werte nicht mehr bedingungslos teilen. Die Tochter hat einen deutschen Freund, der Sohn will lieber Schauspieler werden und nicht Anwalt, wie es sich seine Eltern erträumen, und auch die Erwartungen an das Auswanderungsland haben sich womöglich nicht erfüllt. Langsam schleicht sich ein Gefühl ein: Die alte Heimat und ihre Menschen sind fremd geworden. In der vierten Phase steht eine generationenübergreifende Anpassung an, in der sich gemischte Ehen und bikulturelle Identitäten herausbilden. „Diese letzte Phase wird von Politik und Medien verhindert. Dabei muss man sie eigentlich verstehen und fördern", sagt Elif Cindik.

Sie kennt die vier Phasen gut. Die 41-Jährige begegnet ihnen jeden Tag in ihrer Münchner Praxis. Jeden Tag hört sie dort die Geschichten der Menschen, denen der Wechsel von der Türkei nach Deutschland zu schaffen macht – nicht nur ihnen, sondern auch ihren Nachkommen. Schwule türkische Männer, die sich wegen ihres Schwulseins hassen und sie inständig bitten: „Therapieren Sie mir das weg!" Heiratsmigrantinnen, die noch nie „ihre Scheide im Spiegel" betrachtet haben, so Cindik, und aus Angst den ersten Sex verweigern – jahrelang. Männer, die depressiv werden, weil sie nach 30 Jahren am Band bei BMW arbeitslos geworden sind und nun für Schmarotzer gehalten werden. Lesbische türkische Frauen, deren Mütter mit Selbstmord drohen, wenn die Töchter nicht „damit" aufhören. Oder junge türkische Frauen, die unter dem Druck stehen zu heiraten, aber keine Männer finden, weil ihnen Hans zu verklemmt und Ahmet zu prollig ist.

Özlem Topcu, Bernd Ulrich, Hans zu verklemmt, Ahmet zu prollig, Die Zeit, 20.10.2011

Migration

Dauerhafte Verlegung des Wohnsitzes in ein anderes Land. Tipp: Das Merkmal „Migrationshintergrund" ist statistisch nicht mehr zuschreibbar, wenn Eltern und Kind als Deutsche in Deutschland geboren sind.

Push- und Pull-Faktoren

Gründe, die Heimat zu verlassen, können z.B. Unterdrückung oder Krieg sein oder Arbeitslosigkeit und Armut (Push-Faktoren). Frieden, bessere Lebensbedingungen, Arbeits- und Bildungschancen sind Gründe, die Menschen dazu bewegen, in eine andere Region oder ein anderes Land zu gehen (Pull-Faktoren).

M 4 ● Deutschlands Bevölkerung mit und ohne Migrationshintergrund

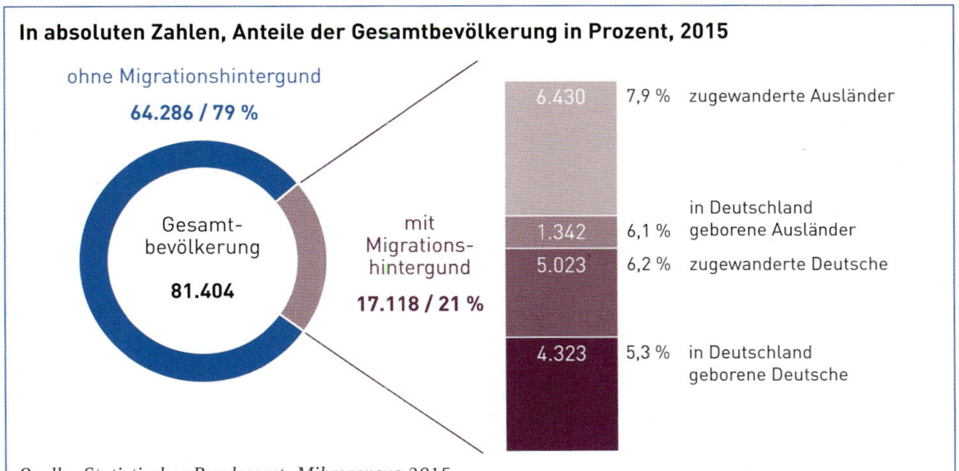

Quelle: Statistisches Bundesamt, Mikrozensus 2015

Benjamin Franklin (1706 – 1790), einer der Gründungsväter der USA

Donald Trump (*1946), seit 2017 der 45. Präsident der USA

Pegida

Abkürzung von „Patriotische Europäer gegen die Islamisierung des Abendlandes"; Organisation, die sich gegen die Einwanderungs- und Asylpolitik Deutschlands und der EU richtet.

M 5 ● Fucking Germans

Der Mann klingt, als könnte er bei Pegida mitmarschieren. Diese vielen Fremden, klagt er, sie weigern sich, unsere Sprache zu lernen. Sie kommen aus autoritären Gesellschaften, sind ungebildet, schotten sich ab, und ihre Kinder beleidigen die Lehrer. „Sie sind nicht an die Freiheit gewöhnt", schimpft er, „sie wissen nicht, wie man maßvoll Gebrauch von ihr macht." In manchen Gegenden finde man schon Straßenschilder in ihrer Sprache, bald übernähmen sie das ganze Land. Und man schaue sich einmal die Frauen an: fett und stämmig.

Es ist Benjamin Franklin, der so polemisiert. Der Erfinder des Blitzableiters, für manche ein Inbegriff der Aufklärung und einer der Gründungsväter der USA. Er war am Entwurf der Unabhängigkeitserklärung der Vereinigten Staaten beteiligt. [...] Die Fremden, die eine der ersten großen Einwanderungsdebatten der amerikanischen Geschichte auslösten, das waren: Pennsilfaani Deitsche. Deutsche, die nach Pennsylvania kamen. „Pfälzer Tölpel", wie Franklin sie bezeichnete. Hartnäckige Integrationsverweigerer.

[...] Um 1750 erreichte die Einwanderung aus Deutschland einen ersten Höhepunkt, fast jeder dritte Bewohner Pennsylvanias soll zu jener Zeit Deutscher gewesen sein. [...] Um die Deutschen in ihre Schranken zu weisen, erwogen Politiker drastische Maßnahmen. Importverbote für deutsche Bücher etwa. Oder Ehearrangements zwischen deutschen und englischen Siedlern – eine Art Zwangsheirat also. Doch Franklin ging das zu weit. Aussichtsreicher erschien ihm die Idee, kostenlose Schulen zu gründen. Wenn es etwas umsonst gäbe, ließen sich die Tölpel nicht lange bitten, glaubte er. Ein wohltätiger Verein nahm sich alsbald der „Bildung der armen Deutschen" an – mit Franklin als Treuhänder.

Doch die Siedler verweigerten sich. Manche wollten nicht von Almosen leben, beschrieb Christopher Sauer die Stimmung 1755 in einem Brief. Andere fürchteten, dass ihre Kinder zu Engländern würden, wenn sie erst deren Sprache lernten. Erst als klar wurde, dass Franklins Befürchtungen überzogen waren, [...] löste sich die Stimmung. Inzwischen sind die Nachkommen der deutschen Siedler bestens integriert. Einer der ihren [...] Donald Trump, dessen Großvater 1885 die Pfalz verließ, wettert heftig gegen Einwanderer. Wie damals Franklin.

Bernd Kramer, www.fluter.de, 20.3.2016

Aufgaben

1. a) Wann ist man integriert? Bearbeiten Sie den Fragebogen M 1 zunächst alleine auf einem Papier und vergleichen Sie anschließend Ihre Ergebnisse in der Klasse.

   b) Erweitern Sie den Fragebogen anschließend durch weitere passende Merkmale.
2. Stellen Sie Überlegungen an, welche Aussageabsichten der Karikaturist in M 2 und der Journalist in der dazugehörigen Randspalte jeweils verfolgen könnten. Begründen Sie Ihre Ergebnisse.
3. a) Erstellen Sie mit den Informationen aus M 3 eine Verlaufsskizze (Schaubild) über die psychischen Abläufe im Integrationsprozess.

   b) Diskutieren Sie – vom Schaubild ausgehend – Integration fördernde bzw. behindernde Begleitumstände.
4. Nehmen Sie Stellung dazu, ob sich Parallelen ziehen lassen zwischen den Inhalten von M 5 und der derzeitigen Situation in Deutschland (vgl. M 4).

METHODE

Durchführung eines qualitativen Interviews

Mit einem qualitativen Interview möchte man die soziale Wirklichkeit aus der Perspektive einer konkreten Person kennenlernen. Meinungen, Einstellungen, Einsichten und Hintergründe, die bis dahin möglicherweise nur theoretisch bekannt waren, sollen durch das qualitative Interview zutage treten. In einem quantitativen Interview dagegen sammelt man die Antworten möglichst vieler Interviewpartner, um das untersuchte Verhalten in Form von zahlenmäßigen Ausprägungen möglichst genau zu beschreiben und vorhersagbar zu machen.

Anleitung für die Durchführung eines qualitativen Interviews

Vorbereitung

- Wer ist der Interviewpartner (Alter, Geschlecht, Einstellung, Erfahrungen)?
- Welches Ziel soll mit dem Interview verfolgt werden? Was will man erfahren?
- Wie können die Fragen zu sinnvollen Themen gebündelt werden?
- Welche Schwierigkeiten sind zu erwarten?

In dieser Phase können Sie in Gruppen zusammenarbeiten. Stellen Sie die Arbeitsgruppen nach der Wahl Ihrer Interviewpartner zusammen (z.B. nach deren Herkunftsland, Migranten der ersten oder zweiten Generation, Alter....), um gemeinsam Fragen formulieren zu können.

Durchführung

- Unproblematische Fragen sollten zu Beginn gestellt werden, um den Interviewpartner nicht zu überfordern (z. B. sachliche Fragen vor emotionalen Fragen).
- Offene Fragen bringen den Gesprächspartner zum Reden; Entscheidungsfragen (Ja-/Nein-Antworten) sind nicht ergiebig und auch Suggestivfragen sind zu vermeiden.
- Mit der Abschlussfrage soll der Interviewpartner noch einmal die Chance bekommen, auf etwas besonders Wichtiges hinzuweisen.

Für die Durchführung empfiehlt es sich, das Gespräch aufzuzeichnen. Wichtig: Holen Sie sich für die Aufzeichnung unbedingt die schriftliche Erlaubnis Ihres Gesprächspartners ein.

Nachbereitung

- Sind die erwarteten Antworten gekommen oder ist der Gesprächspartner an manchen Stellen ausgewichen?
- Welche Teile des Interviews sind wenig gehaltreich?
- Soll das Interview als Frage-Antwort-Text veröffentlicht werden oder wird die Berichtsform den Informationen besser gerecht?

In dieser Phase treten manchmal inhaltliche Schwierigkeiten auf, die durch Nachfragen geklärt werden können. Lassen Sie sich hierfür Kontaktdaten Ihres Interviewpartners geben, die unkomplizierte Nachrecherchen ermöglichen.

Nach: ISB Handreichung: Sozialpraktische Grundbildung: Nähe zur sozialen Wirklichkeit. München 2012, S. 14

Ein Interviewbeispiel mit Fragen zum Ergänzen

Bist du mit deiner Familie oder Freunden nach Deutschland gekommen?
Ich bin alleine hier. Meine Familie und Freunde können es sich nicht aussuchen, ob sie herkommen oder nicht. Wenn sie könnten, würden sie natürlich auch kommen. Aber es kostet viel Geld und der Weg ist sehr beschwerlich. Ich habe jetzt ein paar Freunde in Deutschland, einige davon Deutsche, andere Syrer.

Frage: ...?
Ja, sicher. Ich verfolge auch sehr genau die Nachrichten. Ich habe Freunde und Familie in sehr gefährlichen Gebieten Syriens. Ich muss also jeden Tag schauen, was gerade dort passiert. [...]

METHODE

Bist du geflohen, weil Assads Regime dich verhaften wollte?
Nein. Ich habe in dem Gebiet gewohnt, das vor ein paar Jahren noch die Free Syrian Army kontrolliert hat. Sie hat für Demokratie und Freiheit gekämpft, für die Revolution. Vor drei Jahren aber kamen ISIS und Al-Qaeda nach Aleppo. Das war wie ein sehr großer, schwarzer Fleck vor meinen Augen. Ich konnte kein Licht und keine Hoffnung mehr sehen. Deshalb bin ich geflohen. Ich hatte natürlich auch Angst vor Assads Armee. Die Zivilbevölkerung will Demokratie und das Regime versucht uns mundtot zu machen oder umzubringen. Niemand versteht, warum. [...]

Auf Facebook hast du geschrieben, dass die Anschläge von Paris dich an Syrien erinnern. Wie hast du das gemeint?
Solche Anschläge sind in Syrien normale Nachrichten. Jeden Tag kann man lesen, dass Assad 100 Menschen getötet hat, mit Fassbomben, mit Artillerie... Man wundert sich eher, wenn mal zwei oder drei Tage nichts von so hohen Opferzahlen zu lesen ist. Deshalb habe ich mich gewundert, warum hier so viel über Paris berichtet wird, über Syrien aber nicht. Vielleicht weil in Paris nicht jeden Tag etwas passiert. Wenn es in Paris täglich Bombenanschläge und Attentate gäbe, wäre es vielleicht auch irgendwann normal.

Frage: ...?
Das sind Terroristen. Die wollen einfach nur Blut sehen. Sie wollen Menschen umbringen, ohne wirklichen Grund. Sie haben es mit ihren Anschlägen auch nicht auf eine Religion abgesehen. Die meisten der Opfer in Paris waren Christen. Aber vorher hat ISIS in Syrien und dem Irak Muslime umgebracht. Man kann also nicht sagen, ISIS sei jetzt in Europa, um hier Christen umzubringen. Es geht ihnen nicht um Religion, es geht ihnen um Terrorismus. [...]

Hast du den Eindruck, dass sich in Deutschland seit den Anschlägen etwas geändert hat?
Ich habe irgendwo gehört, die Flüchtlinge seien Schuld an dem, was in Paris passiert ist. Ich möchte, dass jeder versteht, dass Flüchtlinge keine Terroristen sind. Wir sind vor solchen schrecklichen und hässlichen Menschen geflohen. Ich hoffe, dass die Menschen oder Gruppen, die Flüchtlinge hassen, mit ihnen in Kontakt kommen und sie persönlich kennenlernen. [...]

Frage: ...?
Vor Gruppen wie Pegida. Ihre Mitgliederzahl und ihr Einfluss sind vielleicht noch nicht so groß. Aber nach den Anschlägen in Paris schließen sich ihnen vielleicht noch mehr Menschen an.

Sebastian Horn, „Wir sind keine Terroristen", http://ze.tt/wir-sind-keine-terroristen/, 19.11.2015

Aufgaben

1. Erkunden Sie Ihr persönliches Umfeld: Welche Personen mit Migrationshintergrund kennen Sie in Ihrer Familie, dem Freundeskreis, im Sportverein oder der Nachbarschaft? Wählen Sie eine Gesprächspartnerin oder einen Gesprächspartner aus, um ein qualitatives Interview zu führen.
2. An den blau markierten Stellen fehlen die Fragen des Interviewers. Finden Sie selbst geeignete Fragestellungen.
3. Vergleichen Sie die Vorgehensweise des Interviewers der Süddeutschen Zeitung mit der Anleitung für ein qualitatives Interview. Erklären Sie mögliche Unterschiede.
4. Diskutieren Sie, welche Wirkung qualitative Interviews mit Flüchtlingen auf Sie haben.

1.3.2 Wie gelingt Integration?

M 6 ● Flüchtlinge werden ausgebildet

Geflüchtete arbeiten unter professioneller Anleitung in der Lernwerkstatt auf dem Gelände der Bayernkaserne in München.

M 7 ● Vier Meter hohe Mauer um Flüchtlingsheim

Ein Kompromiss in der Flüchtlingsfrage muss nicht immer die beste Lösung sein – das beweist eine Geschichte aus München erneut. Es geht um diese Mauer im Stadtteil Neuperlach [...]. Sie entsteht zum Schutz der Anwohner vor einer neuen Flüchtlingsunterkunft. Sie wird vier Meter hoch sein und damit höher als die Berliner Mauer.

Der stellvertretende Bezirksvorsitzende, Guido Bucholtz, [...] sagt: „Ich bin erschrocken, als ich dieses Monster von einer Mauer gesehen habe." Nach all den positiven Schlagzeilen, die München mit seiner Willkommenskultur geschrieben habe, zeige sich die Stadt nun von ihrer hässlichen Seite.

Die Mauer hatten sich sieben Nachbarn gerichtlich erstritten. Und weil sich der Bau der Flüchtlingsunterkunft ohnehin schon stark verzögert hatte, stimmten die Beteiligten schließlich diesem Kompromiss zu [...].

Die Häuser der Nachbarn liegen gut 25 Meter hinter dem Grundstück der Unterkunft. Dort sollen jugendliche Flüchtlinge einziehen. Geplante Streetball-Plätze wurden bereits gestrichen, die Wand soll nun auch so gestaltet werden, dass sie sich nicht für Ballwurfspiele eignet.

Die Mauer in Neuperlach, München

Ein Schallschutzgutachten hatte für die Mauer eine Höhe von vier Metern ergeben. Dagegen braucht es für eine andere Mauer einer Unterkunft direkt neben der achtspurigen A8 nur drei Meter [...].

www.focus.de, 5.11.2016

M 8 Voll auf Integrationskurs

Sprachkurs für Zugewanderte an einer Volkshochschule

Am Whiteboard stehen drei Worte: „Ich bin gegangen". Marina verdreht die Augen, Inna stöhnt: „Nicht wieder Perfekt." Es ist neun Uhr, an einer Volkshochschule in Nordrhein-Westfalen hat gerade ein Integrationskurs begonnen. [...] Ich weiß, dass wir das Perfekt bereits gestern, vorgestern und vorvorgestern besprochen haben, und ich weiß, dass leistungsstarke Teilnehmende wie Marina längst begriffen haben, wie es gebildet wird. Doch wenn ich mich im Raum umblicke, sehe ich auch Augen, die das Geschriebene anschauen, als würden sie es zum ersten Mal sehen. Integrationskurse sollen dafür sorgen, dass sich Migranten im Alltag verständigen und am Leben in der deutschen Gesellschaft teilhaben können. Ein Ziel, das alle erreichen sollen – ich erkläre die Vergangenheitsform also nochmal. [...]

Faisal wollte eigentlich in seiner Heimatstadt Amude eine Ausbildung zum Friseur machen, doch dann kam der Krieg. Im Sommer 2014 floh er mit seinem Bruder, sechs Tage haben sie in einem Lkw-Anhänger verbracht, um von der Türkei nach Deutschland zu kommen. Jetzt lernt er viermal in der Woche Deutsch. „In Syrien ist alles kaputt. Da gibt es keine Zukunft mehr für mich. Ich will hierbleiben, hier meine Ausbildung machen", sagt Faisal.

Motiviert sind die meisten Teilnehmenden. Dass manche von ihnen von einem auf den anderen Tag nicht mehr im Kurs auftauchen, hat oft andere Gründe: Sie haben einen Job gefunden. Die Verpflichtung zur Teilnahme am Kurs kann in einem solchen Fall widerrufen werden. Die Teilnehmenden wollen ihr eigenes Geld verdienen. Verstehen kann man das nur allzu gut. Aber begrüßen? Nicht selten nehmen sie Jobs an, für die sie eigentlich überqualifiziert sind. Und sie vernachlässigen das Lernen der Sprache. Fraglich, ob sie sich auf anderen Wegen fortgeschrittene Sprachkenntnisse aneignen und sich langfristig gut in Deutschland integrieren können.

Dafür sollten sie den Integrationskurs besser erfolgreich abschließen. Voraussetzung: Sie müssen bei der Sprachprüfung „Deutsch-Test für Zuwanderer" (DTZ) beweisen, dass sie das Niveau B1 erreicht haben. Und sie müssen den Test „Leben in Deutschland" erfolgreich absolvieren, der aus verschiedenen Fragen, zum Beispiel zum politischen System Deutschlands, besteht. Es ist so einiges, was den Migranten vermittelt werden soll.

Ann-Kristin Schöne, www.fluter.de, 15.12.2015

Info

Wer hat Anspruch auf einen Integrationskurs?

Für Migranten, die ab 2005 eine Aufenthaltserlaubnis erhalten haben und sich nicht auf Deutsch verständigen können, ist der Besuch eines Integrationskurses Pflicht. Aufgrund des beschleunigten Asylverfahrens bekommen vor allem Menschen aus Syrien schnell den Flüchtlingsstatus und können rasch nach ihrer Ankunft einen Integrationskurs besuchen. Auch anerkannte Flüchtlinge, die eine befristete Aufenthaltserlaubnis für zunächst drei Jahren haben, haben Zugang zu diesem Angebot.

Keinen Anspruch auf den Kurs haben Geflüchtete, die gerade hier angekommen sind und noch nicht anerkannt sind. Sie sind auf freiwillige Sprachkurse angewiesen, die zum Beispiel von Ehrenamtlichen angeboten werden. Auch EU-Bürger haben keinen gesetzlichen Anspruch auf die Teilnahme. Ausnahmen sind zulässig, wenn die EU-Bürger schlecht Deutsch sprechen und es freie Kursplätze gibt. *Autorentext*

M 9 ● Fakt ist: Integrationsprobleme gibt es

ZEIT ONLINE: Herr El-Mafaalani, Sie haben muslimische Kinder und Jugendliche untersucht, die sich in Deutschland schwer integrieren. Welche Rolle spielt die Religion?

Aladin El-Mafaalani: Der Schwerpunkt unserer Untersuchung lag auf türkisch- und arabischstämmigen Jugendlichen. Der Islam bedeutet für sie ganz Unterschiedliches und hat meistens wenig Einfluss darauf, wie gut sich ein Kind in die Gesellschaft integrieren kann. Problematischer sind die Traditionen, die aus muslimisch geprägten Gesellschaften mit nach Deutschland gebracht wurden.

Die Kultur bereitet also mehr Schwierigkeiten als die Religion?

Es ist eine Mischung aus kulturellen und sozialen Faktoren. Manche Eltern schreiben ihren Kindern traditionelle Werte und Denkweisen aus den armen, ländlichen Regionen ihrer Heimatländer vor, die sich hier nicht mehr umsetzen lassen. Was die Kinder in der deutschen Schule erleben, steht im Gegensatz dazu. Beide Überzeugungen prallen aufeinander und die Jugendlichen werden mit diesem Konflikt alleine gelassen.

Können Sie ein Beispiel nennen?

Mein Co-Autor Ahmet Toprak hat drei typische Erziehungsstile in muslimischen Familien definiert. Der konservative, autoritäre betrifft zwar nur 30 bis 40 Prozent der Familien, kann aber sehr problematisch werden. Er setzt auf sichtbaren Respekt. Zum Beispiel: Ein Vater, der mit seinem Kind schimpft, erwartet, dass das Kind schweigt und erträgt. Fragen sind immer rhetorisch und dürfen nicht beantwortet werden. Es macht gar nichts, wenn das Kind genervt guckt, aber es darf die Autoritätsperson nicht anschauen. Verhält sich dasselbe Kind aber einem deutschen Lehrer gegenüber genauso – es guckt genervt, schweigt, wenn es gefragt wird, schaut den Lehrer nicht an – findet der das Verhalten respektlos. Und das Kind versteht gar nicht, was die Lehrer von ihm wollen.

Doch inzwischen sind viele Eltern mit Migrationshintergrund selbst in Deutschland zur Schule gegangen. Sie wünschen sich auch eine gute Bildung für ihre Kinder.

Zum Teil sind türkischstämmige Eltern tatsächlich noch Analphabeten. Die Eltern, die hier schon zur Schule gegangen sind, waren damals oft in reinen Ausländerklassen untergebracht oder lebten in Vierteln, in denen die meisten Klassenkameraden aus der Türkei kamen. Sie fühlten sich selbst diskriminiert. Die Bildungswünsche sind zwar wirklich vergleichsweise hoch. Das hat aber keine Konsequenzen, weil die Eltern nicht wissen, was die deutsche Schule von ihnen erwartet. [...]

Sie müssten einander nur verstehen?

Oft hilft es ja schon viel, wenn der Lehrer den Schülern sagt: Hier machen wir das so: Wir schauen uns in die Augen und sprechen miteinander. Wir empfehlen Lehrern natürlich auch die Eltern zu besuchen, das hat aber seine Grenzen. [...]

Wie muss also das Bildungssystem damit umgehen?

Die Funktion der Schule kann nicht mehr allein die Wissensvermittlung sein. Das gilt nicht nur für Migrantenkinder. Man muss mehr an der Persönlichkeit orientiert arbeiten. Wir verschwenden unheimlich viele Ressourcen mit Bewertungen und Auslese. Wir brauchen richtige Ganztagsschulen und interdisziplinäre Ansätze. [...]

Wie entsteht dann Gewalt, Kriminalität oder religiöse Radikalität?

Die Jugendlichen empfinden die eigenen Eltern oft als hilfsbedürftig – sie können kein Formular selbstständig ausfüllen, leben nicht zeitgemäß und können also nicht als Rollenmodell dienen. Da junge Menschen auch in der Schule weder Anerkennung noch Orientierung finden, wird dieses Vakuum anders gefüllt.

Interview: Parvin Sadigh, www.zeit.de, 28.9.2011

Aladin El-Mafaalani ist Soziologe. Er untersucht u. a. die Sozialisationsbedingungen in Deutschland geborener Migrantenkinder, um Lehrern und Erziehern eine sensiblere pädagogische Praxis vorzuschlagen.

M 10 ● Firmen bauen auf Flüchtlinge

Abdul, Ibrahim und Tarik lernen den Beruf des Kochs. Der eine […] in Füssen, der andere […] in Augsburg und der Dritte [ebenfalls] in Augsburg. Als die Männer sich vorstellen und von ihrer Arbeit erzählen, strahlt Josefine Steiger. Sie freut sich mit jungen Flüchtlingen, dass deren Motivation und Fleiß bei immer mehr Unternehmen der Region ankommen. Die Ausbildungsexpertin der Industrie- und Handelskammer (IHK) Schwaben weiß von vielen Betrieben, dass die jungen Migranten vor allem den Nachwuchs in Berufen bilden, die bei vielen deutschen Jugendlichen wenig gefragt sind.

Auch Eva Flemisch bietet solche Ausbildungsberufe. Ihr Dienstleistungsunternehmen für Gebäudereinigung und Bewachung […] in Günzburg braucht dringend Verstärkung. „Doch unsere Berufe leiden an einem schlechten Image, weil viele gar nicht wissen, wie anspruchsvoll die Arbeit ist“, sagt Flemisch. Nun hat sie vier Flüchtlinge gefunden, die eine Ausbildung machen wollen – bei einem jungen Mann ist es aber nicht sicher, ob er überhaupt bleiben kann. Genau dies ist das Problem, das in der regionalen Wirtschaft aktuell stark diskutiert wird. […] Dieses Problem sprach auch Remigius Kirchmaier bei der Veranstaltung an. Der Leiter der Staatlichen Berufsschule Ostallgäu bat [die anwesenden Vertreter der Politik] eindringlich darum, den Spielraum der Duldung besser im Sinne der Flüchtlinge und der Betriebe zu nutzen. Denn damit sei gewährleistet, dass ausbildungsunwillige oder straffällig gewordene Jugendliche sofort abgeschoben werden können. Lern- und integrationswilligen Flüchtlingen gewähre dieser Weg aber Chancen. Vor einem Ausbildungsvertrag sind oft ein Praktikum und auch eine Einstiegsqualifizierung notwendig. Unternehmen, die Flüchtlingen eines von beiden bieten, müssten sich darauf verlassen können, dass die jungen Leute nicht plötzlich keine Arbeitserlaubnis mehr haben.

Daniela Hungbaur, Augsburger Allgemeine, 1.10.2016, S. 9

M 11 ● Typische Vorurteile

Karikatur: Andreas Rulle

F **zu Aufgabe 3 b)**
„Wie gelingt Integration?“ Stellen Sie dazu eine Liste mit den Ihrer Ansicht nach fünf wichtigsten, ganz konkreten Maßnahmen auf.

Aufgaben

1 Legen Sie ausgehend von M 6 und M 7 dar, wie derzeit mit Zuwanderern in Deutschland umgegangen wird.

2 a) Ermitteln Sie Inhalte, Ziele und Teilnahmebedingungen der Integrationskurse. (M 8)
b) Beurteilen Sie, welchen Beitrag diese zur Eingliederung von Migranten in die deutsche Gesellschaft tatsächlich leisten und wo Verbesserungsbedarf besteht.

3 a) Arbeiten Sie die Faktoren heraus, welche nach M 9 die Integration behindern, sowie die im Text genannten Handlungsansätze.
b) Entwickeln Sie selbst ganz konkrete Lösungen, wo M 9 diese offen lässt.

4 Interpretieren Sie die Karikatur M 11 und setzen Sie diese mit M 10 in Verbindung.

ORIENTIERUNGSWISSEN

Migration
M 4

Migration (Wanderung) bezeichnet den **dauerhaften Wohnortwechsel von Menschen**. Man unterscheidet hierbei die **Binnenmigration** innerhalb eines Staates sowie die Migration über Staatsgrenzen hinweg (**Ein- bzw. Auswanderung**). Zur globalen Herausforderung des 21. Jahrhunderts zählt die Massenmigration von Menschen aus bestimmten Regionen aufgrund der dort herrschenden politischen und ökonomischen Verhältnisse. Diese Form der Migration ist oft mit Gefahren für Leib und Leben für die Migranten verbunden und stellt die Aufnahmeländer vor Probleme.

Ursachen für Migration
M 3

Push-Faktoren	
demografisch:	Landknappheit, Überbevölkerung
gesellschaftlich:	Armut und ungerechte Besitzverteilung, Einschränkung der Meinungs- und Pressefreiheit, religiöse Verfolgung und Diskriminierung
ökonomisch:	hohe Arbeitslosigkeit, geringes Einkommen, hohe Steuern und Abgaben
politisch:	systematische Verfolgung und Unterdrückung, Krieg, politische Unruhen, Korruption der Verwaltung
ökologisch:	Naturkatastrophen wie Überschwemmungen, Erdrutsche, Erdbeben, Vulkanausbrüche, Abnahme der Bodenfruchtbarkeit etwa durch Erosion, Versalzung, Dürre, Überweidung
Pull-Faktoren	
demografisch:	ausreichendes Flächenangebot, Arbeitskräftemangel
gesellschaftlich:	Sicherheit, Toleranz, gutes Bildungs- und Gesundheitssystem
ökonomisch:	gute Verdienstmöglichkeiten und Arbeitsplätze, Förderprogramme der Wirtschaft
politisch:	günstige Einwanderungsgesetze, Möglichkeit illegaler Einwanderung, Rechtssicherheit und Frieden
ökologisch:	ausgeglichenes Klima

Integration
M 1 – M 3

Seit 2005 hat Deutschland ein **Zuwanderungsgesetz**, seit 2007 gibt es einen **nationalen Integrationsplan**. Doch es bleibt politisch umstritten, wie viel und welche Form der Zuwanderung Deutschland angesichts einer schrumpfenden Bevölkerung braucht und w e eine erfolgreiche Integration gelingen kann.

Integrationsprobleme
M 5 – M 9

Dennoch soll und darf der Blick nicht davor verschlossen werden, dass v. a. muslimische Jugendliche überdurchschnittlich oft Probleme haben, sich zu integrieren. **Soziale und kulturelle Faktoren**, weniger jedoch die Religion, scheinen hier die Ursachen zu sein. Ein Bildungssystem, das frühzeitig einsetzt, das die Persönlichkeitsbildung der Kinder und Jugendlichen, nicht ihre Selektion im Auge hat, das ihnen Perspektiven gibt und ihre Kultur nicht außen vor lässt (z. B. durch Türkisch als Fremdsprache, Islamunterricht) könnte hier Abhilfe schaffen.

Assimilation

Gefordert wird verstärkt die Assimilation der in Deutschland lebenden Ausländer. Assimilation, d. h. nicht nur die **Akzeptanz und Anpassung an die Kultur des Aufnahmelandes**, sondern deren **Übernahme bis hin zu einer teilweisen Aufgabe der ursprünglichen Identität**, wurde noch vor wenigen Jahren als Dominanz der Deutschen gegenüber den Migranten abgelehnt.
Für in Deutschland lebende Migranten, die sich längst zu den Grundwerten unserer Verfassung bekennen, geht diese Forderung zu weit, verlangt sie doch eine **unreflektierte Übernahme** auch der Schattenseiten deutscher Kultur und Gesellschaft.

1.4 Das Lebensalter und seine unterschiedlichen Ausprägungen

1.4.1 Kindheit und Jugendalter

a)	Erziehungs- und Sozialisationsfunktion
b)	Generative Funktion
c)	Platzierungsfunktion
d)	Erholungsfunktion
e)	Haushaltsfunktion

M 1 ● Funktionen der Familie

1.	Die Familie versorgt ihre Mitglieder mit allem, was sie zum Leben brauchen wie Nahrung, Wohnraum, Kleidung.
2.	Eltern tragen dazu bei, dass ihre Kinder (später) eine bestimmte soziale Position im Leben erhalten.
3.	Ohne Nachwuchs würde jede Familie und schließlich auch die Gesellschaft aussterben.
4.	Eltern vermitteln ihren Kindern Werte und Normen. Dadurch wächst die nächst jüngere Generation jeweils in die bestehende Gesellschaft hinein.
5.	Im Gegensatz zur Außenwelt findet man in der Familie bedingungslosen Rückhalt und die Möglichkeit, sich fallen zu lassen.

Autorentext

M 2 ● Was ist, wenn ...?

Es hatte sich zwar schon länger angedeutet, trotzdem trifft es Meike hart: Ihre Firma hat ihr gekündigt. Ihr wird ganz mulmig zumute: Mit dem bisherigen Familieneinkommen kamen sie gerade mal so über die Runden. Wird sie auf dem Arbeitsmarkt überhaupt noch gebraucht?

Arbeitslosigkeit

Die Diagnose riss ihr den Boden unter den Füßen weg. Die Prognosen der Ärzte geben zwar Grund zur Hoffnung, aber es wird noch ein langer Weg sein, bis Katja wieder am „normalen" Leben teilnehmen kann. Solange befinden sich neben ihrem Mann auch Annika (8) und Leni (3) im Ausnahmezustand.

Krankheit

Endlich das erhoffte Stellenangebot und damit auch der berufliche Aufstieg. Allerdings muss Tobias – und mit ihm seine Familie – dafür von Augsburg nach Hannover ziehen. Ob sie das mitmachen? Oder soll er sich dort zunächst alleine eine Zweitwohnung mieten und das Familienleben aufs Wochenende verschieben?

Umzug

Autorentext

Erklärfilm zum Demografischen Wandel

Mediencode: 8918-05

M 3 ● ... wenn Papa plötzlich eine neue Familie hat?

Marco war 5 Jahre alt, als seine Eltern sich scheiden ließen. Heute ist er 22 und lebt mit seiner Mutter zusammen. Was das für ihn bedeutet und was er über klassische Familienformen denkt, erzählt er hier.

Die Scheidung meiner Eltern war von beiden gewollt, soviel kann ich sagen. [...] Ganz verstehen konnte ich das als Fünfjähriger sowieso noch nicht. Irgendwann ist mein Vater halt ausgezogen. Bis ich zwölf war, war ich dann noch jedes zweite Wochenende bei ihm. Das war dann immer was Besonderes, wir haben zusammen verschiedene Sachen unternommen, auch Ausflüge gemacht.

Wir hatten ein gutes Verhältnis. Man streitet sich ja doch meistens wegen Alltagsdin-

Pluralisierung der Lebensformen

→ vgl. Kap. 1.5.1

gen mit seinen Eltern, und die haben bei uns ja komplett gefehlt. Es gab dann keinen Streit, weil ich mein Zimmer nicht aufgeräumt hatte oder meine Hausaufgaben nicht gemacht hab, das gab es nur mit meiner Mutter. Das ging so lange gut, bis mein Vater eine neue Freundin hatte, mit der ich mich gar nicht verstanden habe. Irgendwann hat mein Vater diese Frau geheiratet und eine neue Familie mit ihr und ihren beiden Kindern gegründet. Er hat es dann einfach so hingenommen, dass wir uns seitdem nicht mehr gesehen haben. [...] Das Zusammenleben mit meiner Mutter war immer ganz schön. Erst als ich in die Pubertät gekommen bin, wurde es komplizierter. Über Themen wie „Verliebtsein" konnte ich mit meiner Mutter zum Beispiel gar nicht reden. [...] Da hat eine Vater-Figur gefehlt, die einem väterlich auf die Schulter klopft und dazu Anekdoten von seiner eigenen Jugend preis gibt. [...] Ich glaube es gibt einige Sachen, die einfach anders ablaufen, wenn man nur mit einem Elternteil

aufwächst. Ich habe zum Beispiel sehr früh mit meiner Mutter über ihre Probleme geredet. Wenn sie einen neuen Mann kennen gelernt hatte, hat sie da zum Beispiel mit mir drüber geredet. Ich glaube man setzt sich als Scheidungskind viel früher mit Themen wie Partnerschaft auseinander.

[...] Grundsätzlich kann ich schon sagen, dass ich gerne mit meiner Mutter zusammenlebe, aber oft frage ich mich auch, wie mein Leben wäre, wenn meine Eltern sich nicht getrennt hätten.

Presse- und Informationsamt der Bundesregierung, www.schekker.de, 21.11.2013

M 4 ● Stellenwert der Familie für Jugendliche

Um der hohen Bedeutung auf die Spur zu kommen, die die eigene Familie für Jugendliche hat, haben sich Umfragen bewährt. Jugendliche werden befragt, ob sie der Meinung sind, dass man eine Familie zum Glücklichsein braucht. Mit dieser Frage wird sowohl die eigene Herkunftsfamilie als auch die Gründung einer eigenen Familie erfasst.

Braucht man eine Familie zum Glücklichsein?

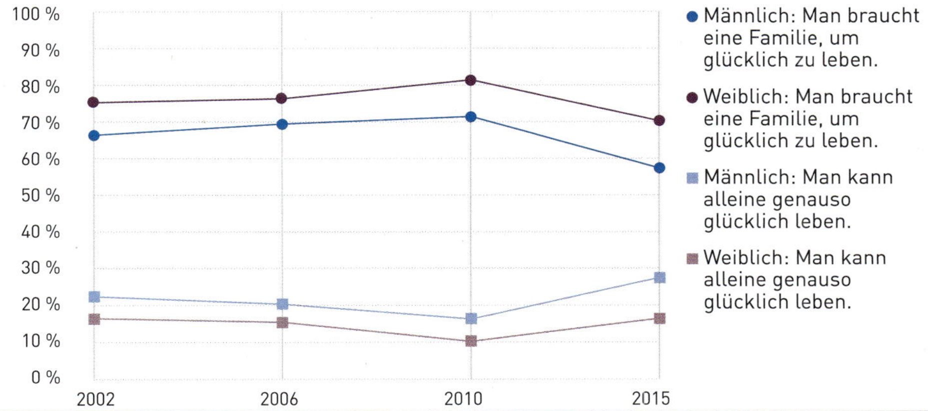

Nach: Ingo Leven, Gudrun Quenzel, Klaus Hurrelmann, Familie, Bildung, Beruf, Zukunft: Am liebsten alles, in: Jugend 2015. Eine pragmatische Generation im Aufbruch, Bonn 2016, S. 58

M 5 ● Früher – heute

Karikatur: Burkhard Mohr, 2012

M 6 ● Nicht ohne mein Handy

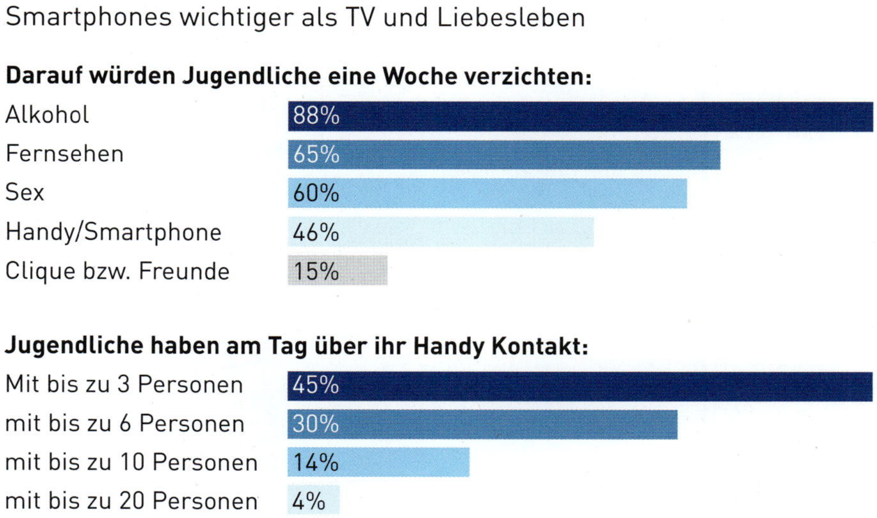

Forsa Umfrage 2012 im Auftrag der congstar GmbH, n= 600 Handybesitzer im Alter zwischen 14 und 19 Jahren

Nach: Sandra Eger, Steffen Kludt, Typische Gruppenrollen, in: Wochenschau, Heft 2/2012, S. 17

Handyverbreitung

97 Prozent der Zwölf- bis 19-Jährigen besitzen ein eigenes Mobiltelefon. Bei 85 Prozent handelt es sich um ein Smartphone mit Touchscreen und Internetzugang, nur 15 Prozent der Jugendlichen haben ein „konventionelles" Handy, also kein Smartphone. (vgl. JIM-Studie 2016)

M 7 ● Das Handy als Ausdruck der eigenen Persönlichkeit?

Die mobile Kommunikation hat das Leben von Millionen Menschen vor allem in einem Punkt entscheidend verändert: Wer ein Handy nutzt, ist praktisch überall erreichbar und kann jederzeit mit den Menschen Kontakt aufnehmen, die ihm wichtig sind. Das beeinflusst nicht nur die Art und Weise, wie Menschen miteinander kommunizieren, sondern auch ihr soziales Verhalten. [...] Anstatt sich gleich an einem Ort zu einer bestimmten Zeit zu verabreden, wird heute oft zunächst erst einmal ein Termin vereinbart und Ort bzw. Zeitpunkt erst später – wiederum per Handy – festgelegt. Während früher Verabredungen einmal getroffen und in der Regel auch eingehalten wurden, ist heute die persönliche und berufliche Zeitplanung immer neuen Verhandlungen, Vereinbarungen und Umdisponierungen unterworfen. Treffen finden oft unter Vorbehalt statt. Das Handy dient dazu, den Kontakt aufrechtzuerhalten, ohne jedoch die eigene Entscheidungsfreiheit aufgeben und sich zu sehr verpflichten zu müssen.

Im Zeitalter digitaler Medien zeigt sich: Kinder und Jugendliche kommunizieren heute anders als die Generationen vor ihnen. Faktoren wie Unabhängigkeit, Offenheit, Toleranz, Meinungsfreiheit und Unmittelbarkeit kennzeichnen ihre Lebenskultur.

Wer sich in die Öffentlichkeit begibt, ist – ob er will oder nicht – der Situation ausgesetzt, zum unfreiwilligen Zeugen privater wie geschäftlicher Gespräche zu werden. Dadurch hat das Mobiltelefon auch als Statussymbol Bedeutung. Wer mobil telefoniert, vermittelt seinen Mitmenschen die Botschaft: Ich bin integriert, habe soziale Kontakte und bin ein aktives Mitglied der Gesellschaft. Darüber hinaus bietet das Handy Identifikationsfläche. Das eigene Mobiltelefon kann mit Hilfe von Klingeltönen, speziellen Display-Anzeigen und Accessoires individuell gestaltet werden und Ausdruck der eigenen Persönlichkeit sein.

Informationszentrum Mobilfunk e.V., www.izmf.de, 4.12.2013

Für Kinder gehören Smartphones heute zur medialen Grundausstattung.

Aufgaben

1. Ordnen Sie die Funktionen von Familie den entsprechenden Erklärungen zu. (M 1)
2. Erörtern Sie, inwieweit Familien unter erschwerten Bedingungen ihre Funktionen (M 1 – M 3) erfüllen können.
3. a) Arbeiten Sie aus M 4 den Stellenwert von Familien für heutige Jugendliche heraus.
   b) Diskutieren Sie im Anschluss, ob Sie später eine eigene bzw. Ihre derzeitige Familie zum Glücklichsein benötigen.
4. Interpretieren Sie die Karikatur M 5 und bewerten Sie die dargestellten gesellschaftlichen Veränderungen hinsichtlich Ihrer eigenen Kindheitserfahrungen und Zukunftsvorstellungen.
5. a) Werten Sie M 6 und M 7 aus.
   b) Stellen Sie dann den typischen Tagesablauf eines heute 18-Jährigen dem eines Jugendlichen von vor 30 Jahren gegenüber.
   c) Diskutieren Sie Chancen und Gefahren dieser Entwicklung.

H zu Aufgabe 2

a) Beschreiben Sie, wie in Ihrer Familie die Funktionen (M 1) im Alltag erfüllt werden.

b) Stellen Sie einen Vergleich an zwischen Ihrer früheren Kindheit und heute.

1.4.2 Leben und Arbeiten: grenzenlos + flexibel = zufrieden?

M 8 ● Wenn der Lohn nicht zum Leben reicht ...

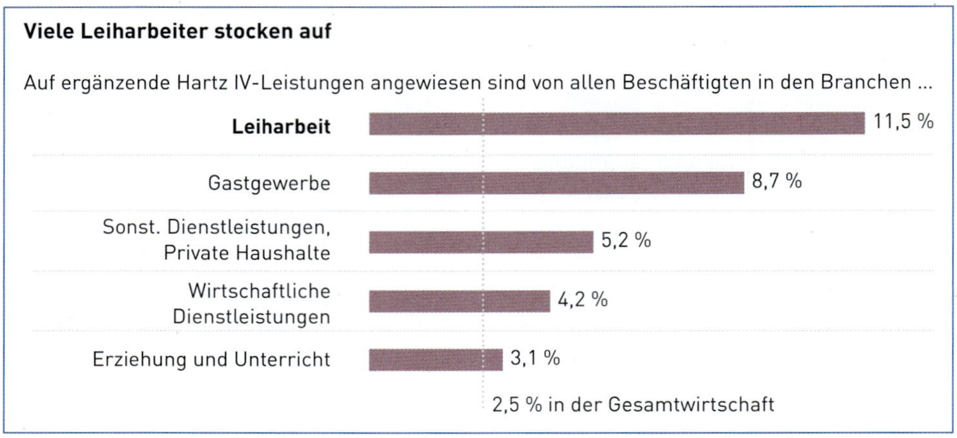

Nach: www.boeckler.de (7.12.2017)

M 9 ● Entgrenzung der Arbeit – was ist damit gemeint?

Der Begriff Entgrenzung bezieht sich zunächst allgemein auf den gegenwärtigen Umbruchprozess, in dem sich Grenzen wieder verflüssigen, die als gesellschaftliche Strukturen im Modernisierungsprozess [...] entstanden sind. Bezogen auf die Erwerbsarbeit werden diese Verflüssigungsprozesse mit der These „Arbeitskraftunternehmen“ pointiert beschrieben:

1. Zeitliche Flexibilisierung Der Arbeitskraftunternehmer arbeitet flexibel zu den unterschiedlichsten Zeiten, diese sind nur teilweise von außen vorgegeben. Die klare Grenze zwischen Arbeitstag und Feierabend, Arbeitswoche und Wochenende löst sich auf. Die faktischen Arbeitszeiten werden parallel dazu wieder länger.

2. Räumliche Flexibilisierung [...] Der Ort der Arbeit ist nicht mehr nur das Büro: man arbeitet auch zu Hause, ist viel unterwegs und hat dabei die nötigen Arbeitsmaterialien durch PC, Internetanschluss und Handy immer präsent. Zudem werden die Entfernungen zwischen den verschiedenen Arbeitsorten sowie zwischen Arbeits- und Lebensort immer größer. Mobilität und zeitliche Entgrenzung gehen also oft Hand in Hand.

3. Veränderte Biografien [...] Im Erwerbsverlauf nehmen Wechsel und Brüche zu und damit auch die Notwendigkeit für immer neues, lebenslanges Lernen. Die saubere Trennung der Phasen von Ausbildung, Beruf, für Frauen evtl. Familienpause und dann Wiedereinstieg in den Beruf mit anschließender Verrentung gilt nicht mehr. Entgrenzt arbeitende Personen befinden sich außerdem zunehmend häufig in nicht mehr klar definierten Zonen zwischen Abhängigkeit und Selbständigkeit. Im Lebensverlauf wechseln demnach Phasen von abhängiger und selbständiger Beschäftigung, von Befristung, Erwerbslosigkeit, Teilzeit- und Vollzeitarbeit. [...] Die Folgen dieser Entwicklungen werden für unterschiedliche soziale Gruppen ganz unterschiedlich sein, es wird Gewinner und Verlierer geben.

Karin Jurczyk, www.dji.de, 15.10.2012

M 10 ● Trends in der Berufswelt – wie wir morgen arbeiten

Die Mobilität. [...] „Den" festen Arbeitsplatz wird es bald nicht mehr geben. Schon heute arbeiten viele mobil, schlagen ihr Büro dank Laptop [...] mal hier und mal dort auf. Damit sind für Unternehmen die Mitarbeiter ständig und überall verfügbar. Für die Beschäftigten lösen sich Zeitgrenzen auf. Arbeitstage, die um neun Uhr beginnen und um 17 Uhr enden, werden seltener.

Die Dienstleister. Arbeit wird nicht weniger, sie wird nur anders. [...] Mehr als zwei Drittel der Beschäftigten ist inzwischen in den Dienstleistungen tätig. [...] Die wissensbasierten Dienste boomen, aber auch die sozialen: Familiendienste jeglicher Art, von der Kinderbetreuung bis zur Altenpflege, werden wichtiger.

Der Weltmarkt. [...] Seit dem Zusammenbruch des kommunistischen Systems kam knapp eine Milliarde Arbeitnehmer neu auf den Weltmarkt und begann, mit denen des Westens zu konkurrieren. Besonders die Löhne gering qualifizierter Beschäftigter gerieten unter Druck. Ein Weg aus der Misere ist gute Bildung. Je besser die Arbeitnehmer qualifiziert sind, desto besser sind ihre Chancen in der Konkurrenz mit China, Indien und anderen Schwellenländern.

Neue Arbeitsverhältnisse. [...] Die Firmen fordern mehr Flexibilität: Leiharbeit und befristete Jobs nehmen mitunter deshalb zu. Und der Staat unterstützt das, indem er die Gesetze anpasst. Das kann für gering qualifizierte Menschen zum Fluch werden. Sie müssen sich mit unsicheren und schlecht bezahlten Arbeitsplätzen begnügen [...]. Doch es gibt auch eine andere Seite, geprägt von der Avantgarde der Arbeitsgesellschaft. [...] Sie pfeift auf den festen Job, weil sie den Arbeitsalltag selbst gestalten will.

Die Demografie. Die Menschen werden älter, und sie bleiben länger gesund. Immer weniger Arbeitnehmer kommen für die Renten auf. Da liegt es auf der Hand, dass die Menschen länger arbeiten werden. Der Trend zur Frühverrentung ist bereits gestoppt. [...] Lebenslanges Lernen und Beschäftigungsfähigkeit bis ins hohe Alter hinein gewinnen an Bedeutung.

Das weibliche Potential. [...] Im internationalen Vergleich liegt Deutschland bei den Angeboten zur Kinderbetreuung weit zurück. Hier muss sich etwas ändern. Auch müssen Firmen in der Personalentwicklung gezielt auf die Frauenförderung setzen. Und nicht zuletzt liegt es an den Frauen selbst: Wenn sie nicht bereit sind, Karriere zu machen, wird daraus nichts.

Die Bildung. [...] Viele Betriebe klagen bereits über mangelnde Disziplin, Leistungsbereitschaft und Belastbarkeit der Jugend. Das müssen die Schulen aufgreifen. Doch Bildungspolitik hat auch den drohenden Fachkräftemangel zu berücksichtigen. Und sie muss dafür sorgen, dass Abschlüsse auch über die Grenzen Europas hinweg anerkannt werden.

Nach: Sibylle Haas, Mobiler, weicher, älter, Süddeutsche Zeitung, 29.11.2011, S. 26

Aufgaben

1. Die Entgrenzung von Arbeit bringt Gewinner und Verlierer auf dem Arbeitsmarkt hervor. Wägen Sie ab, welche Bevölkerungs- und Berufsgruppen von diesen Entwicklungen profitieren und welche das Nachsehen haben. (M 8, M 9)
2. Analysieren Sie arbeitsteilig die Trends in der Berufswelt, indem Sie die Vor- und Nachteile für die betroffenen Akteure gegenüberstellen. (M 10)

H zu Aufgabe 1
Beziehen Sie in Ihre Überlegungen auch Erfahrungen aus Ihrem persönlichen Umfeld ein.

METHODE

Texte strukturiert analysieren

Zur Analyse eines Textes empfiehlt es sich, strukturiert nach der „Fünf-Schritt-Methode“ vorzugehen.

1 Sich einen Überblick verschaffen

Zunächst verschafft man sich einen groben Überblick über den Text, indem man ihn überfliegt. Zwischenüberschriften, die Anfänge der einzelnen Abschnitte oder besonders hervorgehobene Begriffe dienen hierbei als Ankerpunkte.

2 Grundfragen stellen und beantworten

Welche Fragen stellt bzw. beantwortet der Text, welche (Unter-)Themen werden behandelt?

3 Gründlich und aktiv lesen

Parallel zum genauen Lesen werden wichtige Textstellen markiert. Dazu empfiehlt es sich, unterschiedliche Textmarker zu verwenden. Notieren Sie nach jedem Absatz jeweils eine Überschrift oder eine stichpunktartige Zusammenfassung zum eben gelesenen Sinnabschnitt.

4 Exzerpieren: Die Struktur des Textes erkennen und seine Aussagen nutzbar machen

Machen Sie sich die wichtigsten Informationen des Textes zu eigen und halten Sie das Gelesene fest, um es selbst weiterverarbeiten zu können.
Hierzu formulieren Sie auf einem Notizzettel von Ihren Ergebnissen aus dem dritten Arbeitsschritt ausgehend die wesentlichen Aussagen des Textes.

- Wählen Sie hierzu eine geeignete Darstellungsform – dies kann eine Art Gliederung, eine Tabelle oder eine grafische Darstellung der Textinhalte sein (z. B. MindMap: Man setzt die Schlüsselbegriffe des Textes durch eine entsprechende Anordnung und passende Symbole optisch zueinander in Beziehung).
- Achten Sie hierbei auf einen präzisen Umgang mit den Formulierungen aus dem Text, um Plagiate zu vermeiden: Setzen Sie Textstellen, die Sie wörtlich übernehmen, in Anführungszeichen und notieren Sie sich gleich die entsprechenden Zeilenangaben oder formulieren Sie die Aussagen des Textes mit eigenen Worten.

5 Zusammenhänge verstehen

Nachdem Sie den Text nun in seinen Details verstanden haben, können Sie abschließend den Blick wieder auf das große Ganze richten: Lesen Sie den gesamten Text noch einmal durch und konzentrieren Sie sich dabei auf die genauen Zusammenhänge und deren Bezug zur Gesamtaussage des Textes.

Aufgabe

Analysieren Sie den folgenden Meinungsbeitrag.

Beispieltext: „Wollen die auch arbeiten?"

Die Generation der Umdiedreißigjährigen, die jetzt voll Selbstbewusstsein auf den deutschen Arbeitsmarkt schlendert, könnte man durchaus als Generation Pippi bezeichnen. Denn diese Generation macht sich die Welt, widdewidde wie sie ihr gefällt. [...] Die Neuen wollen Spaß haben, schnell vorwärtskommen und dabei weniger Zeit in ihrem Job verbringen. Und nebenbei wollen sie auch noch die Welt retten.

Da ist zum Beispiel Ingo Kucz. Seine vierjährige Tochter schläft nur mit einem Kirschkernkissen auf dem Bauch, und ihre Kindergartenliebe heißt Simon. Ingo Kucz, 32, ist das alles sehr wichtig. Dabei ist er kein Kindergärtner, kein Pädagoge oder Arzt. [...] Morgens vor der Arbeit bringt Kucz seine Tochter in den Kindergarten und ihren einjährigen Bruder zur Tagesmutter. Seine Frau, eine Sonderschulpädagogin, ist da schon bei der Arbeit. Nachmittags um fünf Uhr geht Kucz heim: Er will mit seinen Kindern noch zwei Stunden spielen, sie baden, ihnen vorlesen, bevor er sie zu Bett bringt. Erst in der Nacht setzt er sich noch mal an den Schreibtisch. Ingo Kucz arbeitet Vollzeit, etwa 40 Stunden die Woche, manchmal mehr. „Wenn ich [...] nicht so flexibel arbeiten könnte", sagt er, „würde ich mir einen anderen Job suchen."

Sind die Kinder einmal krank, arbeitet er von zu Hause aus. Kucz besucht die Elternabende im Kindergarten, und wenn die Erzieher Teamsitzung haben, nimmt er sich einen halben Tag frei, um mit den Kleinen zum Schwimmen zu fahren. Nicht dass Kucz keine Lust auf Karriere hätte, er promoviert sogar noch nebenher in Soziologie. „Ich bin bloß nicht bereit, für Job und Status mein Leben zu opfern."

Der junge Familienvater gehört zu einer neuen Generation von Berufstätigen. Einer Generation, die etwas anderes will: anders arbeiten, anders leben, anders sein. „Die nächste große Generation" haben die amerikanischen Historiker Neil Howe und William Strauss sie getauft. Wenn es nach den Erkenntnissen der Wissenschaftler geht, könnten diese zwischen 1980 und 2000 Geborenen die Welt tatsächlich verbessern. Selbstbewusste Optimisten sind dabei, die Unternehmen zu erobern, und sie stellen Bedingungen.

Der Berliner Jugendforscher Klaus Hurrelmann spricht von der dritten Generation nach 1945, die Deutschland verändert: Zuerst waren da die Skeptiker der Nachkriegsjahre, ernste, von Trauma und Entbehrung gezeichnete Trümmermenschen. In der von ihnen wieder aufgebauten Welt wuchs die Generation Golf heran, in der Blütezeit der Republik. Ihre Vertreter sind kämpferisch und konsumorientiert, repräsentabel und busy. Und nun also die Generation Y. Die hat erfahren: Alles ist möglich. Und alles ist ständig im Fluss, nichts bleibt, wie es einmal war. Die Y-Vertreter sind mit unzähligen Optionen groß geworden, im Alltag und im Internet. Von Anfang an mussten sie biografisches Selbstmanagement betreiben, wie Hurrelmann es nennt, und sich stark um sich selbst kümmern. Ihr Problem sind nicht die Grenzen, sondern es ist die Grenzenlosigkeit. Sie wollen alles und alles auf einmal: Familie plus Feierabend. Beruf plus Freude plus Sinn. Und das verfolgen sie kompromisslos. Von den Unternehmen erwartet die Generation Y, dass sie umdenken und sich auf ihre Ansprüche einstellen. Selbstbestimmt und flexibel wollen sie arbeiten [...]. Autoritäten zweifeln sie erst einmal an, es sei denn, der Chef beeindruckt sie. Kollegialität und persönliche Entwicklung rangieren bei ihnen ganz oben, und erst am Schluss von insgesamt 19 Kategorien stehen bei ihnen – laut einer Studie des Berliner Instituts trendence – Status und Prestige.

Y wird im Englischen ausgesprochen wie why, das englische Wort für warum. Und tatsächlich hinterfragen die „Millennials" so ziemlich alles: Muss das Unternehmen der Umwelt schaden? Ist das, was der Chef sagt, immer richtig und gut für alle? Und: Warum sollten Familie und Karriere nicht vereinbar sein? Die Generation Y/Why ist auch die Generation „Warum nicht?".

Sie hatten immer schon die Wahl. Von Geburt an wurden sie von der Generation X ihrer Eltern gefördert und gefeiert. Die volle Aufmerksamkeit ihrer „Helikopter-Eltern" war ihnen gewiss. Schon als Hosenmatze durften sie mitentscheiden, wohin die Familie in Urlaub fährt oder welches Auto angeschafft wird. Sie sind daran gewöhnt, sich entfalten und verwirklichen zu dürfen. Und all das, was sie in der Kindheit erfahren haben, erwarten die Neuen nun auch vom Arbeitgeber: Aufmerksamkeit, Fürsorge, Mitsprache. Ständiges Feedback. Sie wollen Chefs, die wie Eltern sind und auf ihre Bedürfnisse eingehen.

Es könnte sein, dass sie ihre Erwartungen auch durchsetzen. Denn diese Generation hat eine Macht, die ihren Eltern und Großeltern vorenthalten war. Es ist die Macht der Demografie, die Macht der Knappheit in einem hochgebildeten und wirtschaftlich florierenden Land. Vielen Branchen gehen die Fachkräfte aus. Und sie werden noch weniger, wenn die starken Geburtsjahrgänge 1960 bis 1970 erst einmal in Rente sind. Zwar dürfte sich bis 2050 auch die Zahl der Pflegefälle im alternden Deutschland verdoppeln, und diese Aufgabe muss die Generation Y schultern. Doch das ändert nichts daran: „Die Mitglieder der Generation Y können ihre Vorstellungen in die Berufswelt retten, weil sie davon profitieren, dass es nur wenige von ihnen gibt", sagt Jutta Rump vom Institut für Beschäftigung und Employability in Ludwigshafen. Und Gerhard Rübling, der Personalchef [eines] schwäbischen Maschinenbau-Unternehmens, fügt hinzu: „Solange die Ansprüche erfüllt werden, sind die neuen Arbeitnehmer 150-prozentig loyal. Genügt der Arbeitgeber ihren Anforderungen nicht mehr, gehen sie ohne Schmerz." Im Schnitt blieben die Jungen nur noch 18 Monate, sagen Zahlen des Instituts für Arbeitsmarkt- und Berufsforschung (IAB): Währte die durchschnittliche Beschäftigung der unter 30-Jährigen in den achtziger Jahren noch 814 Tage, sank sie demnach in zwei Jahrzehnten auf 536 Tage. Auch Ingo Kucz wollte keine Kompromisse machen. Bevor er [zu seinem jetzigen Arbeitgeber] ging, arbeitete er für einen Industriekonzern. Die Perspektive war gut, die Bezahlung auch, aber der Führungsstil passte Kucz nicht. Es gab viele Hierarchien und wenige Freiräume. Anweisungen statt Erklärungen. Von seinen Kollegen hörte er den Satz: „Gehalt ist bei uns Schmerzensgeld." Mit dieser Kultur von Befehl und Gehorsam sind Konzerne in Deutschland lange gut gefahren, manche tun es heute noch. Doch Leute wie Kucz verweigern sich: Der Mann für die Strategie wollte nicht länger für etwas entschädigt werden, das ihm doch Freude machen sollte. Er kündigte. [...]

Dass die Generation Y weniger leistet, geben Untersuchungen allerdings nicht her: [...] „Null Bock" ist heute ein Fremdwort. Die Lebensläufe der Nachwuchskräfte sind prall voll von Praktika, Kursen, Auslandsaufenthalten und sozialen Engagements. Die Ys fordern nicht nur ihre Arbeitgeber, sie verlangen auch sich selbst einiges ab. [...] Zwar hat etwa ein Fünftel der Generation Y heute keinen Schulabschluss und – laut Hurrelmann – sehr schlechte Berufsperspektiven. Unter den Verlierern sind auffällig viele junge Männer. Früher hätten die einen Job als Hilfsarbeiter gefunden, heute sitzen sie vor dem Fernseher oder Computer, weil niemand mehr Ungelernte brauchen kann. Da sieht der Soziologe ein Problem auf die Gesellschaft zukommen. Für alle anderen aber gilt: Sie wollen arbeiten – bloß anders. Auch Azubis werden umworben. Die Zahl der Schulabgänger ohne Abitur ist in den vergangenen sechs Jahren von über 700.000 auf rund 550.000 geschmolzen. Firmen in der Provinz fangen damit an, herausragenden Lehrlingen kleine Dienstwagen zu offerieren. [...] Die Jungen haben die Durchlässigkeit des Bildungssystems kapiert. Im Vorstellungsgespräch fragen die angehenden Azubis nach ihren Karrieremöglichkeiten. Früher wurden sie technischer Meister, wenn es gut lief, heute wollen sie wissen, ob sie auch promovieren können, wenn sie als Mechaniker hier anfangen. Sie können. [...] Glücksstudien relativieren die herkömmliche Überzeugung, dass Status und Besitz selig machen. Der Nobelpreisträger für Ökonomie Daniel Kahneman formuliert das so: „Glück erlebt man in Momenten, in denen man seine Aufmerksamkeit auf etwas Angenehmes richtet. Ich kann mir zwar ein tolles Auto kaufen, aber ich kann mich nicht über lange Zeit darauf konzentrieren." Erleben erzeugt demnach mehr Zufriedenheit als Haben. Enge soziale Kontakte und eine Balance im Leben sind wichtiger als ein etwas besser bezahlter Job, der keine Freude macht. [...] Kämen nun tatsächlich die besten Frauen und Männer nach oben, dann wachse auch der Wohlstand, sagen Ökonomen fast einstimmig. Außerdem benehmen sich die Mitglieder der Generation Y zwar manchmal wie Gören, die nicht erwachsen werden wollen. Aber sie sind auch weltoffen, engagiert und auf eine spielerische Art kreativ. In einer Weltwirtschaft, in der Ideen oft mehr zählen als Produkte und das Neue zunehmend in sozialen Netzwerken entsteht, sind das keine schlechten Voraussetzungen.

Kerstin Bund, Uwe Jean Heuser, Anne Kunze, www.zeit.de, 7.3.2013

1.4.3 Lebensphase Alter: „Best Ager“ oder „Altes Eisen“?

M 11 ● Alter in seinen unterschiedlichen Ausprägungen

M 12 ● Immer mehr Senioren übernehmen Minijobs

Immer mehr Menschen im Rentenalter gehen einer geringfügig entlohnten Beschäftigung nach. Arbeiteten 2003 bundesweit noch knapp 533.000 über 65-Jährige in einem Minijob, waren es im März 2015 knapp 904.000. Das geht aus der Antwort der Bundesagentur für Arbeit auf eine entsprechende Anfrage der Linken-Bundestagsabgeordneten Sabine Zimmermann hervor.

Laut der Statistik wächst die Zahl über die Jahre kontinuierlich. Die Branche mit den meisten Ü65-Minijobbern ist demnach der Handel: Dort liegt die Zahl bei 154.000. Minijobs sind laut Arbeitsagentur geringfügige Beschäftigungen, bei denen die monatliche Verdienstgrenze bis zu 450 Euro beträgt.

„Der weitaus überwiegende Teil der älteren Menschen dürfte nicht zum Spaß und Zeitvertreib weiter arbeiten, sondern aus finanzieller Not“, sagte Zimmermann. Die Senioren arbeiten ihrer Ansicht nach zunehmend über die gesetzliche Altersgrenze hinaus, „um der Armut zu entfliehen“. Deshalb müsse das Rentenniveau angehoben werden.

Schon Anfang August gab es Berichte darüber, dass immer mehr Menschen in Deutschland zusätzlich zu Einkommen oder Rente auf staatliche Grundsicherung angewiesen sind - und dass vor allem ältere Menschen diese Sozialhilfe brauchen.

aar/dpa, www.spiegel.de, 19.10.2015

Minijob

Ein Minijob ist eine geringfügige Beschäftigung. In der Regel beträgt die Verdienstgrenze 450 Euro monatlich. Auch für diese Tätigkeit gilt der gesetzliche Mindestlohn von 8,84 Euro brutto pro Stunde. 7,8 Mio. geringfügige Beschäftigungsverhältnisse waren 2016 in Deutschland registriert, davon 2,61 Mio. Nebenjobs, 5,14 Mio. ausschließlich geringfügige Beschäftigungsverhältnisse.

Erklärfilm zu Altersarmut

Mediencode: 8918-06

M 13 ● Eine halbe Million Senioren sind auf Grundsicherung angewiesen

Immer mehr Menschen in Deutschland sind zusätzlich zu Einkommen oder Rente auf staatliche Grundsicherung angewiesen. Vor allem ältere Menschen brauchen diese Sozialhilfe: Im März 2015 waren es rund 512.000 Senioren. Darunter waren besonders viele Frauen in Westdeutschland – ihre Rentenansprüche reichen nicht aus. [...] „Die Zahlen der Grundsicherung verdecken ein bisschen die tatsächliche Situation", sagte die Präsidentin des Sozialverbandes VdK Deutschland, Ulrike Mascher. Denn immer mehr Menschen über 65 übernähmen einen Minijob, um der Grundsicherung zu entkommen. „Viele alte Frauen scheuen sich auch, Grundsicherung zu beantragen, oder haben Sorge, dass ihre Kinder herangezogen werden." Probleme mit Mietzahlungen seien dann oft der Auslöser, doch die staatliche Leistung zu beantragen.

brk/dpa, www.spiegel.de, 6.8.2015

M 14 ● Die jungen Alten kommen

Die Alten werden in Zukunft noch älter. In der Öffentlichkeit hat diese erfreuliche Entwicklung zu einigen Fehleinschätzungen geführt. Sie sind hauptsächlich auf ein verzerrtes Bild des Alterns zurückzuführen: Das einer senilen Bevölkerung, deren Alte für die Gemeinschaft vornehmlich eine Bürde sind. Symbolhaft haben sich dafür Begriffe wie „Vergreisung" oder „Überalterung" der Gesellschaft in der medialen Debatte breit gemacht, verbunden mit den Assoziationen von Krankheit, Schwäche und egoistischem Altersstarrsinn.

Die Diskussion leidet unter einem systematischen Denkfehler: der „Ceteris-Paribus-Logik", also der irrigen Annahme, dass sich nur ein Parameter ändert, alles andere aber so bleibt, wie es ist. Es wird zwar allgemein akzeptiert, dass wir sehr viel älter werden. Es wird aber ignoriert, dass wir auch sehr viel gesünder altern als früher. Tatsächlich verändert sich das Alter beträchtlich und ist gleichzeitig von uns selbst veränderbar. Es ist plastisch.

Es gibt begründete Hoffnung, dass sich die Lebensspanne, innerhalb derer wir noch gesund, leistungs- und arbeitsfähig sind, genauso schnell erweitert wie die Lebenserwartung steigt. Grob gesprochen ist damit ein heute 50-Jähriger so fit wie noch 1970 ein 40-Jähriger oder ein 65-Jähriger so gesund wie ein damals 55-Jähriger. Das Alter wird also immer aktiver und agiler, und Alte können (und wollen) gesellschaftlich mehr Verantwortung übernehmen als früher.

Björn Schwentker, James W. Vaupel, Eine neue Kultur des Wandels, in: APuZ, 10-11/2011, S. 7 ff.

Ceteris-Paribus-Logik
(lat.) „Alles andere bleibt gleich"-Logik. In den Erfahrungswissenschaften gebräuchliche Annahme, dass man die Wirkung einer bestimmten Variablen nur dann eindeutig bestimmen könne, wenn man alle anderen Variablen konstant hält, um deren Einfluss auf das Ergebnis auszuschalten.

M 15 ● Zwei Mittel gegen den Rentenkollaps

Mein Großvater ging Ende der Sechzigerjahre in Rente. Da war er 65 Jahre alt. Seine statistische Lebenserwartung lag damals noch bei knapp 13 Jahren. Tatsächlich starb er im Alter von 78 Jahren. Insofern war er typisch für seine Generation von Männern, die meist nur eine einfache Ausbildung genossen, körperlich hart gearbeitet und den Krieg als Soldaten durchlitten hatten. Die Enkel und Urenkel dieser Generation werden 2030, nach einem meist leichteren und unbeschwerteren Leben, im Alter von 65 eine um zehn Jahre längere Lebenserwartung haben. Warum sollten sie nicht zehn Jahre später in Rente gehen?

Viel ist derzeit von drohender Altersarmut die Rede. [...] Zunehmend rückt die Generation der heutigen Beitragszahler in den

Fokus: Ab dem Jahr 2030 droht ein weiteres Absacken der Ruhestandsbezüge.

Weder reine Umverteilungspolitik noch private Vorsorge werden das Problem lösen. Früher konnte man sich bei der Rente noch aufs Wirtschaftswachstum verlassen. Da aber die Produktivität seit Jahren kaum noch steigt, dürften sich für kommende Generationen keine großen Umverteilungsspielräume mehr eröffnen. Wer heute schon wenig Geld verdient, kann kaum etwas zurücklegen. Und die Zinsen werden auf längere Sicht niedrig bleiben, sodass Erspartes kaum noch Renditen abwirft.

Entscheidend für die Zukunft der Rente ist deshalb eine einzige Zahl: die Relation von Einzahlern zu Ruheständlern. Wenn immer mehr Rentner immer weniger Beitragszahlern gegenüberstehen, wird es eng.

Womit wir wieder bei meinem Großvater wären. Wenn meine eigene Lebenserwartung mit 65 ein Jahrzehnt länger ist als seine damals, wäre es dann nicht vernünftig und gerecht, erst mit 75 Jahren in Rente zu gehen? Kein abwegiges Szenario für kommende Rentnergenerationen. [...]

Es stimmt schon: Wer aus gesundheitlichen Gründen nicht mehr arbeiten kann, braucht solidarische Unterstützung. Aber die Alterssicherung insgesamt an die Formel „älter gleich kränker" zu knüpfen, passt nicht mehr in die Zeit. [...] Den Eintritt in den Ruhestand parallel zur Lebenserwartung zu verschieben, würde die Rentenversicherung enorm entlasten. Aber auch das wird nicht genügen. Die Relation von Einzahlern zu Ruheständlern lässt sich nur stabilisieren, wenn die Zuwanderung nach Deutschland auf Dauer hoch bleibt.

Schon in den vergangenen Jahrzehnten war die Alterssicherung in Deutschland nur aufrechtzuerhalten, weil mehr und mehr Menschen her kamen. Im langfristigen Durchschnitt zogen jährlich 200.000 Menschen mehr nach Deutschland, als das Land verließen.

Doch ein Nettozuzug dieser Größenordnung genügt nicht mehr. Um das Potenzial an Erwerbspersonen – und das heißt: an potenziellen Rentenbeitragszahlern – in Deutschland über die kommenden Jahrzehnte konstant zu halten, bräuchte es mehr als doppelt so viel Zuwanderung wie in früheren Jahrzehnten. Im Schnitt müssten gut 500.000 Menschen jährlich mehr ein- als auswandern, wie eine Studie des Instituts für Arbeitsmarkt- und Berufsforschung (IAB) und der Bertelsmann Stiftung vorrechnet. [...]

Weder längere Lebensarbeitszeiten noch verstärkte Zuwanderung werden die Rentenfinanzen auf Dauer stabilisieren können. Aber sie sind entscheidende Faktoren bei der Sicherung der künftigen Alterssicherung. Wer über die Zukunft der Rente nachdenkt, sollte weder von einem konstanten Renteneintrittsalter ausgehen noch von der starren Annahme einer Nettozuwanderung von 200.000 Menschen jährlich. Beides lässt sich verändern, zum Besseren.

Die Ausdehnung der Arbeitszone – sie wäre ein eleganter Weg, die demografische Wende ohne große Bremsspuren zu meistern.

Henrik Müller, www.spiegel.de, 31.10.2016

Renteneintrittsalter

Die Regelaltersgrenze für die normale Rente liegt für alle, die 1964 oder später geboren sind, bei 67 Jahren. Wer diese Altersgrenze erreicht, erhält die Rente ohne Abschläge ausbezahlt. Die Rentenbezugsdauer liegt bei fast 20 Jahren, sie lag 1960 bei zehn Jahren.

Produktivität

Die Produktivität besagt, wie viel Wirtschaftsleistung ein Erwerbstätiger in einer Stunde erbringt. Im Zeitraum 1995 bis 2005 wuchs die gesamtwirtschaftliche Arbeitsproduktivität in Deutschland um 1,8 Prozent jährlich, seitdem hat sich das Wachstum auf 0,8 Prozent mehr als halbiert.

Aufgaben

1. Benennen Sie ausgehend von M 11 Chancen und Risiken der Lebensphase Alter.
2. Diskutieren Sie, ob und ab wann Sie bereits in jungen Jahren Vorkehrungen fürs Alter treffen können, sollten oder müssten.
3. Arbeiten Sie heraus, wie sich das Älterwerden im 21. Jahrhundert wahrscheinlich verändern wird. (M 12 – M 14)
4. a) Führen Sie eine Umfrage zur Frage „Soll die Lebensarbeitszeit über 67 Jahre hinaus verlängert werden" in Ihrer Klasse durch.
   b) Analysieren Sie anschließend M 15.

F zu Aufgabe 4b
Wiederholen Sie anschließend die Umfrage und vergleichen und diskutieren Sie die Ergebnisse.

ORIENTIERUNGSWISSEN

Veränderungen auf dem Arbeitsmarkt

Für die vormoderne **Agrargesellschaft** war es charakteristisch, dass Arbeits- und Wohnort zusammenfielen und Arbeit und Freizeit nur schwer voneinander trennbar waren. Dies änderte sich, als der **sekundäre Wirtschaftssektor (Industrie, Handwerk)** in Deutschland dominierte. Im Laufe der 1950er Jahre entwickelte sich dann der **Dienstleistungssektor** zum stärksten Wirtschaftsbereich und brachte weitere gesellschaftliche Veränderungen, wie zum Beispiel die Bildungsexpansion, mit sich. Diese Entwicklung wird auch **Tertiarisierung** genannt. Mittlerweile wurde aufgrund der immensen Bedeutungszunahme der neuen Medien ein **vierter Sektor (Informationssektor)** etabliert. Der **Strukturwandel** auf dem Arbeitsmarkt spiegelt sich in gesellschaftlichen Veränderungen wider – und umgekehrt.

Flexibilität als Hauptmerkmal der modernen Arbeitswelt
M 9 – M 10

Die Veränderungen auf dem Arbeitsmarkt brachten Entwicklungen mit sich, die einerseits ein wesentlich höheres Maß an Individualität erlauben, andererseits aber genau deswegen zu fehlender Planbarkeit und Stabilität führen können. **„Flexibilität"** wurde in verschiedener Hinsicht zum Hauptmerkmal modernen Arbeitens:

Temporale Flexibilisierung: Die Stechuhr gab es gestern – heute können bzw. müssen Arbeitszeiten oftmals flexibel gestaltet werden: Man arbeitet, wenn Arbeitgeber oder Kunde danach verlangen oder wenn es einem selbst zeitlich passt.

Mobilität: Der moderne Arbeiter bestimmt seinen Wohnort nach seiner Arbeitsstelle. Räumliche Flexibilität ist heute möglich oder wird vom modernen Arbeitgeber vielmehr erwartet – dies kann das Homeoffice sein, berufsbedingte Umzüge innerhalb oder außerhalb Deutschlands, der Zweitwohnsitz in der Nähe des Arbeitsplatzes, ständige Reisebereitschaft zum nächsten Auftrag irgendwo auf der Welt.

Neue Arbeitsverhältnisse: Vom Beginn der Ausbildung bis zum Ruhestand immer im selben Betrieb? Was für unsere Großeltern nichts Ungewöhnliches war, ist heute selten geworden: Weder Arbeitgeber noch Arbeitnehmer wollen lebenslange Bindungen miteinander eingehen. Gut Ausgebildete behalten oft mit einem Auge die Stellenangebote im Blick, um keine Chance zu verpassen, die eigene Erwerbsbiografie weiter zu optimieren. Der Arbeitstag schlecht Ausgebildeter setzt sich oft aus stundenweisen Beschäftigungen in mehreren geringbezahlten Jobs zusammen. Mit der Zeitarbeit ist eine völlig neue Form der Beschäftigung entstanden.

Flexibles Wissen: Wissen ist das Kapital des Arbeitnehmers, daher muss er dieses ständig aktuell halten, um wettbewerbsfähig zu bleiben. Lebenslanges Lernen gehört in Form von ständiger Weiterbildung oder ggf. Umqualifizierung daher zur heutigen Erwerbsbiografie.

Konsequenzen der neuen Arbeitsmarktstrukturen

Die Erwerbstätigkeit beider Geschlechter gilt einerseits als Ursache, andererseits als Folge der Entwicklungen auf dem modernen Arbeitsmarkt. Daher zeigen sich analog zu den **Flexibilisierungstendenzen** in der Arbeitswelt ähnliche Entwicklungen auch im Bereich der **Familie**: Das Familienleben muss sich den beruflichen Anforderungen zeitlich und räumlich anpassen. Andererseits setzen angesichts des drohenden **Fachkräftemangels** immer mehr Unternehmen auf **langfristige Mitarbeiterbindungen**, indem sie u. a. familienfreundliche Arbeitszeitmodelle ermöglichen.

Entwicklungstendenzen in der Berufswelt

Deutschland weist mittlerweile auch Züge einer **Wissensgesellschaft** auf, daher entscheidet in erster Linie die Qualität der Ausbildung über Berufs- und Lebenschancen. Bildung spielt deshalb sowohl für den Einzelnen als auch für den Standort Deutschland im internationalen Vergleich die entscheidende Rolle. Unqualifizierte Arbeiter werden auch bei abnehmenden Arbeitslosenquoten auf Dauer die Verlierer auf dem Arbeitsmarkt sein, da sie in vielen Bereichen durch Maschinen ersetzt werden. Unter den Arbeitslosen schlummert hinsichtlich des Fachkräftemangels ebenso ungenutztes Potenzial wie unter den gut ausgebildeten Frauen, die trotz hoher Qualifikationen nach der Familiengründung oft längerfristig zu Hause bleiben. Ob sich der **Trend zur universellen Flexibilität** in der Arbeitswelt weiter fortsetzen wird, ist derzeit noch nicht abzusehen.

Funktionen der Familie im Wandel
M 1

Rollenbilder unterliegen einem Wandel. So war z.B. in den 1950er und 1960er Jahren der Arbeitsplatz der (verheirateten, westdeutschen) Frau zu Hause in der Küche und bei ihren Kindern. Dem Mann stand es u. a. rechtlich zu, den gemeinsamen Wohnort zu bestimmen (bis 1958) oder seiner Frau die Erwerbstätigkeit zu verwehren (bis 1977). Heute wäre dies undenkbar. Mit den **Rollenbildern** ändern sich auch die **Aufgaben der einzelnen Familienmitglieder** sowie die gesellschaftliche Vorstellung dessen, welche Bedeutung den einzelnen Funktionen der Familie jeweils zukommt. So war man sich z. B. lange Zeit nicht über die weitreichenden Auswirkungen der **Sozialisation** bewusst. Abgenommen hat hingegen die Bedeutung der **Familie als Produktionsort:** Während früher fast alles, was die Familie zum Überleben benötigte (Nahrung, Kleidung usw.), hier hergestellt wurde, verlagert sich dies zunehmend in die Außenwelt. Hierunter fallen sogar Dienstleistungen wie Kochen, Kinderbetreuung und Pflege.

Das neue Älterwerden
M 8, M 12 – M 13

Gestiegene Lebenserwartung, **bessere medizinische Versorgung** und eine **veränderte gesellschaftliche Wahrnehmung** haben dazu geführt, dass das Bild vom Alter heute **insgesamt positiver** ausfällt. Erfreulicherweise können viele den **Ruhestand aktiv** nutzen und verdientermaßen genießen, doch es gibt auch Rentner auf der Schattenseite des Lebens: Weit verbreitete Probleme, die künftig noch weiter zunehmen könnten, sind **Einsamkeit** und **Altersarmut**.

Rentenniveau
M 14 – M 15

Das Rentenniveau gibt in Prozent an, wie hoch die **Rente für den Standardrentner** ist, und zwar **im Verhältnis zum Durchschnittsverdienst** aller Arbeitnehmer in dem jeweiligen Jahr. Wenn das Rentenniveau sinkt, so zeigt dies zwar, dass die Löhne stärker steigen als die Altersbezüge, aber der Rentner bekommt deswegen nicht weniger Geld ausbezahlt. Derzeit liegt das Rentenniveau bei 48 Prozent, netto vor Steuern. Wird nicht politisch gegengesteuert, erwartet das Arbeitsministerium bis 2030 eine Absenkung des Rentenniveaus auf unter 45 und bis 2045 auf unter 42 Prozent. Jeder Prozentpunkt, um den das Rentenniveau durch politische Eingriffe erhöht wird, ist mit Kosten in Milliardenhöhe verbunden.

1.5 Sozialisation und Bildung

1.5.1 Pluralisierung der Lebensformen – hat die Familie ausgedient?

M 1 ● Vielfältige Lebensformen – die Familie hat diverse Gesichter

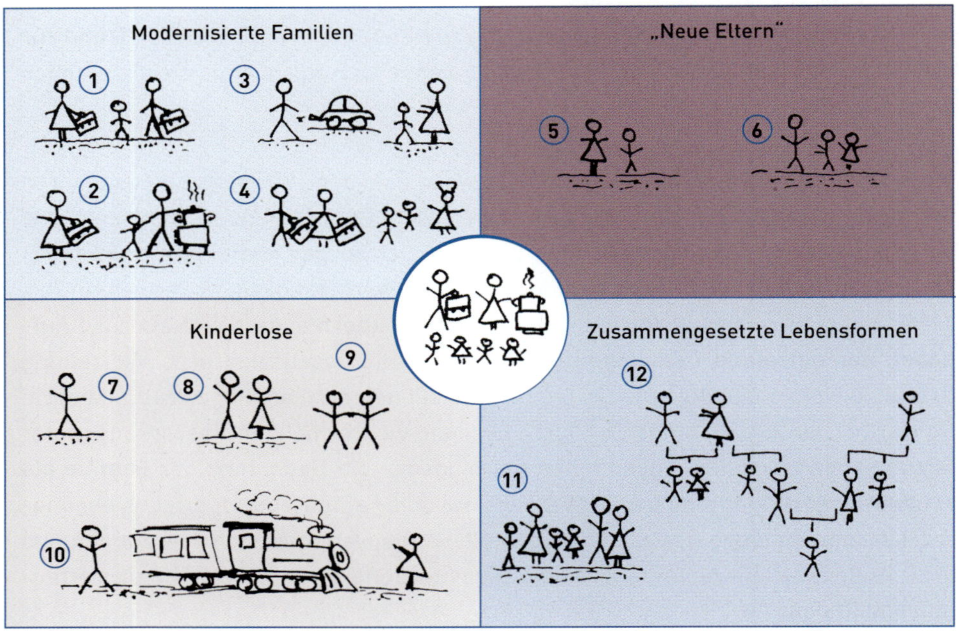

Grafik: Jutta Kleinert

M 2 ● Ab wann ist man eine Familie?

Die Lebensform Familie als Vater-Mutter-Kind-Gemeinschaft ist für eine Mehrheit der bundesdeutschen Bevölkerung [...] noch immer von zentraler Bedeutung und auch für junge Menschen hat sie als gewünschte Lebensform kaum an Anziehungskraft verloren. „Als konstitutives Merkmal von Familie kann die Zusammengehörigkeit von zwei oder mehreren aufeinander bezogenen Generationen aufgefasst werden, die zueinander in einer besonderen persönlichen Beziehung stehen, welche die Position ‚Eltern' und ‚Kind' umfasst und dadurch als Eltern-Kind-Beziehung bezeichnet werden kann" [...] Ein solcher Familienbegriff lässt offen, ob zwischen „Eltern" und Kind eine Blutsverwandtschaft besteht oder ob eine soziale Elternrolle angenommen wird, ob die Familie aus zwei Eltern oder nur aus einem Elternteil und dem Kind besteht, und wie viele weitere Verwandte sich dem Netz der Solidarität zugehörig fühlen. Offen bleibt auch, ob die zur „Familie" gehörenden Personen eine Haushaltsgemeinschaft bilden und welche emotionale Qualität die Beziehung hat. Zentral für den Familienbegriff ist also, dass mindestens die Positionen „Eltern" und „Kind" besetzt sind. Nicht-eheliche sowie eheliche Partnerschaften ohne Kinder sind somit nach dieser Definition keine Familie.

www.bmfsfj.de, 8.8.2013

Lebensformen

a) Doppelverdiener-Familie
b) Alleinerziehende Mütter
c) Familie mit Hausmann
d) Singles
e) Kinderlose Ehe oder Partnerschaft
f) Gleichgeschlechtliche Partnerschaften / Ehen
g) Stief- oder Fortsetzungsfamilien
h) Alleinerziehende Väter
i) Familie mit Tagesmutter
j) Freie Wohn- und Lebensgemeinschaften
k) Wochenendbeziehung
l) Wochenendfamilie

Gleichgeschlechtliche Ehe

Seit 1. Oktober 2017 gilt: „Die Ehe wird von zwei Personen verschiedenen oder gleichen Geschlechts auf Lebenszeit geschlossen." (BGB, § 1353)
Aufgrund dieser Gesetzesänderung dürfen homosexuelle Paare seitdem gemeinsam ein Kind adoptieren. Beim Erbrecht, der Unterhaltspflicht und dem Ehegattensplitting hatten gleichgeschlechtliche Paare durch Entscheidungen des BVerfG in den letzten Jahren bereits nach und nach gleiche Rechte und Pflichten zugesprochen bekommen.
Autorentext

M 3 Der entsorgte Vater

Die israelische Soziologin Eva Illouz erforscht Liebesbeziehungen in Zeiten des Kapitalismus. Früher habe man von Männern erwartet, dass sie heiraten und Nachkommen in die Welt setzen. Dieser Druck sei mit der Auflösung patriarchaler Strukturen weggefallen. Heute mache es Sinn, ein hedonistischer Single zu sein, sagt Illouz. Männer haben scheinbar unbegrenzt Zeit und können aus einem größeren Pool jüngerer Partnerinnen wählen. Also halten sie sich lange alle Möglichkeiten offen. Familiengründung und die damit verbundenen Pflichten werden nach hinten verschoben.

Der gesellschaftliche Druck, Kinder zu bekommen, lastet auf den Frauen. In Beziehungen zu Männern haben sie deshalb schlechtere Karten – sofern sie sich das traditionelle Modell wünschen. Wenn das biologische Fenster sich langsam schließt, stellen sie fest, dass sie romantische Liebe, Sexualität und Fortpflanzung nicht mehr mit ein und demselben Mann umsetzen können. „Wirtschaftlich unabhängige Frauen trennen dann diese Dimensionen", sagt Illouz. Sie sieht darin einen Akt der Befreiung. Die Soziologin glaubt, dass die klassische Familie sich weiter auflösen wird. An ihre Stelle würden ganz unterschiedliche, individuell ausgehandelte Lebensmodelle mit Kind treten. [...]

Welche Auswirkungen das weitgehende Fehlen von Vätern auf Kinder hat, das ist noch nicht hinreichend erforscht. Söhne und Töchter von Single-Müttern lassen sich nicht einfach mit Scheidungskindern vergleichen, die nicht selten durch die Trennung der Eltern traumatisiert sind.

Studien mit gleichgeschlechtlichen Paaren zeigen: Dem Kind geht es gut, wenn es stabile Bezugspersonen hat. Deren Geschlecht scheint nicht ausschlaggebend zu sein. Kinder einer Single-Mutter haben allerdings oft nur eine feste Bezugsperson. [...]

Das Modell der freiwilligen Single-Mutter hat die altbekannte Kehrseite: Die Erziehung von Kindern ist wieder weitgehend Frauensache. Es besteht die Gefahr, dass die Mütter eben wirklich allein bleiben, mit der doppelten Arbeitsbelastung, dem finanziellen Risiko. Statt die Idee des fürsorglichen Vaters zu stärken, leisten Single-Mütter auch dem ungebundenen Mann Vorschub, der ohne jegliche Verpflichtung Kinder in die Welt setzen kann.

Nicola Abé, www.spiegel.de, 18.8.2014

Aufgaben

1. Ordnen Sie die Begriffe in der Randspalte von S. 50 den Lebensformen in M 1 zu.
2. Benennen Sie, inwiefern sich der Familienbegriff verändert hat. (M 2)
3. a) Erklären Sie mithilfe von M 1, was mit „Pluralisierung der Lebensformen" gemeint ist.
   b) Ermitteln Sie Gründe für diese Entwicklung. (M 3)
4. Diskutieren Sie, welche Lebensformen für Sie persönlich künftig erstrebenswert, welche akzeptabel sind und welche nicht infrage kommen.

1.5.2 Lernen – ein Leben lang?

M 4 Schulbildung der Eltern beeinflusst Schulwahl der Kinder

Entwicklung des Schulbesuchs nach Bildungsabschluss der Eltern (2010-2015)
Angaben in Prozent, Kinder unter 15 Jahren in der Sekundarstufe I

Schulbesuch des Kindes	Höchster allgemeiner Bildungsabschluss der Eltern					
	Fachhochschul-/ Hochschulreife		Realschule		Hauptschule/ kein Abschluss	
	2010	2015	2010	2015	2010	2015
Gymnasium	61	61	31	30	12	14
Realschule	21	18	43	35	36	33
Hauptschule	6	3	15	7	38	22
Schule mit mehreren Bildungsgängen	11	18	12	28	14	31

Zahlen nach: Statistisches Bundesamt, Mikrozensus 2015

M 5 Soziale Herkunft von Abiturienten

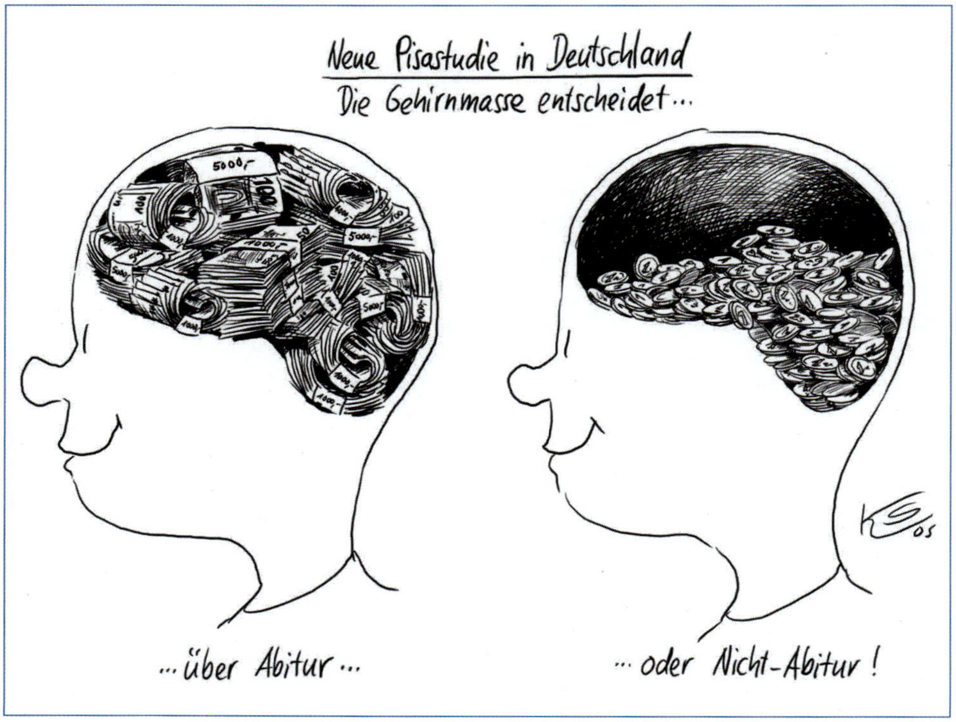

Karikatur: Klaus Stuttmann, 2005

M 6 „Ihr liegt euren Eltern auf der Tasche, um dann Taxifahrer zu werden"

Arbeiterkind.de – Gründerin Katja Urbatsch im Interview mit heute.de

Sie sagen, es gibt kein Recht auf Bildung für alle in Deutschland. Wer ist benachteiligt?

Natürlich alle, die aus einer Familie mit schwachem Bildungshintergrund kommen, in der die Eltern nicht studiert haben. Denn die Eltern gelten in Deutschland als Bildungsgaranten. Es wird erwartet, dass sie sich inhaltlich, emotional und finanziell engagieren. Ohne Unterstützung von zu Hause wird's schwierig.

Spielt denn nur das Elternhaus eine Rolle für die Bildungskarriere der Kinder?

Das Elternhaus spielt eine große Rolle bei den Bildungsambitionen der Kinder. Aber nicht allein. Es stellt sich immer die Frage, hat schon mal jemand in der Familie studiert und welchen Bildungsweg haben die Familienmitglieder genommen? Die Kinder tendieren dazu, den Bildungsweg der Eltern einzuschlagen, wenn diese eine Ausbildung gemacht haben. Die Schulen fördern die Kinder leider gemäß ihrer Herkunft und nicht nach ihren Fähigkeiten und trauen ihnen weniger zu.

Welche Hürden gibt es für Kinder aus Arbeiterfamilien?

Alle denken, die schaffen es nicht mal zum Abitur. Hürden gibt es immer an den Übergängen - also nach der Grundschule, nach der zehnten Klasse und nach dem Abitur. Immer dann, wenn eine eigenständige Entscheidung getroffen werden muss. Denn die Eltern kennen sich nicht aus und haben Angst, ihre Kinder zu überfordern. Bei Akademikerkindern ist das keine Frage, dass sie studieren. Da heißt es: „Ich habe studiert, du machst das auch!" Bei den anderen denkt man: Die sind nicht so selbstbewusst, die schaffen das nicht.

Wo ist die Politik gefordert, wo das Bildungssystem?

Die Politik muss dafür sorgen, dass der Bildungserfolg eines Kindes nicht vom Elternhaus abhängt. Lehrer wollen Kinder aus bildungsfernen Schichten oft vor dem Scheitern schützen und trauen ihnen nichts zu. Was gut gemeint ist, nimmt den Kindern die Chancen.

Interview: Panja Schollbach, www.heute.de, 25.2.2012

Katja Urbatsch gründete 2008 die Initiative arbeiterkind.de, um mit ihrem Team Schüler und Studierende aus Familien, in denen noch niemand studiert hat, zu unterstützen.

M 7 Hohe Bildung lohnt sich

Gut Qualifizierte haben eine positive Einstellung zur Gesellschaft und mehren den Wohlstand. Unter jenen, die sich ehrenamtlich engagieren, ist der Anteil mit hohem Bildungsabschluss (Studium, hochwertige Ausbildung) im OECD-Schnitt doppelt so hoch wie der Anteil ohne diese Qualifikation. Die Wahlbeteiligung bei den Hochqualifizierten ist um etwa 15 Prozentpunkte höher als bei den gering Qualifizierten. Diese positivere Einstellung zur Gesellschaft geht einher mit einer höheren persönlichen Zufriedenheit: In Deutschland gibt die Hälfte der gering Qualifizierten an, zufrieden zu sein, bei den Hochqualifizierten sind es 77 Prozent. Das dürfte auch an der extrem niedrigen Arbeitslosenquote in dieser Gruppe liegen: 3,4 Prozent. Hochqualifizierte verdienen in Deutschland im Schnitt 68 Prozent mehr als gering Qualifizierte.

Für den Staat lohnt sich die Investition in die Bildung seiner Bürger. Das gilt auch für Deutschland: Eine männliche Arbeitskraft mit hoher Qualifikation bringt dem Staat über Einkommenssteuern und Sozialabgaben im Laufe seiner Lebensarbeitszeit einen Gewinn von 169.000 Dollar (124.000 Euro); für weibliche Arbeitskräfte 85.000 Dollar (62.000 Euro).

Anja Kühne, Tilmann Warnecke, www.pnn.de, 14.9.2011

M 8 ● Das Deutsche Bildungssystem steht gut da

Frühkindliche Bildung

Eine Langzeitstudie aus Norwegen hat ergeben, dass wer als Kind in einer Kindertagesstätte war, später durchschnittlich seltener arbeitslos wird und auf Sozialhilfe angewiesen ist, häufiger eine Universität besucht und über ein höheres Durchschnittsgehalt verfügt. Besonders stark sei dieser Effekt bei Kindern aus Unterschichtfamilien.

In ihrem jüngsten Bericht [...] ist die Organisation für wirtschaftliche Zusammenarbeit und Entwicklung (OECD) nun voll des Lobes für das duale System. Ihm sei es zu verdanken, dass der überwiegende Teil der deutschen Gesellschaft über einen mittleren Bildungsabschluss verfügt, sagte OECD-Bildungsdirektor Andreas Schleicher. Die berufliche Bildung trägt auch zum „reibungslosen Übergang von der Ausbildung in den Beruf" bei. Nach Island und den Niederlanden ist in Deutschland – unter den 35 OECD-Staaten – der Anteil junger Menschen, die weder in Ausbildung noch erwerbstätig sind, am niedrigsten.

Gleichzeitig aber stagniert hierzulande der Anteil der Menschen ohne abgeschlossene Berufsausbildung unter den 25- bis 34-Jährigen ebenso wie bei den 55- bis 64-Jährigen bei 13 Prozent, betonte Schleicher. Dieser Anteil an Geringqualifizierten, die zunehmend weniger Chancen auf dem Arbeitsmarkt haben, konnte in anderen Ländern, darunter in Österreich und der Schweiz, in den vergangenen 30 Jahren erheblich verringert werden – unter anderem durch Investitionen in die Qualität der frühkindlichen Bildung.

[...] Für Fortschritte beim Ausbau der frühkindlichen Bildung wird Deutschland im OECD-Bericht durchaus gelobt. Die Quote der Zweijährigen, die eine Kita besuchen, stieg von 2013 auf 2014 um sechs Prozentpunkte auf 65 Prozent. Bei den Dreijährigen sind mittlerweile 94 Prozent in der Kita, bei den Fünfjährigen sind es 99 Prozent. Doch Schleicher monierte den vorrangig quantitativen Kitaausbau: Gerade einmal 0,8 Prozent des Bruttoinlandsprodukts fließen in die frühkindliche Bildung, in Norwegen ist es doppelt so viel. Das mache sich in Deutschland etwa bei der schlechten Bezahlung von Erzieherinnen bemerkbar, sagte Schleicher. [...]

Mit einem Mehr an Studierenden von 28 Prozent in den Jahren 2008 bis 2013 liegt Deutschland OECD-weit in der Spitzengruppe. Weil die Finanzierung der Hochschulen trotz Zuwächsen von 16 Prozent damit nicht Schritt hält, sind die Ausgaben pro Studierendem allerdings um zehn Prozent gesunken. Damit sind sie in vergleichbarem Umfang zurückgegangen „wie in Spanien während der Finanzkrise", sagte Schleicher. [...] Die Schulen sind jedenfalls besser ausgestattet als die Unis. Trotz eines Rückgangs der Schülerzahlen um acht Prozent seit 2008 stiegen die Ausgaben vom Grundschulbereich bis zur Oberstufe um drei Prozent. Das entspricht einem Zuwachs von 12 Prozent pro Schüler – weit mehr als der OECD-Durchschnitt von acht Prozent. [...]

Der in Deutschland zunehmend beobachtete Mangel an Bewerbern in der beruflichen Ausbildung schlägt sich in dem Bericht noch nicht nieder. Die Abschlussquoten der beruflichen Bildungsgänge sieht die OECD in den Jahren 2005 bis 2014 als „relativ stabil". Der Anteil der Abiturienten stieg aber gleichzeitig um elf Prozent – im OECD-Durchschnitt waren es nur vier Prozent. Auf dem Arbeitsmarkt jedenfalls sind abgeschlossene Berufsausbildungen weiterhin viel wert, die deutschen Arbeitslosenquoten dieser Absolventen liegt bei 4,2 Prozent (OECD: 7,7 Prozent).

Amory Burchard, www.tagesspiegel.de, 15.9.16

In einer Münchner Kindertagesstätte. Die Bedeutung der frühkindlichen Bildung wird von zahlreichen Bildungsstudien belegt.

M 9 ● Weiterbildung in Deutschland

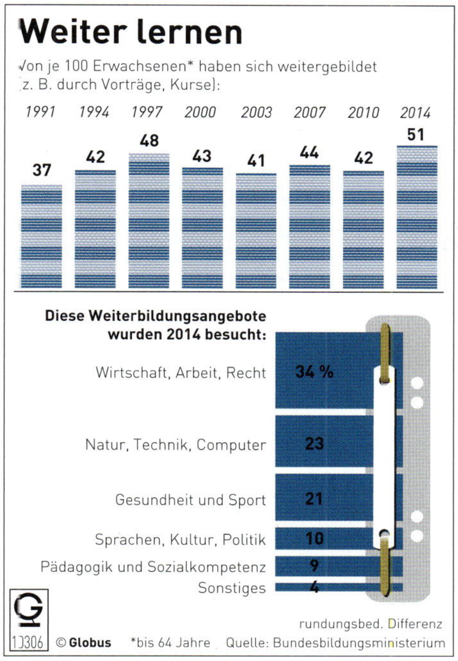

M 10 ● Weiterbildung in Unternehmen

Info

Lebenslanges Lernen

Lebenslanges Lernen bedeutet, sich kontinuierlich Wissen und Fähigkeiten anzueignen. Das gilt besonders für die Zeit nach Schule, Berufsausbildung oder Studium. Aufgaben im Beruf, Techniken oder organisatorische Strukturen verändern sich ständig. Auf diese Veränderungen muss man sich vorbereiten oder reagieren. Das Lernen kann in der Firma während der Arbeitszeit stattfinden oder während der Freizeit nach Feierabend oder am Wochenende. Das lebenslange Lernen hat eine große Bedeutung für die eigene Berufsbiografie, weil dadurch die Beschäftigungschancen gesichert oder erhöht werden können.

Autorentext

Aufgaben

1. a) Werten Sie die Tabelle M 4 aus und analysieren Sie die Karikatur M 5.
   b) Erklären Sie anschließend, warum Kinder aus bildungsfernen Schichten seltener Abitur machen und an Hochschulen studieren.
2. Wägen Sie Kosten und Nutzen von hohen Bildungszielen ab. (M 6, M 7)
3. Stellen Sie dem deutschen Bildungssystem ein Zeugnis aus: Fassen Sie dessen Stärken und Schwächen zusammen (M 8) und beurteilen Sie diese.
4. Bewerten Sie die gestiegene Bedeutung lebenslangen Lernens. (M 9, M 10, Info)

F zu Aufgabe 2
Berücksichtigen Sie bei Ihrer Antwort materielle und immaterielle Aspekte sowie mögliche Erfolge und Misserfolge.

Familie
M 2

Umfassende gesellschaftliche Veränderungen ab Ende der 1960er Jahren führten dazu, dass die **Familienkonstellationen komplexer** und **unkonventionelle Lebensformen** immer häufiger wurden. Damit verbunden wurde es zunehmend schwerer, den vermeintlich einfachen Begriff „Familie" zeitgemäß und angemessen zu definieren. 2005 reagierte das Statistische Bundesamt auf den gesellschaftlichen Wandel und bezeichnet seitdem „**Eltern-Kind-Gemeinschaften**" als Familie. Kurz und pragmatisch zusammengefasst lässt sich demnach mit Brigitte Zypries (Bundesjustizministerin a. D.) sagen: „Familie ist dort, wo Kinder sind." Befragt man junge Erwachsene nach deren Vorstellungen von Familie, so ist das dauerhafte Zusammenleben von Vater, Mutter und Kind(ern) nach wie vor am meisten in den Köpfen verankert. Aktuelle Erhebungen belegen, dass die überwiegende Mehrheit der minderjährigen Kinder bei deren verheirateten und meist auch leiblichen Eltern lebt. Dennoch existiert eine **Vielzahl verschiedener Lebensformen mit Kind(ern)**, denen trotz aller Unterschiedlichkeit eines gemeinsam ist: Sie gelten als Familie.

Pluralisierung der Lebensformen
M 1

Diese Bezeichnung umfasst die **Vielzahl unterschiedlicher familialer und nicht-familialer Lebensformen**. Da kinderlose Lebensformen, nichteheliche Lebensgemeinschaften mit Kindern, Regenbogen- und Stieffamilien usw. häufig als „moderne" Lebensformen bezeichnet werden, könnte man fälschlicherweise annehmen, es handle sich dabei um neuere Erscheinungen.
Tatsächlich existierten solche Lebensformen in Deutschland als Folge der beiden Weltkriege gar nicht so selten. Viele Kriegswitwen waren alleinerziehend, andere hatten zwar einen neuen Lebenspartner gefunden, verzichteten aber darauf, diese Beziehung durch einen Trauschein zu legalisieren, um den Anspruch auf die Witwenrente nicht zu verlieren. Auch Kinderlosigkeit kam unter Frauen vor, da aufgrund des Männermangels viele Frauen alleinstehend blieben.
Im Unterschied zu heute waren diese unkonventionellen Lebensformen nicht per se gesellschaftlich akzeptiert, sondern wurden lediglich als Provisorien toleriert bzw. „übersehen". Das Ziel des Einzelnen und der Gesellschaft war es, mit dem materiellen Wiederaufbau des Landes auch das traditionelle Familienideal wieder herzustellen. Dies gelang jedoch nur kurzfristig.

Warum sind unkonventionelle Lebensformen so verbreitet?
M 3

In den 1950er und 1960er Jahren erlebte das bürgerliche Familienideal noch einmal eine Renaissance, bevor sich im Laufe der 1970er Jahre die gesellschaftlichen Einstellungen zu ändern begannen. Ursache und Wirkung lassen sich nicht immer eindeutig bestimmen. So verhält es sich auch mit folgenden Entwicklungen, die sich jeweils wechselseitig beeinflussen können: **Höherqualifizierung der Bevölkerung** (insbesondere auch der weiblichen) und damit verbunden **längere Ausbildungszeiten, Emanzipation der Frau, aufgebrochene geschlechtsspezifische Rollenverteilungen, Individualisierungsprozesse, Zunahme von Scheidungszahlen, Mobilitätsanforderungen** der modernen Gesellschaft und der heutigen Arbeitswelt etc.

Bildungsbeteiligung im Wandel der Zeit

Mitte des 19. Jahrhunderts besuchte noch weniger als ein Prozent eines Altersjahrgangs das Gymnasium. 1960 lag dieser Wert in der Bundesrepublik bei rund sechs Prozent. Infolge der sogenannten **Bildungsexpansion**, aufgrund gestiegener beruflicher Anforderungen sowie höherer Bildungserwartungen und nicht zuletzt wegen der besorgniserregenden Meldungen von deutschen Hauptschulen stieg der Anteil der Abiturienten immer weiter an. Heute besucht etwa ein Drittel der Sekundarschüler das Gymnasium.

Wirkung der Herkunftseffekte
M 4, M 5

Die gestiegene Bildungsbeteiligung hatte nicht zur Folge, dass die sozialen Ungleichheiten im Bildungssystem beseitigt werden konnten. **Unterschiedliche Sozialisationsbedingungen** im Elternhaus sorgen für **ungleiche Startbedingungen** und in der Grundschule gelingt es oft nicht, die Defizite, die benachteiligte Kinder mitbringen, auszugleichen. Der **soziale Filter** wirkt vor allem durch die jeweilige **Finanzsituation der Familie** (unterstützende Lernmaterialien, Nachhilfe, ein eigenes Zimmer mit Schreibtisch etc.) und den **Bildungsgrad der Eltern** (Hilfe bei inhaltlichen und organisatorischen schulischen Fragen, Bildungsanspruch). Er macht sich zum einen bei **Übergangsentscheidungen nach der Grundschule oder nach dem Abitur** bemerkbar, zum anderen bezüglich der Chancen, bis zur Hochschulreife auf dem Gymnasium zu verbleiben. Während früher vor allem Mädchen und Kinder aus ländlichen Regionen im Bildungssystem benachteiligt waren, sind es heute aufgrund der oben genannten Aspekte Scheidungskinder und Kinder mit Migrationshintergrund.

Herausforderungen für das deutsche Bildungssystem
M 6, M 7

In Deutschland besteht vor allem hinsichtlich der **gravierenden Unterschiede zwischen hoch und gering Qualifizierten** Handlungsbedarf. Auch angesichts des **demografischen** Wandels und des damit verbundenen **Fachkräftemangels** dürfen schlummernde Talente nicht unentdeckt bleiben. Dazu ist ein verstärktes Bemühen um die **Herstellung von Chancengleichheit** – also die Abschaffung des sozialen Filters im Bildungssystem – unumgänglich. Die Handlungsvorschläge der Wissenschaft dazu sind vielfältig: z.B. verlängerte Grundschulzeit bis hin zur Abschaffung des dreigliedrigen Schulsystems, kleinere Klassen bis hin zur individuellen Einzelförderung. Besonders bedeutsam, darüber sind sich alle Ansätze einig, ist die frühkindliche Förderung in Kindertagesstätten. Um auch international konkurrenzfähig zu bleiben, muss Deutschland dafür sorgen, dass die Schwachen nicht abgehängt werden und gleichzeitig aber die Qualität der Starken nicht sinkt.

Bildungsrendite
M 8

Für den Einzelnen bringt eine **hohe Bildung** neben **besseren Arbeitsmarktchancen** auch eine insgesamt **höhere Lebenszufriedenheit** mit sich. Doch auch für den Staat erweist sich die Höherqualifizierung der Bevölkerung als Vorteil. Dies macht sich unter anderem in finanzieller Hinsicht bemerkbar: Fachkräfte und Akademiker entlasten den Staatshaushalt durch **höhere Steuerzahlungen** und **seltenere Inanspruchnahme von Sozialleistungen**.

M 1 Vielfältige Lebensformen

M 2 Väter in der Familienpolitik

Wie reagierten die Väter in Deutschland darauf, dass sie von der Familienpolitik zunehmend dabei unterstützt und von ihr auch dazu angehalten wurden, sich aktiv am Familienleben zu beteiligen? [...]
Der Vergleich der vereinbarkeitspolitischen Instrumente des Mutterschaftsurlaubsgeldes, des Erziehungs- und des Elterngeldes verdeutlicht, dass sich die Haltung in der deutschen Familienpolitik gegenüber Vätern in ihrer Eigenschaft als Betreuer und Erzieher von Kindern grundlegend gewandelt hat. Waren sie im Falle des Mutterschaftsurlaubsgeldes noch von der Maßnahme ausgeschlossen, wurden sie beim Erziehungsgeld zwar formal einbezogen, jedoch durch die finanzielle Ausgestaltung des Gesetzes nicht wirklich bei aktiver Vaterschaft unterstützt. [...]
Die Diskursanalyse hat gezeigt, dass die frühere Zurückhaltung der Familienpolitik gegenüber Vätern daran lag, dass Kinderbetreuung beinahe ausschließlich als Frauensache empfunden wurde und dass kein Interesse daran bestand, Frauen zur Erwerbstätigkeit zu ermuntern. Das änderte sich grundlegend im Zuge der „Nachhaltigen Familienpolitik“ ab Anfang des neuen Jahrtausends. Um mit den Folgen des demografischen Wandels umgehen zu können, ist seither sowohl eine Stärkung der Frauenerwerbstätigkeit als auch eine Steigerung der Geburtenrate erwünscht. Eine partnerschaftliche Arbeitsteilung im familiären Bereich gilt als strategisch wichtiger Baustein, um beide Ziele erreichen zu können.

Alexandra Baronsky, Irene Gerlach, Ann Kristin Schneider, APuZ 40/2012, S. 31-36

M 3 ● Beruf und Hobbys haben einen höheren Stellenwert

Im globalen Vergleich hat Deutschland [...] den höchsten Anteil dauerhaft kinderloser Frauen. Dass knapp ein Viertel der Frauen der Geburtsjahrgänge 1964 bis 1968 bewusst keine Babys geboren haben, führt Norbert Schneider, Direktor des Bundesinstitutes, darauf zurück, dass gerade in Westdeutschland die Erwerbstätigkeit mit kleinen Kindern als „wenig toleriert" erscheine. Insbesondere nordeuropäische Länder wie Schweden, Norwegen und Dänemark sowie Frankreich verfügen mit rund zwei Kindern über eine deutlich höhere Geburtenrate als Deutschland. Dies begründet die Studie mit der Familienpolitik, die dort über Jahrzehnte hinweg ausgerichtet gewesen sei auf das Vereinbaren von Familie und Beruf sowie die Gleichstellung der Geschlechter. Deutschland gilt seit 1970 als „Niedrig-Fertilitätsland". Schneider fordert, weniger Geld in direkte Transferleistungen zu stecken – dazu gehören das Kindergeld, Elterngeld oder das Betreuungsgeld [...] Wichtiger sei es, etwa durch eine gezielte Zeitpolitik, Eltern flexiblere Arbeitszeiten zu ermöglichen. Mit dem Ausbau der Kinderbetreuungseinrichtungen habe Deutschland zwar einen Pfadwechsel in der Familienpolitik erreicht, nötig sei zusätzlich die Imagekorrektur kultureller Leitbilder und die Gleichstellung der Geschlechter. Die Bedeutung von Kindern erhält bei Befragungen in der Studie das niedrigste Gewicht. Das Verfolgen beruflicher Interessen, die Pflege von Freundschaften oder Hobbys haben einen höheren Stellenwert. Fazit der Studie: „Kinder stellen nicht mehr für alle Deutschen einen zentralen Lebensbereich dar."

Ulrike Heidenreich, Süddeutsche Zeitung, 17.12.2012

Anzahl der Geburten im Vergleich

Deutschland gehört im europaweiten Vergleich zu den Schlusslichtern bei den Geburtenzahlen. Eine Studie des Bundesinstituts für Bevölkerungsforschung hat nun untersucht, warum das so ist. Das Ergebnis: Kinderkriegen in Deutschland ist unattraktiv geworden wie nie zuvor. Verantwortlich ist unter anderem das kulturelle Leitbild von einer „guten Mutter", die zu Hause bei den Kindern bleibt.

M 4 ● Europäische Geburtenziffern im Vergleich

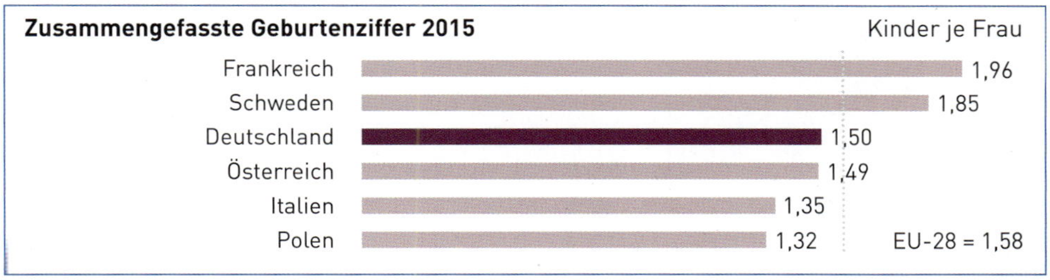

Nach: www.destatis.de (7.12.2017)

Geburtenziffer 2015

nach Staatsangehörigkeit der Frauen (und nach Bundesländern), Beispiel Bayern

Deutschland	2011	2015
Frauen insgesamt	1,39	1,50
Frauen, deutsch	1,34	1,43
Frauen, ausländ.	1,82	1,95
Bayern	1,35	1,48

Statistisches Bundesamt, 2016

Aufgaben

1. Stellen Sie dar, was mit „Pluralisierung der Lebensformen" gemeint ist (M 1).
2. Erörtern Sie, inwiefern der Staat durch (familien-)politische Maßnahmen das Verhalten seiner Bürger beeinflussen kann oder darf. (M 2, M 3)
3. Überprüfen Sie mögliche Zusammenhänge zwischen der Geburtenentwicklung (M 4), veränderten Wertvorstellungen und der Ungleichheit zwischen den Geschlechtern in der Arbeitswelt. (M 3)
4. Seit einigen Jahren steigen die Geburtenraten in Deutschland wieder. Beurteilen Sie, welche familienpolitischen Maßnahmen zu dieser Entwicklung beigetragen haben könnten, und entwickeln Sie davon ausgehend weitere Anregungen, um Paaren die Entscheidung für ein Kind zu erleichtern.

Die Welt von morgen wird was wir heute daraus machen
DEM DEUTSCHEN VOLKE

Volksinitiative
für faire Bürger- und Volksentscheide
Jetzt 2 x unterschreiben!
WIR ENTSCHEIDEN MIT!
wir-entscheiden-mit.de

Wachstum braucht Weitblick. Und einen stabilen Euro.
CDU
SPD
KITAPLÄTZE? HABEN DIE KEINE OMAS?
UND DU?
Wachstum braucht Weitblick. Und einen stabilen Euro.
CDU
Revolution?
www.die-linke.de
DIE LINKE.

Aktuelle Lebenswirklichkeiten im politischen System

2

Der Staat besteht für seine Bürgerinnen und Bürger. Er gestaltet ihre Lebenswirklichkeit – so wie den Staat die Bürgerinnen und Bürger teilweise, beispielsweise durch Wahlen, mitbestimmen. Dieser Satz ist allerdings keine Selbstverständlichkeit, sondern eher eine historische Ausnahme. Und auch heute ist in vielen Staaten der Welt Demokratie nicht selbstverständlich. Eine starke Demokratie setzt auf die Bürger und ihre aktive Beteiligung. Und ihre Stabilität und Attraktivität hängt nicht zuletzt davon ab, in welcher Weise sich Einzelne um die gemeinsamen und ihre eigenen Belange kümmern. Doch durch welche Besonderheiten zeichnet sich das Wesen und die Struktur des bundesdeutschen Verfassungsstaates außerdem aus?

KOMPETENZEN

Am Ende dieses Kapitels sollten Sie Folgendes wissen und können:

- ... das Menschenbild und die Wertgebundenheit des Grundgesetzes kennen, um die gesellschaftlich-politische Praxis zu beurteilen.
- ... Wissen über Wirksamkeit und Grenzen der Wehrhaftigkeit des Grundgesetzes nutzen, um aktuellen politischen Gefahren reflektiert zu begegnen.
- ... den Einfluss verschiedener Verfassungsprinzipien auf den Einzelnen beurteilen.
- ... das Zusammenspiel der Verfassungsorgane bewerten, um deren Aktualität zu beurteilen.
- ... Ziele und Positionen von Parteien kennen, um eine eigene begründete Entscheidung treffen zu können.
- ... den Einfluss von Interessenverbänden bewerten.

Was wissen und können Sie schon?

1. Ermitteln Sie mithilfe der Fotos auf der linken Seite Ihnen bekannte politische Beteiligungsmöglichkeiten in Deutschland und in Bayern.
2. Sammeln Sie Ihre Vorschläge und bewerten Sie die Partizipationsmöglichkeiten nach ihrer Effektivität.

Lernaufgabe – Gemeinsam aktiv

Mediencode: 8918-02

2.1 Die Wertgebundenheit des Grundgesetzes

M 1 Grundrechte?

Karikatur: Klaus Stuttmann, 2015

M 2 Die Menschenwürde als oberster Verfassungswert

Grundrechte

Grundrechte sind im Grundgesetz (GG) garantierte, grundlegende, individuelle Rechte. Sie binden den Staat, begrenzen seine Macht gegenüber dem Einzelnen und stehen bewusst am Anfang des Grundgesetzes. Die Grundrechte stehen in den Artikeln 1 bis 19 GG.

Die Würde des Menschen ist in unserer Rechts- und Wertordnung oberster Verfassungsgrundsatz, an dem sich alles staatliche Handeln zu orientieren hat. Folglich hat der Mensch im Mittelpunkt staatlichen Geschehens zu stehen. Der Grundsatz lautet: Der Staat ist für den Menschen da, und nicht umgekehrt.

Träger der Menschenwürde ist jeder Mensch von der Geburt bis zum Tode, wobei es unerheblich ist, ob sich der Einzelne seiner Würde bewusst ist oder dieses Bewusstsein nicht hat (etwa der Geisteskranke).

Die Würde kommt dem Menschen deshalb zu, weil er als einziges Wesen die Fähigkeit besitzt, sich in Freiheit zu entscheiden und sich selbst zu bestimmen.

Die Menschenwürde ist Ursprung und Quelle aller weiteren Freiheits-, Gleichheits- und Unverletzlichkeitsrechte. [...]Aus der absoluten Verpflichtung der gesamten Staatsgewalt, die Würde des Menschen zu achten und zu schützen, folgt, dass jeder Träger staatlicher Gewalt bei der Begegnung mit dem Einzelnen dessen Würde nicht antasten oder gar verletzen darf (achten) und dass er (z.B. der Polizeibeamte) gleichermaßen abwehrend eingreifen muss, wenn die Würde des Menschen von dritter Seite verletzt zu werden droht bzw. verletzt wird (schützen). [...]

Die Würde des Menschen ist allgemein immer dann verletzt, wenn

- er zum reinen Objekt staatlicher Maßnahmen gemacht,
- die innere Freiheit des Menschen angetastet oder
- seine Personenwertgleichheit geleugnet wird.

Hans-Joachim Hitschold, Staatskunde. Grundlagen für die politische Bildung, 13. Auflage, Stuttgart 2007, S. 139 ff.

M 3 ● Ausgewählte Grundrechte-Artikel im Grundgesetz

Artikel 1

(1) Die Würde des Menschen ist unantastbar. Sie zu achten und zu schützen ist Verpflichtung aller staatlichen Gewalt.

(2) Das Deutsche Volk bekennt sich darum zu unverletzlichen und unveräußerlichen Menschenrechten als Grundlage jeder menschlichen Gemeinschaft, des Friedens und der Gerechtigkeit in der Welt.

(3) Die nachfolgenden Grundrechte binden Gesetzgebung, vollziehende Gewalt und Rechtsprechung als unmittelbar geltendes Recht.

Artikel 2

(1) Jeder hat das Recht auf Leben und körperliche Unversehrtheit. Die Freiheit der Person ist unverletzlich. In diese Rechte darf nur auf Grund eines Gesetzes eingegriffen werden.

(2) Männer und Frauen sind gleichberechtigt. Der Staat fördert die tatsächliche Durchsetzung der Gleichberechtigung von Frauen und Männern und wirkt auf die Beseitigung bestehender Nachteile hin.

Artikel 3

(1) Alle Menschen sind vor dem Gesetz gleich.

(2) Männer und Frauen sind gleichberechtigt. Der Staat fördert die tatsächliche Durchsetzung der Gleichberechtigung von Frauen und Männern und wirkt auf die Beseitigung bestehender Nachteile hin.

(3) Niemand darf wegen seines Geschlechtes, seiner Abstammung, seiner Rasse, seiner Sprache, seiner Heimat und Herkunft, seines Glaubens, seiner religiösen oder politischen Anschauungen benachteiligt oder bevorzugt werden. Niemand darf wegen seiner Behinderung benachteiligt werden.

Artikel 5

(1) Jeder hat das Recht, seine Meinung in Wort, Schrift und Bild frei zu äußern und zu verbreiten und sich aus allgemein zugänglichen Quellen ungehindert zu unterrichten. Die Pressefreiheit und die Freiheit der Berichterstattung durch Rundfunk und Film werden gewährleistet. Eine Zensur findet nicht statt.

Artikel 8

(1) Alle Deutschen haben das Recht, sich ohne Anmeldung oder Erlaubnis friedlich und ohne Waffen zu versammeln.

Artikel 9

(1) Alle Deutschen haben das Recht, Vereine und Gesellschaften zu bilden.

(2) Vereinigungen, deren Zwecke oder deren Tätigkeit den Strafgesetzen zuwiderlaufen oder die sich gegen die verfassungsmäßige Ordnung oder gegen den Gedanken der Völkerverständigung richten, sind verboten.

Artikel 10

(1) Das Briefgeheimnis sowie das Post- und Fernmeldegeheimnis sind unverletzlich.

(2) Beschränkungen dürfen nur auf Grund eines Gesetzes angeordnet werden.

Artikel 13

(1) Die Wohnung ist unverletzlich.

(2) Durchsuchungen dürfen nur durch den Richter, bei Gefahr im Verzuge auch durch die in den Gesetzen vorgesehenen anderen Organe angeordnet und nur in der dort vorgeschriebenen Form durchgeführt werden.

M 4 ● Grund-, Menschen- und Bürgerrechte

Viele betrachten die Grundrechte als etwas Selbstverständliches, das ihre persönliche Sphäre kaum berührt. Wie die geschichtliche Erfahrung zeigt, sind sie keineswegs selbstverständlich gewährleistet, und sie beeinflussen den Alltag des Einzelnen und das Zusammenleben aller in Staat und Gesellschaft. Grundrechte [...] sind Abwehrrechte des Bürgers gegen den Staat. [...] Zu unterscheiden ist zwischen allgemeinen Menschenrechten, die jedem zustehen, und Bürgerrechten, die nur für Staatsangehörige gelten. Menschenrechte sind überstaatliche Rechte, sie gehören zur Natur des Menschen, es sind natürliche, angeborene Rechte. Dazu gehören die meisten Freiheitsrechte oder Grundfreiheiten, wie Freiheit der Person, Meinungsfreiheit, Glaubensfreiheit. Bürgerrechte sind beispielsweise das Recht der Vereinigungs- und Koalitionsfreiheit und der Freizügigkeit. Im Grundgesetz beginnen die Menschenrechte mit den Worten: „Jeder hat das Recht ...", bei den Bürgerrechten heißt es: „Alle Deutschen haben das Recht ..."

Nach: Horst Pötzsch, Die Deutsche Demokratie, 5. überarbeitete und aktualisierte Auflage, Bonn: Bundeszentrale für politische Bildung 2009, S. 18–21

Schaufensterpuppe mit Burkini

Art. 7 GG

(1) Das gesamte Schulwesen steht unter der Aufsicht des Staates.

Art. 4 GG

(1) Die Freiheit des Glaubens, des Gewissens und die Freiheit des religiösen und weltanschaulichen Bekenntnisses sind unverletzlich.
(2) Die ungestörte Religionsausübung wird gewährleistet.

M 5 ● Muslimischen Mädchen ist Schwimmunterricht zumutbar

Muslimischen Schülerinnen kann gemeinsamer Schwimmunterricht mit Jungen zugemutet werden. Wie das Bundesverwaltungsgericht in Leipzig [...] entschied, könnten sie durch einen Ganzkörperbadeanzug, „Burkini" genannt, ihren religiösen Bekleidungsvorschriften gerecht werden. Damit scheiterte eine 13-jährige Gymnasiastin aus Frankfurt am Main mit ihrer Klage. Sie hatte aus Glaubensgründen eine Befreiung vom Unterricht gefordert. [...] Die Schülerin hatte sich vor zwei Jahren geweigert, zusammen mit den Jungen ihrer Klasse den Schwimmunterricht zu besuchen. Ihr Religionsverständnis verbiete es, die männlichen Mitschüler in Badehosen und mit nacktem Oberkörper ansehen zu müssen. Außerdem könne es in Schwimmbädern zu unbeabsichtigten Berührungen kommen. [...] „Die Frage ist, ob unsere Vorstellung von Freizügigkeit uneingeschränkt und unkritisch als Leitbild gelten kann", argumentierte ihr Rechtsanwalt damals vor Gericht in Kassel. [...] [Ein] Anzug [Burkini] führe [außerdem] zur „Stigmatisierung". Davon zeigten sich die Richter aber nicht überzeugt, da das Mädchen in der Schule ein Kopftuch trage, für welches dann ja Ähnliches gelten müsste. Und die Gefahr zufälliger Berührungen beim Sport könne durch die Umsicht des Lehrers und eigene Vorkehrungen der Klägerin „auf ein hinnehmbares Maß reduziert werden".

Johann Osel, www.sueddeutsche.de, 11.9.2013

M 6 ● Burkini-Verbot im Hallenbad

Am Frauenbadetag [...] war eine Frau in einem Burkini ins Becken gestiegen. Damit löste sie Proteste bei anderen Badegästen aus. Die Stadt reagierte und erlaubt nur noch Badehose, Badeanzug oder Bikini. Unter das Verbot fallen somit auch die Burkinis. [...] Mit einem Schild am Eingang zu den Umkleiden werden Besucher des Hallenbads unübersehbar auf die geltende Kleiderordnung hingewiesen: „Die Benutzung der Schwimmhalle ist nur in allgemein üblicher Badekleidung wie Badehose, Badeanzug oder Bikini gestattet." In einer schriftlichen Stellungnahme schreibt Bürgermeister Heinz Kiechle (CSU): „Ein ausdrückliches Burkini-Verbotschild gab und gibt es nicht." Die Stadt spricht von hygienischen Gründen für das Verbot und beruft sich auf die geltende Badeordnung, die Burkinis genau wie Neoprenanzüge, Sporthosen oder kurze Jeans nicht erlaube. Das Argument, das Bad solle die religiösen Regeln der Frauen respektieren, lässt Kiechle nicht gelten: Er frage sich, was der Burkini mit freier Religionsausübung zu tun habe. Er sei eine Erfindung jüngster Zeit, so Kiechle.

Andreas Wenleder, www.br.de, 9.6.2016

Aufgaben

1. Diskutieren Sie das in M1 dargestellte Spannungsverhältnis.
2. Die Menschenwürde ist universalistisch. Begründen Sie diese Aussage mithilfe von M 2 und legen Sie unter Einbezug Ihres historischen Wissens dessen Bedeutung dar.
3. Grenzen Sie Grund-, Menschen- und Bürgerrechte voneinander ab. (M 4)
4. Diskutieren Sie die Entscheidung des Gerichts: Welche Gründe sprechen für und welche gegen die Kompromisslösung des Gerichts? (M 5)
5. Erläutern Sie, inwiefern bei dieser Problematik zwei Grundrechte (siehe Art. 4 und 7 GG) aufeinanderprallen. Beziehen Sie M 4 in Ihre Ausführungen ein. (M 5, M 6)

H zu Aufgabe 2
Stellen Sie die praktische Alltagsbedeutung eines Grundrechtsartikels an einem Fallbeispiel anschaulich dar.

F zu Aufgabe 4
Formulieren Sie unter Bezug auf Ihre Geschichtskenntnisse, welche Verstöße gegen die Menschenrechte und andere Verfassungsprinzipien es zur Zeit des Nationalsozialismus gab (M 3, M 4).

Menschenwürde
M 2

Die Vorstellung einer **unantastbaren Würde des Menschen** geht geistesgeschichtlich auf die christliche Lehre vom Menschen als Ebenbild Gottes sowie die „Naturrechtslehre" der Aufklärung zurück. Ausnahmslos jeder Mensch hat demnach ein **Recht auf Leben, körperliche Unversehrtheit und Gleichbehandlung vor dem Gesetz**; als eigenverantwortliches Wesen soll er außerdem seine Persönlichkeit frei entfalten können, solange er nicht die Rechte anderer verletzt und nicht gegen die verfassungsmäßige Ordnung oder das Sittengesetz verstößt. Im Unterschied zur Weimarer Reichsverfassung stellten die Väter und Mütter des Grundgesetzes den Schutz der Menschenwürde bewusst an den Anfang des Verfassungstextes (Art. 1 GG). Sie steht damit **in der Wertordnung der Bundesrepublik Deutschland an oberster Stelle**. Alle anderen Grundrechte leiten sich letztlich von dieser Fundamentalnorm ab.

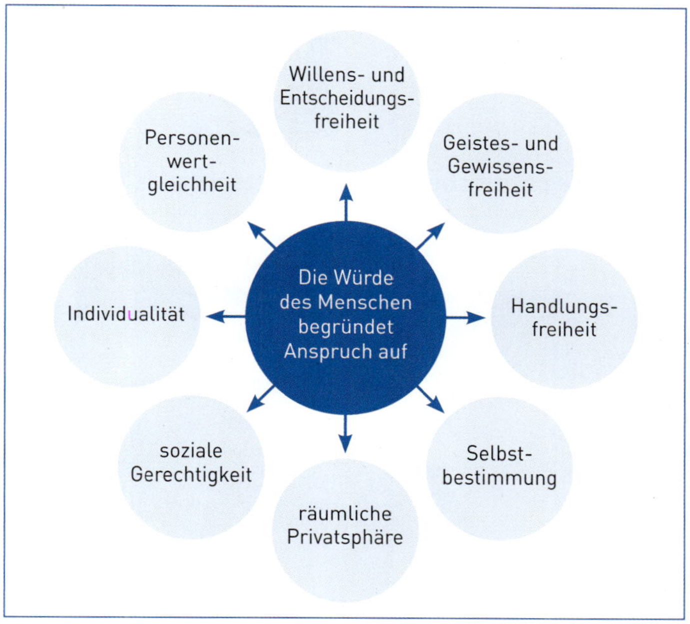

Hans-Joachim Hitschold, Staatskunde. Grundlagen für die politische Bildung, 13. Auflage, Stuttgart 2007, S. 139 ff.

Grundgesetz
M 3 – M 6

Grundgesetz ist die Bezeichnung für die **Verfassung der Bundesrepublik Deutschland**. Es wurde am 23. Mai 1949 verkündet und galt zunächst nur für Westdeutschland und ab 1990 für ganz Deutschland. Die Bezeichnung „Grundgesetz" wurde vom Parlamentarischen Rat gewählt, weil es ursprünglich nur als **Provisorium** galt. Im Grundgesetz sind die **Grundzüge der Staatsordnung** festgelegt.

Grund-, Menschen- und Bürgerrechte
M 4

Als Grundrechte werden die **Menschenrechte** und **Bürgerrechte** bezeichnet, die jedem Bürger der Bundesrepublik Deutschland zugesichert sind. Menschenrechte sind die Rechte, die jedem Menschen in der Bundesrepublik zustehen, gleichgültig, ob er deutscher Staatsangehöriger ist oder nicht. Bürgerrechte sind die Rechte, die nur Deutschen zustehen. Die Grundrechte schützen jeden einzelnen Menschen gegen Ansprüche und Übergriffe der Staatsgewalt.

2.2 Die Staatsprinzipien

2.2.1 Das Grundgesetz als „Hausordnung"?

M 1 ● Gebrauchsanweisung für die Demokratie

www.bpb.de (11.12.2017)

M 2 ● Die politische Struktur Deutschlands – die Staatsprinzipien

Art. 20GG
(1) Die Bundesrepublik Deutschland ist ein demokratischer und sozialer Bundesstaat.
(2) Alle Staatsgewalt geht vom Volke aus. Sie wird vom Volke in Wahlen und Abstimmungen und durch besondere Organe der Gesetzgebung, der vollziehenden Gewalt und der Rechtsprechung ausgeübt.
(3) Die Gesetzgebung ist an die verfassungsmäßige Ordnung, die vollziehende Gewalt und die Rechtsprechung sind an Gesetz und Recht gebunden.

Autorengrafik

Aufgabe

1. M 1 und M 2 geben Ihnen erste Hinweise über die Staatsprinzipien Deutschlands. Erstellen sie arbeitsteilig ein anschauliches Plakat zu jedem Staatsprinzip. Recherchieren Sie dazu im Internet notwendige weitere Informationen.

Staatsprinzipien

Staatsprinzipien sind diejenigen grundlegenden Verfassungsnormen, die den Geist und den Charakter der Verfassung und somit auch des Staates, dessen Ordnung auf ihr beruht, erkennen lassen, besonders hinsichtlich Staatsform, Herrschaftsform und Rechtsstaatlichkeit sowie ihrer territorialen Gliederung.
Nach: Duden Recht A-Z. 2. Aufl. Mannheim, 2010. Lizenzausgabe Bundeszentrale für politische Bildung

Art. 79 GG = „Ewigkeitsklausel"

(3) Eine Änderung dieses Grundgesetzes, durch welche die Gliederung des Bundes in Länder, die grundsätzliche Mitwirkung der Länder bei der Gesetzgebung oder die in den Artikeln 1 und 20 niedergelegten Grundsätze berührt werden, ist unzulässig.
→ vgl. Kap. 2.3.4

2.2.2 Wofür steht die Demokratie?

M 3 ● Gewaltenteilung

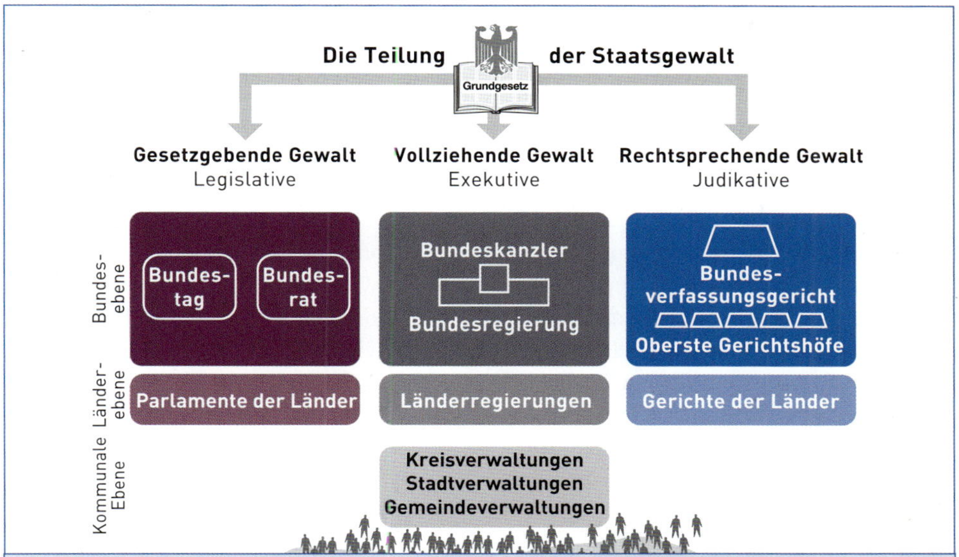

Durch die Gewaltenteilung werden die Konzentration und der Missbrauch politischer Macht verhindert und die Ausübung politischer Herrschaft begrenzt. Die Teilung der Staatsgewalt soll die Freiheit der Staatsbürger sichern und sie vor einem übermächtigen Staat schützen. Unterschieden wird zwischen der gesetzgebenden Gewalt (Legislative), der ausführenden Gewalt (Exekutive) und der rechtsprechenden Gewalt (Judikative). *Bearbeiter*

©Bergmoser + Höller Verlag AG *61220*

M 4 ● Weitere Merkmale einer Demokratie

Neben der Gewaltenteilung sind moderne Demokratien durch drei weitere, fundamentale Wesensmerkmale definiert und beschrieben:

Volkssouveränität: Das grundlegende Prinzip jeglicher Demokratie ist die Volkssouveränität (Souveränität = oberste Herrschaftsgewalt). Dies bedeutet, dass in einer Demokratie „alle Staatsgewalt vom Volk ausgeht" (Art. 20 GG). Die Ausübung der Volkssouveränität ist dabei eng an das Mehrheitsprinzip gebunden, was jedoch nicht heißt, dass der Volkswille in jedem Falle absolute Gültigkeit beanspruchen kann, vielmehr findet er seine Grenzen in den Grund- und Menschenrechten (wertgebundene Demokratie).

Rechtsstaatlichkeit: Rechtsstaatlichkeit bedeutet die Bindung staatlichen Handelns an das Gesetz (formaler Rechtsstaat) und an den Grundsatz der Gerechtigkeit sowie an die Menschenrechte (materieller Rechtsstaat).

Pluralismus: Im Unterschied zu den bisher genannten staatsrechtlichen Grundprinzipien ist Pluralismus vor allem ein gesellschaftliches Strukturprinzip. Man versteht darunter die gewünschte und legitime Konkurrenz einer Vielzahl frei gebildeter Interessengruppen in nahezu allen Lebensbereichen um politischen Einfluss in einem Staat.

Autorentext

Gewaltenverschränkung

Für die Demokratie in der Bundesrepublik Deutschland trifft die in der Grafik M 3 dargestellte strenge Trennung zwischen Legislative und Exekutive nicht zu. Die Bundesregierung (der Bundeskanzler) stützt sich auf die Mehrheit des Parlaments („Regierungskoalition"), die den Bundeskanzler gewählt hat. Viele Ministerinnen und Minister und auch der Bundeskanzler oder die Bundeskanzlerin sind zugleich Mitglieder des Bundestags. Der Bundesrat besteht nicht aus Vertretern der Länderparlamente, sondern der Länderregierungen. Man spricht daher von „Gewaltenverschränkung". Die Rechtsprechung bleibt jedoch streng getrennt.

materieller und formaler Rechtsstaat

→ vgl. Kap. 2.2.4

Erklärfilm zur Demokratie

Mediencode: 8918-07

Erklärfilm zur Gewaltenteilung

Mediencode: 8918-08

M 5 ● Warum es zur Demokratie keine Alternative gibt

Nach wie vor gilt [...]: „die zweitbeste Demokratie ist immer noch besser als die beste Nicht-Demokratie". Die Demokratie mag nur als das kleinere Übel angesehen werden, vereint aber andererseits so viele Vorteile auf sich, dass sie als die beste bekannte Herrschaftsform bezeichnet werden kann. Einer dieser Vorteile ist ihre Lernfähigkeit, die sie in die Lage versetzt, auch große Herausforderungen zu bestehen [...]. Die moderne Demokratie ist gemäßigt, basiert auf Gewaltentrennung, repräsentativer Willens- und Entscheidungsbildung und, ganz entscheidend, auf Recht und Verfassung. Mit der Achtung von Recht und Gesetz, mit unabhängigen Gerichten und einer Verfassungsgerichtsbarkeit kann auch der [...] in der Mitte des 19. Jahrhunderts beschworenen Gefahr einer Tyrannei der Mehrheit begegnet werden. Individuen und Minderheiten müssen sich nicht bedingungslos einer Mehrheit beugen, die sich ja auch irren kann. Leben, Freiheit und Eigentum genießen den Schutz des Rechtes. Individuelle Freiheit und demokratische Selbstregierung lassen sich in der modernen Demokratie miteinander vereinbaren. [...] Demokratien haben auch gelernt, mit grundlegenden gesellschaftlichen Problemen umzugehen. Sie können besser als nicht-demokratische Systeme zwischen Staat und Gesellschaft vermitteln. Durch Repräsentativität und Responsivität ihrer Institutionen greifen sie Problemlagen aus der Gesellschaft auf und entschärfen sie, indem sie sie zu allgemein verbindlichen Entscheidungen verarbeiten. So hat sich durch die Entwicklung wohlfahrtsstaatlicher Maßnahmen in Reaktion auf die „soziale Frage" beispielsweise die soziale Demokratie herausgebildet. Gleichwohl vermag die Demokratie keineswegs alle Probleme zu lösen. Immer wieder wird ihr vorgehalten, dass sie nur die gut organisierten und machtvoll artikulierten Interessen berücksichtige und dabei nur die kurzfristigen Ziele, nicht aber das nachhaltige Gemeinwohl, auch nicht die Belange nachfolgender Generationen im Auge habe. Das mag in der Tat eine Achillesferse der Demokratie sein, aber ein prinzipieller Einwand gegen diese Herrschaftsform ist es nicht. Die Demokratie ist die einzige Herrschaftsform, die es den Bürgern erlaubt, Regierende zu sanktionieren, ohne das politische System selbst beseitigen zu müssen. Politische Führung kann ausgewechselt werden, weil es in der Demokratie nur Herrschaft auf Zeit gibt. [...] Und vor allem: Nur der Wille der Bürgerinnen und Bürger, artikuliert in Wahlen und Abstimmungen, begründet und legitimiert die Herstellung kollektiv verbindlicher Entscheidungen. Nur die Demokratie bietet den Menschen die Chance, sich umfassend an Willensbildung und Entscheidungsfindung zu beteiligen, ihre Angelegenheiten selbst in die Hand zu nehmen. Denn: [...] Die Politik ist vor allem die Sache ihrer Bürgerinnen und Bürger.

Hans Vorländer, Demokratie – die beste Herrschaftsform, in: Demokratie Information zur politischen Bildung, Nr. 284/2004, S. 56 ff.

Responsivität
Bereitschaft politischer Amtsträger, auf Interessen der Bürger einzugehen

F zu Aufgabe 1
Erläutern Sie den Begriff „Gewaltenverschränkung".

F zu Aufgabe 3
Erarbeiten Sie eine Mindmap zum Thema „Demokratie", indem Sie aktuelle Beispiele aus der politischen Diskussion sowie das Orientierungswissen dieses Buchs heranziehen.

Aufgaben

1. Stellen Sie das Prinzip der Gewaltenteilung dar. (M 3)
2. a) Erklären Sie mit Ihren Worten die Bedeutung von „Volkssouveränität", „Rechtsstaatlichkeit" und „Pluralismus". (M 4)
   b) Diskutieren Sie, welches Merkmal Ihnen am wichtigsten ist.
3. a) Arbeiten Sie die Vor- und Nachteile der Demokratie aus M 5 heraus.
   b) Beurteilen Sie, wie Hans Vorländer die Demokratie bewertet. (M 5)

2.2.3 Welche Auswirkungen hat die Bundesstaatlichkeit?

M 6 ● Föderalismus

Karikatur: Gerhard Mester

M 7 ● Aufgabenverteilung zwischen Bund und Ländern – eine Auswahl

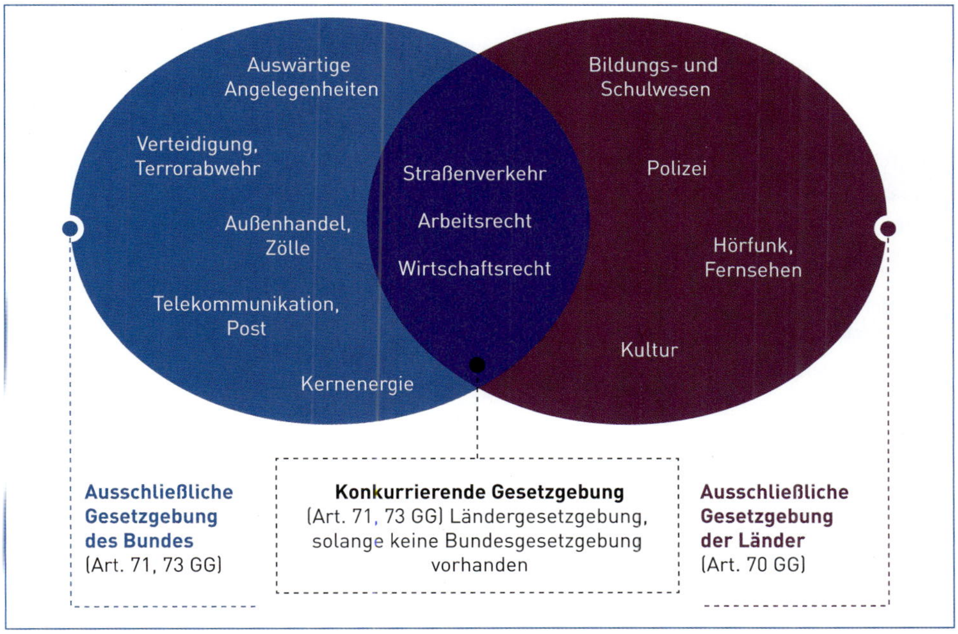

Autorengrafik

Bundesstaat

Ein Bundesstaat (oder auch föderaler Staat) setzt sich aus mehreren Teilstaaten zusammen. Anders als beim sog. Einheitsstaat hat die Bundesebene hier die ausschließliche Gesetzgebungskompetenz lediglich bei Aufgaben, die eine gesamtstaatliche Regelung zwingend erfordern. Alle anderen Gesetze werden auf der Ebene der Gliedstaaten beschlossen (Subsidiarität). Dennoch ist der Bundesstaat ein viel engerer Zusammenhang als ein Staatenbund, bei dem sich die Mitglieder nur für einen oder wenige politische Regelungsbereiche zusammenschließen.

M 8 Bundesstaatlichkeit – kontrovers diskutiert

Heribert Prantl ist ein deutscher Jurist, Journalist und Autor. Er leitet seit 1995 das Ressort für Innenpolitik bei der Süddeutschen Zeitung.

a) Heribert Prantl: Bildungsföderalismus macht keinen Sinn

Der deutsche Föderalismus ist so, dass er sogar die alten Spruchweisheiten Lügen straft: „Variatio delectat" sagen die Lateiner. Vielfalt macht Freude. Die Vielfalt gibt es in Deutschland, die Freude nicht: Die 16 Bundesländer leisten sich 16 verschiedene Bildungssysteme. Das ist keine schöne Abwechslung. Wem macht es Freude, wenn in Deutschland einige tausend verschiedene Lehrpläne gelten? Wem macht es Freude, wenn jedes Bundesland seine eigenen Hochschulen betreibt? Wenn hier Studiengebühren erhoben werden und dort nicht? [...] Die Anforderungen im Gymnasium weichen so stark voneinander ab, dass Jugendliche besser in Köln bleiben, wenn Väter oder Mütter eine neue Arbeitsstelle in München antreten. Ist das die Bürgernähe, von der Landespolitiker reden, wenn sie den Föderalismus verteidigen? Dieser Bildungsföderalismus ist praktizierte Bürgerferne.

Heribert Prantl, Ein deutscher Sadismus, in: Süddeutsche Zeitung, 22.10.2008

Roman Herzog (CDU) war Präsident des Bundesverfassungsgerichts und von 1994 – 1999 Deutscher Bundespräsident.

b) Roman Herzog: Für einen Wettbewerbsföderalismus

Was mich stört, ist [...] die unbefragte Annahme, Einheitlichkeit sei ein Wert an sich, oder die ebenso unkritische Unterstellung, der höheren Entscheidungsebene stehe automatisch auch die höhere Weisheit bei ihren Entscheidungen zu Gebote. [...] Einheitlichkeit ist manchmal nötig, um uns das Leben durch Verlässlichkeiten zu erleichtern (auf welcher Straßenseite rollt der Verkehr?). Aber produktiv ist sie nicht. Das produktive Prinzip heißt Vielfalt. Das Prinzip Vielfalt ist das Leitprinzip eines jeden recht verstandenen Föderalismus. Es geht darum, vorgefundener Vielfalt gerecht zu werden: Die Verhältnisse im Saarland sind anders als in Mecklenburg- Vorpommern. Darum werden ihnen Entscheidungen, die in Saarbrücken bzw. in Schwerin getroffen werden, eher gerecht als Entscheidungen, die in Berlin für die ganze Bundesrepublik getroffen werden. Es geht um das vielbeschworene (aber wenig praktizierte) Prinzip der Subsidiarität. [...] Ist Vielfalt damit zum einen Ausdruck und Bedingung von Freiheit, so beruht zum anderen ihre produktive Kraft auf dem Wettbewerb, den sie ja erzeugt, sobald man sie als „Vielfalt der Lösungsansätze" versteht. Geht man davon aus, dass es dem Erkenntnisvermögen nur ausnahmsweise gelingt, auf Anhieb die richtige Lösung eines Problems zu finden, so wird klar: Dass sich unter 16 Lösungsansätzen der richtige findet, ist 16-mal wahrscheinlicher, als dass ein einziger flächendeckender Ansatz die Lösung bringt.

Roman Herzog, Kooperation und Wettbewerb – Essay, in: Aus Politik und Zeitgeschichte 50/2006, S. 5 – 7

Aufgaben

1. Analysieren Sie die Karikatur M 6.
2. a) Erklären Sie, warum der Bund für die Landesverteidigung und die Terrorabwehr zuständig ist und die Länder für die Polizei verantwortlich sind. (M 7)
   b) Beurteilen Sie die Vor- und Nachteile der Verteilung der Zuständigkeiten zwischen Bund und Ländern.
3. Stellen Sie Heribert Prantls Kritik an der Länderzuständigkeit für das Bildungs- und Schulwesen dar und beziehen Sie sie auf die Karikatur (M 6, M 8).
4. Stellen Sie Roman Herzogs Forderung nach einem „kooperativen Wettbewerbsföderalismus" Heribert Prantls Föderalismuskritik gegenüber (M 8).

2.2.4 Alles für die Bürgerinnen und Bürger? Deutschland als sozialer Rechtsstaat

M 9 ● Rechte und Ansprüche der Bürger gegen den Staat

Hartz IV – Klagen im Zwölf-Minuten-Takt
Noch in diesem Monat wird im Berliner Sozialgericht die 150.000. Hartz-IV-Klage eingehen, in mehr als jedem zweiten Fall bekommen die Kläger recht.
Thomas Öchsner, Süddeutsche Zeitung, 12. 1. 2012

Karlsruhe kippt Vorratsdatenspeicherung
Das [...] Bundesverfassungsgericht [...] erklärte die seit 2008 geltende gesetzliche Regelung zur massenhaften Speicherung von Telefon- und Internetverbindungsdaten für verfassungswidrig und nichtig – sie verletze das Telekommunikationsgeheimnis [...].
www.tagesschau.de, 2. 3. 2010

Gäfgen bekommt Schmerzensgeld
3.000 Euro bekommt der verurteilte Kindsmörder Magnus Gäfgen vom Land Hessen. Nach dem Mord an dem 11-jährigen Jakob von Metzler hatten ihm [Polizei-]Beamte mit Folter gedroht. [...] Das Vorgehen der Ermittler sei eine „schwerwiegende Rechtsverletzung" und könne nicht auf andere Weise befriedigend ausgeglichen werden als durch die Zahlung einer Entschädigung, sagte der Vorsitzende Richter [...].
dpa/afp/dapd, die tageszeitung, 4. 8. 2011

M 10 ● Staat für den Menschen – Rechtsstaatlichkeit nach dem Grundgesetz

Der Parlamentarische Rat war sich einig, dass die Beschränkung rechtsstaatlicher Grundsätze auf die formelle „Herrschaft des Gesetzes" – unabhängig von ihrem Inhalt – keineswegs ausreicht, um eine erneute Ablösung des Rechtsstaates zu verhindern. Als Voraussetzung für den demokratischen und sozialen Rechtsstaat wurden im Grundgesetz zwei neue rechtsstaatliche Grundsätze niedergelegt, die nach Art. 79 jeder Verfassungsänderung entzogen sind: Die Grundrechte sind unmittelbar geltendes Recht; Gesetzgebung, vollziehende Gewalt und Rechtsprechung sind an die Grundrechte gebunden (Art. 1). Darüber hinaus sind nicht nur [...] die vollziehende Gewalt und die Rechtsprechung an Gesetz und Recht, sondern auch die Gesetzgebung ist an die verfassungsmäßige Ordnung gebunden (Art. 20). Zu diesen neuen Elementen der Rechtsstaatlichkeit gehört auch nicht mehr nur die bisherige Garantie der Gleichheit aller vor dem Gesetz, sondern der Gleichheitssatz im sozialen Rechtsstaat des Grundgesetzes ist selbst inhaltlich „zum rechtlichen Grundprinzip des leistenden und verteilenden staatlichen Handelns geworden" (K. Hesse).
Ebenso wie schon der liberale Rechtsstaat kennt auch das Grundgesetz den „Vorbehalt des Gesetzes", d. h. staatliche Eingriffe in die individuellen Freiheitsrechte sind nur aufgrund eines Gesetzes möglich, das mit der verfassungsmäßigen Ordnung nicht in Widerspruch stehen darf. Durch ein Normenkontrollverfahren vor dem Bundesverfassungsgericht kann geprüft werden, ob ein Gesetz mit der Verfassung übereinstimmt. Um den Rechtsschutz gegenüber allen Maßnahmen der öffentlichen Gewalt zu sichern, gewährleistet das Grundgesetz als „Krönung des Rechtsstaates" jedem Bürger das Recht, falls er sich in seinen Rechten verletzt sieht, den Rechtsweg zu beschreiten (Gerichte) und Verfassungsbeschwerde beim Bundesverfassungsgericht einzulegen [Rechtswegegarantie].

Hanno Drechsler u. a. (Hg.), Gesellschaft und Staat. Lexikon der Politik, 10. Auflage, München 2003, S. 818 f.

formaler Rechtsstaat
Der Staat richtet sein Handeln an den Gesetzen aus. Jedes Gesetz muss formal korrekt zustande gekommen sein.

materieller Rechtsstaat
Ein Staat könnte formal korrekt Gesetze erlassen, die gegen Menschenrechte verstoßen. Um dieser Gefahr des „legalen Unrechts" zu begegnen, gilt in modernen Demokratien der Grundsatz, dass alle Gesetze den Verfassungsnormen oder z. B. der Charta der Grundrechte der EU entsprechen müssen. Es geht also um die Einhaltung der Menschen- und Bürgerrechte, die Garantie von Rechtssicherheit sowie das Recht auf faire Gerichtsverfahren.

M 11 Worin zeigt sich der deutsche Sozialstaat?

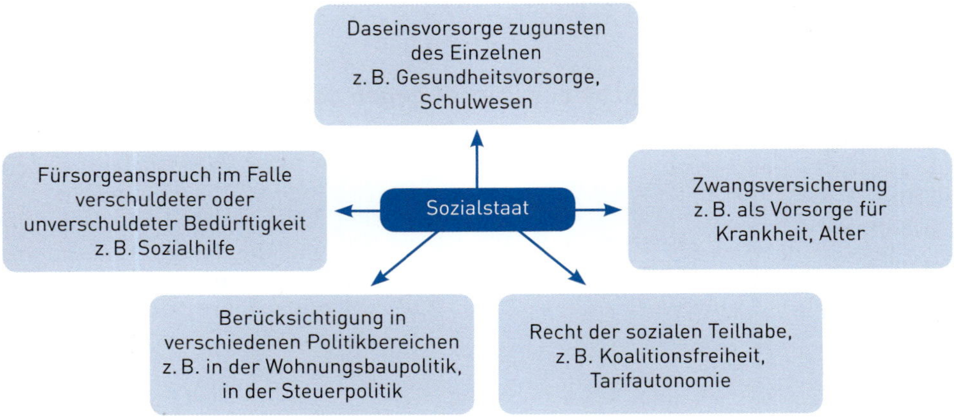

Autorengrafik

M 12 Wie muss der Staat für die Existenzsicherung sorgen?

Nach Auffassung der 55. Kammer des Sozialgerichts Berlin verstoßen die Leistungen des SGB II [Arbeitslosengeld II, „Hartz IV"] gegen das Grundrecht auf Gewährleistung eines menschenwürdigen Existenzminimums. [...] Insbesondere habe der Gesetzgeber dabei den Aspekt der Teilhabe am gesellschaftlichen Leben unzureichend gewürdigt. Im Ergebnis seien die Leistungen für einen Alleinstehenden um monatlich rund 36 Euro und für eine dreiköpfige Familie (Eltern und 16-jähriger Sohn) um monatlich rund 100 Euro zu niedrig bemessen.

Die Kläger, eine [...] dreiköpfige Familie aus Neukölln, erhoben am 13. 7. 2011 Klage gegen das Jobcenter Berlin Neukölln wegen der Höhe der ab Januar 2011 bewilligten Leistungen. Für den letzten umstrittenen Zeitraum Januar bis Juli 2012 waren ihnen nach Anrechnung von Einkünften aus Erwerbsminderungsrente, Kindergeld und Erwerbseinkommen Leistungen von insgesamt 439,10 Euro bewilligt worden. Das Jobcenter hatte der Leistungsberechnung den gesetzlichen Regelbedarf von 2 x 337 Euro für die Eltern und 287 Euro für den 16-jährigen Sohn zuzüglich Kosten für Unterkunft und Heizung zugrunde gelegt. Die Kläger trugen vor, dass sie mit dem bewilligten ALG II ihre Ausgaben nicht decken könnten. Trotz größter Sparsamkeit müssten sie regelmäßig ihren Dispokredit und Privatdarlehen in Anspruch nehmen.

Senatsverwaltung für Justiz und Verbraucherschutz Berlin, Pressemitteilung, 25. 4. 2012

Aufgaben

1. Arbeiten Sie heraus, welche Rechte des Bürgers gegenüber staatlichen Entscheidungen bzw. Stellen (Verwaltung, Polizei…) in den Zeitungsmeldungen zum Ausdruck kommen und auf welche Weise sie durchgesetzt werden. (M 9)
2. Erklären Sie, wie sich in den Zeitungsnachrichten sowie im juristischen Streit um die Höhe der Arbeitslosengeld II-Sätze Rechts- bzw. Sozialstaatlichkeit zeigt. (M 9 – M 12)
3. Erläutern Sie den Begriff „soziale Rechtsstaatlichkeit". (M 11, M 12)
4. „Wer anderen in verbrecherischer Absicht schweres Leid zufügt, sollte damit seine rechts- und sozialstaatlichen Ansprüche verwirken." Problematisieren Sie diese Forderung.

H zu Aufgabe 3
Grenzen Sie dabei ein formales von einem materialen Rechtsstaatsverständnis ab.

H zu Aufgabe 4
Beziehen Sie sich u. a. auf Artikel 1 GG

2.2.5 Exkurs 1: Das präsidiale Regierungssystem der USA

M 13 ● Die drei Gewalten in den USA

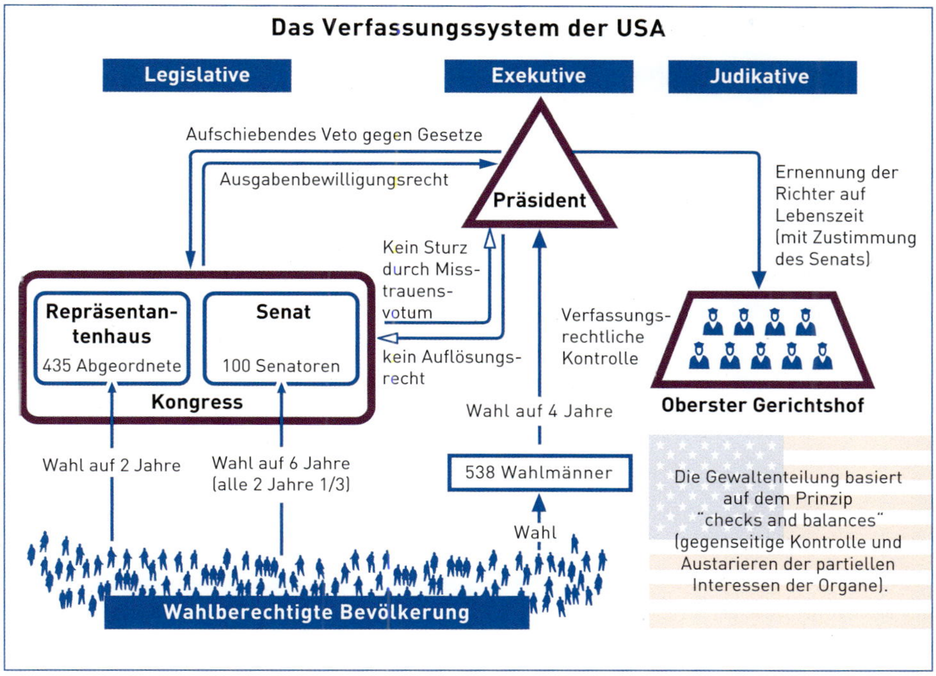

©Bergmoser + Höller Verlag AG

M 14 ● Das amerikanische Regierungssystem

Exekutive

Die USA sind eine bundesstaatliche Republik mit präsidentieller Demokratie.

Der Präsident der Vereinigten Staaten ist Staatsoberhaupt, Regierungschef und Oberbefehlshaber der Streitkräfte. Er wird auf vier Jahre vom Volk (de facto) direkt gewählt; eine Wiederwahl ist nur einmal möglich. Zu seinen Befugnissen zählen:

- Ernennung der Minister sowie der Bundesrichter, letztere mit Zustimmung des Senats
- Außenpolitische Vertretung der USA (Vertragsabschlüsse mit Zustimmung des Senats)
- Empfehlung von Maßnahmen an den Kongress
- Suspensives (aussetzendes) Vetorecht des Präsidenten gegenüber allen Beschlüssen des Kongresses

Der Präsident ist dem Kongress nicht verantwortlich und kann deshalb aus politischen Gründen nicht abgesetzt werden. Möglich ist dies nur wegen Verfassungs- und Rechtsverletzungen durch ein Amtsenthebungsverfahren (Impeachment).

Dem Präsidenten zur Seite steht ein unabhängiges Präsidentenamt, das ca. 5000 Mitarbeiter zählt. Zu seinem engeren Kabinett gehören: der Vizepräsident, die Minister sowie persönliche Berater; das Kabinett ist ein rein beratendes Gremium. Die Exekutive ruht allein im Amt des Präsidenten. [...]

Unterschiede

Der entscheidende Unterschied zwischen dem US-amerikanischen-System und dem parlamentarischen Regierungssystem in Deutschland liegt in der Beziehung zwischen der Legislative und der Exekutive. Legislative und Exekutive sind in den USA stärker getrennt: Der Kongress steht oft sogar in Opposition zum Präsidenten. Im deutschen parlamentarischen System ist die Opposition die Minderheit im Parlament, die Mehrheit unterstützt den Kurs des Kanzlers/der Kanzlerin.

Das Weiße Haus in Washington ist der Amtssitz des Präsidenten der Vereinigten Staaten von Amerika.

Unterschied zwischen Parlamenten und Kammern

Parlamente bestehen aus Häusern oder Kammern. Staaten wie Frankreich, Großbritannien oder die USA haben jeweils ein „Zwei-Kammer-Parlament". Deutschlands Parlament hingegen besteht aus einer Kammer: dem Bundestag. Zwar wird in den Medien oft von der „zweiten Kammer", dem Bundesrat, berichtet. Dies ist aber falsch, denn der Bundesrat ist ein eigenständiges Verfassungsorgan, das an der parlamentarischen Arbeit teilnimmt.

Legislative

Der amerikanische Kongress bildet die legislative Gewalt. Er besteht aus zwei Kammern, nämlich aus dem Repräsentantenhaus und dem Senat.

Im Repräsentantenhaus verkörpert sich die Idee demokratischer Volkssouveränität, denn dieses ist vom Volk direkt gewählt und durch die Kürze der Amtsdauer (zweijährige Legislaturperiode) ist das Repräsentantenhaus zu ständigem Kontakt mit der Wählerschaft geradezu verpflichtet.

Der Senat dagegen soll die Interessen der Einzelstaaten in die Entscheidungsprozesse der Bundespolitik miteinfließen lassen. Jeder Einzelstaat entsendet zwei Senatoren, die direkt vom Volk für sechs Jahre gewählt werden. Um die Kontinuität der Arbeit in diesem wichtigen Verfassungsorgan zu gewährleisten, wird der Senat nicht in seiner Gesamtheit neu gewählt, sondern alle zwei Jahre muss sich je ein Drittel der Senatoren einer Wiederwahl stellen bzw. ausscheiden. Der Kongress beschließt die Gesetze und den Staatshaushalt. Er allein besitzt das Recht der Kriegserklärung. Bei der Gesetzgebung bedarf jede Gesetzesvorlage der Zustimmung beider Kammern. Dies gilt gleichermaßen für den Staatshaushalt, den der Präsident als Beratungsvorschlag dem Kongress vorlegt. Verweigert der Präsident seine Unterschrift bei einer Gesetzesvorlage, so bedarf es einer Zweidrittelmehrheit des Kongresses, um diese rechtskräftig zu machen.

Der Senat wirkt außerdem an der auswärtigen Politik durch die Bestätigung völkerrechtlicher Verträge mit. [...]

Judikative

Der Supreme Court ist der Oberste Gerichtshof in den USA. Der Supreme Court kann nur auf Anrufung tagen, nicht aber auf Eigeninitiative. [...] Der Supreme Court überwacht die verfassungsmäßigen Rechte der Bürger und der Bundesstaaten sowie alle Handlungen des Präsidenten und des Kongresses. Die neun Richter des Supreme Courts sind befugt, über Fragen, die die Verfassung betreffen, mitzubestimmen, und sie dürfen Gesetzentwürfe des Kongresses zurückweisen. Die Mitglieder des Supreme Courts werden vom amerikanischen Präsidenten auf Lebenszeit ernannt und müssen mit Zweidrittelmehrheit des Senats bestätigt werden.

Nach: Norbert Otto, Amerikanisches Regierungssystem, www.schule-studium.de, (14.3.2014)

Aufgaben

1. Beschreiben Sie die besondere Stellung des Präsidenten der USA. (M 14)
2. Erarbeiten Sie Gemeinsamkeiten und Unterschiede des präsidialen und des parlamentarischen Regierungssystems. (M 14, M 15)
3. Diskutieren Sie die Vor- und Nachteile beider Regierungssysteme.

Demokratieprinzip, Gewaltenteilung
M 2 – M 5

Als Republik herrscht in Deutschland das Prinzip der **Volkssouveränität** (Art. 20 Abs. 2 GG). Denkbar ist die Ausübung der Souveränität direkt (durch Abstimmungen) und indirekt (durch Repräsentanten). Die Repräsentation stellt die dominante Umsetzung der Volkssouveränität dar. Um Machtkonzentration auf einem Staatsorgan zu verhindern, werden die **Prinzipien der (funktionalen) Gewalten(ver)teilung und -verschränkung** angewendet. Institutionell wird die **legislative Gewalt** vornehmlich von **Bundestag und -rat** (bzw. den Länderparlamenten) ausgeübt; **Regierung und Verwaltung** bilden gemeinsam die **ausführende Gewalt (Exekutive)**; die **Rechtsprechung (Judikative)** liegt davon getrennt in den Händen der **Gerichte der Länder und des Bundes** (insb. Bundesverfassungsgericht). Vor allem zwischen Organen der Exekutive und Legislative kommt es aber zu Gewaltverschränkungen, um die gegenseitige Machtkontrolle *(checks and balances)* auszubauen (z. B. Legislativrecht der Bundesregierung → Gesetzesinitiative; Wahl von Verfassungsrichtern durch Ausschuss von Bundestags- und -ratsmitgliedern).

Bundesstaatlichkeit / Föderalismus
M 7

Die Bundesrepublik ist ein **föderalistischer Bundesstaat**. Im Sinne der Gewaltenteilung wurden auch **wesentliche Exekutiveinrichtungen zwischen Bund und Ländern aufgeteilt** (z. B. die waffentragenden Organisationen Bundeswehr und Länderpolizei). Auch können die Länder bei **zustimmungspflichtigen Gesetzen** über den Bundesrat Einfluss auf die Bundesgesetzgebung ausüben. Eine Begründung für einen föderalen Staatsaufbau in mehreren Ebenen liegt im **Gedanken des Wettbewerbs**: Die 16 Bundesländer würden nicht nur ihre politischen und Verwaltungsentscheidungen **an die lokalen Gegebenheiten** anpassen, sondern auch **unterschiedliche Gestaltungskonzepte** entwickeln. In letzter Zeit wird die Effektivität des Föderalismus allerdings stark angezweifelt.

Rechtsstaatlichkeit
M 9, M 10

Das **Rechtsstaatsprinzip** bindet die gesamte Staatsgewalt an Recht und Gesetz. Es wird u.a. durch folgende Grundsätze konstituiert:

- **Rechtsbindung**: Bindung der Legislative an die Grundsätze der Verfassung: Vorrang des Gesetzes gegenüber jeder anderen staatlichen Handlung
- **Gesetzesvorbehalt**: Handeln der Verwaltung nur auf Grundlage eines Gesetzes
- **Rechtssicherheit**: Rechtswegegarantie, rechtliches Gehör für jedermann
- **Rechtsgleichheit**: Gleichbehandlung gleich liegender Sachverhalte
- **Verhältnismäßigkeit**: Schutz des Einzelnen vor unnötigen staatlichen Eingriffen
- (M 12, M 13, Randspalte): Freiheit der Rechtsprechung, keine Bindung an Weisungen der Regierung; aber Ausrichtung juristischer Entscheidungen an Recht und Gesetz

Sozialstaatlichkeit
M 10 – M 11

Während durch rechtsstaatliche Garantien vor allem die Eigentums- und formalen Freiheitsrechte der Bürger/innen gesichert werden, wird durch sozialstaatliche Rechte ein **Mindestmaß materialer Freiheit** angestrebt (z. B. Geldtransfers zur Existenzsicherung, Bildungssystem). Staatliche Achtung und staatlicher Schutz der unantastbaren Menschenwürde (Art. 1 Abs. 1 GG) wird also in einer umfassenden Weise verstanden (Art. 20 Abs. 1 und Art. 28 Abs. 1 GG).

2.3. Die wehrhafte Demokratie

2.3.1 Rechts- und Linksextremismus in Deutschland

M 1 ● Befürwortung einer rechtsautoritären Diktatur 2016

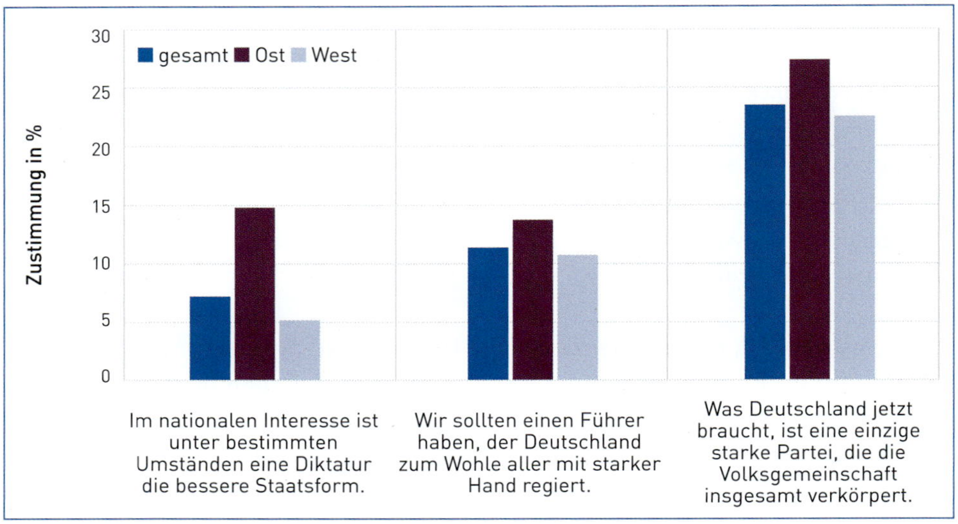

Oliver Decker, Johannes Kiess, Elmar Brähler (Hg.), Die enthemmte Mitte, Autoritäre und rechtsextreme Einstellungen in Deutschland, Gießen 2016, S. 32

M 2 ● Mindestens 4.500 Reichsbürger gibt es in Deutschland

Die Zahl der sogenannten Reichsbürger ist offenbar größer als bislang geschätzt: Tausende sollen in Deutschland leben. Die meisten von ihnen in Bayern. Die Gruppe der selbst ernannten Reichsbürger gibt es schon länger, doch noch nie wurde die Zahl ihrer Anhänger konkret beziffert. [...] Nun berichtet die *Rheinische Post* unter Berufung auf eine Umfrage bei den Innenministerien und Verfassungsschutzbehörden der Bundesländer von mindestens 4.500 Anhängern in Deutschland. Mit rund 1.700 lebten die meisten in Bayern, gefolgt von Baden-Württemberg mit 650 sowie Thüringen mit 550 Anhängern. [...]. Sachsen gab offenbar an, die Zahl nicht zu erheben, ebenso fehlten Informationen aus Hessen.
Die in etliche Kleinstgruppen zersplitterten sogenannten Reichsbürger erkennen die Bundesrepublik nicht an. Sie sind vom Fortbestand des Deutschen Reiches mit den Grenzen von 1937 überzeugt. Daher sprechen sie dem Grundgesetz, Behörden und Gerichten die Legitimität ab und akzeptieren amtliche Bescheide nicht. Viele Akteure sind nach Einschätzung der Behörden in der rechtsextremen Szene aktiv. Im Oktober erschoss ein Sympathisant in Georgensgmünd bei Nürnberg einen Polizisten und verletzte drei weitere teilweise schwer. Immer wieder begehen die Anhänger der Szene Straftaten, zuletzt hatte einer in seiner Wohnung im niedersächsischen Sögel sechs Polizisten mit Pfefferspray verletzt. Der Verfassungsschutz überwacht die Anhänger mittlerweile bundesweit. „Die Reichsbürger sind keine harmlosen Spinner, sondern eine Gefahr für unseren Staat", sagte CDU-Innenexperte Stephan Harbarth.

dpa, AFP, fin, www.zeit.de, 13.12.2016

Rechtsextremismus

Unter Rechtsextremismus werden Bestrebungen verstanden, die sich gegen die im Grundgesetz konkretisierte fundamentale Gleichheit der Menschen richten und die universelle Geltung der Menschenrechte ablehnen. Rechtsextremisten sind Feinde des demokratischen Verfassungsstaates, sie haben ein autoritäres Staatsverständnis, das bis hin zur Forderung nach einem nach dem Führerprinzip aufgebauten Staatswesen ausgeprägt ist. Das rechtsextremistische Weltbild ist geprägt von einer Überbewertung ethnischer Zugehörigkeit, aus der u.a. Fremdenfeindlichkeit resultiert. Dabei herrscht die Auffassung vor, die Zugehörigkeit zu einer Ethnie, Nation oder „Rasse" bestimme den Wert eines Menschen. Offener oder immanenter Bestandteil aller rechtsextremistischen Bestrebungen ist zudem der Antisemitismus. [...]

Ende 2015 gab es in Deutschland – nach Abzug von Mehrfachmitgliedschaften – 22.600 Rechtsextremisten.

Bundesamt für Verfassungsschutz, 21.4.2017

M 3 Die Legende von der guten Gewalt

Sie kommen nachts in Kleingruppen – und mit Gewalt: Linksautonome, die ihre Ziele akribisch ausspähen und planmäßig angreifen. Schnelle, taktisch inszenierte Gruppengewalt mit großer öffentlicher Wirkung. So wie Ende Mai in der Alten Jakobstraße im grundsanierten Berliner Bezirk Mitte. Nachdem die Autonomen in Kleingruppen durch die Straße gezogen waren, brannten vier Autos. Barrikaden aus Autoreifen und Baumaterial standen in Flammen. [...] An umliegenden Häuserfassaden waren Farbbomben zerplatzt. Hinter sich hatten die Täter wie üblich Krähenfüße ausgestreut, gezinkte Krallen aus Eisennägeln. Den von Anwohnern herbei gerufenen Polizisten blieb nur der platte Reifen ihres Einsatzwagens. Wie fast immer nach solchen wiederkehrenden Aktionen verschwanden die Täter unerkannt.

Seit etwa fünf Jahren gibt es den Trend dezentraler Aktionen, mit denen niemand rechnen kann. Gewalt gegen symbolträchtige Objekte wie Jobcenter, Gerichte und andere Behörden, die man für die Gängelung sozial Benachteiligter verantwortlich macht. Die Schäden gehen in Millionenhöhe. Auf Bildern von Überwachungskameras einer [...] Boutique in Mitte oder eines Luxusneubaus am Prenzlauer Berg sind sportliche, schwarz gekleidete Vermummte zu erkennen, die an der Fensterfront entlanglaufen und mit Hämmern blitzschnell das Glas zerstören. [...] „Wir sehen uns als Teil des Kampfes gegen Gentrifizierung, aber im großen Ganzen natürlich gegen den Kapitalismus“, sagt der junge Mann in entschlossenem Tonfall. „[...] Überall werden Leute entmietet, rausgeschmissen, wird teuer saniert, und Luxuswohnungen gebaut. Und natürlich entstehen da Spannungen“, erklärt er den Zusammenhang zwischen sozialer Schieflage und Gewalt, die für ihn ein „Ausdruck von Solidarität“ ist. Gewalt ist Solidarität. Brennende Autos sind Solidarität. [...]

Deutschlandweit geht der Verfassungsschutz von 7.700 gewaltbereiten Linksextremisten aus. [...] Zwar betonen Menschen aus der Unterstützerszene, auch Autonome selbst, dass einzig Gewalt gegen Sachen politisch legitimiert sei. Aber Polizisten sind die Ausnahme. Ihnen wird die Menschenwürde abgesprochen, wenn man sie zu „Schweinen“ abwertet, wie in der Szene üblich. [...] Vor allem die Flut rechtsextremer und flüchtlingsfeindlicher Demonstrationen, die seit Ende 2014 eingesetzt hat, motiviert die zahlreichen linken Gewalttäter in der Antifa zu Aktionen gegen Rechtsextremisten oder solche, die sie dafür halten. In persönlichen Gesprächen auf gewaltbetonten Demonstrationen ist dann von „Notwehr“ und „Selbstverteidigung“ zu hören. Auch Rechtsextremisten wird hier die Menschenwürde abgesprochen. Polizisten und Nazis sind Schweine.

Olaf Sundermeyer, www.zeit.de, 14.7.2016

Linksextremismus
Linksextremisten wollen die Staats- und Gesellschaftsordnung überwinden und die Demokratie durch ein kommunistisches oder anarchistisches System ersetzen.

Anarchie
Utopie einer Gesellschaft ohne Herrschaft und Gewalt von Menschen über Menschen. Das Ziel ist absolute Freiheit und die Auflösung des Staates.

Autonome
Bewegung ohne einheitliche Lehre. Autonome lehnen staatliche Normen ab. Der gewalttätige Widerstand gegen den Staat ist Teil ihrer Aktionen.

Aufgaben

1. Analysieren Sie die Grafik M 1 und erläutern Sie die sich daraus ergebenden Probleme.
2. Beschreiben Sie Gefahren, die vom Rechtsextremismus ausgehen. (M 2, Randspalte)
3. Stellen Sie Aktionen der linksextremen Gruppen dar und fassen Sie ihre Argumentationsstruktur zusammen. (M 3)
4. Stellen Sie in einem Rollenspiel eine Podiumsdiskussion eines Bürgertreffens in einem Berliner Bezirk zum Thema „friedlicher Kiez“ dar. (M 3)

H zu Aufgabe 4
Die Rollen sind: Anwohner, Autonome, Händler, Politiker, Vertreter der Bezirksverwaltung.

2.3.2 Islamismus – wie bedroht er Deutschland?

M 4 „Klares Signal an die Islamistenszene“

Bundesinnenminister de Maizière hat die radikal-salafistische Vereinigung „Die wahre Religion“ verboten und ist mit einer Großrazzia gegen sie vorgegangen. [...] Hunderte Polizisten haben in zehn Bundesländern mehr als 200 Wohnungen, Büros und Lagerhallen von Organisatoren und Anhängern der radikal-salafistischen Vereinigung „Die wahre Religion“ durchsucht. Damit solle ein Verbot der islamistischen Gruppierung und der von ihr organisierten Koran-Verteilaktionen „Lies!“ in deutschen Städten durchgesetzt werden, sagte Bundesinnenminister Thomas de Maizière.
Das Verbot ziele nicht auf die Verbreitung des islamischen Glaubens oder die Verteilung von Koranen oder deren Übersetzungen ab. [...] Es ziele lediglich auf den Missbrauch des Islam durch Aktivisten ab, die extremistische Ideologien propagierten oder Terrororganisationen unterstützten. [...] Einer Sprecherin seines Ressorts zufolge bestehe im Fall von „Die wahre Religion“ der Verdacht, dass die Organisation „Hassbotschaften“ verbreite. Diese hätten verfassungswidrigen und volksverhetzenden Charakter. Bei der einige hundert Mitglieder zählenden Vereinigung handele es sich um ein „Mobilisierungsnetzwerk“, das der Terroristenmiliz „Islamischer Staat“ zuarbeite. Rund 140 Menschen, die nach Syrien und in den Irak ausgereist seien, hätten vorher Kontakt mit der Gruppe gehabt. Diesem „Export des Terrorismus aus Deutschland“ soll nun Einhalt geboten werden, sagte de Maizière.

www.tagesschau.de, 15.11.2016

M 5 Was ist der „Islamische Staat“ (IS)?

Der „Islamische Staat“ ist eine Terrororganisation, die aus dem irakischen Ableger des Terrornetzwerks al-Qaida hervorgegangen ist und in den vergangenen Jahren große Gebiete in Syrien und im Irak erobert hat. Die Miliz regiert in ihrem Machtbereich mit großer Grausamkeit. [...] Der IS ist gleichzeitig auch ein Staatenprojekt. Konkret geht es um den Aufbau eines vermeintlich islamischen Staates, in dem die IS-Ideologie die Staatsreligion bildet. Der IS verklärt sich zu einer fundamentalistischen Utopie, die Radikale in aller Welt elektrisiert. Dadurch ist er zu einer Marke von internationaler Anziehungskraft geworden. Selbst Attentäter, die nie direkt mit dem IS in Kontakt standen, berufen sich auf ihn.

Raniah Salloum, www.spiegel.de, 20.1.2016

M 6 Salafisten – Wer ist das?

Unter Salafismus versteht man eine Richtung innerhalb des Islams, die es sich zum Ziel gesetzt hat, den frommen „Altvorderen“ (arabisch: salaf) nachzufolgen, das heißt den Genossen des Propheten Muhammad und den Muslimen der ersten Jahrzehnte nach seinem Tod im Jahr 632 n.Chr.
Ziel des im 19. Jahrhundert entstandenen Salafismus ist eine Reform des Islams durch die Besinnung auf die Quellen des Islams, insbesondere auf den Koran und die Überlieferung über das Leben des Propheten. Diese Rückbesinnung kann zwei Formen annehmen. Sie kann entweder eine moderne Auslegung des Islams hervorbringen [...]. Oder sie kann einen rückwärtsgewandten, fundamentalistischen Islam hervorbringen. Mit dieser zweiten Form haben wir es heute in Europa in der Regel zu tun.

www.religionen-im-gespraech.de, 21.4.2017

Islamismus

Der Islamismus ist eine religiös motivierte Form des politischen Extremismus. Seine Anhänger sehen in den Schriften und Geboten des Islam Handlungsanweisungen für den Aufbau einer Staats- und Gesellschaftsordnung. Kern dieser Ideologie ist die Behauptung, dass von Gott (Allah) alle Staatsgewalt ausgeht. Damit richten sich diese Bestrebungen gegen die Wertvorstellungen des Grundgesetzes.

al-Qaida

Islamistische Terrororganisation, die u.a. die Anschläge des 11. September 2001 in New York und Washington ausführte.

Sunnitischer und schiitischer Islam

Sunniten und Schiitischen sind die zwei größten Religionsgruppen innerhalb des Islam. Die Spaltung der muslimischen Gemeinschaft in diese beiden Richtungen ist in erster Linie die Folge des politischen Streits um die rechtmäßige Nachfolge des Propheten Mohammed. Schiiten erkennen nur Familienangehörige Mohammeds (Ali) an, Sunniten Männer ihres Vertrauens unabhängig von Herkunft (Kalifen).

M 7 „Deutschland ist bedroht“

Die Journalistin und Autorin Düzen Tekkal im Gespräch mit Monika Dittrich vom Deutschlandfunk:

[..] Dieser IS-Krieg ist nicht mehr losgelöst von unserer Lebenswirklichkeit zu verstehen, weil wir die IS-Terroristen auch exportiert haben – also quasi den Dschihadismus mit immerhin tausend Jugendlichen, die hier geboren und sozialisiert worden sind. Das heißt, das sind Menschen, die wir gar nicht geholt haben, beziehungsweise, die irgendwann ausgestiegen sind.

Da haben wir quasi dann diese Auswüchse von der gescheiterten Integration auf der einen Seite und die Flüchtlingsströme, die gerade zu uns kommen. Und mein Problem sind nicht die Flüchtlinge, ich bin selber ein Kind von Flüchtlingen, sondern die Hardliner, die sich diese Wege und Route zu Nutze machen. Als Minderheit in der Minderheit haben wir diesbezüglich vielleicht auch einen anderen Fokus und sind sehr aufmerksam, wenn wir feststellen, dass Religionen politisch genutzt werden. Und ich möchte es ganz konkret machen. Beispielsweise, wenn ich mit Vorträgen auch in Schulen bin und mit den Jugendlichen ins Gespräch komme, habe ich mittlerweile den Eindruck, dass Salafisten diesbezüglich die bessere Sozialarbeit machen.

Die martialischen Videos vom IS stellen zweifelsohne – ob wir das wahrhaben wollen oder nicht – ein gewisse Faszination dar für viele Jugendliche, und wir hinterlassen da ein Vakuum, wo wir uns oder ich nicht genug kümmern um Jugendliche. Das macht es natürlich für Hassprediger ziemlich einfach. [...]

Es ist so, dass ich schon der Ansicht bin, dass Religion ein Teil, ein wichtiger Teil der Identität ist, den wir nicht klein reden können sollten. Das merken wir immer wieder. Was mir trotzdem gegenwärtig Angst macht, ist, welche große Rolle Religion mittlerweile im öffentlichen Raum steht, so nach dem Motto „Nicht so stehst du, sondern welche Religion hast du“.

Dieser Fakt ist deswegen gefährlich, weil in dem Moment, wo man Menschen reduziert auf die Religion, es auch immer Platz lässt für Spekulationen und für Anfeindungen. [...] Deswegen ist mein Ansatz eher, dass ich sage, wir Migranten müssen deutsche Staatsbürger werden und demokratie- und kritikfähiger, dass es nicht darum geht, die Religion so zu etablieren, wie ich das gegenwärtig wahrnehme, als Identifikation, sondern ich mir eher wünsche, dass wir das demokratische Bewusstsein schärfen, weil ich glaube, dass das eigentlich auch Teil des Problems ist, wenn ich mit Lehrern rede, die mir erzählen, dass auf den Schulhöfen – ja – Religionskriege stattfinden und wo viele gar nicht mit bekommen, was dort konkret passiert, aber wo viel von zu Hause mitgebracht wird.

Interview: Monika Dittrich, Deutschlandfunk, 17.3.2016

Düzen Tekkal (*1978 in Hannover) ist eine deutsche Journalistin und Autorin jesidisch-kurdischer Abstammung.

Dschihad

Dschihad ist ein Begriff aus dem Koran und besitzt unterschiedliche Bedeutungen: Er kann eine geistige Anstrengung meinen, den inneren Kampf gegen die Verführungen falscher Lehren – aber auch den Kampf mit der Waffe. Radikale Islamisten haben in den letzten Jahren dem Begriff eine einseitige Bedeutung gegeben und bezeichnen damit den gewaltsamen Kampf gegen Ungläubige und Sittenlosigkeit.

Integration

→ vgl. Kap.1.3.1

Aufgaben

1. Fassen Sie mit eigenen Worten den Inhalt von M 4 zusammen. Nehmen Sie dabei M 5 und M 6 zur Hilfe.
2. Recherchieren Sie in Gruppen aktuelle Fakten und Zahlen zum Thema „Islamismus in Deutschland“ und präsentieren Sie Ihre Ergebnisse in einem Kurzvortrag.
3. Erläutern Sie den Zusammenhang von Integration und Radikalisierung. (M 7)
4. Diskutieren Sie den Lösungsansatz von Düzen Tekkal. (M 7)

H zu Aufgabe 3
Legen Sie dar, was Tekkal unter Integration versteht.

F zu Aufgabe 4
Gehen Sie dabei auch darauf ein, welche Herausforderungen von den verschiedenen Akteuren zu meistern sind und erwägen Sie Chancen und Grenzen.

2.3.3 Für die Ewigkeit gemacht? – Der unveränderliche Verfassungskern

M 8 ● Aus!

Karikatur: Mohr, Baaske Cartoons

M 9 ● Das Bundesverfassungsgericht – Hüter der Verfassung

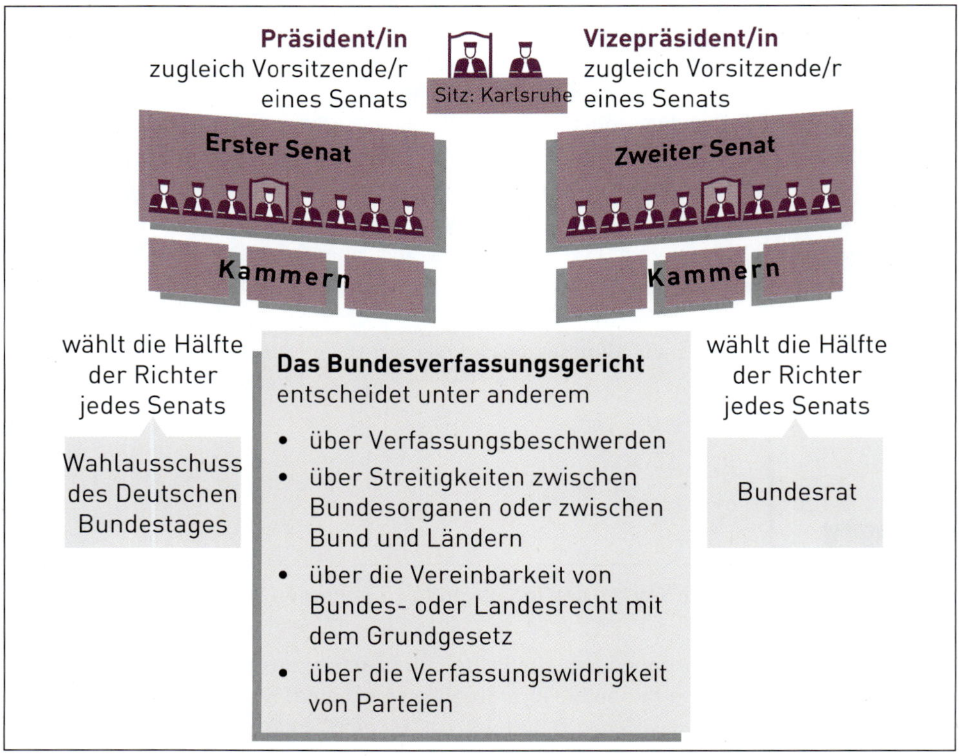

 Zahlenbilder 129 015

Wie der Staat die Demokratie schützt

Der Aufstieg der Nationalsozialisten, deren erklärtes Ziel die Abschaffung der Demokratie war, warf die Frage auf, wie sich ein demokratischer Staat gegen politischen Extremismus wehren kann, ohne die Freiheitsrechte seiner Bürger zu sehr einzuschränken. Im Zentrum der streitbaren Demokratie steht die sogenannte Ewigkeitsgarantie des Art. 79 Abs. 3 (GG). Darin heißt es: „Eine Änderung dieses Grundgesetzes, durch welche die Gliederung des Bundes in Länder, die grundsätzliche Mitwirkung der Länder bei der Gesetzgebung oder die in den Artikeln 1 und 20 niedergelegten Grundsätze berührt werden, ist unzulässig." Zu den Grundsätzen gehören die Menschenwürde, die Rechts-, Sozial- und Bundesstaatlichkeit sowie das Demokratieprinzip.

Bundesverfassungsgericht als Verfassungsorgan

Wie das Bundesverfassungsgericht mit den anderen Verfassungsorganen zusammenarbeitet, ist auf Seite 80 erklärt.

M 10 ● Die Ewigkeitsklausel im Wortlaut

(1) Das Grundgesetz kann nur durch ein Gesetz geändert werden, das den Wortlaut des Grundgesetzes ausdrücklich ändert oder ergänzt. Bei völkerrechtlichen Verträgen, die eine Friedensregelung, die Vorbereitung einer Friedensregelung oder den Abbau einer besatzungsrechtlichen Ordnung zum Gegenstand haben oder der Verteidigung der Bundesrepublik zu dienen bestimmt sind, genügt zur Klarstellung, dass die Bestimmungen des Grundgesetzes dem Abschluss und dem Inkraftsetzen der Verträge nicht entgegenstehen, eine Ergänzung des Wortlautes des Grundgesetzes, die sich auf diese Klarstellung beschränkt.
(2) Ein solches Gesetz bedarf der Zustimmung von zwei Dritteln der Mitglieder des Bundestages und zwei Dritteln der Stimmen des Bundesrates.
(3) Eine Änderung dieses Grundgesetzes, durch welche die Gliederung des Bundes in Länder, die grundsätzliche Mitwirkung der Länder bei der Gesetzgebung oder die in den Artikeln 1 und 20 niedergelegten Grundsätze berührt werden, ist unzulässig.

M 11 ● Die wehrhafte Demokratie im Grundgesetz

Artikel 5
(1) Jeder hat das Recht, seine Meinung in Wort, Schrift und Bild frei zu äußern und zu verbreiten und sich aus allgemein zugänglichen Quellen ungehindert zu unterrichten. Die Pressefreiheit und die Freiheit der Berichterstattung durch Rundfunk und Film werden gewährleistet. Eine Zensur findet nicht statt. [...] (3) Kunst und Wissenschaft, Forschung und Lehre sind frei. Die Freiheit der Lehre entbindet nicht von der Treue zur Verfassung.

Artikel 18
Wer die Freiheit der Meinungsäußerung, insbesondere die Pressefreiheit (Artikel 5 Abs. 1), die Lehrfreiheit (Artikel 5 Abs. 3), die Versammlungsfreiheit (Artikel 8), die Vereinigungsfreiheit (Artikel 9), das Brief-, Post- und Fernmeldegeheimnis (Artikel 10), das Eigentum (Artikel 14) oder das Asylrecht (Artikel 16a) zum Kampfe gegen die freiheitliche demokratische Grundordnung missbraucht, verwirkt diese Grundrechte. Die Verwirkung und ihr Ausmaß werden durch das Bundesverfassungsgericht ausgesprochen.

Artikel 21
(1) Die Parteien wirken bei der politischen Willensbildung des Volkes mit. Ihre Gründung ist frei. Ihre innere Ordnung muss demokratischen Grundsätzen entsprechen. [...] (2) Parteien, die nach ihren Zielen oder nach dem Verhalten ihrer Anhänger darauf ausgehen, die freiheitliche demokratische Grundordnung zu beeinträchtigen oder zu beseitigen oder den Bestand der Bundesrepublik Deutschland zu gefährden, sind verfassungswidrig. Über die Frage der Verfassungswidrigkeit entscheidet das Bundesverfassungsgericht. [...]

Artikel 9
(1) Alle Deutschen haben das Recht, Vereine und Gesellschaften zu bilden. (2) Vereinigungen, deren Zwecke oder deren Tätigkeit den Strafgesetzen zuwiderlaufen oder die sich gegen die verfassungsmäßige Ordnung oder gegen den Gedanken der Völkerverständigung richten, sind verboten. [...]

Artikel 20
(1) Die Bundesrepublik Deutschland ist ein demokratischer und sozialer Bundesstaat. (2) Alle Staatsgewalt geht vom Volke aus. Sie wird vom Volke in Wahlen und Abstimmungen und durch besondere Organe der Gesetzgebung, der vollziehenden Gewalt und der Rechtsprechung ausgeübt. (3) Die Gesetzgebung ist an die verfassungsmäßige Ordnung, die vollziehende Gewalt und die Rechtsprechung sind an Gesetz und Recht gebunden. (4) Gegen jeden, der es unternimmt, diese Ordnung zu beseitigen, haben alle Deutschen das Recht zum Widerstand, wenn andere Abhilfe nicht möglich ist.

Artikel 79
(3) Eine Änderung dieses Grundgesetzes, durch welche die Gliederung des Bundes in Länder, die grundsätzliche Mitwirkung der Länder bei der Gesetzgebung oder die in den Artikeln 1 und 20 niedergelegten Grundsätze berührt werden, ist unzulässig.

Aufgaben

1. Arbeiten Sie aus M 8–M 11 die Mittel heraus, die die wehrhafte Demokratie bereithält, um die Grundwerte unserer Demokratie zu schützen.
2. Erklären Sie, warum das Bundesverfassungsgericht als „Hüter der Verfassung" bezeichnet wird. (M 8, M 9)
3. Verfassen Sie einen Eintrag für ein Schülerlexikon, in dem Sie erläutern, warum der Art. 79 (3) GG als „Ewigkeitsklausel" bezeichnet wird und welche Bedeutung er für die Bundesrepublik Deutschland hat. (M 10, M 11)

2.3.4 Exkurs 2: Weimarer Reichsverfassung und Grundgesetz im Vergleich

M 12 ● Warum scheiterte die Weimarer Republik?

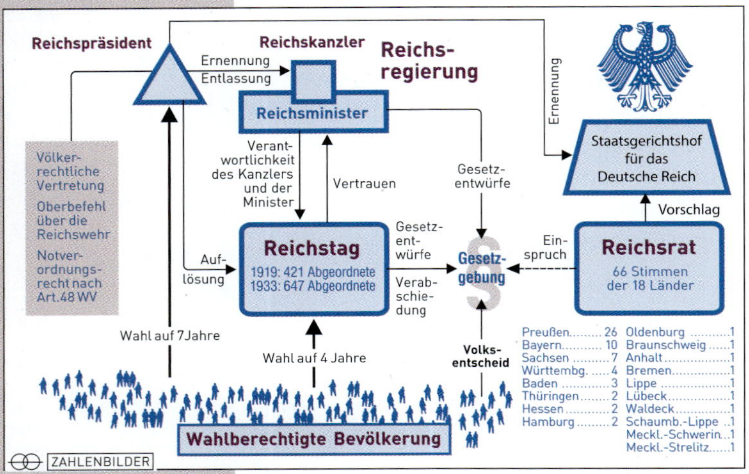

©Bergmoser + Höller Verlag AG

50 070

Wehrhafte Demokratie
→ vgl. Kap. 2.3.3

Die Historiker sind sich heute zumindest darin einig, dass das Scheitern der Republik und die nationalsozialistische „Machtergreifung" nur durch die Aufhellung eines sehr komplexen Ursachengeflechts plausibel erklärt werden können. […]: institutionelle Rahmenbedingungen, etwa die verfassungsmäßigen Rechte und Möglichkeiten des Reichspräsidenten […]; die ökonomische Entwicklung mit ihren Auswirkungen auf die politischen und gesellschaftlichen Machtverhältnisse; […]; Veränderungen im sozialen Gefüge, beispielsweise Umschichtungen im „Mittelstand" mit Konsequenzen, unter anderem für politische Orientierung und Wahlverhalten […]; ideologische Faktoren (autoritäre Traditionen […]; extremer Nationalismus, verstärkt durch Kriegsniederlage, Dolchstoß-Legende und Kriegsunschuldspropaganda; „Führererwartung" und Hoffnung auf den „starken Mann" […]); massenpsychologische Momente, zum Beispiel Erfolgschancen einer massensuggestiven Propaganda infolge kollektiver Entwurzelung und politischer Labilität breiter Bevölkerungssegmente; schließlich die Rolle einzelner Persönlichkeiten an verantwortlicher Stelle […].
Die Antwort, die auf die Frage nach dem Scheitern der Weimarer Demokratie und der Ermöglichung Hitlers gegeben wird, hängt in ihrer Nuancierung wesentlich davon ab, wie die verschiedenen Komponenten gewichtet […] [werden].

Eberhard Kolb, Die Weimarer Republik, Oldenbourg, München 2002, S. 250 f.

Info

Änderungen im GG gegenüber der Weimarer Verfassung

- weniger Macht des Bundespräsidenten – keine Direktwahl durch das Volk (Art. 54 GG)
- verfassungsfeindliche Parteien können verboten werden (Art. 21, 2 GG)
- konstruktives Misstrauensvotum (Art. 67 GG)
- Bundeskanzler wird von der Parlamentsmehrheit gewählt (Art. 63 GG)
- Bundeskanzler bestimmt seine Minister (Art. 64 GG)
- die Möglichkeit des Reichspräsidenten, gesetzesvertretende Notverordnungen zu erlassen (Art. 48 WRV), wurde komplett gestrichen. Bis 1968 (Einführung der „Notstandsgesetze") verzichtete das GG auf Regelungen in Krisensituationen.

Aufgaben

1. Fassen Sie wesentliche Unterschiede zwischen der Verfassung der Weimarer Republik und dem Grundgesetz zusammen. (M 12, Info)
2. Erklären Sie, inwiefern das GG den Verfassungsorganen mehr bzw. weniger Macht zuspricht.

H zu Aufgabe 2
→ vgl. Kap. 2.4

Rechtsextremismus
M 1 – M 2

Typische Merkmale rechtsextremistischer Gruppen und Ideologien sind **Intoleranz, Rassismus, Antisemitismus** und **Fremdenfeindlichkeit**. Rechtsextremistische Bewegungen verfolgen das Ziel eines autoritären, antipluralistischen und antidemokratischen Gesellschaftssystems und **bedrohen** damit die **freiheitliche, demokratische Grundordnung** Deutschlands.

Linksextremismus
M 3

Innerhalb der politischen Linken werden jene Gruppen linksextremistisch eingestuft, die die **parlamentarische Demokratie** und vor allem **den Kapitalismus als Wirtschafts- und Gesellschaftssystem verneinen**. Linksextremistische Gruppen streben – teils unter Verwendung von Gewalt – nach einem egalitären, klassenlosen Gesellschaftssystem.

Islamismus
M 4 – M 7

Verschiedene **extremistische politische Ideologien und Bewegungen**, die den **Islam zum Fundament** haben, werden mit dem Begriff „Islamismus" beschrieben. Allen Strömungen innerhalb des Islamismus liegen u. a. folgende Ansichten zugrunde: **Islam als einzige Quelle für das politische System, politische und religiöse Einheit aller Muslime** der Welt (Umma), **Abschaffung des weltlichen Staats** und **Einführung der Staatsreligion** sowie **Widerstand gegenüber fremder, nicht-muslimischer Einmischung**.

Wehrhafte Demokratie
M 8 – M 11

Die **freiheitliche demokratische Grundordnung** darf nicht gefährdet oder abgeschafft werden. Deshalb wird unsere Demokratie als **wehrhafte oder streitbare Demokratie** bezeichnet. Zu den Mitteln der wehrhaften Demokratie gehören:

- Auf Antrag können verfassungswidrige Parteien vom Bundesverfassungsgericht verboten werden.
- Vereinigungen, die sich gegen die verfassungsmäßige Ordnung richten, können vom Innenminister verboten werden.
- Die Grundrechte einzelner Personen können vom Bundesverfassungsgericht verwirkt werden, wenn sie diese zum Kampf gegen die Demokratie missbrauchen.
- Bedienstete im öffentlichen Dienst können auf ihre Verfassungstreue verpflichtet werden.
- Als letztes Mittel räumt das Grundgesetz den Deutschen ein Recht zum Widerstand gegen jeden ein, der es unternimmt, die verfassungsmäßige Ordnung zu beseitigen, wenn keine andere Abhilfe möglich ist.

Um einen Missbrauch der Instrumente der wehrhaften Demokratie zu verhindern, wurden diese überwiegend dem Bundesverfassungsgericht übertragen. Das Bundesverfassungsgericht ist das **höchste deutsche Gericht**. Es entscheidet verbindlich über die **Auslegung des Grundgesetzes**. Außerdem kann sich jeder Bürger an das Gericht wenden, wenn er seine Grundrechte durch staatliches Handeln verletzt sieht. Deshalb wird das Bundesverfassungsgericht auch als „**Hüter der Verfassung**" bezeichnet.

2.4 Verfassungsorgane – Herrschaft und Kontrolle

2.4.1 Was heißt es, zu regieren?

Erklärfilm zur Regierungsbildung

Mediencode: 8918-09

M 1 ● Was macht ein Bundeskanzler?

M 2 ● Regieren? Regieren!

Der ehemalige SPD-Vorsitzende Franz Müntefering sagte einmal: „Opposition ist Mist. Lasst das die anderen machen – wir wollen regieren." Alle Politiker wollen regieren! Sie treten in Wahlkämpfen für ihre Parteien an, um eine Mehrheit zu erreichen und „an die Regierung zu kommen". Denn wer regiert, hat die Macht im Land und kann seine politischen Vorstellungen umsetzen. Die Regierung kann weitreichende Entscheidungen vorbereiten und beeinflussen: Sie kann (zusammen mit den Abgeordneten im Bundestag) entscheiden, ob Steuern erhöht werden, ob die Bundeswehr zu einem Einsatz ins Ausland geschickt wird, ob soziale Leistungen gekürzt werden oder ob man mehr Geld in Bildung investiert. Die Politiker, die nicht an der Regierung beteiligt sind, haben dagegen nur wenig Einfluss auf die Politik. Sie können meist nur in der Öffentlichkeit sagen, dass sie anderer Meinung sind. Allein die Regierung ist berechtigt, den Kurs des Landes zu bestimmen, und deswegen wollen Politiker regieren.

Autorentext

Legitimation
Rechtfertigung der Ausübung staatlicher Gewalt, hier: durch eine Wahl

Kabinett
Das Kabinett besteht aus den Personen, die die Bundesregierung bilden (Bundeskanzler und seine Minister).

M 3 ● Wie mächtig ist der Bundeskanzler?

Der Bundeskanzler wird häufig als mächtigster politischer Akteur in Deutschland bezeichnet. Dies liegt daran, dass er sowohl gegenüber dem Parlament eine besondere Rolle einnimmt als auch innerhalb der Bundesregierung über eine Sonderstellung verfügt. So wird innerhalb der Bundesregierung nur der Bundeskanzler direkt vom Bundestag gewählt. Alle anderen Mitglieder der Regierung werden auf seinen Vorschlag hin vom Bundespräsidenten ernannt. Damit verfügt er über eine besondere demokratische Legitimation. Innerhalb der Bundesregierung besitzt der Bundeskanzler die Richtlinienkompetenz. Das bedeutet, dass er die Grundlinien der Politik, also die allgemeine politische Ausrichtung der Regierungspolitik, bestimmen kann. Gegen den Willen des Kanzlers kann innerhalb der Regierung keine Entscheidung getroffen werden. Das Kabinett kann ihn nicht einfach überstimmen. Wie der Bundeskanzler diese Richtlinienkompetenz ausfüllen kann, hängt entscheidend von seiner Persönlichkeit, seiner Beliebtheit innerhalb der Bevölkerung und seinem Regierungsstil ab. Seine Macht ist natürlich dann beschränkt, wenn er mit einer Koalition aus verschiedenen Parteien regiert, da er auf andere Parteien einen geringeren Einfluss besitzt. Auch gegenüber dem Parlament verfügt er über eine Sonderrolle. Wenn der Bundeskanzler den Eindruck hat, dass die Mehrheit der Abgeordneten im Parlament seine Politik nicht mehr unterstützt, dann kann er im Deutschen Bundestag die Vertrauensfrage stellen. Wird er nicht mehr von der Mehrheit der Abgeordneten unterstützt, so kann er Neuwahlen herbeiführen. Viele Abgeordnete fürchten bei Neuwahlen um ihre Wiederwahl und werden so den Kanzler eher unterstützen. Aber wehrlos ist das Parlament beileibe nicht. Das Parlament verfügt über ein starkes Machtmittel: das konstruktive Misstrauensvotum.

Autorentext

M 4 ● Aufbau und Arbeitsweise der Bundesregierung

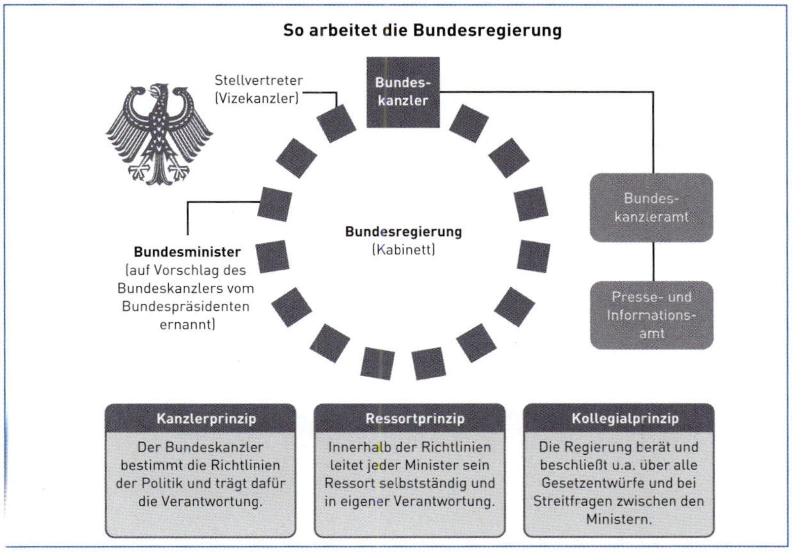

©Bergmoser + Höller Verlag

Aufgaben

1. Was heißt es, zu regieren? Sammeln Sie Überschriften und Berichte aus aktuellen Zeitungen, die deutlich machen, welche politischen Probleme die Bundesregierung gerade bearbeitet. (M 1)
2. Erklären Sie, welche Prinzipien die Regierungsarbeit leiten. (M 2, M 3)
3. Der Bundeskanzler gilt als mächtiger politischer Akteur. Was kann er tun, um seine Vorstellungen durchzusetzen? Stellen Sie eine Liste der Machtinstrumente des Bundeskanzlers zusammen. Welches Machtinstrument erscheint Ihnen am wirkungsvollsten? Erstellen Sie eine Hierarchie. (M 3, M 4)

Konstruktives Misstrauensvotum

Über das konstruktive Misstrauensvotum kann das Parlament den Kanzler und damit die gesamte Regierung abwählen (Art. 67 GG). Das Parlament muss dazu allerdings einen neuen Kanzler wählen, weshalb das Misstrauensvotum „konstruktiv" – durch die Wahl eines Nachfolgers – und nicht „destruktiv" – durch die reine Abwahl eines Kanzlers – ist.
Nach § 97 der Geschäftsordnung des Deutschen Bundestages muss mindestens 1/4 der Mitglieder des Bundestages den Antrag für das konstruktive Misstrauensvotum (Art. 67, 1 GG) unterzeichnen.

Artikel 65 GG

„Der Bundeskanzler bestimmt die Richtlinien der Politik und trägt dafür die Verantwortung."

2.4.2 Der Bundestag – was sind seine Aufgaben?

Unterschied zwischen Parlamenten und Kammern
→ vgl. Kap. 2.2.5

M 5 ● Das Parlament – welche Aufgaben und Befugnisse hat es?

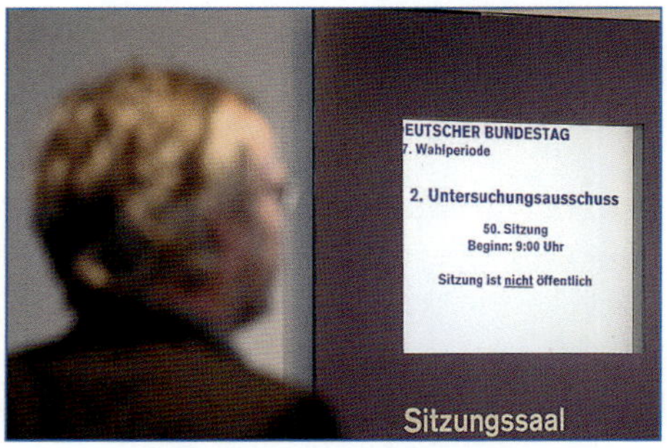

Der Bundeshaushalt 2017

Der Bundeshaushalt 2017 beträgt 329,1 Milliarden Euro.
Davon entfallen auf die einzelnen Ministerien:

Arbeit und Soziales	137,58 Mrd. Euro
Verteidigung	37,00
Verkehr und digitale Infrastruktur	27,91
Bundesschuldendienst	19,99
Bildung und Forschung	17,65
Gesundheit	15,16
Familien, Senioren, Frauen und Jugend	9,52
Inneres	8,98
Wirtschaftliche Zusammenarbeit und Entwicklung	8,54
Wirtschaft und Energie	7,73
Finanzen	6,19
Ernährung und Landwirtschaft	6,00
Umwelt, Naturschutz, Bau und Reaktorsicherheit	5,62
Auswärtiges Amt	5,23
Bundeskanzlerin und Bundeskanzleramt	2,80
Justiz und Verbraucherschutz	0,84

Quelle: Bundesfinanzministerium *dpa24409*

Info

Der Bundestag – Stellung und Hauptaufgaben

Der Deutsche Bundestag ist das höchste Verfassungsorgan der Bundesrepublik. Nicht zu Unrecht wird er als das Herz der bundesdeutschen Demokratie bezeichnet, denn er wird als einziges Verfassungsorgan direkt vom Volk für jeweils vier Jahre gewählt. Im Zusammenspiel der Gewalten (Legislative, Exekutive und Judikative) übernimmt der Bundestag die Rolle des Gesetzgebers, sprich: Der Bundestag beschließt Gesetze, die für alle Menschen in Deutschland gelten. Zu seinen wichtigsten Aufgaben zählen darüber hinaus die Wahl des Bundeskanzlers und die Kontrolle der Bundesregierung.

Autorentext

M 6 ● Der Bundestag – ein Rede- oder Arbeitsparlament?

Der große Sitzungsraum, also der Plenarsaal im Berliner Reichstagsgebäude mit der großen Adlerfigur an der Stirnseite – das ist der Ort, an den viele denken, wenn sie „Bundestag“ oder „Parlament“ hören. Blickt man nur auf das, was im Plenum geschieht, gewinnt man schnell den Eindruck, der Bundestag sei das, was man ein Redeparlament nennt. Von einem Redeparlament spricht man, wenn die parlamentarische Hauptarbeit in der Vollversammlung der Abgeordneten stattfindet, in der öffentlichen Auseinandersetzung im Plenum. Das britische Unterhaus, das House of Commons, ist ein gutes Beispiel für diesen Typ von Parlament. Dass das Reden überhaupt ein wichtiger Bestandteil des Parlamentarismus ist, steckt schon in der Bezeichnung „Parlament“, die sich vom lateinischen Wort für Gespräch ableitet. Schaut man ein wenig genauer auf die Arbeit im Bundestag, stellt man fest, dass das deutsche Parlament auch Merkmale eines Arbeitsparlaments hat. Ein Arbeitsparlament ist dadurch gekennzeichnet, dass der Großteil seiner Tätigkeit in Fachausschüssen abläuft. Die Hauptaufgabe eines solchen Parlaments ist die sachkundige Bearbeitung von Gesetzesvorlagen. Der US-amerikanische Kongress ist ein typisches Arbeitsparlament. Der Bundestag aber scheint Rede- und Arbeitsparlament zugleich zu sein: Zum einen wird im Plenum vor den Augen der Öffentlichkeit debattiert. Das Grundgesetz fordert, dass die Verhandlungen öffentlich sind. Dies bedeutet heutzutage: medienöffentlich. Die parlamentarischen Spielregeln sorgen dafür, dass sich Rede und Widerrede abwechseln. Eigene Argumente werden präsentiert, die Position der Gegenseite kritisiert.

Deutscher Bundestag (Hg.), Der Deutsche Bundestag, Stichwort Deutscher Bundestag, Berlin 2010, S. 14–16

M 7 ● Kontrollfunktion

Zum einen dienen die genannten Instrumentarien nur dann der Regierungskontrolle, wenn sie von der Opposition eingesetzt werden. Und selbst die Minderheit verwendet diese Instrumente nicht ausschließlich zur Kontrolle, sondern auch zur Beschaffung von Informationen. Werden sie hingegen von der Regierungsmehrheit eingesetzt, dienen sie im Wesentlichen dem Lob der Regierung oder der Kritik am politischen Gegner. Außerdem kann die Opposition wegen ihrer fehlenden Mehrheit die Regierung nicht direkt in Schwierigkeiten bringen; sie muss den Weg über die Öffentlichkeit wählen und so die Regierung indirekt unter Druck setzen. Die Regierungsmehrheit ihrerseits wird die Regierung in der Regel nicht in der Öffentlichkeit attackieren, sondern ihre Auseinandersetzungen mit der eigenen Regierung hinter den verschlossenen Türen der Mehrheitsfraktion ausfechten.

Fritz Blumöhr, u.a., Die politische Ordnung in Deutschland, Landeszentrale für politische Bildung Bayern, München 2011, S. 74 f.

Aufgaben

1. Beschreiben Sie mithilfe von M 5 – M 6 die Aufgaben und die Arbeitsweise des Deutschen Bundestages.
2. Nehmen Sie Stellung zu der Frage, inwiefern der Deutsche Bundestag eine wirksame Kontrolle der Regierung ausüben kann. (M 7)
3. Referieren Sie über einen aktuellen Fall aus dem politischen Zeitgeschehen, indem Sie u.a. die unterschiedlichen Standpunkte von Regierung und Opposition untersuchen.

F zu Aufgabe 2
Recherchieren Sie für ein Referat die Bedeutung der Parlamente und ihrer Arbeitsweisen in den Verfassungen Großbritanniens und der USA.

Verfassungsnorm

Normen, die in der Verfassung festgeschrieben sind. Beispielsweise Art. 38 GG: Abgeordnete sind nur ihrem Gewissen verpflichtet.

Verfassungsrealtität

Verfassungsrealität bedeutet die tatsächliche Umsetzung und Verwirklichung einer im Grundgesetz festgeschriebenen Norm. Oftmals hinkt die Umsetzung der Norm dem Anspruch der Verfassung hinterher. So kann es im Parlamentsalltag von Vorteil sein, wenn Abgeordnete bei Entscheidungen die Fraktionslinie mitberücksichtigen.

Unabhängigkeit von Abgeordneten des Bundestages

Die Unabhängigkeit der Abgeordneten des Bundestages von äußeren Zwängen gewährleisten im Wesentlichen folgende Rechte:

- freies Mandat
- Indemnität / Immunität
- Zeugnisverweigerungsrecht
- Diäten, Verkehrsmittelnutzung.

Indemnität

Indemnität verleiht Abgeordneten das Recht auf freie Rede im Parlament und schützt sie vor dienstlicher oder gerichtlicher Verfolgung wegen Äußerungen im Plenum oder im Ausschuss. Auch dürfen sie nicht wegen ihres Abstimmungsverhaltens verfolgt werden.

2.4.3 Die Abgeordneten und Fraktionen – wie arbeiten sie?

M 8 ● Fraktionszwang

Karikatur: Gerhard Mester, Baaske Cartoons

M 9 ● Wer kann Abgeordneter werden?

Ein Blick auf die Zusammensetzung des Parlaments macht schnell klar, dass der Bundestag die bundesdeutsche Bevölkerung nicht spiegelbildlich abbildet. Dies lässt sich an einigen Zahlen deutlich machen:
So liegt der Prozentsatz an Frauen unter den Mitgliedern des Bundestages mit 32,8 Prozent deutlich unter dem Anteil der weiblichen Bevölkerung in Deutschland (Ende 2008: 51 Prozent). Gemittelt sind die Parlamentarier älter als der Bevölkerungsdurchschnitt. Die Anzahl von Personen mit Fachhochschul- oder Hochschulabschluss unter den Parlamentariern ist überdurchschnittlich. Nicht alle Berufe sind im Parlament vertreten, einige wiederum sehr stark. [...]
In den vergangenen Jahrzehnten lässt sich noch ein weiterer Trend beobachten, was die Zusammensetzung des Bundestags betrifft: die Professionalisierung des Abgeordnetenberufs.
Die Zahl der Bundestagsabgeordneten, die bereits vor ihrer Wahl einen politischen Beruf hatten, ist gestiegen. So sind beispielsweise einige Parlamentarier vor ihrer Mandatszeit als Mitarbeiter eines Abgeordneten tätig gewesen. Auch steigt die Zahl der Abgeordneten, die nach ihrer Zeit im Parlament nicht mehr in ihren ursprünglichen Beruf zurückkehren. Politik ist für viele Parlamentarier nicht nur zu einer Berufung, sondern zum Beruf geworden. [...]
Selbst wenn dies möglich wäre: Ein repräsentatives Parlament muss nicht zwangsläufig ein besseres sein. Denn die Interessen eines Bevölkerungsteils können auch von jemandem vertreten werden, der nicht aus diesem Bereich kommt – und dies mitunter besser. So wird man als Rechtsbeistand immer jemanden nehmen, der sich im Rechtssystem gut auskennt, und nicht unbedingt jemanden, der einem ähnlich ist. Gerade bei

der Gesetzgebung und der Kontrolle der Regierung bedarf es sachkundiger Parlamentarier, die sich im politischen Geschäft auskennen. [...] Allerdings ist darauf zu achten, dass die Berufspolitiker nicht den Kontakt zu denjenigen verlieren, die sie vertreten sollen.

Deutscher Bundestag (Hg.): Der Deutsche Bundestag. Wie parlamentarische Demokratie funktioniert. Berlin 2010, S. 25–27

M 10 ● Fraktionsmitglied oder Einzelkämpfer?

Anders als mit Arbeitsteilung in den Fraktionen ist die parlamentarische Arbeit kaum zu organisieren. Nicht jeder kann überall sein, sondern muss als Experte stellvertretend für seine Fraktion sein Fachgebiet im Blick behalten. Sonst würde sich das Parlament schnell selbst blockieren. [...]

Der einzelne Abgeordnete arbeitet innerhalb seiner Fraktion in verschiedenen Gremien, um sich mit Kollegen mit ähnlichen Interessen abzustimmen. Da gibt es Facharbeitsgruppen, regionale Landesgruppen, Strömungsgruppen, soziologische Gruppen. Und wenn die dann alle miteinander um die beste Haltung der Fraktion als Ganzes gerungen haben und die Fraktion intern darüber abgestimmt hat, dann wird der Abgeordnete entscheiden müssen, ob er sich der Mehrheitsmeinung anschließt. Vielleicht aus eigener Sachkunde, vielleicht, weil er sich auf den Rat der Kollegen, die sich mit dem Thema intensiver befassen konnten, verlässt. Vielleicht auch in der Erkenntnis, dass er seine politischen Ziele nicht als Einzelkämpfer, sondern nur in der Gemeinschaft und mit Kompromissbereitschaft zu verfolgen vermag. Oder ob er von der mehrheitlichen Auffassung der Fraktion in diesem Punkt abweicht. Dann aber darf die Fraktionsführung verlangen, dass er dies rechtzeitig signalisiert, damit die Fraktionsmitglieder nicht überrascht sind, sondern sich darauf einstellen können.

Der Abgeordnete steht also ständig vor wichtigen Fragen: Wie setzt er den grundsätzlichen Willen der Wähler in praktische Politik um? Wie behält er den besten Kontakt zu den Bürgern und erfährt, wie er am besten deren Einschätzung zu aktuellen Themen in Berlin repräsentieren kann? Wie findet er immer wieder auch eigene, neue Lösungen von Problemen in einer sich ständig verändernden Welt? Und wie behält er die innerliche Unabhängigkeit gegenüber dem, was von außerhalb und innerhalb des Parlaments an Einflussversuchen auf ihn einwirkt?

Gregor Mayntz, Mitglieder des Bundestages: Abgeordnet vom Volk, In: Deutscher Bundestag (Hg.): Blickpunkt Bundestag spezial. Die Abgeordneten des Deutschen Bundestages, Berlin 2010, S. 5

Aufgaben

1. Stellen Sie die Informationen aus M 9 über die Zusammensetzung des Bundestages zusammen.
2. a) Analysieren Sie die Position des Autors von M 9 zu der Frage, ob das Parlament ein repräsentativer Querschnitt der Bevölkerung sein muss.
   b) Beurteilen Sie anschließend seine Position. Berücksichtigen Sie dabei die Informationen in der Randspalte.
3. Erschließen Sie aus M 10 den Begriff „Fraktion" und die Aufgaben einer Abgeordneten oder eines Abgeordneten innerhalb der Fraktion.
4. Interpretieren Sie die Karikatur M 8.
5. Erklären Sie aus Sicht der Regierung, welche Konsequenzen es hätte, wenn die Abgeordneten häufiger gegen die eigene Fraktion stimmen würden.

Ausgenommen von diesem Schutz sind verleumderische Beleidigungen und Äußerungen außerhalb des parlamentarischen Bereichs. Die Indemnität als Recht eines einzelnen Abgeordneten kann im Gegensatz zum Recht vor Strafverfolgung (Immunität) nicht vom Parlament aufgehoben werden.

Immunität

Abgeordnete des Bundestages genießen Immunität, was sie vor Strafverfolgung schützt. Die Polizei darf nur wegen einer mutmaßlichen Straftat ermitteln und einen Parlamentarier verhaften, wenn der Bundestag dem zustimmt und die Immunität aufhebt, es sei denn, er wird unmittelbar oder am Tag nach der Tat festgenommen. Auch bei jeder anderen Beschränkung der persönlichen Freiheit eines Abgeordneten oder zur Einleitung eines Verfahrens muss der Bundestag zustimmen. Strafverfahren sind auf Verlangen des Bundestages auszusetzen. Die Immunität des Abgeordneten wird durch die Indemnität ergänzt.

F zu Aufgabe 3

Recherchieren Sie auf der Homepage des/der Abgeordneten Ihres Wahlkreises, womit er/sie wie viel Zeit verbringt: Ausschüsse, Verbände, Parteiarbeit, Vereine, etc. Stellen Sie Ihre Ergebnisse in einem Kurzreferat vor.

Art. 50 GG

Durch den Bundesrat wirken die Länder bei der Gesetzgebung und Verwaltung des Bundes und in Angelegenheiten der Europäischen Union mit.

Zusammensetzung des Bundesrates

Die einzelnen Bundesländer verfügen über unterschiedliche Stimmgewichte im Bundesrat.

- Jedes Land hat mindestens drei Stimmen.
- Länder mit mehr als zwei Millionen Einwohnern haben vier Stimmen.
- Länder mit mehr als sechs Millionen Einwohner haben fünf Stimmen.
- Länder mit mehr als sieben Millionen Einwohnern haben sechs Stimmen.

Autorentext

2.4.4 Der Bundesrat – wie beeinflusst er die Gesetzgebung?

M 11 ● Folgen ungleicher Machtverhältnisse in Bundesrat und Bundestag

Wahltaktik – Opposition feiert Blockade-Festival im Bundesrat

Steuerreform? Abgelehnt. Kürzungen bei der Solarförderung? Mit großer Mehrheit abgeschmettert. Kurz vor der Wahl in NRW blockieren die Oppositionsländer im Bundesrat gleich zwei Großprojekte der Regierung. Das schadet vor allem dem CDU-Spitzenkandidaten Röttgen.

jok, Wahltaktik – Opposition feiert Blockade-Festival im Bundesrat, www.spiegel.de, 11.5.2012

Ablehnung aus der Opposition – Bundesrat stoppt Steuerabkommen mit der Schweiz

Der Bundesrat hat das umstrittene Steuerabkommen mit der Schweiz gestoppt. Das Abkommen sollte einen rechtlichen Rahmen für die Besteuerung von Schwarzgeldern schaffen. Die Opposition kritisiert jedoch die Höhe der Abgaben als zu gering.

Reuters, Ablehnung aus der Opposition – Bundesrat stoppt Steuerabkommen mit der Schweiz, www.focus.de, 23.11.2012

M 12 ● Mitwirkung an der Gesetzgebung – wichtigste Aufgabe des Bundesrats?

Das Grundgesetz [hat] dem Bund überwiegend die Kompetenzen im Bereich der Gesetzgebung übertragen. In der eigenen Zuständigkeit der Länder verbleiben nur noch wenige Bereiche, wie zum Beispiel die Bildung, die Kultur und das Polizei- und Ordnungsrecht. Nur dort können die jeweiligen Landesparlamente eigene Gesetze erlassen. Der weit überwiegende Teil der Gesetze wird vom Deutschen Bundestag und damit vom Bund beschlossen. Die Länder wirken jedoch über den Bundesrat an der Gesetzgebung des Bundes mit.

Der Ablauf des Verfahrens

Drei Akteure sind maßgeblich am Gesetzgebungsverfahren beteiligt: die Bundesregierung, der Bundestag und der Bundesrat. Die Rolle der Bundesregierung liegt überwiegend im Initiativbereich. Etwa zwei Drittel aller Gesetzentwürfe werden von der Bundesregierung eingebracht. Zentrales Organ im Gesetzgebungsprozess ist der Deutsche Bundestag. Dort werden alle Bundesgesetze beschlossen. Anschließend befasst sich der Bundesrat mit diesen Gesetzesbeschlüssen. Seine Mitwirkungsrechte sind abhängig vom Inhalt der Gesetze. Auch der Bundesrat kann eigene Gesetzesinitiativen beim Bundestag einbringen.

Zustimmungs- und Einspruchsgesetze

Die Eingangsformel eines jeden Gesetzes lässt erkennen, ob es sich um ein zustimmungsbedürftiges oder nicht zustimmungsbedürftiges Gesetz handelt. Sie lautet entweder „Der Bundestag hat das folgende Gesetz beschlossen“ oder „Der Bundestag hat mit Zustimmung des Bundesrates das folgende Gesetz beschlossen“. Die Unterscheidung von so genannten Zustimmungs- und Einspruchsgesetzen ist wichtig für die Art des Zusammenwirkens von Bundestag und Bundesrat im Rahmen des Gesetzgebungsverfahrens.

Bundesrat (Hg.), Mitwirkung an der Gesetzgebung des Bundes, www.bundesrat.de, Abruf am 5.1.2013

M 13 ● Das Gesetzgebungsverfahren

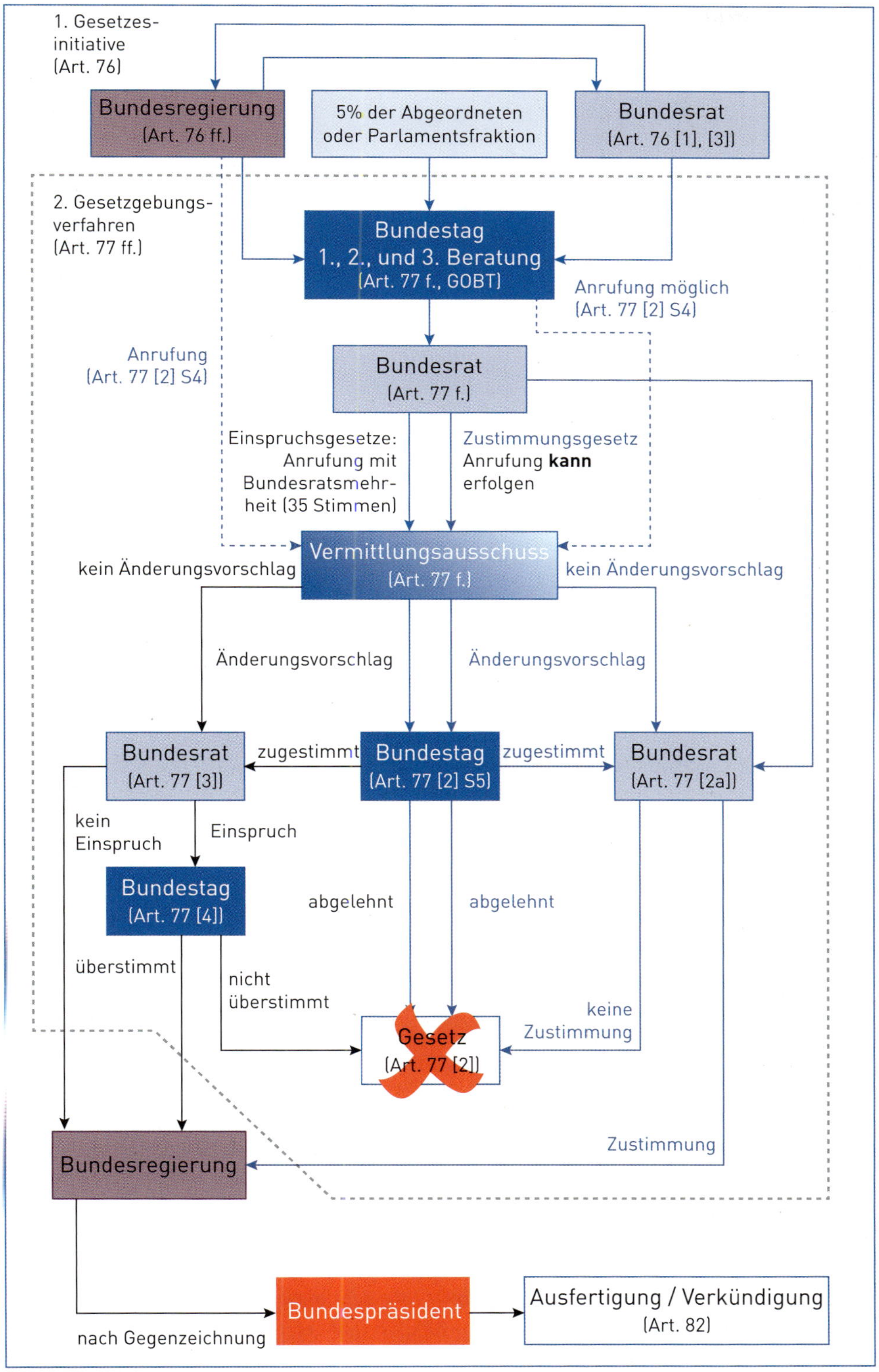

Nach: Deutscher Bundestag (Hg.), Fakten – Der Bundestag auf einen Blick, 2012, S. 8

Der Bundesrat als Blockadeinstrument der Bundestagsopposition

Verfügen die Parteien der Bundestagsopposition über die Landesregierungen im Bundesrat über eine absolute Mehrheit der Stimmen (35 Stimmen), können sie Gesetze, die keiner Zustimmung des Bundesrates bedürfen (sogenannte Einspruchsgesetze), zumindest zeitlich blockieren. Bei nicht zustimmungspflichtigen Gesetzen kann nämlich der Bundesrat mit der Mehrheit seiner Stimmen den Vermittlungsausschuss einberufen. Findet der Vermittlungsausschuss hier keinen Kompromiss, kann der Bundesrat einen Einspruch gegen das entsprechende Gesetz einlegen. Diesen Einspruch kann der Bundestag mit einfacher Mehrheit überstimmen. Sollte der Bundesrat einen Einspruch mit Zweidrittelmehrheit beschließen, kann der Bundestag diesen Einspruch auch nur mit einer Zweidrittelmehrheit überstimmen. Insgesamt ist der Einspruch ein zeitaufwendiges Verfahren und kann daher die Regierungsarbeit nachhaltig behindern.

Erklärfilm zum Gesetzgebungsverfahren

Mediencode: 8918-10

Sitzungen des Bundesrates

Der Bundesrat tritt regelmäßig freitags in Abständen von drei bis vier Wochen zu einer Plenarsitzung zusammen.

Abstimmungsverhalten im Bundesrat

Laut Grundgesetz kann jedes Bundesland seine Stimmen nur einheitlich abgeben. Uneinheitliche Stimmabgaben sind ungültig.

M 14 ● Unterschiede zwischen Bundestag und Bundesrat

	Wahl	Repräsentation	Beteiligung am Gesetzgebungsverfahren	Legilimation
Bundestag	Der Bundestag wird direkt vom Volk gewählt.	Der Bundestag vertritt das ganze Volk Deutschands.	Der Bundestag beschließt Gesetze.	Die Bundestagsabgeordneten sind persönlich gewählt, sie stimmen frei ab und sind nur dem eigenen Gewissen verpflichtet.
Bundesrat	Die Mitglieder des Bundesrates werden von den Landesregierungen entsandt.	Der Bundesrat vertritt die Länder.	Der Bundesrat wirkt bei der Gesetzgebung mit (Zustimmungs- und Einspruchsgesetze).	Die Mitglieder des Bundesrates sind als Mitglieder der Landesregierungen durch Landtagswahlen politisch legitimiert. Die Stimmen eines Landes müssen einheitlich abgegeben werden.

Autorengrafik

M 15 ● Ist der Bundesrat ein Störenfried?

Über den Bundesrat werden die Länder bzw. die Landesregierungen am Gesetzgebungs- und Regierungsprozess des Bundes beteiligt. Der Bundesrat soll dabei nicht nur ein Gegengewicht zum Bundestag bilden, sondern auch machthemmend gegenüber der Bundesregierung wirken. Eben diese Funktion trägt dazu bei, dass der Bundesrat das wohl politisch umstrittenste der fünf Bundesverfassungsorgane im Regierungssystem der Bundesrepublik Deutschland darstellt. Je nach den Mehrheitsverhältnissen in Bundestag und Bundesrat loben die einen, dass der Bundesrat eine sehr wirksame Kontrolle ausübe und die Regierungsmehrheit im Bund immer wieder zu Zugeständnissen an die Mehrheit der Landesregierungen zwinge. Andere wiederum beklagen, dass die Rücksichtnahme auf die Mehrheitsverhältnisse im Bundesrat die Handlungsmöglichkeiten der Regierungsfraktionen im Bundestag beeinträchtige und dadurch sogar der Auftrag der Wählerinnen und Wähler auf Bundesebene unterlaufen werde.

Ursula Münch, www.bpb.de, (27.5.2008)

H zu Aufgabe 4
Untersuchen Sie für Ihre Stellungnahme u.a. folgende Kriterien für ein Parlament: Legislaturperioden, Wählbarkeit, (freies oder imperatives) Mandat, eigenständiges Verfassungsorgan.

H zu Aufgabe 4
Wie die Amerikanische Debatte funktioniert, können Sie im Methodenglossar (Anhang) nachlesen.

Aufgaben

1. Beschreiben Sie, welche Aufgaben und Gestaltungsmöglichkeiten der Bundesrat nach dem Grundgesetz hat. (M 11 – M 12)
2. In den Bundesländern gibt es Regierungskoalitionen, die aus verschiedenen Parteien bestehen. Erläutern Sie, welche möglichen Auswirkungen das Abstimmungsverhalten der Länder im Bundesrat und auf das Gesetzgebungsverfahren des Bundes haben kann. (M 13, Randspalte)
3. In den Medien wird oft vom Bundesrat als zweite Kammer unseres Parlaments gesprochen. Verfassen Sie einen Leserbrief, der zur dieser Falschaussage Stellung nimmt. (M 11 – M 12, Randspalte)
4. Bereiten Sie eine Amerikanische Debatte zu folgender These vor: „Der Bundesrat ist ein Störenfried, der den Bundestag in der Ausübung des Wählerwillens hindert." (M 15)

2.4.5 Bundesverfassungsgericht und Bundespräsident – Bremser oder Korrektive?

M 16 ● Berliner Friedhof in Karlsruhe

Karikatur: Klaus Stuttmann, 2010

M 17 ● Und immer wieder ein Veto aus Karlsruhe

Hartz-IV-Sätze, Pendlerpauschale oder Euro-Hilfen: Das Bundesverfassungsgericht durchkreuzt immer wieder die Pläne der Bundesregierung und verwirft verfassungswidrige Gesetze. Mehrfach musste die Politik in Berlin nach den Urteilen aus Karlsruhe nachbessern. Einige Beispiele:

Juli 2012: Das Gericht erklärt die seit 1993 unveränderten Leistungen für Asylbewerber für verfassungswidrig. Sie verstoßen gegen das Grundrecht auf ein menschenwürdiges Existenzminimum. Flüchtlinge und andere Menschen ohne dauerhaftes Aufenthaltsrecht müssen demnach in etwa so viel Geld bekommen wie Empfänger von Hartz-IV oder Sozialhilfe.

Juni 2012: Bei den Verhandlungen über den Euro-Rettungsschirm ESM 2011 informierte die Regierung das Parlament nicht ausreichend, wie die Richter feststellen. [...] Nach dem Grundgesetz müssen Bundestag und Bundesrat in EU-Angelegenheiten „umfassend und zum frühestmöglichen Zeitpunkt" unterrichtet werden. Das gelte schon, bevor die Regierung nach außen wirksame Erklärungen abgebe.

Mai 2011: Karlsruhe erklärt sämtliche Regelungen zur Sicherungsverwahrung von Straftätern für verfassungswidrig und fordert den Gesetzgeber auf, das Regelwerk innerhalb von zwei Jahren zu reformieren. Dafür gaben die Richter vor, dass Sicherungsverwahrte in gesonderten Abteilungen untergebracht werden, die sich vom Strafvollzug unterscheiden und therapeutischen Erfordernissen entsprechen.

Februar 2010: Die Hartz-IV-Regelsätze für Kinder und Erwachsene müssen neu berechnet werden. Das Verfassungsgericht entscheidet, dass die bisherige Berechnungsmethode gegen das Grundgesetz verstößt.

dpa, www.tagesschau.de, 25.7.2012

Interpredationshilfe

Sitz des BVerfG ist Karlsruhe.

Wichtige Urteile des BVerfG

- **Eilantrag gegen Kopftuchverbot für Referendarinnen im juristischen Vorbereitungsdienst des Landes Hessen erfolglos:** Referendarinnen im juristischen Vorbereitungsdienst des Landes Hessen, die aus religiösen Gründen ein Kopftuch tragen, dürfen bei Verhandlungen im Gerichtssaal nicht auf der Richterbank sitzen, keine Sitzungsleitungen und Beweisaufnahmen durchführen, keine Sitzungsvertretungen für die Amtsanwaltschaft übernehmen und während der Verwaltungsstation keine Anhörungsausschusssitzung leiten. (Juli 2017)
- **NPD-Verbots-Antrag des Bundesrats abgelehnt:** Das BVerfG stellt zwar fest, dass die NPD ein auf die Beseitigung der bestehenden FDGO gerichtetes politisches Konzept verfolgt. Sie wolle die bestehende Verfassungsordnung durch einen an der ethnisch definierten „Volksgemeinschaft" ausgerichteten autoritären Nationalstaat ersetzen. Ihr politisches Konzept missachte die Menschenwürde und sei mit dem Demokratieprinzip unvereinbar. Allerdings sieht das Gericht keine Anhaltspunkte für eine erfolgreiche Durchsetzung ihrer verfassungs-

feindlichen Ziele und lehnte daher das Verbot ab. (Januar 2017)

- **Meinungsfreiheit schützt auch emotionalisierte Äußerungen:** Die Meinungsfreiheit umfasst auch die Freiheit, ein Geschehen subjektiv und sogar emotionalisiert darzustellen, insbesondere als Erwiderung auf einen unmittelbar vorangegangenen Angriff auf die Ehre, der gleichfalls in emotionalisierender Weise erfolgt ist. (April 2016)

Funktionen als Staatsoberhaupt

- die Repräsentation der Bundesrepublik Deutschland nach innen und außen (durch sein öffentliches Auftreten bei staatlichen, gesellschaftlichen und kulturellen Veranstaltungen, durch Reden, durch Besuche in Ländern und Gemeinden, durch Staatsbesuche im Ausland und den Empfang ausländischer Staatsgäste),
- die völkerrechtliche Vertretung der Bundesrepublik Deutschland (Art. 59 Abs. 1 Satz 1 GG), der Abschluss von Verträgen mit auswärtigen Staaten (Art. 59 Abs. 1 Satz 2 GG), die Beglaubigung (Bestellung) der deutschen diplomatischen Vertreter und der Empfang (Entgegennahme der Beglaubigungsschreiben) der ausländischen Diplomaten (Art. 59 Abs. 1 Satz 3 GG).

M 18 ● Das Bundesverfassungsgericht – Hüter der Legislative?

Beschlüsse des Bundesverfassungsgerichtes sind besonders wichtige Entscheidungen. Sie binden Regierung und Verwaltung, Parlament und Bundesrat sowie alle Gerichte und Behörden. Allerdings wird das Bundesverfassungsgericht erst auf Anrufung hin tätig. Von einer aktiv-selbständigen Rolle des Gerichts sah der Gesetzgeber ausdrücklich ab, um die Judikative nicht zum Hegemon [= (An-)Führer] über die Exekutive und die Legislative zu machen. [...] Obwohl es ein passives Gericht ist, kann das Bundesverfassungsgericht durch seine Beschlüsse zum Vetospieler werden [...]. Mitunter wirkt das Bundesverfassungsgericht als „Mitregent", so die Wortwahl seines ehemaligen Präsidenten Hans-Jürgen Papier, bisweilen als „Parallelregierung", manchmal als „Reservegesetzgeber", auf jeden Fall als Mitspieler. [...] So erklärte das Bundesverfassungsgericht zwischen 1951 und dem 31. Dezember 2009 441 Gesetze, Verordnungen oder Einzelnormen des Bundes für teilweise oder ganz nichtig oder mit dem Grundgesetz unvereinbar. Das ist angesichts der 7037 Gesetze, die der Bundestag bis zum Ende der 16. Wahlperiode (2009) verabschiedete, nicht wenig. Nicht weniger folgenreich ist die Festlegung von sachlichen oder zeitlichen Vorgaben für den zukünftigen Gesetzgeber. [...]

Das Bundesverfassungsgericht hat die Politik in der Bundesrepublik Deutschland nachhaltig beeinflusst. Das Karlsruher Gericht fasste Beschlüsse nicht nur zu wichtigen innenpolitischen Angelegenheiten, sondern auch zu Fragen von zentraler außenpolitischer Bedeutung, etwa 2009 zum Lissabon-Vertrag der EU, den das Gericht nur mit massiven Auflagen zugunsten einer stärkeren Stellung des Parlaments in EU-Angelegenheiten passieren ließ.

Manfred G. Schmidt, Das politische System Deutschlands, 2011, S. 230 ff.

M 19 ● Bundespräsidenten – die Macht der Worte

Richard von Weizsäcker
„Der 8. Mai war ein Tag der Befreiung. Er hat uns alle befreit von dem Menschen verachtenden System der nationalsozialistischen Gewaltherrschaft" (1985)

Roman Herzog
„Die Welt ist im Aufbruch. Sie wartet nicht auf Deutschland. Aber ich füge hinzu, es ist auch noch nicht zu spät. Durch Deutschland muss ein Ruck gehen! Wir müssen jetzt an die Arbeit gehen!" (1997)

Joachim Gauck
„Euer Hass ist unser Ansporn." (Gauck am 23. März 2012 nach seiner Vereidigung im Bundestag über Rechtsextremisten.)

Frank-Walter Steinmeier
„Differenzen gehören zu uns. Wir sind ein vielfältiges Land. Aber worauf es ankommt: dass aus unseren Differenzen keine Feindschaften werden – aus Unterschieden nicht Unversöhnlichkeit." (Rede zum Festakt zum Tag der Deutschen Einheit am 3.10.2017 in Mainz)

M 20 Der Bundespräsident – der erste Mann im Staate?

Für die einen ist er DER Repräsentant Deutschlands im Ausland, für die anderen ist er die moralische Instanz im Inland: Der Bundespräsident. Bislang haben nur Männer das Amt ausgeführt. Bundespräsidenten haben Neuwahlen angesetzt und Gesetze nicht unterzeichnet. Claus Heinrich über die Rolle des deutschen Staatsoberhaupts.

Politisch allzu viel zu sagen hat der deutsche Bundespräsident nicht. Der erste Mann im Staate steht laut Grundgesetz protokollarisch an der Spitze der Republik, vor Bundestag und Bundesregierung, also auch vor der Bundeskanzlerin, die diese Formalie schon mal ganz gerne vergisst: „Dazu habe ich mich geäußert und das muss ich als deutsches Staatsoberhaupt oder besser gesagt als deutsche Bundeskanzlerin tun“, korrigiert sich Merkel.

Der Präsident verdient auch mehr Geld: rund 200.000 Euro im Jahr plus Aufwandsentschädigung und kostenloser Amtswohnung, aber er steht weder der Armee vor wie sein österreichischer Amtskollege, noch führt er die politischen Geschäfte wie der französische Staatspräsident. Der deutsche Bundespräsident repräsentiert die Bundesrepublik Deutschland nach innen und nach außen. Das heißt, er hält schöne Reden und empfängt Staatsgäste.

Notar der Nation

Die wirklich wichtigen Staatsbesuche aber macht selbstverständlich die Kanzlerin, die auch die Richtlinien der Politik bestimmt. Immerhin schlägt der Bundespräsident den Bundeskanzler oder die Bundeskanzlerin zur Wahl vor - kaum mehr als eine verfassungsmäßige Höflichkeitsformel, denn gewählt wird der Regierungschef selbstverständlich vom Parlament.

Praktische Bedeutung bekommt das Amt aber bei der Unterzeichnung von Bundesgesetzen, die der eine oder andere Amtsinhaber auch schon mal gerne aus verfassungsrechtlichen Bedenken verweigert hat. Notar der Nation ist der Präsident auch bei einer vorzeitigen Auflösung des Bundestages, die er absegnen muss. Die Bundeskanzler Brandt, Kohl und Schröder hatten durch extra verlorene Vertrauensabstimmungen im Bundestag Neuwahlen erzwingen wollen. Die amtierenden Bundespräsidenten hatten dies jeweils gehorsam durchgewunken.

Claus Heinrich, Der erste Mann im Staate, www.tagesschau.de, 22.3.2012

Erklärfilm zum Bundespräsidenten

Mediencode: 8918-11

Aufgaben

1. Beschreiben Sie auf der Grundlage von M 16 und M 17 Ihren Eindruck über die Einflussmöglichkeiten des Bundesverfassungsgerichts.
2. Stellen Sie die rechtliche Stellung und die Zusammensetzung des Bundesverfassungsgerichts dar. (M 18; Kap. 2.3.3, M 9)
3. Erläutern Sie, inwieweit durch die Aussagen der Bundespräsidenten in M 19 Ihrer Meinung nach gesellschaftlich bedeutende Themen angesprochen wurden.
4. Erklären Sie mithilfe von M 20, welche Einflussmöglichkeiten dem Bundespräsidenten auf die Politik zugeschrieben werden.
5. Verfassen Sie eine Stellenanzeige für das Amt des Bundespräsidenten. Gehen Sie dabei auf Aufgaben, Möglichkeiten, Verantwortungsbereich sowie erforderliche Kompetenzen, Anforderungen und Qualifikation ein.
6. Führen Sie eine Pro- und Kontra-Debatte zu der Frage: Soll der Bundespräsident direkt gewählt werden?

F zu Aufgabe 3
Erläutern Sie, welches Thema Sie ansprechen würden, wenn Sie Bundespräsident wären.

F zu Aufgabe 6
Beachten Sie dabei auch die Stellung des Reichspräsidenten in der Weimarer Republik.
→ vgl. Kap. 2.3.4

H zu Aufgabe 6
Wie die Pro-/Kontra-Debatte funktioniert, können Sie im Methodenglossar (Anhang) nachlesen.

ORIENTIERUNGSWISSEN

Bundeskanzler
M 3

Der **Regierungschef** wird **vom Bundestag gewählt** und ist daher Mitglied der stärksten Parlamentsfraktion. Er ist nicht zugleich das Staatsoberhaupt Deutschlands, dieses Amt erfüllt der Bundespräsident.

Regierungsprinzip
M 4

Da nur der Kanzler direkt vom Bundestag gewählt wurde, nimmt er unter den Regierungsmitgliedern eine herausragende Stellung ein. Dies spiegelt sich auch im Grundgesetz wider, das ihm die **Richtlinienkompetenz** (Art. 65 GG) überträgt. Demnach bestimmt der Regierungschef die Grundsätze, den Rahmen der Politik.

Bundesregierung
M 4

Das **Kabinett** (Synonym für Bundesregierung) besteht aus den **Bundesministern** und dem **Bundeskanzler**, der den Vorsitz führt.

Bundesminister
M 4

Zwar *ernennt* der Bundespräsident die Minister, **vorgeschlagen** – und damit bestimmt – werden sie jedoch vom **Bundeskanzler**. Nach dem **Ressortprinzip** (Art. 65 GG) überträgt ihnen der Kanzler die Verantwortung für einen bestimmten Bereich.

Aufgaben des Bundestages
M 5

Fünf Hauptaufgaben hat das deutsche Parlament zu erfüllen:

Wahlfunktion: Der Bundestag wählt u.a. den Bundeskanzler.

Gesetzgebung: Durch Gesetze wird ein Land politisch gesteuert. Diese auszuarbeiten und zu beschließen ist Aufgabe des Bundestages. Der Bundesrat hat Mitwirkungsrechte.

Kontrollfunktion: Basierend auf dem Prinzip der Gewaltenteilung kontrolliert die Legislative die Exekutive und hat dafür Kontrollrechte.

Repräsentation: Im Bundestag sollen die im Volk vorhandenen Meinungen vertreten werden.

Artikulation: Im Bundestag sollen die im Volk vertretenen Meinungen Ausdruck finden.

Konstruktives Misstrauensvotum
M 3

Die Mehrheit des Bundestages kann einen amtierenden Kanzler nur absetzen, indem sie einen neuen Kanzler wählt (Art. 67 GG). Dies garantiert die Handlungsfähigkeit der Bundesregierung.

Opposition
M 7

Die Minderheit im Parlament **kontrolliert** und **kritisiert die Regierung**. Sie bietet dem Volk **inhaltliche und personelle Alternativen**.

Abgeordneter
M 9

Ein Abgeordneter des Deutschen Bundestages wird bei der Bundestagswahl für **vier Jahre** (eine Legislaturperiode) **vom Volk gewählt**. Ein vorzeitiges Ausscheiden aus dem Parlament ist nur möglich, wenn der Abgeordnete sein Mandat niederlegt oder es ihm strafrechtlich aberkannt wird – wofür zuerst seine Immunität aufgehoben werden muss. Abgeordnete werden auch als **Parlamentarier oder Volksvertreter**, bezeichnet.

Freies Mandat und Fraktionszwang
M 10

Das GG sichert den Abgeordneten ein **freies Mandat** (Art. 38 GG) zu, im politischen Alltag stehen die Abgeordneten aber in einem vielschichtigen Spannungsverhältnis. Die Fraktionen, in denen sich die Abgeordneten einer Partei organisieren, haben großen Einfluss auf das Verhalten der Abgeordneten. Wird der Fraktionszwang bei einer Abstimmung nicht aufgehoben, müssen Abgeordneten mit Konsequenzen rechnen, wenn sie gegen ihre Fraktion stimmen.

Bundesrat
M 12

Durch den Bundesrat sind die **16 Bundesländer** an der **Gesetzgebung und Verwaltung des Bundes beteiligt** und wirken in Angelegenheiten der EU mit. Im Bundesrat sind 69 Vertreter der Landesregierungen versammelt. Jedes Land hat mindestens drei Stimmen. Je nach Einwohnerzahl können noch einmal drei Stimmen hinzukommen.

Einspruchsgesetze

Sogenannte „**einfache Gesetze**" können auch zustande kommen, wenn der Bundesrat diese nicht billigt. Legt der Bundesrat gegen den Kompromissvorschlag des Vermittlungsausschusses Einspruch ein, kann der Bundestag diesen überstimmen.

Zustimmungspflichtige Gesetze

Zustimmungsgesetze können nur zustande kommen, wenn der Bundesrat eine Gesetzesinitiative billigt. Gelingt dies nicht, wird versucht, im Vermittlungsausschuss einen Kompromiss zu erarbeiten.

Bundesverfassungsgericht
M 17, M 18

Das BVerfG ist als eigenständiges Verfassungsorgan den anderen vier Verfassungsorganen gegenüber unabhängig und gleichgestellt. Die Entscheidungen dieser rechtsprechenden Gewalt (Judikative) sind unanfechtbar und müssen von den anderen Organen eingehalten werden.

Bundespräsident
M 19, M 20

Das **Staatsoberhaupt** wird **für fünf Jahre gewählt**. Voraussetzung für das Amt ist, dass man **wahlberechtigt** und **mindestens 40 Jahre alt** ist. Nur **eine Wiederwahl ist möglich**.

Die Verfassungsorgane in der Gesetzgebung
M 13

Die Gesetzgebung ist ein langwieriger Prozess, an dem **Bundesregierung**, **Bundestag** und **Bundesrat** mitwirken. Aber auch einzelne Interessengruppen versuchen, über ihre Interessenorganisationen oder die öffentliche Meinung Einfluss zu nehmen. Das **Initiativrecht** haben Bundesregierung, Bundesrat und Bundestag (mindestens fünf Prozent der Abgeordneten). Die meisten Initiativen kommen von der Bundesregierung. Die Entwürfe werden von den Fachministerien ausgearbeitet, vom Kabinett abgesegnet und in den Bundestag eingebracht. Nach den **Beratungen im Plenum (1. Lesung)** wird der Entwurf an die **Ausschüsse** verwiesen. Dort findet eine intensive Beratung statt. Experten können befragt, strittige Themen ausdiskutiert und Kompromisse gefunden werden. Unter anderem versuchen hier Interessenverbände, Gesetze in ihrem Sinne zu beeinflussen. Der überarbeitete Entwurf kommt zur **2. und 3. Lesung** und zur **Beschlussfassung ins Plenum** zurück. Anschließend wird (bei zustimmungspflichtigen Gesetzen) im Bundesrat beraten und abgestimmt und am Ende muss der **Bundespräsident** das Gesetz **unterzeichnen**, damit es **in Kraft treten kann**.

2.5 Politische Partizipation

2.5.1 Wählen – warum eigentlich?

M 1 ● Wahlbeteiligung in Deutschland seit 1949

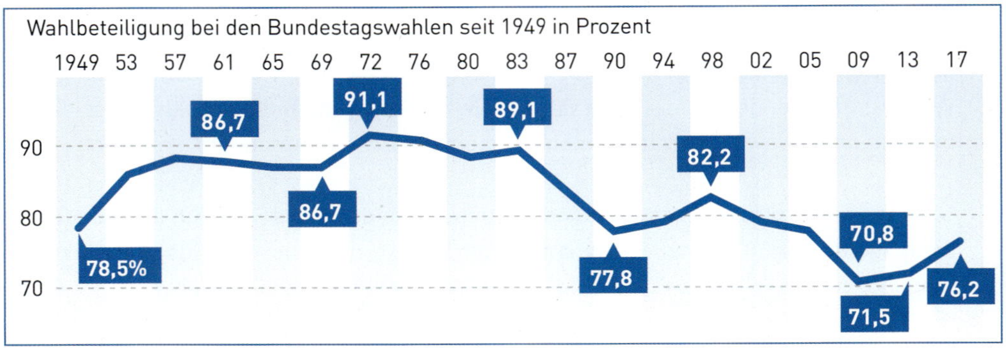

Quelle: Bundeswahlleiter, Stat. Bundesamt (aktualisiert)

M 2 ● Kontrovers diskutiert: Wählen gehen?

Mirjam (28) hat noch nie eine Wahl verpasst.
„In einer Gesellschaft wie der unsrigen müssen sich alle Menschen an die Gesetze halten. Sie bestimmen unser Leben, geben uns Freiheiten, schränken uns aber auch ein. Die Abgeordneten im Parlament machen diese Gesetze und deshalb möchte ich die Menschen, die im Parlament sitzen, und die Politik, die sie vertreten, mitbestimmen. Das tue ich, indem ich zur Wahl gehe. Die Politiker sind dann zwar auf vier Jahre gewählt, aber wenn es mir nicht gefällt, was sie tun, dann gebe ich meine Stimme einer anderen Partei oder einem anderen Kandidaten. Und weil wir Wähler alle so denken, richten sich die Politiker nach uns."

Klaus (34) hat länger nicht gewählt.
„Irgendwann hatte ich den Eindruck, dass sich die Parteien immer ähnlicher werden. Es gibt nur noch geringe Unterschiede und jeder kann mit jedem zusammenarbeiten. Ich bin nicht unzufrieden mit unserer Gesellschaft und unserem Staat. Auch wehre ich mich gegen Vorwürfe, ich wäre nicht politisch. Ich engagiere mich durchaus für unsere Gesellschaft und arbeite als Jugendtrainer auch ehrenamtlich. Es ist nicht so, dass politisches Engagement sich nur auf das Wählen bezieht. Ich würde auch gerne über politische Streitfragen direkt abstimmen, so wie die Schweizer Bürger das dürfen. Könnte ich das, dann ginge ich auch wieder ins Wahllokal."

Autorentext

M 3 ● Die Bedeutung von Wahlen

Die Wahl [...] verleiht dem Parlament die erforderliche Legitimität, durch sie wird die Volksvertretung und jeder einzelne Abgeordnete ermächtigt, für die Gemeinschaft zu handeln [...]. Regelmäßige Wahlen bilden daher ein Kernstück jeder demokratischen Verfassungsordnung.

Alfred Jüttner, Wahlen und Wahlrechtsprobleme. Geschichte und Staat, Bd. 137, München/Wien 1970, S. 8 f.

M 4 ● Warum Nichtwähler nicht wählen

Im Interview mit heute.de informiert der Politikwissenschaftler Karl-Rudolf Korte über Gründe und Folgen der niedrigen Wahlbeteiligung vergangener Wahlen.

heute.de: Welche Auswirkungen hat es, wenn immer weniger Bürger wählen gehen?

Karl-Rudolf Korte: Immer weniger entscheiden über immer mehr. Denn auch die wenigen Stimmen, die abgegeben werden, führen am Ende zu einer Entscheidung. Außerdem sind auch die Chancen höher, dass extreme Parteien bei geringer Wahlbeteiligung aufgewertet werden. Geringe Wahlbeteiligung führt also immer mehr dazu, dass das Ergebnis am Ende nicht repräsentativ ist, dass nicht alle Bevölkerungsgruppen abgedeckt werden – und letztlich auch dazu, dass sich die Spaltung unserer Gesellschaft vergrößert. Geringe Wahlbeteiligung ist immer auch ein Indiz für nachlassende Integrationskraft einer Gesellschaft.

Liegt darin auf Dauer auch eine Gefahr für die Demokratie?

Wenn es Ausmaße annimmt, die die Legitimität der Wahlen generell unterhöhlen. Es gibt aus der Wahlforschung zwar keine Zahl, bei der man sagt: Jetzt wird es kritisch für die Demokratie. Bei Bundestagswahlen ist die Beteiligung noch relativ hoch. Dramatischer ist es bei all den Ebenen darunter. Es gab schon Landtagswahlen, bei denen der Anteil der Nichtwähler höher war als der Anteil der Wähler. Das verändert die Qualität der Demokratie, die sich ja durch Teilhabe ausdrückt.

Sehen Sie die Einführung einer Wahlpflicht als Möglichkeit, die Wahlbeteiligung zu erhöhen?

Nein! Oft existiert eine solche Wahlpflicht in Unrechtsregimen, die mit diesem einmaligen Zwang ihre Politik vier oder fünf Jahre lang rechtfertigen. Dort heißt es dann: Die Bürger haben ein Mal abgestimmt, jetzt müssen sie nicht mehr weiter beteiligt werden. Das passt nicht in unsere demokratische Kultur.

Interview: Christine Haas, www.heute.de, 20.9.2013

M 5 ● Wahlgrundsätze

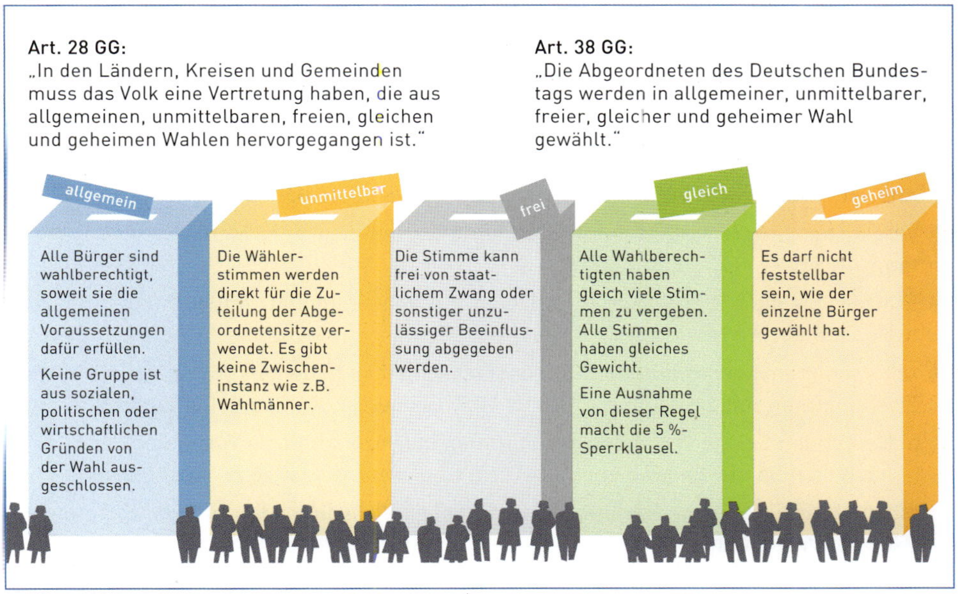

©Bergmoser + Höller Verlag AG 86030

Typen von Nichtwählern

Der Unzufriedene
Der Unzufriedene ist ein Protestwähler, der dem politischen System kritisch gegenübersteht und sich bewusst für die Nichtwahl entscheidet.

Der Rationale
Der Rationale tendiert zu wechselhaftem Wahlverhalten und entscheidet sich je nach Bedeutung der Wahl kurzfristig auch für die Nichtwahl.

Der Gleichgültige
Der Gleichgültige ist desinteressiert und hat keinerlei Verbindung zur Politik.

Der Verhinderte
Der Verhinderte ist im Urlaub, krank oder kürzlich verstorben. Diese Gruppe ist in den meisten Fällen die geringste Gruppe der Nichtwähler.

Aktives Wahlrecht

Wahlberechtigt bei den Wahlen zum Bundestag sind im Sinne des Art. 116, 1 GG alle Deutschen, die am Wahltag das 18. Lebensjahr vollendet haben, seit mindestens drei Monaten in der Bundesrepublik Deutschland oder in den übrigen Mitgliedstaaten der Europäischen Gemeinschaft eine Wohnung innehaben oder sich sonst gewöhnlich aufhalten.

M 6 ● Wahlsysteme im Vergleich

Passives Wahlrecht

Wählbar sind alle Deutschen im Sinne des Art. 116, 1 GG, die am Wahltag das 18. Lebensjahr vollendet haben (Ausnahme: Wahl zum Bundespräsidenten erst ab dem 40. Lebensjahr möglich).

Wenn wie in Deutschland ca. 60 Millionen Menschen wählen dürfen, dann muss es ein Verfahren geben, aus dem hervorgeht, wie die einzelnen Stimmen in Parlamentssitze umgewandelt werden. Dieses Verfahren wird als Wahlsystem bezeichnet.

Die Stimmen der Wählerinnen und Wähler müssen in Parlamentsmandate umgerechnet werden. Hierfür gibt es unterschiedliche Methoden mit Vor- und Nachteilen. Bei der Entscheidung für ein Verfahren gilt es abzuwägen: Das Wahlergebnis soll den politischen Willen der gesamten Wählerschaft im Parlament möglichst korrekt abbilden – es soll aber gleichzeitig eine regierungsfähige Mehrheit hervorbringen. Hier gibt es einen Zielkonflikt, denn beides ist nicht gleichzeitig in idealer Weise zu erreichen. Die meisten Wahlsysteme streben deshalb einen Kompromiss an. Die Folge ist, dass sich große Gruppen der Bevölkerung mit ihren Überzeugungen politisch überhaupt nicht vertreten fühlen. Der Vorteil für das politische System: Eine klare absolute Mehrheit für eine Partei ist die Regel. Die Regierungsbildung ist meist kein Problem.

Grundsätzlich lassen sich zwei Wahlsysteme unterscheiden:

Mehrheitswahlsystem: Die Kandidaten mit den meisten Stimmen ziehen in das Parlament ein. Die Stimmen der unterlegenen Kandidaten bleiben unberücksichtigt.

Verhältniswahlsystem: Alle Stimmen werden berücksichtigt. Die von den Parteien erreichten Anteile an den abgegebenen Stimmen sind Grundlage für die Berechnung der politischen Zusammensetzung des Parlaments.

Autorentext

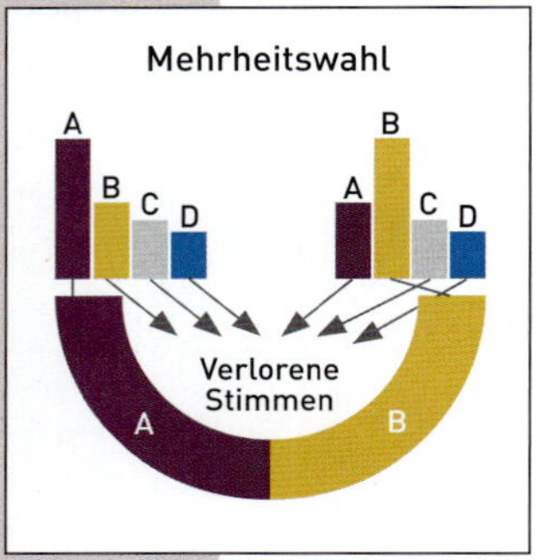

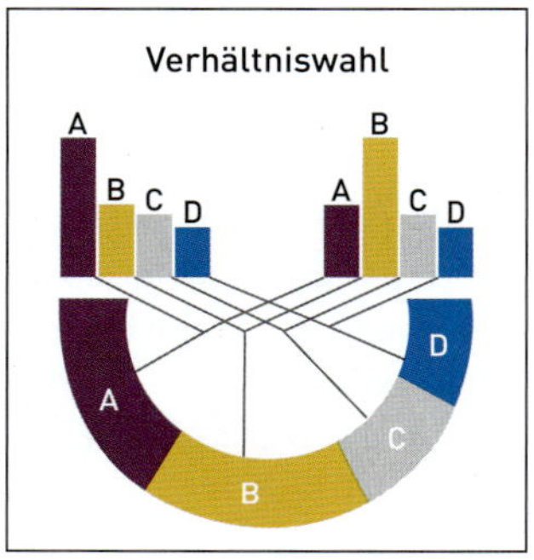

Aufgaben

1. Beschreiben Sie, was die Grafik M 1 darstellt.
2. Diskutieren Sie Gründe für die Entwicklung der Wahlbeteiligung. (M 1)
3. Analysieren Sie, wie in M 2 die Entwicklung der Wahlbeteiligung beurteilt wird.
4. Vergleichen Sie die Vorteile des Verhältniswahlsystems und des Mehrheitswahlsystems. (M 6)
5. Erörtern Sie die Frage, was freie Wahlen mit Machtausübung und Machtkontrolle zu tun haben. (M 5, M 6)
6. Angenommen, bei der nächsten Bundestagswahl läge folgendes Wahlergebnis in Mio. Zweitstimmen vor: SPD 18,5; CDU/CSU 19,7; Grüne: 3,8; FDP: 2,9; Die Linke: 1,5.
   a) Berechnen Sie die Verteilung der Stimmen in Prozent und die Verteilung der Sitze nach dem Sainte-Laguë/Schepers-Verfahren, wenn 598 Sitze zu vergeben sind.
   b) Ermitteln Sie, welche Parteien (zusammen) eine absolute Mehrheit der Sitze erringen könnten.
   c) Erläutern Sie, unter welchen Bedingungen die Parteien Überhangmandate bekommen.

M 7 ● Wie wird der Deutsche Bundestag gewählt?

Die Erststimme und ihre Bedeutung

Das Gebiet der Bundesrepublik ist in 299 Wahlkreise eingeteilt. Jeder Wähler entscheidet sich für einen Kandidaten seines Wahlkreises. Gewählt ist, wer mindestens eine Stimme mehr hat als jeder andere Bewerber (relative Mehrheitswahl). Ein gewählter Direktkandidat kommt auf jeden Fall ins Parlament, auch wenn seine Partei die 5 %-Hürde nicht schafft.

Die Zweitstimme und ihre Bedeutung

Nach der Gesamtzahl der Zweitstimmen, die für eine Partei bei der Wahl abgegeben werden, richtet sich die Anzahl der Sitze, die diese Partei im Bundestag erhält (Verhältniswahl).

299 Abgeordnete ziehen bei der Sitzverteilung über diese Listen in den Bundestag ein.

Überhangmandate

Hat eine Partei in einem Bundesland mehr Direktmandate errungen als ihr – den Zweitstimmen nach – zustehen, erhält sie Überhangmandate.

Beispiel: Die Partei B hat im Bundesland Y 28 Direktmandate gewonnen. Nach Zweitstimmen stehen ihr nur 26 Mandate zu. Die zwei fehlenden Sitze erhält die Partei als Überhangmandate. Die Gesamtzahl der Sitze im Bundestag nimmt um die Anzahl der Überhangmandate sowie der Ausgleichsmandate für die anderen Parteien zu.

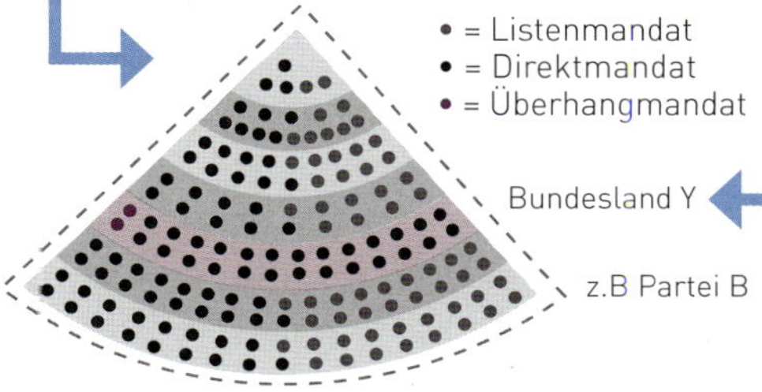

Verteilung der Sitze auf die Parteien

Bei der Vergabe der Sitze werden nur Parteien berücksichtigt, die bundesweit mindestens 5 % der Zweitstimmen oder drei Direktmandate errungen haben.

Wie viele Abgeordnetensitze den Parteien zustehen, wird mithilfe der Divisormethode mit Standardrundung (Sainte-Laguë/Schepers) berechnet. Die Stimmen der Parteien, die an der Stimmvergabe teilnehmen, werden dazu durch einen Divisor geteilt. Als Divisor eignet sich die Zahl der durchschnittlich auf einen Sitz entfallenen Stimmen. Beispielrechnung:

Partei	Zweitstimmen	Divisor	Ergebnis	Sitze
A	3.700.000	18.896	195,80	196
B	5.500.000	18.896	291,06	291
C	2.100.000	18.896	111,13	111
598 Sitze zu vergeben	gesamt: 11.300.000	Gesamtstimmenzahl/Gesamtzahl der Sitze	Stimmen für Partei X/ Divisor	nach Standardrundung

Die Sitzverteilung nach Zweitstimmen

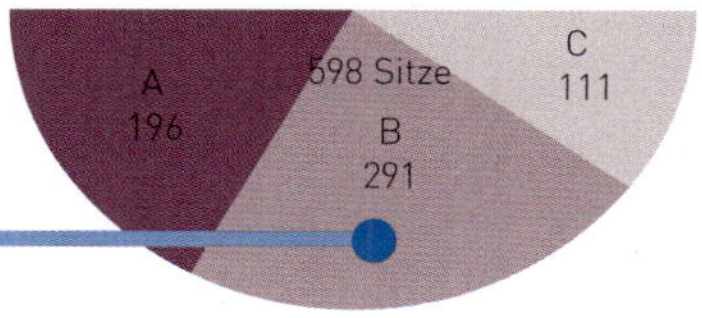

Verteilung der Sitze auf die Landeslisten der Parteien

Der Landesverband einer Partei erhält die Anzahl an Sitzen, die dem Anteil an Zweitstimmen entspricht, der auf seine Landesliste entfiel.

Partei	Sitze insgesamt	Zweitstimmen im Bundesland Y	Gesamtzahl der Zweitstimmen der Partei B		Sitze im Bundesland Y
B	291	x 500.000	: 5.500.000	= 26,45	26

Die Anzahl der errungenen Bundestagssitze wird dann zunächst mit den in dem Bundesland direkt gewählten Wahlkreiskandidaten dieser Partei besetzt (Direktmandate), die verbleibenden Sitze mit Kandidaten der Landesliste (Listenmandate).

Autorentext

Personalisiertes Verhältniswahlsystem

Das Wahlsystem zum Deutschen Bundestag wird häufig als „personalisiertes Verhältniswahlsystem" bezeichnet. Dies verdeutlicht, dass das Stimmenergebnis auf der Verhältniswahl beruht, durch die Erststimme aber die Möglichkeit besteht, direkt einzelne Personen zu wählen (Personalisierung).

Ausgleichsmandate

Seit 2013 erhalten alle Parteien im Bundestag so viele Ausgleichsmandate, bis das ursprüngliche Kräfteverhältnis (Zweitstimmenergebnis) wieder hergestellt ist.

Erklärfilm zur Bundestagswahl

Mediencode: 8918-12

2.5.2 Parteien – Mittler zwischen Staat und uns?

M 8 Wofür brauchen wir Parteien?

Für das Funktionieren der bundesrepublikanischen Demokratie entscheidend sind gerade jene Funktionen, die Parteien als Mittler zwischen Gesellschaft und Staat wahrnehmen. [...] Die eigentlichen Tätigkeiten der Parteien zwischen Gesellschaft und Staat lassen sich auf vier wesentliche Funktionen zuspitzen:

Auswahlfunktion
Durch Parteien findet die Rekrutierung und Auswahl der politischen Elite aus der Gesellschaft – vom Ortsrat bis zum Kanzleramt – statt. Was häufig übersehen und moralisierend abgewertet wird: Parteien waren und sind immer auch Patronageorganisationen, das bedeutet Vereinigungen von Bürgern, die Ämter, Posten, Funktionen, Beförderungen und Karrieren zu vergeben haben. Daran ist nichts Anrüchiges. Politisch problematisch (und dann moralisch fragwürdig) ist es, wenn Machtpositionen um ihrer selbst willen erobert werden, es also nicht mehr um die Durchsetzung von Inhalten geht. Ein Verdienst der bundesdeutschen Parteien in den 1950er- und 1960er-Jahren bestand nicht zuletzt darin, den öffentlichen Dienst demokratisiert und ehemalige NSDAP-Mitglieder weitgehend durch Demokraten ersetzt zu haben.

Vermittlungsfunktion
Parteien und ihre Vertreter in Parlamenten und Regierungen sind Repräsentanten von Partikularinteressen, von spezifischen Interessen, die in der Gesellschaft angelegt sind. Parteien vertreten immer nur Teilinteressen, nicht das Gesamtinteresse einer Gesellschaft, nicht das Gemeinwohl.
Der Politikwissenschaftler Ernst Fraenkel hat das sinngemäß so ausgedrückt: Erst wenn die Parteien und ihre Parlamentarier sich auch dazu bekennen, Repräsentanten von – zugespitzt formuliert – Sonderinteressen bzw. Sonderbedürfnissen zu sein, wird die freimütige Austragung von kollektiven Interessengegensätzen möglich. Dann wird auch ein daraus resultierender Kompromiss akzeptabel und die eigene interessengefärbte Position muss nicht mit dem Heiligenschein des Gemeinwohls umgeben werden.

Interessenausgleichsfunktion
Auch innerparteilich bemühen Parteien sich, gegenläufige und widerstreitende Interessen verschiedener gesellschaftlicher Gruppen, die außerhalb wie innerhalb der Partei organisiert sein können, auszugleichen, zwischen ihnen einen Kompromiss zu finden und zugleich eine eigene „parteiliche“ Position zu formulieren. Parteien integrieren also die breit gestreuten Gruppeninteressen. Im Idealfall wirken sie als soziale und politische Katalysatoren.
Wer die politische Tätigkeit der Interessengruppen nicht durch den Filter „Parteien“ leitet, sondern direkt in den Prozess staatlicher Willensbildung eingliedern will, endet [...] notwendigerweise beim Ständeoder beim Verbändestaat, in dem es keinen Pluralismus gibt und Verbände die Macht ausüben.

Legitimierungsfunktion
Indem Parteien die Vermittlungs- und die Interessenausgleichsfunktionen wahrnehmen, tragen sie zur Begründung des politischen Systems und zur Konsensstiftung bei. Die bundesrepublikanische Demokratie, der Parteienstaat, bietet Regelungsmechanismen zur Konfliktaustragung zwischen den Parteien und innerhalb der Parteien und damit auch zwischen auseinander gehenden gesellschaftlichen Interessen. Es sind Regeln festgelegt, nach denen ein Kampf um Macht(anteil) stattfindet, ohne dass dieser in Bürgerkrieg ausartet.

Peter Lösche, Informationen zur politischen Bildung (Heft 292), Bonn 2013, S. 12 f.

Art. 21 GG
(1) Die Parteien wirken bei der politischen Willensbildung des Volkes mit. Ihre Gründung ist frei. Ihre innere Ordnung muss demokratischen Grundsätzen entsprechen. Sie müssen über die Herkunft und Verwendung ihrer Mittel sowie über ihr Vermögen öffentlich Rechenschaft geben.

Parteien
Menschen schließen sich zu einer Partei zusammen oder treten einer Partei bei, weil sie ähnliche politische Meinungen oder Ziele vertreten. Diese Vorstellungen werden in Parteiprogrammen festgeschrieben. Die Mitglieder einer Partei sind überzeugt, dass sie zusammen mehr erreichen, als wenn jeder für sich alleine arbeitet. Deswegen versucht jede Partei auch, andere Menschen, die in keiner oder in einer anderen Partei sind, von ihrem Programm zu überzeugen.

Gerd Schneider, Christiane Toyka-Seid, Parteien, in: Das junge Politik-Lexikon, Bonn 2009, S. 233

M 9 Stellung der Parteien im Gesetz

Auszug aus dem Parteiengesetz
§1 Verfassungsrechtliche Stellung und Aufgaben der Parteien

(1) Die Parteien sind ein verfassungsrechtlich notwendiger Bestandteil der freiheitlichen demokratischen Grundordnung. Sie erfüllen mit ihrer freien, dauernden Mitwirkung an der politischen Willensbildung des Volkes eine ihnen nach dem Grundgesetz obliegende und von ihm verbürgte öffentliche Aufgabe.

(2) Die Parteien wirken an der Bildung des politischen Willens des Volkes auf allen Gebieten des öffentlichen Lebens mit, indem sie insbesondere auf die Gestaltung der öffentlichen Meinung Einfluss nehmen, die politische Bildung anregen und vertiefen, die aktive Teilnahme der Bürger am politischen Leben fördern, zur Übernahme öffentlicher Verantwortung befähigte Bürger heranbilden, sich durch Aufstellung von Bewerbern an den Wahlen in Bund, Ländern und Gemeinden beteiligen, auf die politische Entwicklung in Parlament und Regierung Einfluss nehmen, die von ihnen erarbeiteten politischen Ziele in den Prozess der staatlichen Willensbildung einführen und für eine ständige lebendige Verbindung zwischen dem Volk und den Staatsorganen sorgen.

(3) Die Parteien legen ihre Ziele in politischen Programmen nieder.

Gesetz über die politischen Parteien (Parteiengesetz), in der Fassung der Bekanntmachung vom 31.1.1994

M 10 Ab wann ist eine Partei eine Partei?

§ 2 Begriff der Partei

(1) Parteien sind Vereinigungen von Bürgern, die dauernd oder für längere Zeit für den Bereich des Bundes oder eines Landes auf die politische Willensbildung Einfluss nehmen und an der Vertretung des Volkes im Deutschen Bundestag oder einem Landtag mitwirken wollen, wenn sie nach dem Gesamtbild der tatsächlichen Verhältnisse, insbesondere nach Umfang und Festigkeit ihrer Organisation, nach der Zahl ihrer Mitglieder und nach ihrem Hervortreten in der Öffentlichkeit eine ausreichende Gewähr für die Ernsthaftigkeit dieser Zielsetzung bieten. Mitglieder einer Partei können nur natürliche Personen sein.

(2) Eine Vereinigung verliert ihre Rechtsstellung als Partei, wenn sie sechs Jahre lang weder an einer Bundestagswahl noch an einer Landtagswahl mit eigenen Wahlvorschlägen teilgenommen hat.

(3) Politische Vereinigungen sind nicht Parteien, wenn
1. ihre Mitglieder oder die Mitglieder ihres Vorstandes in der Mehrheit Ausländer sind oder
2. ihr Sitz oder ihre Geschäftsleitung sich außerhalb des Geltungsbereichs dieses Gesetzes befindet.

Gesetz über die politischen Parteien (Parteiengesetz), in der Fassung der Bekanntmachung vom 31.1.1994

Parteienprivileg in der Bundesrepublik

Unter dem bundesrepublikanischen Parteienprivileg wird vor allem der besondere Schutz der politischen Parteien verstanden, der ihnen durch Artikel 21 GG gewährt wird. Da sie auf allen Ebenen entscheidend an der politischen Willensbildung beteiligt sein sollen, können sie nur dann verboten werden, wenn das Bundesverfassungsgericht ihre Verfassungswidrigkeit und eine aggressiv-kämpferische Grundhaltung ihrer Mitglieder festgestellt hat. Deutlich wird das Privileg auf nationaler Ebene im Vergleich mit dem Vereinigungsvebot (Art. 9, Abs. 2 GG), das durch den Innenminister des Bundes- oder den des betroffenen Bundeslandes ausgesprochen wird. Auf internationaler Ebene existiert kaum ein ähnliches Parteienprivileg: So werden beispielsweise in den parteienskeptischen USA durch allgemeine Vorwahlen die Bürger bereits an der Kandidatenauswahl beteiligt, in Großbritannien haben Parteien dieselbe Rechtsstellung wie private Vereinigungen.

Autorentext

M 11 ● (Worin) Unterscheiden sich aussichtsreiche deutsche Parteien?

a) „Vorankommen durch eigene Leistung" könnte das Motto dieser Partei sein. Dazu soll der Staat in vielen Bereichen zurückgedrängt werden: Die Partei strebt nach Steuersenkungen, wirtschaftspolitisch möchte sie Leiharbeit weniger stark beschränken und generell Regulierungen für Unternehmer abbauen. Sozialpolitisch soll das Renteneintrittsalter flexibilisiert und alle Sozialleistungen sollen zusammengefasst werden („Bürgergeld"). Innenpolitisch verbiete die Freiheit des Bürgers eine Ausweitung von Überwachungsmaßnahmen. Die Partei ist proeuropäisch.

b) Traditionell setzt diese Partei einen (gewissen) inhaltlichen Schwerpunkt auf sozialen Ausgleich: Zurzeit möchte sie das gesetzliche Rentenniveau bis 2030 mindestens bei 48% des letzten Einkommens und die Beitragssätze bei höchstens 22% stabilisieren. Auch soll das Arbeitslosengeld I länger bezogen werden dürfen, wenn der Arbeitslose an Qualifizierungsmaßnahmen teilnimmt. Zudem sollen Geringverdiener steuerlich entlastet werden. In puncto Migration plant diese Partei ein Einwanderungsgesetz mit flexibler Quote und Punktesystem, auch um den Mangel an qualifiziertem Personal zu bekämpfen. Umstritten sind in der Partei die Positionen zur inneren Sicherheit; beispielsweise gibt es einflussreiche Befürworter und Gegner der Vorratsdatenspeicherung. Die Partei ist EU-freundlich.

c) Diese Partei hält die anderen Parteien für eine „Oligarchie", die dem Volk seine Souveränität genommen habe. Sozial- und wirtschaftspolitisch ist sie für eine Beibehaltung des Mindestlohns, allerdings für einen Austritt Deutschlands aus dem Euro-Raum (auch generell ist sie sehr europaskeptisch). Zudem soll die Umsatzsteuer um 7% gesenkt werden. Wichtig ist der Partei gesellschaftspolitisch ein weitgehender Stopp der Einwanderung; Integration versteht sie als Pflicht zur Anpassung der Einwandernden, sie befürchtet eine Ausbreitung des Islams. Sie möchte, dass Deutsche mehr Kinder bekommen, um das „eigene Staatsvolk" zu erhalten.

d) Diese Partei hat wirtschafts- und sozialpolitisch die Forderungen, den Mindestlohn auf 12 €/Std. zu erhöhen und durch die Senkung der Wochenarbeitszeit von 40 auf 30 Stunden bei vollem Lohnausgleich Arbeitsplätze zu schaffen. Es soll eine Mindestsicherung und -rente von 1.050,- € für jeden Bürger eingeführt werden. Auch dazu soll der Spitzensteuersatz auf 53% (von zurzeit 45%) steigen und früher greifen („Reiche" müssten einen Steuersatz von 60% in der Spitze zahlen). Außerdem soll eine „Bürgerversicherung" eingeführt werden, also die gesetzliche und private Krankenversicherung zusammengeführt werden. Innenpolitisch spricht sich die Partei gegen eine Ausweitung von Überwachungsmaßnahmen aus. In puncto Migration sollen legale Einwanderungswege in die EU eröffnet werden. Die Partei befürwortet grundsätzlich die EU, nicht jedoch deren Freihandelspolitik und auch nicht einen Türkeibeitritt. Auch spricht sie sich vehement gegen Kampfeinsätze der Bundeswehr aus.

e) Diese Partei definiert sich vornehmlich über ihre wirtschaftspolitische Stärke. Zwar soll nicht dem Markt alleine die Steuerung der Wirtschaft überlassen bleiben, zu starke staatliche Eingriffe sollen aber vermieden werden. Gesellschaftspolitisch wird die Ehe gegenüber anderen Lebensgemeinschaften (steuerlich) bevorzugt. Migrationspolitisch betreibt die Partei eine Senkung der Flüchtlingszahlen durch intensivierte Grenzkontrollen und „Rückführung" so vieler Flüchtlinge wie möglich in „sichere" Länder. Die Partei ist proeuropäisch ausgerichtet, allerdings gegen eine weitere fiskalpolitische Vertiefung der EU und auch gegen einen Türkeibeitritt.

f) Die Partei hat einen Schwerpunkt auf Umwelt- und Klimapolitik. Sie hat u. a. vor, dass ab 2030 in Deutschland keine neuen Autos mit Verbrennungsmotoren mehr zugelassen werden und will Kohlekraftwerke schließen. Systemisch möchte sie das Wahlalter auf 16 Jahre senken und setzt sich für Volksentscheide auf Bundesebene ein. Gesellschaftspolitisch sollen Kinder von Geringverdienern stärker gefördert gleichgeschlechtliche Partnerschaften „klassischen" Ehen gleichgestellt werden. Außen- und integrationspolitisch befürwortet sie deutlich die Vertiefung der EU und will Rüstungsausgaben kürzen; Einwanderung soll zwar gesteuert, aber nicht drastisch beschränkt werden.

Autorentexte (Stand: Mai 2017)

M 12 ● Deutsche Parteien zwischen Konfliktlinien

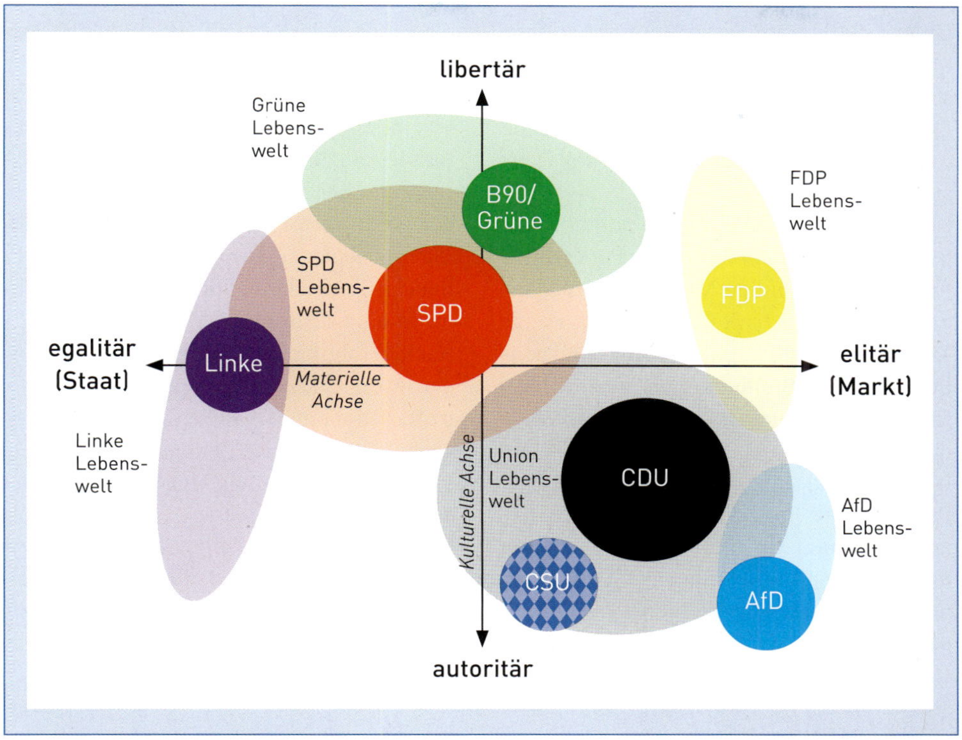

Nach: Marc Saxer, Friedrich-Ebert-Stiftung, April 2017

M 13 ● Wer wählte wen 2017?

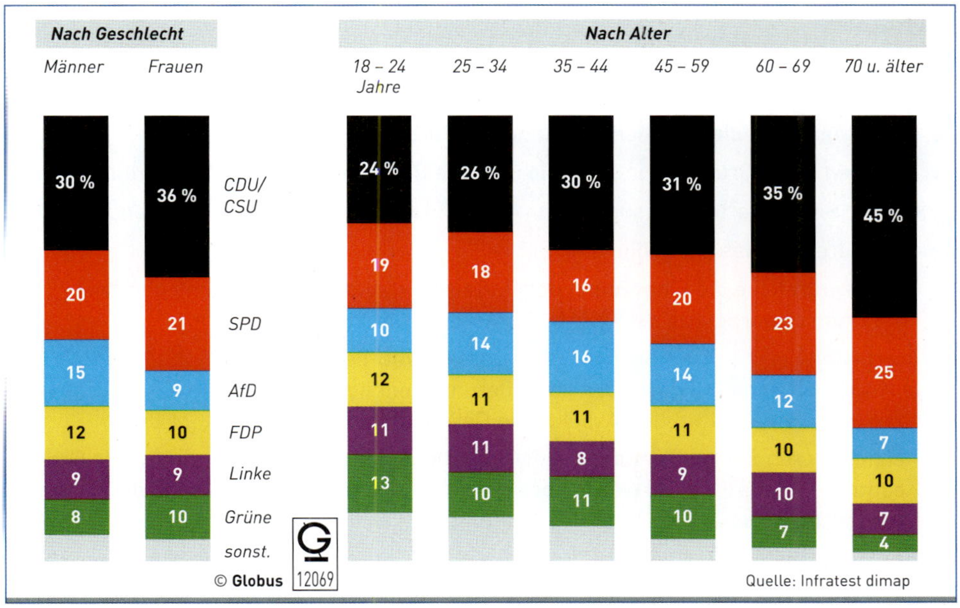

Ergebnis der Bundestagswahl 2017

→ vgl. Kap. 3.4.1

M 14 Wozu braucht man eine Koalition?

Unter Koalition im parlamentarischen System Deutschlands wird der Zusammenschluss zweier oder mehrerer Parteien bzw. ihrer Fraktionen zum Zwecke der Bildung und Unterstützung einer Regierung verstanden.

Koalitionen werden im parlamentarischen System erforderlich, wenn eine Partei allein nicht die notwendige Mehrheit aller Mandate erreicht hat bzw. über eine zu geringe Mehrheit verfügt. [...] Koalitionen sind zeitlich befristete Bündnisse, die in der Regel für eine Legislaturperiode geschlossen werden.

In einer Koalition können die beteiligten Parteien notwendigerweise nicht ihre eigene Programmatik durchsetzen, sondern müssen Kompromisse eingehen. Dabei können die Interessen des kleineren Koalitionspartners/der kleineren Koalitionspartner stärkere Berücksichtigung finden, als es sein/ihr Wählervotum aussagt, wenn er/sie für die Bildung der K. unbedingt erforderlich ist/sind.

Der Koalitionsbildung werden rechtliche Grenzen gesetzt durch das freie Mandat des Abgeordneten (Art. 38 GG), durch das Vorschlagsrecht des Bundeskanzlers zur Ernennung von Ministern (Art. 64,1 GG) sowie durch die Richtlinienkompetenz des Bundeskanzlers (Art. 65 GG). Diese staatstheoretischen Bestimmungen sind jedoch in der politischen Praxis der BRD immer weniger bedeutsam geworden, so dass die politische Entwicklung diese Rechte zunehmend eingeschränkt hat.

Nach erfolgreichen Koalitionsverhandlungen werden Koalitionsvereinbarungen getroffen, die die politischen Ziele (Gesetzesvorhaben u. a. m.) und personellen Vorstellungen (Aufteilung und Besetzung der Ministerien und Staatssekretäre) der beteiligten Parteien widerspiegeln. In der politischen Praxis bedürfen die Koalitionsvereinbarungen der Zustimmung der Fraktionen, meist auch der Parteivorstände.

Nach: Uwe Andersen/Wichard Woyke (Hgg.): Handwörterbuch des politischen Systems der Bundesrepublik Deutschland. 7., aktual. Aufl. Heidelberg: Springer VS 2013. Autor des Artikels: Wichard Woyke, www.bpb.de (6.2.2018)

Aufgaben

1. Entwerfen Sie in Partnerarbeit ein Schaubild, das die Aufgaben der Parteien einprägsam visualisiert. (M 8)
2. Beschreiben Sie die rechtliche Stellung der Parteien. (M 9, M 10)
3. Erstellen Sie in Gruppen ein Portfolio über die Programmatik einer Partei Ihrer Wahl.
4. Ordnen Sie die Parteipositionen den in der Randspalte angegebenen Parteien zu. (M 11)
5. a) Erklären Sie das Schaubild. (M 12)
   b) Überprüfen Sie die Einordnung der Parteien anhand der Darstellung der Programmschwerpunkte. (M 11 – M 12)
6. Erarbeiten Sie mögliche Gründe dafür, dass die AfD bei der BT-Wahl 2017 drittstärkste Kraft im Parlament geworden ist. Differenzieren Sie dabei auch nach wirtschaftlichen und mentalkulturellen Aspekten in Ost- und Westdeutschland. (M 13)
7. Recherchieren Sie die Streitpunkte der Koalitionsverhandlungen für die zweite Große Koalition. Welche Themen wurden besonders strittig diskutiert? Wie sind die Kompromisse zu bewerten?
8. „[Es] [...] können die Interessen des kleineren Koalitionspartners/der kleineren Koalitionspartner stärkere Berücksichtigung finden, als es sein/ihr Wählervotum aussagt" (Z. 19). Diskutieren Sie diese Aussage. (M 14)

F zu Aufgabe 2
Recherchieren Sie in Gruppenarbeit Hintergründe und Strukturen jeweils einer politischen Interessengruppe (z.B. Bürgerinitiative) im Internet und grenzen Sie diese von Parteien ab. (M 9, M 10, Rand)

Wahlplakate analysieren

Wahlplakate wollen auffallen und verstanden werden. Die Botschaft der Plakate muss in Sekunden aufgenommen werden, denn die meisten Passanten nehmen die Plakate nur beiläufig war. Für die Gestaltung der Plakate sind professionelle Werbeagenturen zuständig, die die Parteien beauftragen. Dabei ist die Hauptaufgabe, die Botschaften plakativ – d.h. kurz und knapp, aber verständlich – umzusetzen.

A) Botschaft und Wirkung

Botschaft:
Welches zentrale Thema spricht das Wahlplakat an? Ist eine eindeutige Botschaft erkennbar? Welche politischen Aussagen werden mit welchen Argumenten getroffen?

Adressatinnen und Adressaten:
An wen richtet sich das Plakat (junge oder ältere, Stamm- oder Neu-Wählerinnen und -Wähler)? Woran ist das erkennbar?

Wirkung:
Was vermuten Sie, soll das Plakat bei den (potenziellen) Wählerinnen und Wählern bewirken (Information, Emotion, Provokation, Sensibilisierung, Appell)? Wie wirkt das Plakat auf Sie? Erregt es Ihre Aufmerksamkeit? Fühlen Sie sich angesprochen? Warum bzw. warum nicht?

B) Kontext

Betrachtungsbedingungen:
Sind die zentralen Aspekte des Plakats schon von Weitem und beim Vorbeifahren erkennbar oder ist eine nähere und längere Betrachtung notwendig?

Wahlkampfkontext:
Wird eine bestimmte Kandidatin bzw. ein bestimmter Kandidat der Partei vorgestellt? Soll für ein bestimmtes Thema sensibilisiert werden? Wie und wodurch ruft das Plakat zur Wahl auf? Lassen sich bestimmte Themen und Merkmale der Partei auf dem Plakat wiedererkennen? Wie und wodurch wirbt die Partei für sich? Nimmt das Plakat Bezug zu aktuellen gesellschaftspolitischen Ereignissen? Ist ein Verweis auf Gegenpositionen und -parteien erkennbar?

C) Layout

Gestaltungselemente:
Welche verschiedenen Gestaltungselemente sind auf dem Plakat erkennbar? Gibt es einen „Eyecatcher“? Welche Farben werden – mit welcher Wirkung – verwendet? Werden Bilder und/oder Fotos benutzt? Wie sieht die sprachliche Gestaltung des Plakats aus? Werden nur einzelne Wörter oder ganze Sätze verwendet? Wie wirken Schrift und Sprache (Schriftart, einfache oder komplizierte Sätze, Jugendsprache etc.)?

Gesamteindruck:
Ist das Plakat übersichtlich gestaltet? Wie schätzen Sie den künstlerischen Gesamteindruck ein? Wird hierdurch die Botschaft des Plakats gestützt?

D) Bewertung

Verständlichkeit:
Ist die Botschaft – auch für Nicht-Parteianhängerinnen und Nicht-Parteianhänger – verständlich?

Überzeugungskraft:
Ist das Plakat in seiner Gesamtgestaltung (Inhalt, Layout) überzeugend?
Könnte Sie das Plakat zum Wählen dieser Partei bewegen? Warum bzw. warum nicht?

Nach: Methodenarbeitsblatt Wahlplakate analysieren, www.bpb.de, 29.8.2013

Auswahl an Wahlplakaten zur Bundestagswahl

Aufgaben

1. Bilden Sie mindestens fünf Kleingruppen und suchen Sie jeweils eines der offiziellen Wahlplakate zur Bundestagswahl – oder einer anderen Wahl – aus. Bitte beachten Sie bei der Auswahl: Die Plakate sollten unter den Gruppen so aufgeteilt werden, dass mindestens ein Plakat jeder im Bundestag vertretenen Partei bearbeitet wird. Analysieren Sie das gewählte Plakat, indem Sie sich Stichpunkte zu den folgenden Kategorien und Leitfragen machen. Sie können hierbei auch arbeitsteilig vorgehen, indem Sie die Kategorien A bis C innerhalb Ihrer Gruppe aufteilen und Kategorie D abschließend gemeinsam bearbeiten.
2. Verfassen Sie nun pro Gruppe einen Text mit den Ergebnissen Ihrer Plakatanalyse von ca. ½ bis 1 Seite Umfang.
3. Lesen Sie sich die Texte der Reihe nach im Plenum vor. Stellen Sie nun fest, ob und was die Wahlplakate gemeinsam haben. Gibt es Themen und Merkmale, die von mehr als einer Partei vertreten werden? Worin unterscheiden sich die Plakate?

2.5.3 Direkte Demokratie – reicht Repräsentation?

M 11 ● Kontrovers diskutiert: Brauchen wir mehr direkte Demokratie?

a) Volksentscheide sind eines der gefährlichsten Mittel, die auch eine Demokratie, die ja vom Volke ausgeht, zugrunde richten kann. Wir leben in einer Republik, und diese ist auch dadurch definiert, dass wir bestimmte Personen wählen, von denen wir glauben, dass sie uns am besten vertreten. Nun, wo liegt der Unterschied, ob ich nun selbst meine Meinung kundtue, indem ich zum Volksentscheid gehe, oder ob ich jemanden beauftrage, für mich zu reden und abzustimmen (im kleineren Kreis)? Der Unterschied liegt schlicht und ergreifend darin, dass Politiker [...] Politikwesen in der Regel studiert haben, es ihr Beruf ist, sich ständig mit der Politik auseinanderzusetzen und Schlüsse aus der Vergangenheit zu ziehen. Als Normalbürger hat man diese Zeit schon gar nicht! Fehlentscheidungen, die auf unwissenschaftlicher Basis, Emotionalität, Unwissenheit und Populismus basieren, [...] sind die Folge. Lassen Sie mich ein Beispiel nennen: Würden wir abstimmen, ob Kinderschänder, Terroristen oder sonstige in vielerlei Augen „Unpersonen" misshandelt, gefoltert oder mit der Todesstrafe bestraft werden sollten, so wären die Ergebnisse mehr als bedenklich.

Lucas Müller, blog.zdf.de, 18.7.2010

b) Es gibt ein Land, welches erfolgreich vom Volk regiert wird – die Schweiz. Wir haben unsere Rechte an das Parlament abgegeben, die Schweizer können von der Politik Gesetze verlangen und einfordern. Ist die Schweiz damit schlechter dran als Deutschland? Nein. In der Schweiz steht das Volk über allem und es regiert gut. Die Politiker sind nur Beauftragte des Volkes, denen notfalls die Gesetze diktiert werden. In Deutschland sind wir nur Stimmvieh, welches seine Rechte bei der Wahl abgibt und delegiert. Wir sollten uns die einzige vollendete Demokratie der Welt als Vorbild nehmen.

Stefan Thien, blog.zdf.de, 18.7.2010

Info

Direkte und indirekte Demokratie

Es gibt unterschiedliche Formen der Demokratie. Eine Form ist die direkte Demokratie, bei der das Volk die Staatsgewalt unmittelbar (das heißt direkt) ausübt. Es entscheidet mit Volksabstimmungen (Plebiszit) über alle politisch wichtigen Anliegen. Auf kommunaler Ebene ist mit dem Bürgerbegehren und dem Bürgerentscheid eine direkte Beeinflussung der kommunalpolitischen Entscheidungen möglich. Mit dem Volksantrag, dem Volksbegehren und dem Volksentscheid können die Bürger auch auf Landesebene unmittelbar Einfluss auf den demokratischen Willensbildungsprozess nehmen. Im Gegensatz zur direkten Demokratie wird die Herrschaft in der repräsentativen Demokratie mittelbar (das heißt indirekt) über vom Volk gewählte Abgeordnete ausgeübt. Diese sind Repräsentanten des Volkes und sollen für dieses in eigener Verantwortung zeitlich befristet handeln.

Autorentext

Direkte Demokratie auf Bundesebene

Das Grundgesetz sieht derzeit eine direktdemokratische Mitwirkung des gesamten deutschen Volkes nur bei einer Neugestaltung bzw. einer in seinen Grundfesten verändernden Umgestaltung des Grundgesetzes (Art. 146 GG) sowie bei der Neugliederung des Bundesgebietes (Art. 29 Abs. 2 ff. GG) vor. Letzterer Artikel bestimmt allerdings, dass es sich nicht um eine bundesweite Abstimmung, sondern lediglich um ein Territorialplebiszit in den betroffenen Bundesländern handelt. Dabei können die Landesvölker den Zusammenschluss oder die Aufteilung ihrer Länder in einem Volksentscheid bestätigen oder ablehnen.

Autorentext

Zulassungsantrag
Diese Hürde hat das Volksbegehren Nichtraucherschutz bereits Mitte Juli 2009 mit über 40.000 Unterschriften genommen.

Volksbegehren
Insgesamt haben sich 1.298.746 Personen eingetragen – das entspricht 13,9 % der Wahlberechtigten.

Volksentscheid
Am 14. April 2010 wurde das Gesetz zum Nichtraucherschutz mehrheitlich im bayerischen Landtag abgelehnt. Somit kam es zum Volksentscheid am 4. Juli 2010.

M 12 ● Der Weg vom Antrag zum Volksentscheid in Bayern

Vom Volksbegehren zum Volksentscheid

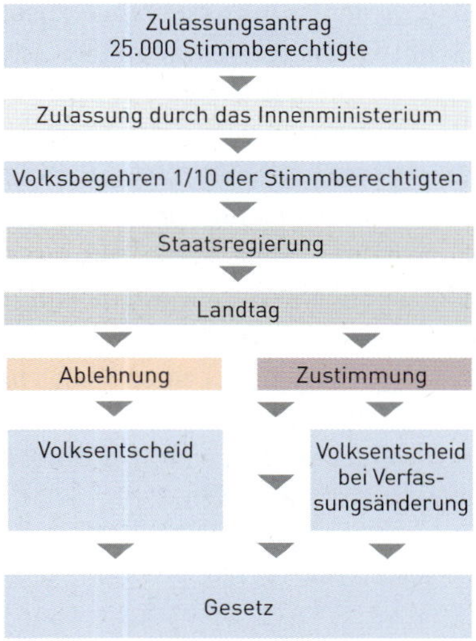

Quelle: Bayerisches Staatsministerium des Innern

M 13 ● Ergebnis des Volksentscheids vom 4.7.2010

Bayern steht vor der Einführung des bundesweit strengsten Rauchverbots in der Gastronomie. Bei einem Volksentscheid siegten die strikten Rauchgegner klar. Laut vorläufigem amtlichen Endergebnis stimmten 61 Prozent der Wähler dafür, das Qualmen in Kneipen, Gaststätten und Bierzelten ausnahmslos zu verbieten. Das Gesetz tritt am 1. August in Kraft.

Im Freistaat waren am Sonntag knapp 9,4 Millionen Wahlberechtigte aufgerufen, ihre Stimme abzugeben. Die Wahlbeteiligung lag nach dem vorläufigen Endergebnis bei 37,7 Prozent und damit deutlich niedriger als bei Landtags- oder Bundestagswahlen üblich. Es musste aber kein bestimmtes Mindest-Quorum erreicht werden. Bei der Wahl wurde die Initiative „Ja! zum Nichtraucherschutz" von der SPD, den Grünen, regionalen Nichtraucher-Initiativen, Sport- und Ärzteverbänden sowie Umwelt- und Gesundheitsorganisationen unterstützt. Dagegen trat das Bündnis „Bayern sagt Nein!" an - getragen vom Verein zum Erhalt der Bayerischen Wirtshauskultur und der Tabakindustrie. Bei einer Mehrheit der Gegner wäre es bei den geltenden Regeln geblieben. [...] Die Befürworter des strikten Rauchverbots jubilierten. „Liebe Staatsregierung, lieber Herr Seehofer, vielleicht sollten Sie öfter das Volk entscheiden lassen", rief der Sprecher des Aktionsbündnisses „Ja! zum Nichtraucherschutz", Sebastian Frankenberger (ÖDP). Grünen-Landeschefin Theresa Schopper sprach von einem „schönen Tag für den Gesundheitsschutz in Bayern". Und SPD-Generalsekretärin Natascha Kohnen sagte: „Der Verlierer des Tages ist die CSU." Die Bürgerinnen und Bürger hätten deutlich gemacht, dass sie des jahrelangen Hin und Hers der CSU überdrüssig seien. Der Sprecher des Raucher-Aktionsbündnisses „Bayern sagt Nein", Franz Bergmüller, machte für die Niederlage vor allem die geringe Wahlbeteiligung verantwortlich. Wenige Prozent der Bevölkerung hätten einen großen Teil der Menschen „majorisiert". „Das wird nicht zur Befriedung der Gesellschaft beitragen, sondern zu einer weiteren Spaltung und zum Denunziantentum", sagte Bergmüller.

ler/otr/Reuters/dpa, www.spiegel.de, 4.7.2010

Aufgabe

1. Diskutieren Sie folgende These: „Wir brauchen in Deutschland mehr direkte Demokratie". (M 11)
2. Nennen Sie die Voraussetzungen für einen Volksentscheid in Bayern. (M 12)
3. Bewerten Sie das Ergebnis des Volksentscheids zum Rauchverbot in Gaststätten und diskutieren Sie die Folgen für Befürworter und Gegner. (M 13)

2.5.3 Interessenverbände nehmen Einfluss

M 14 ● Interessenverbände in der Demokratie

Gerhard Mester / Baaske Cartoons

M 15 ● Tätigkeitsfelder der Interessenverbände

Interessenorganisationen im Wirtschafts- und Arbeitsbereich:
- Branchenverbände, z. B. Bundesverband der Deutschen Industrie (BDI)
- Kammern, z. B. die Industrie- und Handelskammern (IHKs)
- Arbeitnehmerverbände, z. B. Deutscher Gewerkschaftsbund (DGB)

Politische und ideelle Verbände und Vereinigungen, z. B. Greenpeace, Amnesty International etc.

Verbände im sozialen Bereich, z. B. Wohlfahrtsverbände, Deutsches Rotes Kreuz, Deutscher Caritasverband etc.

Nach: Wolfgang Rudzio, Das politische System der Bundesrepublik Deutschland, 8. Aufl., Wiesbaden 2011, S. 61

Lobbyismus

Der Begriff Lobbyismus bezieht sich auf die Vorhalle des Parlaments, die Lobby. Sie galt insbesondere in US-amerikanischen und britischen Parlamenten als der klassische Treffpunkt von Interessenvertretern und Abgeordneten. Lobbyismus beschreibt eine Methode der Einwirkung auf politische Interessenvertreter. Dabei geht es meist nicht um die Vermittlung allgemeiner Interessen, sondern um die gezielte Einflussnahme auf Gesetzesvorhaben.

Info

Interessenverbände

Um ihre Interessen besser vertreten zu können, schließen sich einzelne Bürgerinnen und Bürger in Organisationen zusammen. Interessenverbände haben meist eine auf Dauer angelegte, feste Struktur, während Bürgerinitiativen organisatorisch eher lockere und in der Regel zeitlich begrenzte Zusammenschlüsse mit einem ganz konkreten Anliegen sind. Es gibt kaum Sachbereiche des Lebens, in der sich keine Interessenorganisation gebildet hat. Ein durch Vielfalt gekennzeichnetes Verbändewesen ist Merkmal einer funktionierenden pluralistischen Demokratie. Zu den wichtigsten Interessenverbänden gehören v. a. Gewerkschaften und Arbeitgeberverbände. Sofern die Interessenverbände auf die Gesetzgebung und andere politische Aktivitäten Einfluss zu nehmen suchen, werden sie auch als „Pressure-groups" bezeichnet. Im Unterschied zu Parteien stellen Interessenverbände nicht selbst Kandidaten bei der Wahl auf, sondern sie versuchen, indirekt auf Gesetzgebung und Verwaltung Einfluss zu nehmen.

Nach: Schülerduden Politik und Gesellschaft, 5. Aufl., Mannheim u. a. 2005, S. 201

M 16 ● Strukturen und Mittel der Einflussnahme

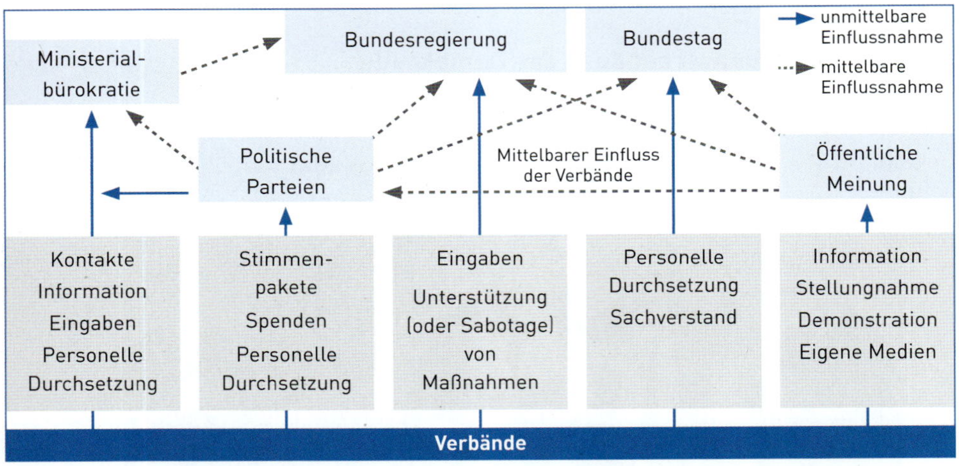

Wolfgang Rudzio, Das politische System der Bundesrepublik Deutschland, 8. Aufl., Wiesbaden 2011, S. 89

M 17 ● Adressaten des Lobby-Einflusses

Am wichtigsten für lobbyistische Kontakte und Einflussanstrengungen – wenigstens in parlamentarischen Regierungssystemen – ist die Ministerialbürokratie. In deren Referaten werden nämlich die Gesetzentwürfe und die Entwürfe für Verordnungen „gefertigt“ [...].

Doch selbst wenn ein Lobbyist beste Verbindungen in „sein“ Referat unterhält, mag dies unzureichend sein, um die spezifisch vertretenen Interessen durchzusetzen und frühzeitig auf den Gesetzgebungs- oder Verordnungsprozess Einfluss zu nehmen. Die Frage stellt sich nämlich, wer eigentlich den Anstoß für eine Gesetzesinitiative gibt, die dann in dem Referat eines Ministeriums ausgearbeitet wird. [...] Die Initiative kann natürlich von politischer Seite, von einem Minister oder einem Staatssekretär, von einem Parlamentarier kommen. Denkbar ist aber auch, dass andere Verbände und Lobbyisten einen politischen Akteur entsprechend beeinflusst haben. Nicht immer eindeutig und nach keinem klaren Muster wird also ein bestimmtes Problem auf die Tagesordnung gesetzt. Der gewiefte Lobbyist [...] muss aber in der Lage sein, sich bereits in den Prozess des „Agenda Setting“ einzuschalten. Oder er wird schon eine Stufe früher tätig, indem er selbst oder jemand anderes, ein kollegial verbundener Lobbyist, das zu lösende Problem identifiziert, das dann in einen Gesetzgebungs- oder Verordnungsprozess mündet. Der Gang eines Gesetzes oder einer Verordnung durchläuft [...] mehrere Phasen, bevor das Parlament damit überhaupt befasst wird:

(1) Identifikation eines latent vorhandenen, aber noch nicht aktualisierten Problems.
(2) Das Problem wird auf die politische Tagesordnung gesetzt: Die Initialzündung geht in der Regel von einem Politiker, nicht von einem Lobbyisten aus.
(3) Ein Referent bzw. Hilfsreferent im Ministerium wird beauftragt, einen Gesetzentwurf zu „fertigen“.
(4) Der Abteilungsleiter erhält den Gesetzentwurf zur Kontrolle und Überarbeitung.
(5) Vom Abteilungsleiter geht der Entwurf weiter an einen beamteten, u. U. auch an einen parlamentarischen Staatssekretär.
(6) Der Minister bringt den Entwurf als Vorlage in das Kabinett ein.
(7) Das Kabinett beschließt über die Geset-

Agenda-Setting
Festlegen der gesellschaftlichen Tagesordnung; Bestimmen der Themen, mit denen sich die Gesellschaft auseinandersetzt.

Lobby Control
Der Verein verfolgt die Ziele, Lobbyeinfluss (auf die Bundespolitik) transparent zu machen und stärker als bisher zu regulieren.

Transparency International
Eine Antikorruptionsvereinigung, die sich für eine strengere Kontrolle und Regulierung des Einflusses privater Organisationen auf Politik und Verwaltung einsetzt.

zesvorlage. Für einen Minister bedeutet es eine schwere politische Niederlage, wenn ein derartiger Gesetzesentwurf zur Überarbeitung an „sein“ Haus zurückverwiesen wird.

(8) Die Kabinettsvorlage wird im Parlament eingebracht und geht im bundesrepublikanischen Regierungssystem zunächst an den Bundesrat zur Stellungnahme.

Alle Stufen einer Gesetzesvorlage bzw. des Entwurfs einer Verordnung „begleiten“ die an der Materie interessierten Lobbyisten. Je weiter eine Vorlage voranschreitet, um so weniger ist an ihr allerdings noch etwas zu ändern. [...]

In parlamentarischen Regierungssystemen wird die eigentliche Gesetzgebungsarbeit in der Ministerialbürokratie „geleistet“. Aus dieser Tatsache kann leicht der Verdacht entstehen, dass die Legislative, das Parlament, von den Bürokraten entmachtet worden ist. Unumstößlich ist aber, dass nach Art. 77 GG der Bundestag die Bundesgesetze beschließt. Ob sie im Parlament beraten, diskutiert, im Plenum beraten und dann entschieden werden, ist in der Verfassung nicht geregelt.

Peter Lösche, Verbände und Lobbyismus in Deutschland, Stuttgart 2007, S. 66–69

M 18 ● Welche Art von Lobbyismus schadet der Demokratie?

Verdeckter und intransparenter Lobbyismus hebelt den Kern der Demokratie aus, den offenen Meinungsstreit mittels des besseren Arguments. Er bedroht den Primat [=Vorrang] öffentlich kommunizierter demokratischer Entscheidung. Er unterläuft die normierten demokratischen Mitwirkungsmöglichkeiten, insbesondere unterläuft er den Kern der demokratischen Verständigung, wie sie in Parlamenten gepflegt wird, aber auch in Verhandlungsgremien der Tarifpartner [...]. Dieser Kern sind offene, diskursive Prozesse, die gleiche Chancen für die Entfaltung der Rationalität von Argumenten bieten und deswegen das Fundament demokratischer Konsenserzeugung bilden.

Intransparente Einflussnahme auf die Exekutive, insbesondere auf Minister, beschneidet die Mitwirkungsrechte der Parlamente und damit des Souveräns.

Andreas Kolbe u.a., Marktordnung für Lobbyisten, Frankfurt a.M. 2011 (OBS-Arbeitsheft 70), S. 39 f.

Aufgaben

1. Analysieren und interpretieren Sie die Karikatur. (M 14)
2. Erläutern Sie die Einflussnahme von Interessenverbänden mit eigenen Worten.
3. Stellen Sie die Notwendigkeit und Gefahr von Interessenverbänden im politischen Prozess dar. (M 16 – M 18)
4. Führen Sie eine Podiumsdiskussion über Chancen und Grenzen der Arbeit von Interessenverbänden und Lobbyisten durch.

F zu Aufgabe 4
Beachten Sie dabei die Bedeutung des freien Mandats, die Interessen gesellschaftlicher Gruppen und die Funktionsweise der repräsentativen Demokratie.

METHODE

Ideologiekritische Textanalyse

Hinweise zur ideologiekritischen Textanalyse

Jede Analyse sollte folgende Fragen beantworten:	• Wer produziert bei welchem Anlass für wen den Text? • Welche (genannten oder ungenannten) Interessen vertritt der Autor? • Welche Wirkung soll der Text erzielen? • Welches Vorgehen/Handeln soll gerechtfertigt werden? • Welche Aussagen sind korrekt und wahrheitsgetreu? • Was wird beschönigend dargestellt oder verschwiegen?

Hinweise auf verdeckte Interessen finden sich in:

rhetorischen und sprachlich-stilistischen Besonderheiten:	• Hochwertwörter (Bsp. Heimat, Gerechtigkeit, Ehre, ...) • Autoritätsargumente (Bsp. „Nach den neuesten Erkenntnissen der Wissenschaft ...", „In der Physik reden wir von ...", „Professor Krause hat dazu ausgeführt ...") • Euphemismen („Kollateralschaden" für zivile Kriegstote, „Rubensfigur" statt „Übergewicht", „Entsorgungspark" statt „Mülldeponie") • Abwertungen („Sekte" für religiöse Minderheit, „Penner" für Obdachlose, ...) • Ironie ...
manipulativen Argumentationstechniken:	• Entlastungsmethode (Problem wird von der Gegenseite her beleuchtet, man hilft dem Partner, sein Gesicht zu wahren) • Beschwichtigung (Verständnis bekunden, auf Gemeinschaft hinweisen) • Selektionstechnik (eine Einzelaussage als Volksmeinung dargelegen) • Plus-Minus-Methode (den Mängeln zahlreiche Vorteile gegenüberstellen oder umgekehrt) • Emotionalisierung (ethische Argumentation, auf das Gute im Menschen Bezug nehmen) ...

Abschließend kann eine **Gesamtbewertung** eines Textes unter dem Blickwinkel stehen, ob überwiegend redliche oder eher manipulierende Mittel verwendet werden.

Friedrich Wölfl, in: Das politische System der Bundesrepublik Deutschland, Bamberg 2010, S. 82 f.

Beispiel: Rede eines Interessenvertreters

Aus einer Rede des geschäftsführenden Vorstands des Bundesverbandes deutscher Banken, Professor Dr. Manfred Weber, anlässlich der Informationstagung „Wer dreht am Rad der Politik? – Über Zustand und Zukunft von Lobbyismus und Politikberatung" am 17.1.2007 in der Freien Universität Berlin (Auszüge):

Mein Name ist Manfred Weber. Ich bin Lobbyist. Das heißt: Mein Einfluss und der anderer Lobbyisten „ist größer denn je". So war es vor neun Tagen erst wieder im „Spiegel" zu lesen. „Tricksen, Mauscheln, Kungeln" – all das gehört, so der Artikel, zu meinem Handwerk, und ich verkörpere die (Zitat) „fünfte Gewalt im Staat, vor der Experten warnen" (Ende des Zitats). Und provokativ, wie Medienvertreter sind, ja, sein müssen, heißt es in der Einladung zu dieser Veranstaltung: „Was haben Abgeordnete noch zu melden, wenn Lobbyisten und Berater in Berlin die Macht übernehmen?" [...]

Was leisten Verbände für die Politik?

Verbände sind Dienstleister für ihre Mitglieder. Sie sind aber auch Dienstleister für die Politik. Denn die

Vertretung legitimer Einzelinteressen und ihre Bündelung liegt in der Logik der politischen Willensbildung in der Demokratie.
Dem steht gerade in der Finanzwirtschaft mit ihren zunehmend komplexen Strukturen ein großer Beratungsbedarf seitens der Politik gegenüber. Die Politik hat ein ureigenes Interesse an der Arbeit der Verbände, ja, sie ist darauf angewiesen. Darin liegt die wichtige Funktion der Verbände als Mittler zwischen Wirtschaft und Politik.
Das ist eine höchst sinnvolle Arbeitsteilung. Alle Beteiligten konzentrieren sich auf das, was sie am besten können: die Unternehmen auf das Geschäft, die Politik auf das Entscheiden und die Verbände auf die Vermittlung. Das klingt abstrakt, ist aber ganz praktisch: Wie sollte – ich sprach es an – ein kleines Bankhaus ohne großen Stab allein ständig über die komplette Finanzgesetzgebung im Bild bleiben?
Und wie sollte – umgekehrt – der einzelne Bundestagsabgeordnete alle relevanten Feinheiten einer hoch technisierten, international eng verflochtenen Branche mit immer diffizileren Produkten überblicken?
Erst kürzlich hat der Präsident des Bundesverfassungsgerichts [...] hervorgehoben, dass Verbände nützliche und bisweilen unverzichtbare Politikberater sind. Das heißt: Das Verhältnis zwischen Politik und Verbänden ist keine Einbahnstraße. Um es aber sehr deutlich zu sagen: Mit Kungelei oder Geschäften auf Gegenseitigkeit hat das, jedenfalls nach meiner Auffassung und für den Bankenverband, nichts zu tun. [...]
Zwangsläufig fehlt es der Politik an Detailwissen über jede Branche, jeden Sachverhalt und jede neue Entwicklung. Sie würde sich hoffnungslos übernehmen, würde sie versuchen, dieses Know-how selbst zu erwerben und vorzuhalten. Deswegen tut sie gut daran, nachzufragen, sich zu informieren und auf die Arbeit von Verbänden zurückzugreifen.
Sie wäre schlecht beraten – und es wäre auch ein merkwürdiges Verständnis von Demokratie –, würde sie auf diese Ressource verzichten. Diese Ressource, das sind Dienstleistungen, das ist Sachverstand, das sind verlässliche Informationen, das ist fundierte Beratung. [...]

Was leisten Verbände für die Gesellschaft?

Verbände stehen also im Dienst ihrer Mitglieder und ebenso im Dienst der Politik – und zu beidem sind sie besser berufen als viele Ad-hoc-Lobbyisten.
Ein Verband – und auch hier möchte ich wiederum nur für meinen, den Bankenverband sprechen – leistet aber auch etwas für die Gesellschaft. Als Good Corporate Citizen, um es neudeutsch zu sagen, nimmt er öffentliche Aufgaben im Interesse der Allgemeinheit wahr.
Lassen Sie mich hier nur ein Beispiel herausgreifen, eines, das uns – und mir persönlich – eine Herzensangelegenheit ist: Ich spreche von unserem Beitrag zur ökonomischen Grundausbildung von Schülern. Ökonomische Bildung – davon sind wir überzeugt – muss möglichst früh einsetzen. Nur wer als junger Mensch einen soliden Grundstock an Wirtschafts- und Finanzwissen erwirbt, kann als Erwachsener kompetent in Finanzfragen handeln, und er verbessert seine Chancen am Arbeitsmarkt. Konkret heißt das für uns: Seit mehr als 15 Jahren unterstützen wir die ökonomische Bildung Jugendlicher mit unserem Schul/Bank-Programm. Schülerwettbewerbe, Material für den Unterricht, in dem objektiv und sachlich die Marktwirtschaft erklärt wird, ein Newsletter, der monatlich über 65.000 Lehrer erreicht, und vieles mehr – all dies tun wir, aber eben nicht als Lobbyisten, sondern weil wir uns der Wirtschaftsbildung von Schülern verpflichtet fühlen.

Manfred Weber, 17.1.2017

Aufgabe

Die Rede des (früheren) geschäftsführenden Vorstands des Bundesverbands deutscher Banken, Prof. Dr. Manfred Weber, eignet sich als Text für eine ideologiekritische Analyse. Mit ihrer Hilfe können Ansichten und Behauptungen daraufhin geprüft werden, ob sie Wirklichkeit verfälschen, sie unvollständig beschreiben oder mit bestimmten rhetorischen Mitteln arbeiten, um eigene Positionen zu rechtfertigen oder bestimmte Interessen zu verschleiern. Untersuchen Sie die Rede unter dem Aspekt ihres Ideologiegehalts.

ORIENTIERUNGSWISSEN

Partizipation
M 1 – M 2

Die Partizipation der Bürgerinnen und Bürger an der Demokratie in Deutschland erfolgt auf vielfältige Weise: Der informierte Bürger kann sich
- an der **öffentlichen Debatte** beteiligen (Leserbriefe, Internetforen, Podiumsdiskussionen etc.),
- **Vereine und Bürgerinitiativen** gründen oder ihnen beitreten,
- sich in **Parteien** engagieren, oder
- an **Demonstrationen** teilnehmen.

Die wichtigste Beteiligungsform bleibt jedoch die Teilnahme an **Wahlen**. Darüber hinaus stellt jedes zivilgesellschaftliche Engagement politische Beteiligung dar. Darunter fallen z.B. die Betreuung von Jugendgruppen oder das ehrenamtliche Engagement für alte Menschen.

Wahlen
M 3 – M 5

Freie Wahlen erfüllen verschiedene **Funktionen** zugleich:
- **Repräsentation** des Wählerwillens,
- **Legitimation und Kontrolle** der Regierenden,
- **Integration** der Wähler in das politische System,
- **Konkurrenz** personeller und programmatischer Alternativen.

Durch das Grundgesetz wird die Bundesrepublik Deutschland als **repräsentative Demokratie** definiert, in der die Bürger nicht ständig selbst politische Entscheidungen treffen, sondern Abgeordnete wählen, die dies in ihrem Auftrag tun. Weltweit gelten freie Wahlen als ein **zentrales Merkmal der Herrschaftsform Demokratie**.

Wählerstruktur
M 4

Die veränderten gesellschaftlichen Bedingungen lassen gegenwärtig einen **Wandel im Wählerverhalten** beobachten. Dennoch ist die Bindung an eine Partei immer noch wahlentscheidender als die Sympathie für einzelne Politiker oder aktuelle Themen. Zwar haben langfristige Parteibindungen, die durch soziostrukturelle Merkmale (Konfession, Beruf, ...) beeinflusst sind, tendenziell abgenommen. Ob aber zukünftig mit größeren Wählerwanderungen zu rechnen ist, bleibt abzuwarten.

Parteien
M 8 – M 9

Parteien sind die **zentralen Akteure der politischen Willensbildung**. Als Zusammenschlüsse von Bürgern mit gemeinsamen politischen Grundüberzeugungen sind sie die eigentlichen **Träger des politischen Wettbewerbs**. Sie stellen ihre Forderungen in regelmäßig stattfindenden Wahlen zur Abstimmung.

Entstehung von Parteien
M 10

Parteien können als **Produkt gesellschaftlicher Konfliktlinien** (cleavages) aufgefasst werden. Diese parteibildenden Konfliktlinien, entlang derer sich Parteien ansiedeln, haben neben dem Wahlrecht (Mehrheitswahlrecht bzw. Verhältniswahlrecht) einen erheblichen Einfluss auf die **Strukturierung des Parteiensystems**. Die dominierenden Konfliktlinien in der Bundesrepublik Deutschland bewegen sich zwischen den Polen Liberalität, Autorität, Marktfreiheit und dem staatlichen Bemühen um sozialen Ausgleich.

Parteien in der Verfassung
M 9

Im **Grundgesetz (Art. 21 GG)** sind sie als verfassungsmäßige Institution verankert. Dies verdeutlicht ihre herausragende Bedeutung im politischen System der Bundesrepublik Deutschland, nicht zuletzt auch aus den Erfahrungen aus der Zeit der Weimarer Verfassung, in der Parteien nicht erwähnt waren.

Aufgaben und Funktionen von Parteien
M 8

Die Aufgaben der Parteien sind im **Parteiengesetz** konkretisiert. Dazu zählen z.B. die **Mitwirkung am politischen Willensbildungsprozess**, die **Einflussnahme auf die öffentliche Meinung**, die **Förderung der Teilhabe am politischen Leben**, die **Rekrutierung des politischen Nachwuchses** sowie die **Aufstellung von Kandidaten für Wahlen**. Die zentrale Aufgabe der Parteien besteht in der **Mittlerfunktion zwischen Staat und Gesellschaft**. Als **Regierungsparteien** bringen sie die von ihnen erarbeiteten politischen Ziele in den Prozess der staatlichen Willensbildung ein und stellen die Verbindung zwischen Volk und politischer Führung her. Als **Parteien der Minderheit** bilden sie die politische Opposition und ermöglichen den Regierungswechsel. Parteien gleichen intern die unterschiedlichen Interessen in der Bevölkerung aus.

Volksbegehren
M 12

Mit einem **Volksbegehren** „begehren" die Bürger in Bayern einen **Volksentscheid** über einen politischen Sachverhalt herbeizuführen. Das Volksbegehren kann von jedem **Bürger und Wähler aus Bayern** initiiert werden. Hierfür bedarf es der **Unterschriften von 25.000 stimmberechtigten Bürgerinnen und Bürgern**. Meist werden hierfür sogenannte **Bürgerinitiativen** gegründet, die eine Entscheidung des Landtags verhindern bzw. erwirken möchten. Gelingt es der Bürgerinitiative, das Quorum von 25.000 Stimmberechtigten der Bürgerinnen und Bürger zu erreichen, wird das Volksbegehren schriftlich dem Innenministerium übergeben. Letzteres entscheidet über die Zulässigkeit des Volksbegehrens. Im Fall der Zulassung des Antrags muss das Volksbegehren innerhalb von acht bis zwölf Wochen durchgeführt werden.

Volksentscheid
M 13

Das Volksbegehren wird dann angenommen, wenn sich innerhalb von zwei Wochen mindestens 10 Prozent (zurzeit etwa 950.000) der Stimmberechtigten in Bayern in amtlichen Eintragungsräumen in Listen eintragen lassen. Die Ergebnisse der gültigen Eintragungen und der Stimmberechtigten werden von den Gemeinden sofort nach Ende der zweiwöchigen Eintragungsfrist festgestellt und an den Landeswahlleiter gemeldet. Während der Landeswahlleiter das vorläufige Ergebnis bekannt gibt, teilt der Landeswahlausschuss etwa zwei Wochen später das endgültige Ergebnis des Volksbegehrens mit. Kommt es zur ausreichenden Unterstützung seitens des Volkes, ist das Volksbegehren angenommen. Dann kann einem **Volksentscheid** nichts mehr im Wege stehen. Der Volksentscheid muss spätestens drei Monate nach dem Beschluss des Landtags, wie er mit dem Volksbegehren umgeht – Umsetzung des Begehrens ohne Volksentscheid, Durchführung eines Volksentscheids, Ablehnung des Begehrens wegen fehlender Rechtsgültigkeit –, stattfinden. Ein Volksentscheid gilt als angenommen, wenn er **mehr gültige Ja- als Nein-Stimmen** erhält. Das Gesetz muss wie im Volksbegehren „begehrt" umgesetzt werden. Im Falle von verfassungsändernden Gesetzentwürfen müssen die Ja-Stimmen eines Volksentscheides mindestens 25 % der Stimmberechtigten in Bayern entsprechen.

Direkte Demokratie
M 11

Durch **direkte Bürgerbeteiligung** – z.B. in den Gemeinden – kann unmittelbar auf die politischen Entscheidungsprozesse Einfluss genommen werden. In Deutschland sind die Möglichkeiten **direkter Demokratie auf Bundesebene allerdings äußerst begrenzt**. Deshalb wird immer wieder gefordert, auch hier direktdemokratische Elemente einzuführen. Im Gegensatz zur direkten oder plebiszitären Demokratie wird in der repräsentativen Demokratie die politische Entscheidung nicht direkt von den Bürgern, sondern von gewählten Politikern, den Repräsentanten, im Parlament getroffen.

Lobbyismus – Definition, Strategien, Rechtsstellung
M 15 – M 16

Lobbyismus liegt vor, wenn Akteure (Lobbyisten) die Interessen der eigenen Organisation oder gegen Geld die Interessen Dritter gegenüber politischen Entscheidern vertreten. Dabei sollen politische Entscheidungen i. S. d. vertretenen **Partikularinteressen** beeinflusst werden.

Einfluss nehmen Lobbyisten vor allem bevor ein Gesetzentwurf in die parlamentarischen Gremien gelangt. Sie sind z.T. bereits im **Agenda Setting** bzw. der Problemformulierung aktiv, z.T. nehmen sie mehr oder weniger erfolgreich Einfluss auf die **Formulierung von Gesetzentwürfen**. Manchmal gelingt es, für sie unvorteilhafte Gesetzgebungsvorhaben von vornherein zu verhindern.

Das verbandsmäßige Organisieren ist durch die **Vereinigungsfreiheit (Art. 9 (1) GG)** geschützt. Politischer Einfluss darf ausgeübt werden, solange der Rechtsrahmen berücksichtigt wird.

Macht von Lobbygruppen
M 17

Da kein Lobbyist demokratisch legitimiert ist, ist auch keiner politisch formal entscheidungsbefugt. Dennoch üben **organisierte Interessen** faktische Macht aus. Dabei haben allerdings bestimmte Verbände eine höhere Durchsetzungschance ihrer Ziele als andere: konzentriertere Interessen (z.B. Single-issue-Vereinigungen), egoistische Motive der Mitglieder, ein **hoher Organisationsgrad**, weitreichende **Spezialkenntnisse** im entsprechenden Politikfeld, **gute finanzielle Ausstattung** und Verfügbarkeit **wirksamer Druckmittel** (z.B. Androhung von Arbeitsplatzverlusten) sind förderlich für den Erfolg der Interessenvertretung.

Kritik am Lobbyismus
M 18

Kritik an den Einflussversuchen der Lobby entzündet sich vor allem an zwei Punkten: Zum einen hätten bestimmte Vereinigungen **strukturelle Vorteile** (z.B. solche aus dem Wirtschaftsbereich gegenüber jenen mit humanitären oder auch ökologischen Zielsetzungen). Zum anderen sei die Einflussnahme häufig (für die Öffentlichkeit) verschleiert und verstoße damit **gegen das demokratische Transparenzgebot**.

M 1 ● Flüchtlingspolitik nur Spitze des Eisbergs

Der Soziologe Holger Lengfeld von der Universität Leipzig hat im Sommer eine vielbeachtete Studie über AfD-Wähler vorgelegt. Er zeigte, dass sie aus allen Schichten der Gesellschaft kommen und keine „Abgehängten" sind. [...] Die AfD hat massiven Zulauf von Bürgern bekommen, die nicht mit der Haltung der Bundesregierung in der Flüchtlingspolitik einverstanden waren", sagt Lengfeld zu FOCUS Online.

Der Soziologe verweist darauf, dass die AfD bei der Bundestagswahl viele Stimmen von Nichtwählern bekommen hat. „Das heißt, die Partei hat Menschen mobilisiert, die möglicherweise länger grundsätzlich mit der Politik der etablierten Parteien unzufrieden waren." Lengfeld sieht hinter dem Erfolg der AfD einen viel tiefer gehenden Konflikt als nur einen politischen Streit über Flüchtlingspolitik. „Die AfD lebt vom Unmut über die gesamte politische Entwicklung Deutschlands", sagt der Soziologe. „Ihr Erstarken ist ein Signal für die kulturelle Spaltung der Gesellschaft." Die Flüchtlingspolitik ist demnach nur die Spitze des Eisbergs. Hier zeigt sich am deutlichsten, welcher Riss durch die Gesellschaft geht. Lengfeld berichtet von einer „neuen gesellschaftlichen Spaltung", die Wissenschaftler seit Jahren beobachten. Diese Spaltung verläuft nicht nach Arm und Reich oder zwischen links und rechts. Es sei eine Spaltung zwischen zwei Weltbildern [...]. Das eine ist das kosmopolitische Weltbild, das derzeit den Ton angibt. „Es besagt, dass alle Menschen gleich sind, dass es keine Rolle spielt, wo jemand geboren ist, welche sexuelle Orientierung er hat und dass unterschiedliche Lebensweisen anerkennungswürdig sind", so Lengfeld. Die Gesellschaft habe sich in den vergangenen Jahren immer mehr liberalisiert.

Die Vertreter des anderen Weltbilds [...] orientiere sich „an der Vergangenheit, man wünscht sich einen starken Staat, der souverän alle wichtigen Entscheidungen trifft, eine kulturell homogene Bevölkerung und eine Lebensweise, die der Standard ist und daher staatlich gefördert wird", sagt der Soziologe. Er spricht von „kulturellen Modernisierungsverlierern".

Das Problem ist: Bei dieser Spaltung ist kein Kompromiss möglich, denn es geht [...] um Grundsätzliches. Menschen reagierten sehr empfindlich darauf, wenn sie das Gefühl hätten, dass ihr Lebensentwurf bedroht ist, sagt Lengfeld. „Als Gesellschaft werden wir diese Spannung ein Stück weit aushalten müssen", sagt er. „Es wäre auf jeden Fall schädlich, gleich mit der Rassismuskeule zu kommen, wenn es um AfD-Wähler geht." Unter ihnen gebe es sicher auch Rassisten, schränkt er ein. „Aber dem Großteil der Wähler ist vor allem wichtig, dass sie einen politischen Ort haben, an dem sie ihre Meinung sagen können."

Lengfeld ist davon überzeugt, dass man „erheblichen Teil der AfD-Anhänger mit Argumenten erreichen kann". [...]

Die bisher im Bundestag vertretenen Parteien sieht er in der Pflicht, sich gründlich mit der Motivation der AfD-Wähler auseinanderzusetzen. „Man muss den Unmut besser verstehen", sagt der Soziologe. „Im Gespräch bleiben, aufklären, bilden – das ist jetzt wichtig."

Anja Willner, www.focus-online.de, 25.9.2017

Aufgaben

1. Analysieren Sie den Text M 1 und notieren Sie die These und Begründungen des Soziologen H. Lengfeld.
2. Fassen Sie anschließend seine Handlungsempfehlungen zusammen!
3. „Auch gibt es die Befürchtung, die Ausgrenzung könnte der AfD eher nützen als schaden."- heißt es aus weiteren politischen Kreisen. Setzen Sie sich argumentativ mit diesem Zitat auseinander und beziehen Sie dann selbst Stellung!

Spiegel, Nr. 10, 5.3.2016; Focus, Nr. 33, 24.7.2015; Spiegel Nr. 40, 1.10.2016

Internationale Herausforderungen

3

Die Hoffnungen auf eine friedfertige Welt haben sich auch nach dem Ende des Ost-West-Konflikts nicht erfüllt. Der Wandel von einer bipolaren zu einer multilateralen Weltordnung schuf neue Machtzentren und in ihrem Ausmaß bis dato unbekannte Risiken für Frieden und Sicherheit. Spätestens mit „9/11", den Anschlägen auf das World Tradecenter am 11. September 2001, vollzog sich ein dramatischer Wandel der Weltpolitik, in dessen Zentrum das Erstarken des internationalen Terrorismus sowie dessen Bekämpfung durch die Staatengemeinschaft standen. Im Bedürfnis nach mehr Sicherheit geraten bürgerliche Freiheiten in Gefahr. Auch die Suche nach übernationalen Problemlösungen gestaltet sich zunehmend schwieriger. Vorläufige Höhepunkte fand diese Entwicklung mit der Ukraine-Krise sowie dem Bürgerkrieg in Syrien. Doch auch die „American-first"-Rhetorik des US-Präsidenten Donald Trump verheißt für die Bemühungen der Weltgemeinschaft, politische, soziale, ökonomische und ökologische Problemlagen kooperativ, also etwa im Rahmen der Vereinten Nationen zu lösen, nichts Gutes. Die folgenden Seiten beleuchten exemplarisch einige der drängendsten Probleme der internationalen Politik, öffnen u.a. den Blick auf deren Hintergründe und diskutieren mögliche Auswirkungen auf die Welt von morgen.

Was wissen und können Sie schon?

1. a) Erschließen Sie die auf den Titelseiten zum Ausdruck kommenden aktuellen Konfliktthemen der internationalen Politik.
   b) Benennen Sie weitere, Ihnen relevant erscheinende Konfliktfelder.
2. Weisen Sie die wechselseitigen Abhängigkeiten im internationalen System nach, indem Sie zwischen den erkannten Konfliktthemen schlüssige Querverbindungen herstellen.
3. Diskutieren Sie, welche Problemfelder Gefahren für den (Welt-) Frieden darstellen könnten.
4. Sammeln Sie weitere Zeitschriftencover sowie anderes geeignetes Bildmaterial und erstellen Sie daraus Collagen zum aktuellen Zustand der Welt.

KOMPETENZEN

Am Ende dieses Kapitels sollten Sie Folgendes wissen und können:

... Friedenskonzepte darstellen und auf ihre Realisierbarkeit hin überprüfen.

... die Gefährdungen für Frieden und Sicherheit einschätzen.

... einen internationalen Konflikt strukturiert analysieren.

... die Rolle der NATO für die Friedenssicherung kritisch beurteilen.

... das Zusammenwirken der Vereinten Nationen und anderer internationaler Akteure in der Klimaschutzpolitik erschließen und hinsichtlich seiner Erfolgsaussichten bewerten.

... Ziele und Einflussfaktoren deutscher Außenpolitik beschreiben und auf konkrete Beispiele anwenden.

... Chancen und Probleme des europäischen Integrationsprozesses erschließen und Lösungsansätze zu aktuellen Herausforderungen für die EU diskutieren.

Lernaufgabe – Gemeinsam aktiv

Mediencode: 8918-03

3.1 Frieden und Krieg – Schlüsseldimensionen der internationalen Politik

3.1.1 Frieden – ein Begriff mit vielen Facetten

M 1 ● Der Friedensbegriff des Nobelkomitees: Friedensnobelpreisträger

Der Friedensnobelpreis wird seit 1901 jährlich in Oslo an Personen und Organisationen verliehen, die sich in besonderem Maße für den Frieden verdient gemacht haben. Er geht auf den Stifter Alfred Nobel zurück, einen schwedischen Wissenschaftler.

1964 Martin Luther King, USA
Führer der Bürgerrechtsbewegung in den USA, setzte sich gegen Rassismus und die Unterdrückung der schwarzen Bevölkerung ein.

2007 Intergovernmental Panel on Climate Change (IPCC, Weltklimarat) und Al Gore, USA
„[F]ür ihre Bemühungen, ein besseres Verständnis für die von Menschen verursachten Klimaveränderungen zu entwickeln und zu verbreiten".

1905 Bertha von Suttner, Österreich
Ehrenpräsidentin des Ständigen Internationalen Friedensbüros, wandte sich mit ihrem pazifistischen Roman „Die Waffen nieder!" vehement gegen Krieg.

1979 Mutter Teresa, Indien
Gründerin des Ordens „Missionare der Nächstenliebe" und Initiatorin zahlreicher Hilfsprojekte für Arme in Indien.

1971 Willy Brandt, Deutschland
Bundeskanzler und Initiator einer neuen, auf Ausgleich und Entspannung zielenden Ostpolitik.

2006 Muhammad Yunus, Bangladesh
„[F]ür die Förderung wirtschaftlicher und sozialer Entwicklung von unten" durch sogenannte Mikrokredite.

2012 Europäische Union (EU)
„Die Union und ihre Vorgänger haben über sechs Jahrzehnte zur Förderung von Frieden und Versöhnung beigetragen."

2016 Juan Manuel Santos, Kolumbien
Vermittler und treibende Kraft auf dem Weg zu einem Friedensvertrag zwischen der kolumbianischen Regierung und Rebellen.

ican
international campaign to abolish nuclear weapons

2017 Internationalen Kampagne zur Abschaffung von Atomwaffen (Ican)
„[F]ür ihre Arbeit, Aufmerksamkeit auf die katastrophalen humanitären Konsequenzen jeglichen Einsatzes von Atomwaffen zu lenken und für ihre bahnbrechenden Bemühungen um ein vertragliches Verbot solcher Waffen." *www.zeit.de, 6.10.2017*

Autorengrafik/-text

M 2 ● Frieden – mehr als die Abwesenheit von Krieg

Krieg
Gewalt, Zerstörung

negativer Frieden
– Nicht-Krieg –
keine direkte Gewalt*[1], aber: Hass, Armut, soziale Ungleichheit, Umweltzerstörung, Unterdrückung ...

sozialer Frieden
soziale Gerechtigkeit; innerstaatlich: gerechte Verteilung von Einkommen und Besitz, Bildungschancen, soziale Absicherung; zwischenstaatlich: Ausgleich zwischen armen und reichen Ländern

politischer Frieden
innerstaatlich: Demokratie, Achtung der Menschenrechte; zwischenstaatlich: gewaltfreie Konfliktregelung

ökologischer Frieden
Schutz von Natur und Umwelt

persönlicher Frieden
Beziehungen sind friedlich, Konflikte werden ausgehalten und gewaltfrei gelöst, Achtsamkeit gegenüber verdeckter Gewalt

positiver Frieden
– Idealzustand –
keine indirekte oder strukturelle Gewalt*[2], ökol. Gleichgewicht, soziale Gerechtigkeit, Demokratie, Achtung der Menschenrechte,
keine kulturelle Gewalt*[3]

*[1] Direkte Gewalt: *Gewaltform mit klar definiertem Akteur, der dem Gewaltopfer physischen oder psychischen Schaden zufügt, z.B. klassische Kriege oder Terroranschläge.*

*[2] Strukturelle bzw. indirekte Gewalt: *Ins politische oder gesellschaftliche System integrierte Gewalt ohne erkennbaren Akteur, z.B. ungleiche Lebenschancen aufgrund der sozialen Herkunft oder globaler Ungerechtigkeit.*

*[3] Kulturelle Gewalt: *Gewalt aufgrund von Eigenheiten einer Kultur, die direkte oder strukturelle Gewalt legitimiert bzw. deren Auftreten nicht hinreichend sanktioniert, z.B. Antisemitismus des NS-Staates oder die (staatlich geduldete) Verfolgung ethnischer Minderheiten.*

Autorengrafik/-text

Johan Galtung (*1930) ist ein norwegischer Wissenschaftler. Er begründete die Friedens- und Konfliktforschung. Ende der 1960er Jahre führte er die Unterscheidung von direkter und struktureller Gewalt ein. In den 1990er Jahren ergänzte er den Begriff der kulturellen Gewalt.

Aufgaben

1. a) Fassen Sie die unterschiedlichen Vorstellungen zusammen, die in der Auswahl der Friedensnobelpreisträger zum Ausdruck kommen.
   b) Entwickeln Sie daraus eine zusammenfassende Definition des Begriffs „Frieden". (M 1)
2. Vergleichen Sie Ihre Ergebnisse mit dem Friedensmodell Johan Galtungs. (M 2)
3. Diskutieren Sie ausgehend von Ihren bisherigen Überlegungen, welche Erwartungen Sie an eine globale Friedenspolitik richten.

3.1.2 Krieg – was ist das eigentlich?

M 3 ● Kriege und Krisen – ein Überblick

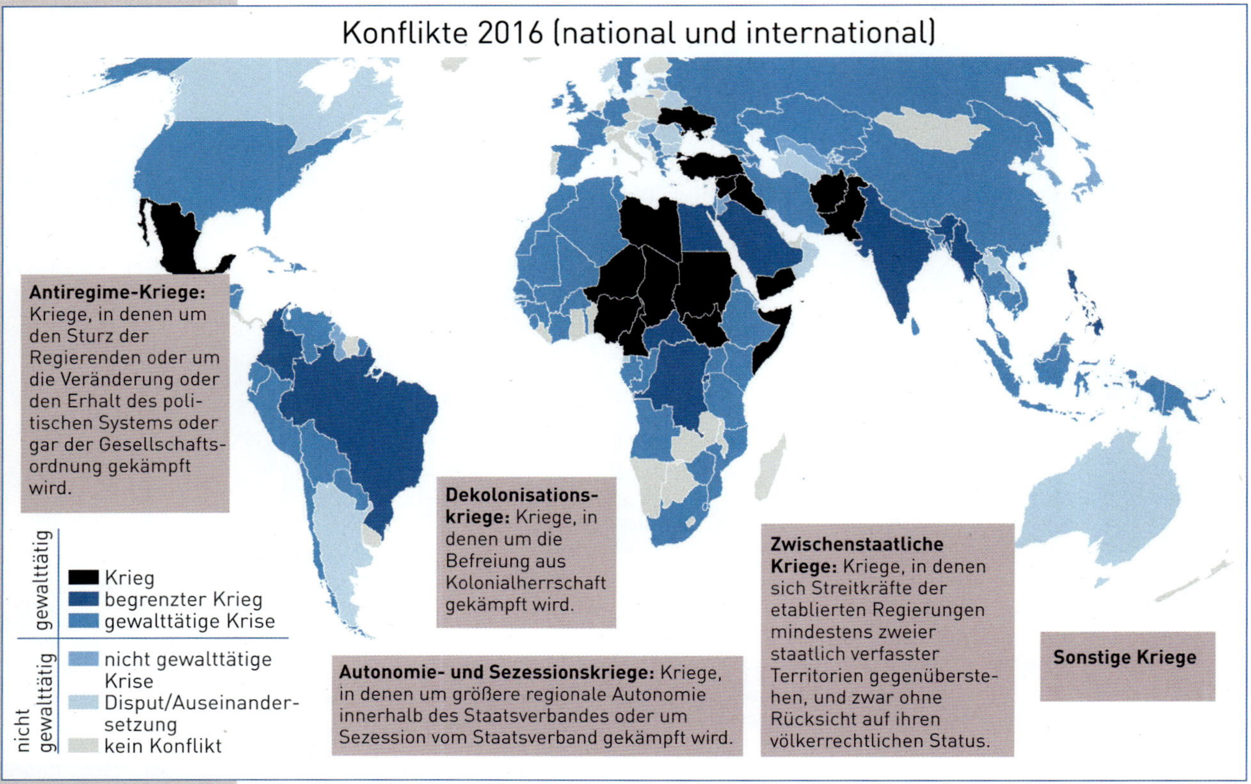

Heidelberger Institut für Internationale Konfliktforschung 2017; Kriegstypologie; Arbeitsgemeinschaft Kriegsursachenforschung, www.wiso.uni-hamburg.de, AKUF, 2016

M 4 ● Die sogenannten neuen Kriege

Im 20. und 21. Jahrhundert gab und gibt es neben zwischenstaatlichen und Bürgerkriegen auch Kriege, die sich nur schwer in die klassischen Kategorien einordnen lassen. [...]

Ressourcenkriege: [Hier] kämpfen Warlords (lokale Kriegsherren), Milizen und Rebellen um die Macht über rohstoffreiche Gebiete und beziehen dabei gezielt die Zivilbevölkerung mit ein. Beispiele hierfür sind die fortwährenden Auseinandersetzungen in Zaire, Sudan, Somalia oder im Kongo. Bestandteil vieler sogenannter „neuer Kriege" um Ressourcen sind Kindersoldaten. [...] **Befriedungskriege**: Bei Befriedungskriegen wie im Kosovo 1999, greifen militärisch hochtechnisierte internationale Truppen oder Staaten ein, um eine kriegerische Auseinandersetzung in einer Region zu beenden.

Der moderne **Terrorismus**: Auch der moderne Terrorismus gegen westliche Staaten, wie er zum Beispiel bei den Anschlägen am 11.9.2001 in New York oder am 7.7.2005 in London zutage trat, und seine Bekämpfung mittels militärischer Gewalt zählen zu den Formen der „neuen Kriege".

www.bpb.de, Kriegsformen, 1.10.2011

M 5 ● Alte und neue Kriegsursachen

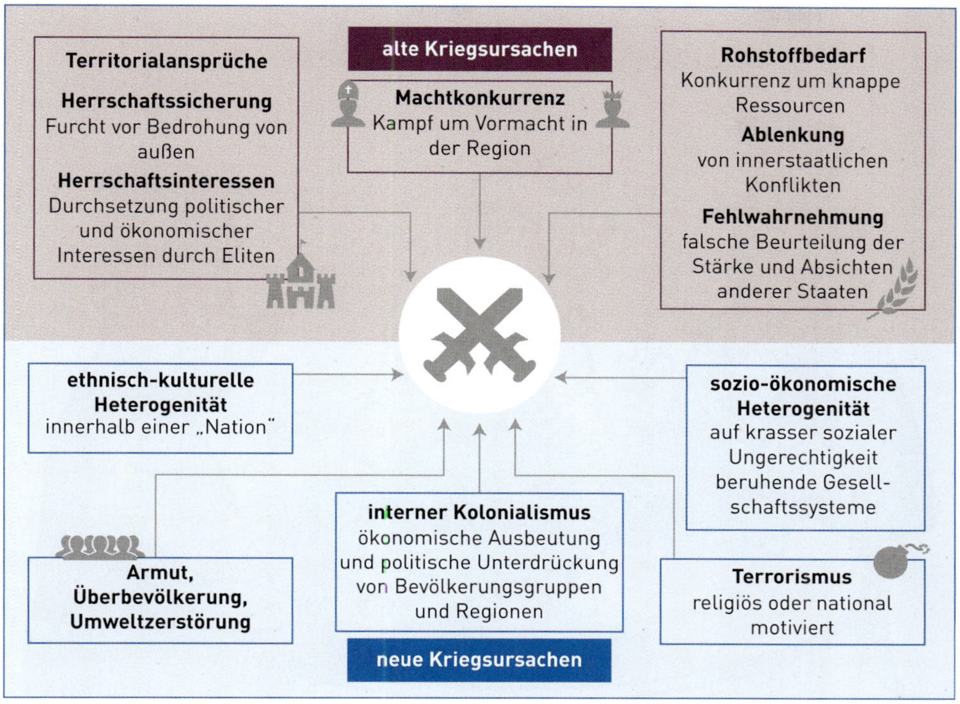

Nach: Franz Kohout, Andreas Vierecke, Werner Wildermuth, Politische Theorien – Politische Systeme – Internationale Beziehungen; in: dtv-Atlas Politik; 2. korrigierte Auflage, München 2013, S. 174

M 6 ● Hybride Kriegführung

Der Begriff „Hybrider Krieg" zielt [...] auf eine gesellschaftsspezifische Kriegführung ab, bei der irreguläre und reguläre Taktiken mit modernen Informationsmitteln kombiniert werden. [...] Zu den irregulären Kampfweisen zählt hierbei beispielsweise die möglichst verdeckte Unterstützung von Aufstandsbewegungen oder nichtstaatlichen Akteuren [...] in einem bestimmten Staat. Die Komponente des Informationskrieges, wozu vor allem der massive Einsatz von Propaganda gehört, dient vor allem dazu, die Moral der Streitkräfte zu brechen und die Meinung der Zivilbevölkerung des Gegners zu beeinflussen. Außerdem können Cyberangriffe auf Einrichtungen des Gegners einbezogen werden. [...]

Mit Hilfe des hybriden Krieges sollen begrenzte politische Zielsetzungen, wie die Destabilisierung eines Staatswesens, Regimewechsel oder Schaffung von Einflusszonen erzielt werden.

Jan Asmussen, Stefan Hansen, Jan Meiser: Hybride Kriegführung; Kieler Analysen zur Sicherheitspolitik Nr. 43, 12/2015, S. 5f

hybrid
gemischt

Mittel hybrider Kriegführung
- verdeckte Unterstützung z.B. Aufständischer oder Terroristen
- Einsatz irregulärer Truppenverbände, z.B. Partisanen
- wirtschaftlicher Druck und Erpressung
- Sabotage digitaler Infrastrukturen („Cyberwar")
- Desinformation der in- und ausländischen Öffentlichkeit
- systematische Meinungslenkung durch Propaganda
- Täuschungsmanöver bei politischen Verhandlungen

Aufgaben

1. Beschreiben Sie die regionale Verteilung von Konflikten und Kriegen. (M 3)
2. Stellen Sie plausible Vermutungen an, warum es in bestimmten Weltregionen häufiger zu Konflikten kommt. (M 3, M 4)
3. Wenden Sie das Schema (M 5) auf Ihnen bekannte Konflikte an.
4. Recherchieren Sie aktuelle Beispiele für hybride Kriegsführung. (M 6, Randspalte)

3.1.3 Wer streitet worum in der Ukraine?

M 7 ● Wer schnappt sich welches Stück vom Kuchen?

Karikatur: Harm Bengen/Baaske Cartoons, 2.5.2014

Bildsymbolik

Russischer Bär: zumeist in Westeuropa verwendete Nationalallegorie für Russland, die auf die Größe und Stärke des Landes anspielt

Uncle Sam: Nationalallegorie für die USA; hagerer, grauhaariger Mann mit Kinnbart und Zylinder

Europa: Frauenfigur aus der griechischen Mythologie, nach der der Kontinent benannt wurde; sie trägt hier ein blaues EU-Hemd mit goldenen Sternen

M 8 ● Ukraine-Konflikt – Zustandekommen und Verlauf

2010

7. Februar 2010
Demokratische Wahl des prorussischen Politikers Wiktor Janukowytsch zum ukrainischen Präsidenten; politische Teilung des Landes deutlich: Süd- und Ostukraine stimmten mehrheitlich für Janukowytsch, der Westen mehrheitlich für Julija Tymoschenko

Dezember 2010
Anklage gegen die ehemalige Regierungschefin und Oppositionsführerin Tymoschenko, die die Präsidentschaftswahl sehr knapp verloren hatte, wegen Amtsmissbrauch, ab 5.8.2011 in Untersuchungshaft

2013

Mai 2013
Präsident Janukowytsch bekundet bei Staatsbesuch in Russland Interesse an Freihandelszone mit Russland, Weißrussland und Kasachstan.

August 2013
Russlands Präsident Putin droht mit Handelserschwernissen (insbesondere beim Import ukrainischer Güter und beim Export von Gas), falls das Abkommen mit der EU unterzeichnet wird.

2013

ab 21. November 2013
„Euromaidan": von der politischen Opposition angeführte Massenproteste vor allem auf dem Maidan (= zentraler Platz) in der Hauptstadt Kiew gegen die Politik Janukowytschs

21. November 2013
Stilllegung des Assoziierungsabkommens mit der EU vonseiten der ukrainischen Regierung

2014

18. Februar 2014
Gewalttätige Auseinandersetzungen im Rahmen der Proteste mit über 80 Toten; Bürgerkriegsgefahr

22./23. Februar 2014
Absetzung Janukowytschs als Präsident (Asyl in Russland) und Freilassung Tymoschenkos; Übergangsregierung

2014

ab 27. Februar 2014

Aufstand auf der südukrainischen Halbinsel Krim: Machtübernahme der „Regierung der Autonomen Republik Krim", abgeschirmt von durch Russland unterstützte oder sogar entsandte paramilitärische Einheiten ohne Hoheitsabzeichen

Ende Februar 2014

Aufmarsch großer russischer Truppenverbände an der Grenzregion zur Ukraine

ab 1. März 2014

Erstürmung der Regierungs-, Verwaltungs- und Mediengebäude in mehreren ostukrainischen Städten (Donezk, Charkiw, Slowjansk...) durch prorussische Aktivisten; Forderungen nach weitergehender politischer Autonomie

16. März 2014

Die Halbinsel Krim sagt sich nach einem – völkerrechtlich illegalen – Referendum von der Ukraine los und stellt einen Antrag zum Beitritt in die Russische Föderation.

21. März 2014

Der russische Präsident Putin und das russische Parlament erklären die Krim und die Stadt Sewastopol zu russischem Staatsgebiet; die UN-Vollversammlung erklärt die Abtrennung für ungültig.

ab 15. April 2014

Einsatz des ukrainischen Militärs gegen die Aufständischen in der Ostukraine; maßgebliche Beratung der sog. „Antiterroroperation" durch FBI, CIA und US-Geheimdienste

17. April 2014

„Genfer Erklärung": Vereinbarung zur Entwaffnung aller illegalen Truppen und Räumung der besetzen Gebäude in der Ostukraine; Scheitern bereits nach einer Woche

2. Mai 2014

Tod von 46 prorussischen Bürgern Odessas, als nach Straßenschlachten ein Gewerkschaftshaus durch proukrainische Kräfte in Brand gesetzt wird

25. Mai 2014

Wahl des prowestlichen Multimillionärs Petro Poroschenko zum ukrainischen Präsidenten

16. Juni 2014

Russland stellt die Gaslieferungen an die Ukraine ein, verlangt die Zahlung von geschuldeten 1,4 Milliarden Euro sowie einen deutlich erhöhten Gaspreis

17. Juli 2014

Absturz eines malaysischen Verkehrsflugzeugs auf die Ostukraine, wahrscheinlich abgeschossen von ostukrainischen Separatisten mit einer aus Russland gelieferten Luft-Boden-Rakete; 298 Tote (darunter 154 Niederländer, 4 Deutsche)

31. Juli 2014

Verstärkte EU-Sanktionen gegen Russland wegen dessen (angeblicher) Unterstützung der ostukrainischen Separatisten, u. a.: Waffenembargo, Einreiseverbote und Kontosperrung für 95 regierungsnahe russische Geschäftsleute

5. September 2014

Übereinkunft von Minsk: beidseitige Waffenruhe, Entwaffnung von Milizen, Ankündigung von Autonomierechten für die Ostukraine; durch Wahlboykott (siehe 26.10.) und russische Militärhilfe unterlaufen

26. Oktober 2014

Ukrainische Parlamentswahl: Sieg prowestlicher Parteien; teilweise Wahlboykott in vier von Separatisten bzw. Russland kontrollierten Bezirken

1. November 2014

Inkrafttreten des politischen Teils des EU-Assoziierungsabkommens; Freihandel auf russischen Druck bis 1.1.2016 verschoben

31. Dezember 2014

In seiner Neujahrsansprache betont Kreml-Chef Putin die Bedeutung der Annexion der Krim für Russland und bezeichnet sie als „Meilenstein der russischen Epoche".

2016

Oktober 2016

Aufkündigung eines Abkommens zur Vernichtung von atomwaffentauglichem Plutonium durch die russische Regierung; wachsende Gefahr eines neuen atomaren Wettrüstens zwischen Russland und den USA

Oktober 2016

Vierer-Gipfel in Berlin unter Beteiligung Deutschlands, Frankreichs, Russlands und der Ukraine; Versuch einer Umsetzung des Friedensabkommens (Minsk II); vage Einigung auf einen „Fahrplan" zur Umsetzung

November 2016

Rückzug Russlands aus der Teilnahme am Internationalen Strafgerichtshof (ICC) in Den Haag aus Anlass einer russlandkritischen Einschätzung des Gerichts zum Ukrainekonflikt

Autorengrafik

M 9 ● Ethnische und sprachliche Grenzen in der Ukraine

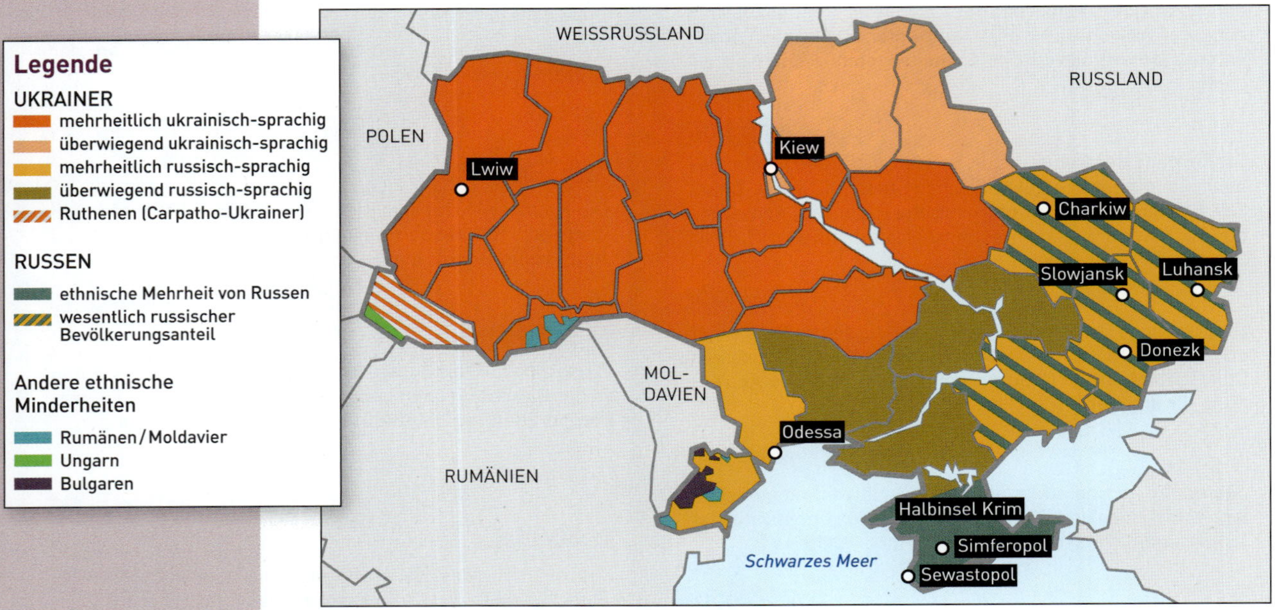

Nach: Bayrischer Rundfunk, www.br.de, 3.12.2013

M 10 ● Das neue Gesicht des Krieges?

Der 2. März 2014 ist ein Sonntag. Auf der Krim haben Soldaten ohne Hoheitsabzeichen begonnen, wichtige Gebäude zu besetzen, darunter Kasernen und Rathäuser. Bei der Nato in Brüssel sitzen an diesem Tag seit Stunden die Botschafter der 28 Mitgliedsstaaten zusammen. Wer sind die „grünen Männchen", die auf der ukrainischen Halbinsel Straßensperren errichten? Was tut sich auf den russischen Militärstützpunkten? […]

Fassungslos verfolgt die Nato das Geschehen. Die Botschafter wollen nicht glauben, was sie da sehen. […] Die kleinen grünen Männchen haben plötzlich russische Uniformen an, und Wladimir Putin verkündet vor dem Parlament in Moskau die Heimkehr der Krim ins Vaterland. Dass im Osten Europas soeben etwas ganz Neues abgelaufen ist, dämmert den Diplomaten und Militärs in Brüssel erst viel später. „Wir haben den hybriden Charakter gar nicht erkannt", gesteht ein hoher Offizier. […]

Um zu verstehen, wie sich das militärische Denken verändert, ist es nützlich, eine Rede nachzulesen, die der russische Generalstabschef Waleri Gerassimow im Februar 2013 gehalten hat. „Im 21. Jahrhundert verwischen sich die Grenzen zwischen Krieg und Frieden", sagte Gerassimow damals. Ein blühendes Gemeinwesen könne sich „innerhalb von Monaten, sogar von Tagen in die Arena eines heftigen bewaffneten Konflikts verwandeln, das Opfer einer fremden Invasion werden und im Chaos, in einer humanitären Katastrophe, im Bürgerkrieg versinken". Die Regeln des Krieges änderten sich, sagte Waleri Gerassimow. „Nichtmilitärische Mittel sind zum Erreichen politischer und strategischer Ziele in vielen Fällen wirksamer als Waffen." […]

Hat Gerassimow die Blaupause für das Vorgehen in der Ukraine geliefert? „Ja, genau", antwortet ein hoher Bundeswehroffizier.

Matthias Naß, www.zeit.de, 12.3.2015

M 11 ● Die Fronten in der Krim-Krise

Das will Russland

Moskau sieht die Ukraine nicht nur als Geburtsstätte des russischen Staats und der russisch-orthodoxen Christenheit. Präsident Wladimir Putin hält das Land auch für einen wichtigen Wirtschaftspartner und möchte es in eine Allianz der früheren Sowjetrepubliken einbinden. Deshalb übte Russland auch gehörigen Einfluss aus, um die Partnerschaft mit der EU zu Fall zu bringen. Erst drohte es mit Handelssanktionen, dann lockte es mit einem Kredit von 15 Milliarden Dollar – Geld, das die wirtschaftlich angeschlagene Ukraine dringend benötigt.

Putin hat den Zusammenbruch der Sowjetunion einmal als größte geopolitische Katastrophe der Geschichte bezeichnet. Die Ukraine betrachtet er als sein Einflussgebiet – zumal die Krim mit ihren mehrheitlich russischen Einwohnern. Gestützt auf die Einnahmen aus dem Öl- und Gasexport und einen niedrigen Schuldenstand, fühlt sich der Kremlchef stark genug, um die Ukraine zumindest in Teilen in sein Reich zurückzuholen. Der Sturz des leicht zu beeinflussenden Präsidenten Janukowitsch muss er als Wortbruch des Westens aufgefasst haben, dessen Außenminister-Trio Neuwahlen ausverhandelt hatte. Darum griff er zum militärischen Hebel.

Das will die Europäische Union

Die Europäische Union hat wie Russland ein Interesse an dem Zugang zu den ukrainischen Märkten. Darüber hinaus geht es um den Ruf Brüssels. Wenn ein Land wie die Ukraine mit derart großem Willen nach Europa drängt, kann die EU gar nicht anders, als dem Land seine größtmögliche Unterstützung zuzusagen. Alles andere wäre ein Verrat an den eigenen Idealen.

Der politische Gedanke der EU-Integration bedeutet, dass der demokratisch-marktwirtschaftlich orientierte Werteraum Europa die Basis für den Frieden auf dem Kontinent ist – was den Export von Werten rechtfertigt. Würde Brüssel der Ukraine die kalte Schulter zeigen, wäre dies nach EU-Lesart ein Verrat an den eigenen Werten. Ob und wie die Ukraine an die Europäische Union herangeführt werden kann, ist jetzt bis auf Weiteres aber nicht das erste Thema. Die Ukraine braucht zunächst dringend Stabilität. Dazu gehört auch, dass der drohende Finanzkollaps abgewendet wird. Problematisch ist, dass die gewünschte Annäherung der Ukraine an die EU konträr zu den Plänen Russlands steht. Dabei ist das Land – selbst mit einem wild gewordenen Putin im Kreml – ebenfalls ein Teil Europas, die Menschen fühlen sich als Europäer. Auch wenn eine Mehrheit vorerst wenig Verständnis für westliche Werte aufbringt.

Tim Rahmann, Florian Willershausen, www.wiwo.de, 4.3.2014

Pro-russische Soldaten in Sewastopol, Krim, 20.3.2014. Sie tragen keine offiziellen Uniformen.

Erklärfilm zur Krim-Krise

Mediencode: 8918-13

Aufgaben

1. Analysieren Sie die Karikatur M 7. Vergleichen Sie, inwieweit Sie mit dem in der öffentlichen Meinung vorherrschenden Bild der Ursachen des Ukraine-Konflikts übereinstimmt.
2. Beschreiben Sie die Karte M 9.
3. Stellen Sie die Positionen Russlands und der Europäischen Union gegenüber. (M 11)
4. Analysieren Sie die Ukraine-Krise mithilfe der Methode Konfliktanalyse. (M 7–M 11)

H zu Aufgabe 4
Ergänzen Sie die gewonnenen Informationen durch eigene Recherchen.

METHODE

Konflikte strukturiert analysieren

Die vorliegende Übersicht zeigt Untersuchungsbereiche und Leitfragen auf, mit denen inner- und zwischenstaatliche Konflikte analysiert werden können. Dabei ist es wichtig, dass Sie bei der Analyse eines konkreten Konflikts Aspekte fokussieren, die für diesen besonders relevant sind, also für Ihre konkrete Untersuchungsaufgabe eine Auswahl und Reduktion der Untersuchungsaspekte vornehmen.

1. Konfliktinhalt	
Fragen an den Konflikt	**Bearbeitungsvorschläge**
• Worum geht es in dem Konflikt? • Welche Streitfragen und welche Konfliktebenen gibt es? • Welche unterschiedlichen Konfliktgruppen gibt es? • Wer ist in welcher Weise von dem Konflikt betroffen?	Den Konfliktgegenstand ermitteln, Akteure und deren Interessen analysieren. Die Situation der Bevölkerung im Konflikt darstellen. Die Konfliktebenen (lokal, regional, national, zwischenstaatlich und international) unterscheiden.

2. Konfliktverlauf	
Fragen an den Konflikt	**Bearbeitungsvorschläge**
• Welche konkreten Anlässe gab es? • Welche Stationen und Entwicklungen sind festzustellen? • Wie sieht die Geschichte des gesamten Konflikts aus? • Wie (in)kompatibel sind die jeweiligen Forderungen der Konfliktbeteiligten? • Wie verhalten sich die internationalen Hauptakteure? • Wer unterstützt wen? Welche Sanktionen sind vorgesehen?	Eine knappe Vorgeschichte zu ermitteln ist hilfreich, um die Konfliktparteien verstehen zu können. Aufmerksamkeit auf Probleme im internationalen System als Hintergrund der Konflikte richten. Ergebnisse beschreiben und Entwicklungstendenzen der internationalen Politik beurteilen, z.B. Verträge, Boykottmaßnahmen, militärische Interventionen.

3. Konfliktstrukturen	
Fragen an den Konflikt	**Bearbeitungsvorschläge**
• Welche Interessen spielen in dem Konflikt eine Rolle und wie lassen sich Interessen bündeln? • Welche Machtmittel (wirtschaftliche, militärische, rechtliche, religiöse, ethnische ...) werden eingesetzt? • Welche strukturellen Ursachen hat der Konflikt?	Machtverhältnisse einschätzen und Folgen abschätzen, z.B. politische, ökonomische, militärische Stärke. Die Struktur des internationalen Systems analysieren und angemessene politisch-institutionelle Reaktionen ableiten.

4. Konfliktprognose	
Fragen an den Konflikt	**Bearbeitungsvorschläge**
• Wie wird sich der Konflikt weiterentwickeln? • Welche Kompromiss- und Lösungskonzepte werden vorgelegt? • Gibt es Lösungsmöglichkeiten? Welche weiteren Vorschläge sind denkbar? • Sind existierende Organisationen geeignet, die Aufgabe einer Prävention / Befriedung von Konflikten wirksam leisten zu können?	Kompromisse suchen und beurteilen, z.B. Verhandlungen, Verständigung, gemeinsame Projekte. Alternative Lösungsmöglichkeiten einordnen und beurteilen. Den Reformbedarf vor dem Hintergrund gewandelter Friedensgefährdungen ermitteln und Chancen einschätzen.

5. (Mediale) Wahrnehmung und Beurteilung des Konflikts	
Fragen an den Konflikt	**Bearbeitungsvorschläge**
• Welche Rolle spielen die Medien in dem Konflikt / wie gestaltet sich die mediale Darstellung? • Wie sind erzielte Ergebnisse politisch zu beurteilen?	Die Präsenz des Konflikts in den Medien ermitteln und verfolgen. Die Themensetzung (Agenda-Setting) und Parteinahme von Medien unterscheiden.

3.1.4 Die NATO – ein Verteidigungsbündnis im Wandel

M 12 ● Wer gehört zur NATO?

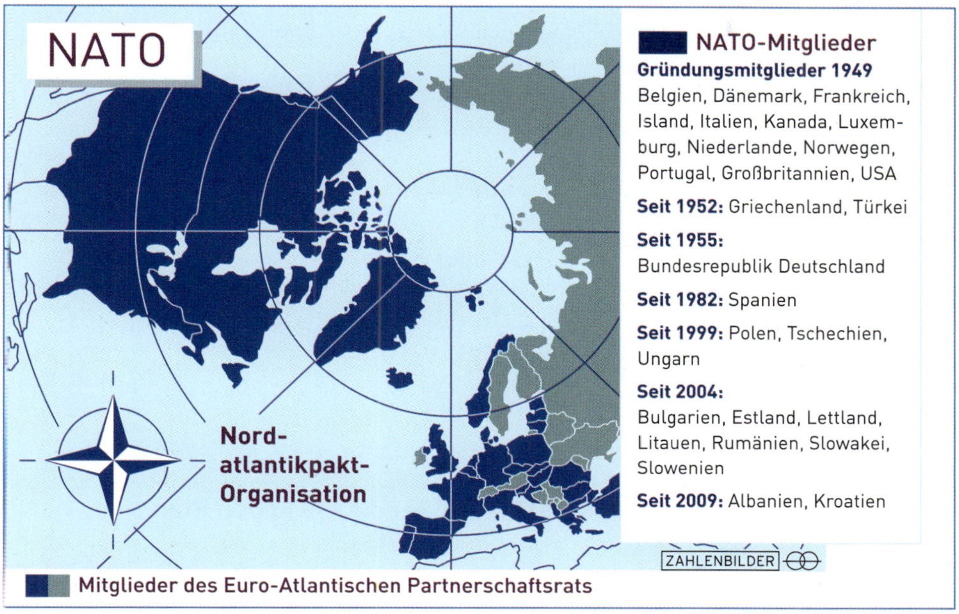

©Bergmoser + Höller Verlag AG, 62110

M 13 ● Welche Phasen kennzeichnen die Entwicklung der NATO?

Gründung: 4. April 1949 durch zwölf Staaten (siehe M 12).

Aufgabe: Abschreckung des Gegners durch militärische (und nukleare) Stärke. Alle NATO-Staaten verpflichten sich, im Falle einer Bedrohung oder eines bewaffneten Angriffs auf eines ihrer Mitglieder, diesem militärisch beizustehen (siehe Art. 1 und 5). Gegner: Warschauer Pakt unter Führung der Sowjetunion. Das östliche Bündnis löst sich 1991 auf.

Ost-Erweiterung: Frühere Ostblock-Staaten treten 1999 und 2004 der NATO bei. Ostgrenze der NATO rückt direkt an Russland. Russland sieht im Beitritt der baltischen Länder Verletzung seiner Sicherheitsinteressen und kritisiert die NATO-Osterweiterung. Per Sondervertrag ist Russland in die Verteidigungs- und Sicherheitspolitik der NATO eingebunden, ohne selbst Mitglied zu sein.

Grundlage der Mitgliedschaft: Die NATO verlangt von neuen Mitgliedern militärische Reformen (u.a. zivile Kontrolle der Armee), aber auch den Aufbau tragfähiger Marktwirtschaften und stabiler demokratischer Institutionen.

Neue Bedrohung: Infolge der Terror-Anschläge vom 11. September 2001 in den USA wurde erstmals der Bündnisfall ausgerufen, NATO-Truppen marschierten unter US-Führung in Afghanistan ein. Der Sicherheitsanspruch der NATO erstreckt sich zunehmend über das eigene Territorium hinaus.

Aktuelle Entwicklung: Durch die Krise in der Ukraine und das militärische Eingreifen Russlands auf der Krim hat sich das Verhältnis Russlands zur NATO verschlechtert. Ein militärisches Eingreifen in der Ukraine hat die NATO ausgeschlossen.

Autorentext

Artikel 1

Die Parteien verpflichten sich, in Übereinstimmung mit der Satzung der Vereinten Nationen, jeden internationalen Streitfall, an dem sie beteiligt sind, auf friedlichem Wege so zu regeln, dass der internationale Friede, die Sicherheit und die Gerechtigkeit nicht gefährdet werden, und sich in ihren internationalen Beziehungen jeder Gewaltandrohung oder Gewaltanwendung zu enthalten, die mit den Zielen der Vereinten Nationen nicht vereinbar sind.

Artikel 5

Die Parteien vereinbaren, dass ein bewaffneter Angriff gegen eine oder mehrere von ihnen in Europa oder Nordamerika als ein Angriff gegen sie alle angesehen wird; sie vereinbaren daher, dass im Falle eines solchen bewaffneten Angriffs jede von ihnen in Ausübung des in Artikel 51 der Satzung der Vereinten Nationen anerkannten Rechts der individuellen oder kollektiven Selbstverteidigung der Partei oder den Parteien, die angegriffen werden, Beistand leistet, indem jede von ihnen unverzüglich für sich und im Zusammenwirken mit den anderen Parteien die Maßnahmen, einschließlich der Anwendung von Waffengewalt, trifft, die sie für erforderlich erachtet, um die Sicherheit des nordatlantischen Gebiets wiederherzustellen und zu erhalten.

www.nato.int, 26.4.2014

M 14 ● Die NATO-Strategie 2010: Was hat sich verändert?

Gewandeltes Sicherheitsumfeld im 21. Jahrhundert

- konventionelle Bedrohung (durch Staaten)
- internationaler Terrorismus
- Verbreitung von Massenvernichtungswaffen
- Importabhängigkeit bei Energieträgern
- Ressourcenknappheit/-konflikte (Wasser...)
- regionale Instabilität mit Auswirkungen auf NATO-Staaten
- Angriffe auf Computernetze
- Risiken durch Klimawandel und Umweltschäden

NATO-Strategie

Kollektive Verteidigung und Abschreckung	Krisen-Bewältigung	Kooperative Sicherheit
durch	durch	durch
Abschreckung v.a. durch Nuklearwaffenarsenal, Terrorismus-Bekämpfung, Sicherung der Energieversorgung (Konsultation der Mitglieder), Schutz der Transit- und Handelswege (Konsultationen)	*„Comprehensive Approach"* Frühwarnsystem, ziviles Krisenmanagement, militärische Aufstandsniederschlagung, Stabilisierung, Wiederaufbau → Zusammenarbeit mit/ Training von lokalen Gruppen	„Effektiver Multilateralismus" Partnerschaften mit ... internationalen Organisationen (insb. UNO, EU) und Staaten (bis 2014 insb. mit Russland) → Rüstungskontrolle/ Abrüstung, → Verhinderung von Proliferation

Autorengrafik

NATO-Gipfel in Wales

Das NATO-Treffen stand ganz unter dem Eindruck der damaligen Krise in der Ukraine.

Verteidigungshaushalte der Mitgliedsländer

Es wurde in Wales die Selbstverpflichtung erneuert, zwei Prozent des Bruttoinlandprodukts für die Verteidigung auszugeben.

Proliferation

Weitergabe von Atomwaffen oder Material zu deren Herstellung an Länder, die keine Atomwaffen besitzen.

M 15 ● NATO-Gipfel in Wales 2014 – der Readiness Action Plan

5. Um sicherzustellen, dass unser Bündnis bereit ist, auf die neuen sicherheitspolitischen Herausforderungen schnell und standhaft zu reagieren, haben wir heute den Aktionsplan der NATO zur Reaktionsfähigkeit gebilligt. [...] Damit wird auf die Herausforderungen durch Russland und auf ihre strategischen Auswirkungen eingegangen. Auch wird damit auf die Risiken und Bedrohungen aus unserer südlichen Nachbarschaft – dem Nahen Osten und Nordafrika – reagiert. [...]

7. Die Zusicherungsmaßnahmen beinhalten eine regelmäßige Präsenz und bedeutende militärische Aktivitäten von Luft-, Land-, und Seestreitkräften im östlichen Teil des Bündnisses auf Rotationsbasis. Sie [...] können in Reaktion auf Veränderungen in der Sicherheitslage flexibel und stufenweise angepasst werden. [...]

8. Wir werden die Reaktionsschnelligkeit [unserer] NATO-Reaktionskräfte bedeutend steigern, indem wir Streitkräftekontingente entwickeln, die in der Lage sind, sich schnell in Bewegung zu setzen und auf potentielle Herausforderungen und Bedrohungen zu reagieren. [...] Wir werden außerdem sicherstellen, dass die Streitkräfte unseres Bündnisses die angemessene Reaktionsfähigkeit und Kohärenz wahren, [...] einschließlich der Abschreckung von Aggressionen gegenüber NATO- Bündnispartnern und der Demonstration von Bereitschaft zur Verteidigung des Bündnisgebiets.

Gipfelerklärung von Wales, www.nato.diplo.de, 5.9.2014

F zu Aufgabe 2
Überprüfen Sie, inwieweit der 2014 in Wales verabschiedete Readiness Action Plan der NATO die veränderte NATO-Strategie 2010 widerspiegelt. (M 15)

Aufgaben

1. Zeichnen Sie die Entwicklung der NATO in Anbetracht der weltpolitischen Veränderungen 1989/90 in Form einer Wandzeitung nach. (M 12 – M 14)
2. Ein militärisches Eingreifen in einen Konflikt birgt hohe Risiken. Entwickeln Sie verantwortbare Kriterien, nach denen sich die NATO für oder gegen die Beteiligung an einer militärischen Intervention entscheiden sollte.

Frieden
M 1 – M 2

In der Friedensforschung wird unter Frieden **mehr als die Abwesenheit von Krieg** verstanden. Daher beschreibt ein „**negativer Frieden**" das Fehlen direkter und militärischer Gewaltanwendung, während ein „**positiver Frieden**" soziale Gerechtigkeit, ein gewisses Maß an Wohlstand und ökologischer Nachhaltigkeit voraussetzt. Der Weg von einem „negativen" zum „positiven" Frieden wird als ein **Prozess** verstanden, bei dem weniger Gewalt mit zunehmender Gerechtigkeit einhergeht.

Krieg und neue Kriege
M 3 – M 6

Unter Krieg versteht man einen **gewaltsamen Massenkonflikt**, an dem **mindestens zwei bewaffnete Streitkräfte** beteiligt sind. Beide Seiten müssen über eine organisatorische Struktur verfügen, bei der mindestens eine Partei einer staatlichen Autorität zuzurechnen ist. Die Zusammenstöße müssen sich über einen **längeren Zeitraum** hinziehen, bei denen eine **planmäßige Strategie** erkennbar ist. Die sogenannten „**neuen" Kriege** werden nicht mehr zwischen Staaten ausgetragen, sondern von **transnationalen und substaatlichen Akteuren** (z.B. Terrorgruppen, Warlords, Clans), die oftmals kein Interesse an der Beendigung von Kriegen haben, sondern vielmehr von ihnen leben. Ein wichtiges Kennzeichnen dieses Konflikttyps ist die **Asymmetrie der kriegführenden Parteien**.

Die Rolle der NATO im Ukraine-Konflikt
M 8, M 11

Die NATO übt(e) einen vergleichsweise **hohen Druck auf Russland** aus, die Einmischung in den Ukraine-Konflikt zu unterlassen. Dabei verkennt sie ihren eigenen – aus der Perspektive Russlands hochproblematischen – Anteil an der Krise: Die Osterweiterung ab 1999 sicherte der NATO Einfluss im kurz zuvor noch sowjetischen Herrschaftsgebiet. Annäherungen an die Ukraine werden von Russland als weitere – illegitime – **Ausweitung der Macht der NATO nach Osten** verstanden. Dabei vertreten die NATO-Mitglieder hier uneinheitliche Positionen. Während die mittel-osteuropäischen Neumitglieder **Schutz vor Russland** suchen, strebt etwa Deutschland wegen **ökonomischer Verflechtungen** eher den Interessenausgleich an.

Die NATO – Entstehung und Aufgabe
M 12 – M 15

Nach dem Zweiten Weltkrieg gründeten 1949 zehn europäische Staaten sowie die USA und Kanada die NATO (North Atlantic Treaty Organization) als **Reaktion auf die gewaltsame Expansion des sowjetischen Machtbereichs** in Mittel- und Osteuropa. Die Bundesrepublik Deutschland trat dem **Verteidigungsbündnis** 1955 bei. Definiertes Ziel war die Verteidigung des eigenen Territoriums durch **Abschreckung**. Die zweite Phase begann mit dem **Zusammenbruch des Warschauer Paktes 1989/1990** und endete mit den Terroranschlägen in den USA 2001. Die dritte Phase **seit 2001** ist erstens geprägt durch den massiven Einsatz in Afghanistan, zweitens durch die Aufnahme ehemaliger Warschauer-Pakt-Staaten (z.B. Polen, die baltischen Staaten) sowie durch eine **deutliche Ausweitung der Agenda** nicht nur auf **Terrorismus-Bekämpfung**, sondern auch etwa auf **Ressourcensicherung**, die **präventive Stabilisierung von Regionen** und **Cyber-Attacken**. Die Mitgliedsländer gehen eine **gegenseitige Beistandsverpflichtung** bei einem bewaffneten Angriff auf ein Mitglied ein. Der Beistand muss jedoch nicht in militärischer Form geleistet werden. Alle Mitglieder verpflichten sich zur **Bewahrung einer freiheitlich-demokratischen Ordnung** im Innern.

3.2 Der Klimawandel als ökologische Herausforderung

3.2.1 Erderwärmung – ein politisches Problem mit ökologischen Folgen

Klimaflüchtlinge

Im August 2014 hat Neuseeland erstmals einer Familie aus dem Pazifik-Inselstaat Tuvalu Bleiberecht aufgrund der drohenden Gefahren des Klimawandels gewährt.

Erklärfilm zum Klimawandel

Mediencode: 8918-14

M 1 ● Die möglichen Folgen des Klimawandels ab 2050

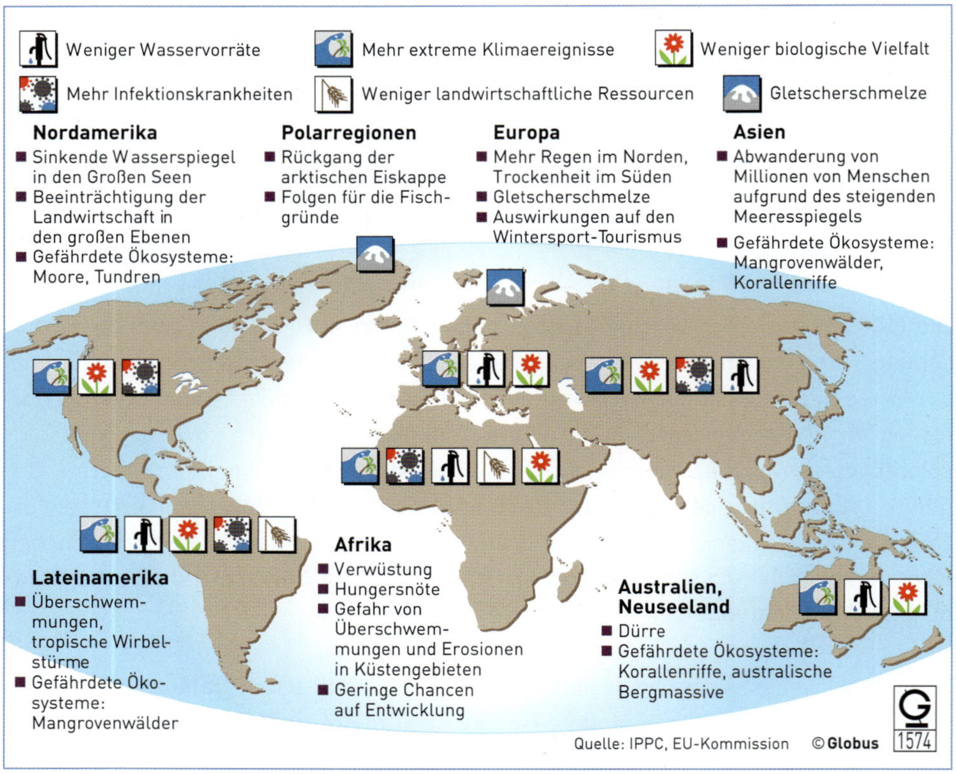

M 2 ● Konfliktforschung: Mehr Gewalt durch den Klimawandel

„Große Abweichungen von normalen Niederschlägen und milde Temperaturen steigern das Risiko für viele Arten von Konflikten systematisch“, schreiben Solomon Hsiang und zwei Kollegen von der Universität Berkeley in Science (online). Es handele sich nicht um bloße Korrellationen, bei denen sich die Größen im Gleichklang ändern, sondern um kausale Zusammenhänge. [...] Die bis 2050 erwarteten Klimaveränderungen könnten die Häufigkeit von Gewalt zwischen einzelnen Menschen um acht bis 16 Prozent ansteigen lassen und Konflikte zwischen Gruppen sogar um 28 bis 56 Prozent. [...]

Internationale Organisationen bis zum Sicherheitsrat der Vereinten Nationen haben bereits (ähnliche) Bedrohungen identifiziert. Besonders die Zahl der Flüchtlinge könnte große Konflikte auslösen.

Christopher Schrader, www.sueddeutsche.de, 2.8.2013

M 3 Rebound-Effekte: Warum „grünes Wachstum" nicht automatisch Nachhaltigkeit fördert

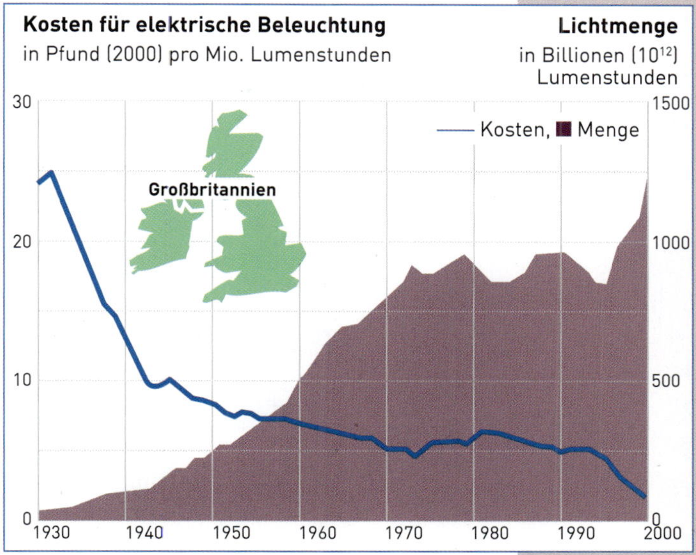

Manche hoffen, ein „grünes Wachstum" könne unseren materiellen Wohlstand immer weiter mehren und zugleich helfen, wichtige Nachhaltigkeitsziele zu erreichen und die Ökosysteme zu schützen – durch eine „Effizienzrevolution". Die Idee: Wenn unsere Kraftwerke, Autos, Fernseher und Smartphones viel energieeffizienter laufen, darf das Volkseinkommen durchaus noch weiter wachsen; der Naturverbrauch würde dann vom BIP-Wachstum entkoppelt und in absoluten Zahlen wie auch in der Gesamtbilanz zurückgehen. Doch diese Hoffnung beruht auf einem Irrtum: Effizienzsteigerungen bedeuten eben nicht automatisch Einsparungen. Tatsächlich führen sie zu Rebound-Effekten, die Produktion und Konsum erhöhen.

Jede Effizienzsteigerung löst Wachstumsimpulse aus, sagen die Ökonomen. Folglich hat die enorm gestiegene Arbeitsproduktivität – vom Ochsenpflug zur Hightech-Landwirtschaft – in der Entwicklung der kapitalistischen Industriegesellschaften nicht zu mehr Freizeit geführt, sondern vor allem zu einem Wachstum der Wirtschaft und damit zu neuen Jobs und Bedarfen. Dieser Zusammenhang gilt genauso für die Verbesserung der Energieeffizienz. In den USA und sechs EU-Staaten wurde die Energieeffizienz zwischen 1970 und 1991 um rund 30 Prozent gesteigert – und im gleichen Zeitraum wuchs der Energieverbrauch um 20 Prozent.

Zunächst gibt es finanzielle Rebound-Effekte: Effizientere Technologien sparen häufig Geld ein, das man an anderer Stelle für Konsum oder Investitionen ausgeben kann. [...]

Zweitens gibt es materielle Rebound-Effekte, da schon die Herstellung effizienterer Geräte und Maschinen einen Teil des Einsparpotenzials auffrisst. Um die tatsächliche Energiebilanz eines Elektroautos zu erstellen, reicht es nicht aus, lediglich auf dessen Verbrauch zu schauen. Auch der Energieaufwand für den Aufbau neuer Produktionsstätten und Stromtankstellen wird das Einsparpotenzial jedes einzelnen E-Autos reduzieren. [...]

Drittens gibt es psychologische Rebound-Effekte: [...] Eine Erhebung in Japan hat gezeigt, dass Autofahrer, die sich einen ihrer Meinung nach ökologischen Pkw zugelegt hatten [...], ein Jahr nach dessen Kauf gut 1,6-mal mehr Kilometer damit gefahren sind als zuvor.

Tilman Sartorius, Umweltfreundlich mehr verbrauchen, Atlas der Globalisierung, 2015, S. 56 f.

Rebound-Effekt

Er bezeichnet den Unterschied zwischen den möglichen Ressourceneinsparungen, die durch Effizienzsteigerungen entstehen, und den tatsächlichen Einsparungen. Der Rebound-Effekt führt dazu, dass das Einsparpotenzial von Effizienzsteigerungen nicht oder nur teilweise erreicht wird.

Aufgaben

1. Erläutern Sie, weshalb es sich beim Klimawandel um ein politisches Problem handelt, das nur auf internationaler Ebene gelöst werden kann. (M 1)
2. Arbeiten Sie heraus, welche Folgeprobleme sich aus einer verfehlten globalen Klimapolitik ergeben können. (M 2, M 3)
3. Entwickeln Sie in Arbeitsgruppen Lösungsansätze für die genannten Probleme.

3.2.2 Chancen der internationalen Klima- und Umweltpolitik

M 4 Wer stört?

Karikatur: Jürgen Janson, 2015

M 5 Wer nimmt an den Klimakonferenzen teil? – Die Rolle der NGOs

Die Klimakonferenzen haben sich in den letzten zwei Jahrzehnten zu Großveranstaltungen mit mehr als 10.000 Teilnehmern entwickelt. Mit dabei sind ausgewählte Regierungsvertreter aus 194 Staaten, Beobachter von Nicht-Regierung-Organisationen (NGOs) aller Art sowie die Medien. Einen Beobachterstatus – wie die NGOs ihn haben – können im Prinzip all jene erhalten, die nachweisen, dass sie „Träger des öffentlichen Interesses" sind. [...] Um zumindest ein Minimum an Übersichtlichkeit zu wahren, haben sich die verschiedenen NGOs in verschiedenen Gruppen zusammengefunden und organisiert.

Die BINGOs (Business and Industry Non-Governmental Organizations) sind die Wirtschaftslobbyisten. Die Internationale Handelskammer ICC etwa schickt mehr Vertreter zum Gipfel [...] als beispielsweise die argentinische Regierung. TUNGOs (Trade Union Non-Governmental Organizations) sind Abgesandte von Gewerkschaften. Wissenschaftliche Organisationen werden zu RINGOs (Research and Independent Organisations) zusammengefasst. Umweltorganisationen sind selbstverständlich auch dabei und nennen sich ENGOs (Environmental Non-Governmental Organizations). [...] Jugendbewegungen haben sich zu den YOUNGOs zusammengeschlossen. Ihr schlüssiges Argument für das Beantragen von Status, Zugang und Mitteln aus dem Klimasekretariat: Es wird über unsere Zukunft verhandelt!

Hanadi Siering, https://reset.org, 2012

Interpretationshilfe

Die 19. Klimakonferenz fand 2013 in Warschau statt.

Nichtregierungs-organisationen/ NGOs

NGOs sind private Non-Profit-Organisationen, die von Staaten oder Regierungen unabhängig sind. Politikorientierte NGOs versuchen Öffentlichkeit für ihre Anliegen herzustellen. Sie wollen politische und gesellschaftliche Entscheidungen beeinflussen. Kritiker sagen, NGOs seien nicht demokratisch legitimiert und auch intern seien die Strukturen nicht immer demokratisch. Weltweit aktive NGOs sind z.B. Greenpeace, Oxfam oder Amnesty International.

M 6 Aus der Kampagnen-Arbeit einer NGO ...

Die Forderungen des WWF

- Die Klima-Beiträge der Länder müssen an die Ziele von Paris angepasst werden, d.h. die Ambitionen müssen gesteigert werden, um die Ziele noch erreichen zu können.
- Ein Prozess soll auf den Weg gebracht werden, wie die Beiträge in Zukunft auf diese Lücke hin überprüft werden können (der sogenannte „Talanoa" Dialog 2018)
- Die Regeln zur Umsetzung von Paris müssen weiter ausgearbeitet werden, z.B. auch zu den Themen Finanzierung und Anpassung
- Insgesamt darf sich auch die (neue) Bundesregierung nicht vor ihrer Verantwortung verstecken, sondern muss zeigen, dass die Energiewende und der Klimaschutz auch in Deutschland vorankommen. Dazu gehört der Kohleausstieg und ein Sofortprogramm, wie die deutschen Klimaziele bis 2020 noch erreicht werden können.

Lösung gegen den Klimawandel

Mit einer konsequenten Umstellung auf erneuerbare Energien und einer verbesserten Energieeffizienz gelingt es, die Erderhitzung auf deutlich unter zwei Grad zu begrenzen. In der zweiten Hälfte des Jahrhunderts soll eine klimaneutrale Gesellschaft entstehen. Die globale Energiewende ist nicht nur nötig, sie ist auch möglich. Mittlerweile wird weltweit mehr in regenerative als in fossile und nukleare Energie investiert. Deutschland hat überdurchschnittlich zur Erderhitzung beigetragen – und kann mit seiner Spitzentechnologie zugleich eine Pionierrolle bei der Begrenzung des Klimawandels übernehmen.

Auf deutlich **unter 2 Grad** soll das Pariser Klimaabkommen die Erderwärmung begrenzen

195 Staaten haben das Pariser Abkommen beschlossen

Bis spätestens **2035** muss Deutschland den Kohleausstieg geschafft haben

Bis **2050** soll Deutschland klimaneutral werden

Die EU soll sich zu **55 %** weniger Treibhausgasausstoß bis 2030 im Vergleich zu 1990 verpflichten

Unterstützung bei Lösungen

Mit innovativen Ansätzen, smarten Lösungen, aber auch mit öffentlichem Druck und Monitoring will der WWF Regierungen in aller Welt unterstützen, damit sie die in Paris beschlossenen Verpflichtungen einhalten können. Denn wenn alle Länder aktiv Klimaschutz vorantreiben, kann die drohende Klimakatastrophe noch abgewendet werden.

Nach: www.wwf.de (19.11.2017)

Wichtige Stationen internationaler Klimapolitik

1992 Rio de Janeiro (Brasilien): Erstmalige Anerkennung des Klimawandels als ernstes globales Problem; verpflichtender Handlungsauftrag an die Staatengemeinschaft

1997 Kyoto-Protokoll (Japan): verbindliche Emissionsreduktion für die Industrieländer von mindestens 5,2 Prozent bis 2010 gegenüber 1990

2009 Kopenhagen (Dänemark): Scheitern eines Folgeabkommens für das Kyoto-Protokoll; Minimalkonsens einer Begrenzung der Erderwärmung auf max. 2°C im Vergleich zum vorindustriellen Zustand

2015 Paris (Frankreich): neuer Klimavertrag der 194 Teilnehmerstaaten mit verbindlichen Zielen: Begrenzung der Erderwärmung auf 2°C, evtl. sogar 1,5°C. Fast 190 Staaten legen bereits Klimaschutzpläne vor

Aufgaben

1. Interpretieren Sie die Karikatur. (M 4)
2. Erläutern Sie die Bedeutung von Nichtregierungsorganisationen im Rahmen der Klimaschutzkonferenzen. (M 5)
3. Diskutieren Sie die Forderungen des WWF zu einem wirksamen Klimaschutz. (M 6)
4. Entwickeln Sie Ideen, wie der WWF bzw. andere NGOs ihre Ziele effektiv umsetzen könnten. Recherchieren Sie in diesem Zusammenhang auch die Begriffe „öffentlicher Druck" und „Monitoring". (M 6)

F zu Aufgabe 3
Recherchieren Sie, welche weiteren NGOs sich in der Klimaschutzpolitik engagieren, und berichten Sie im Kurs über deren Forderungen, Ziele und Aktionsformen.

METHODE

Karikaturen analysieren und interpretieren

Die Karikatur nimmt zu politischen oder ökonomischen Sachverhalten kritisch und oft polemisch Stellung, indem sie diese überspitzt und verzerrend darstellt. Dazu bedient sich der Karikaturist gezielt gestalterischer Mittel, die vor der Interpretation und einer abschließenden Bewertung analysiert werden müssen.

Zu diesem Zweck empfiehlt es sich, die Karikatur zunächst genau zu beschreiben. Die unter 1 aufgeführten Leitfragen können dabei helfen (siehe auch die folgende Beispielanalyse). Danach müssen die Intention, die der Karikaturist mit der Wahl der gestalterischen Instrumente verfolgt, interpretiert und alle Schritte zu einer Gesamtaussage der Karikatur zusammengefügt werden (vgl. die Leitfragen unter 2). Erst dann sind die Voraussetzungen für eine abschließende Bewertung der Karikatur (vgl. die Leitfragen unter 3) erfüllt.

Beispiel:

Karikatur: Felipe Galindo

1 Beschreibung:

- Wie ist die Karikatur aufgebaut (Bildelemente, Textelemente ...)
- Wen oder was zeigt die Karikatur?
- Was wird thematisiert?

2 Deutung:

- Welche Darstellungsmittel werden gewählt?
- Welche Bedeutung haben die gewählten Darstellungsmittel?
- Auf welchen politischen Sachverhalt bezieht sich die Karikatur?
- Wozu nimmt die Karikatur konkret Stellung?
- Welche Bedeutung haben/worauf verweisen verwendete Symbole?
- Was ist die Kernaussage?
- An wen wendet sich die Karikatur?
- Welchen Standpunkt nimmt der Karikaturist ein?

3 Bewertung:

- Worin ist dem Karikaturisten zuzustimmen?
- Was ist dem Karikaturisten entgegenzuhalten?
- Wie ist die zeichnerische Qualität einzuschätzen?

Beispiel: „Umweltpolitik“

Karikatur: Klaus Stuttmann, 2007

1. Beschreibung

Die Karikatur mit dem Titel „Umweltpolitik“ von Klaus Stuttmann stammt aus dem Jahre 2007. Die Zeichnung besteht aus zwei sehr ähnlich gestalteten Teilen. Im linken Teil der Zeichnung wird die deutsche Regierungschefin Angela Merkel dargestellt, die an einem Rednerpult steht, das mit zwei Mikrofonen ausgestattet ist, und mit erhobenem Zeigefinger eine Rede hält. Ihr Kopf ist dabei erhoben, den Blick richtet sie auf ein (für den Leser nicht sichtbares) Publikum. Die zugehörige Sprechblase beinhaltet die durch zwei Ausrufezeichen betonte Behauptung: „Deutschland und die EU werden in der Umweltpolitik eine Vorreiterrolle spielen!!“

Im rechten Teil der Zeichnung befindet sich Angela Merkel weiterhin an beschriebenem Rednerpult und führt die Rede offensichtlich fort. Verändert dargestellt sind Hand- und Kopfhaltung sowie Blickrichtung. Beide Hände sind nicht sichtbar. Ihr Kopf ist in Richtung des Rednerpults gesenkt, ihr Blick richtet sich vermutlich auf das – für den Leser nicht sichtbare – Manuskript. In der Sprechblase wird eine Bedingung formuliert: „Natürlich nur, wenn alle anderen auf der Welt auch eine Vorreiterrolle spielen!!“

2. Deutung

Der Karikaturist thematisiert mit seiner Zeichnung – wie der Titel bereits andeutet – die deutsche Umweltpolitik. Konkret bezieht er sich darauf, dass Deutschland im internationalen Vergleich häufig als „Vorreiter“ in Bezug auf die Umwelt- und Klimapolitik betrachtet wird. In der Karikatur betont die Figur Angela Merkel, dass Deutschland und andere EU-Staaten in diesem Politikbereich (weiterhin) eine Vorreiterrolle spielen werden. Sie formuliert dies nachdrücklich und bestimmt, was zeichnerisch durch den erhobenen Zeigefinger und den offenen Blick ins Publikum veranschaulicht wird.

Vollständig konterkariert wird diese bestimmte Aussage durch den rechten Teil der Karikatur: Hier formuliert die Figur A. Merkel die Bedingung, unter der die im linken Teil formulierte Ankündigung umgesetzt werden soll: Nämlich nur dann, wenn alle anderen auch Vorreiter in der Umweltpolitik sind. Dies ist ein Widerspruch in sich, denn ein „Vorreiter“ definiert sich dadurch, dass er als Erste/r neue Wege beschreitet und somit als Vorbild für andere fungieren kann. Die im rechten Teil der Karikatur formulierte Bedingung führt also die im linken Teil formulierte Ankündigung ad absurdum. Dies ist der Sprecherin vermutlich bewusst, denn sie äußert diesen Satz mit gesenktem Blick und wirkt dadurch fast beschämt.

In der Konsequenz bedeutet die dargestellte deutsche Haltung zur Umweltpolitik, dass ein Stillstand zu erwarten ist, wenn Deutschland seine umweltpolitischen Aktivitäten an die Aktivität aller anderen Staaten knüpft.

3. (Mögliche Ansätze einer) Bewertung

Zeichnerisch gelingt es dem Karikaturisten durch die Fokussierung auf wenige Bildelemente (eine Person hinter einem Rednerpult) seine zentrale Kritik, nämlich die abwartende und zurückhaltende Haltung Deutschlands in der Umweltpolitik, darzustellen. Die Absurdität der sprachlichen Inhalte wird unterstrichen durch die Darstellung von Unterschieden in der Gestik und Mimik der Figur.

3.2.3 Ziele und Organisation der Vereinten Nationen

UN

United Nations Organization, englische Bezeichnung der Vereinten Nationen

Die Charta der Vereinten Nationen

Die Charta ist der Gründungsvertrag und somit die „Verfassung" der UN. Sie ist für alle UN-Mitglieder bindend und kann nur mit einer Zweidrittelmehrheit der Generalversammlung inklusive der Zustimmung aller fünf ständigen Mitglieder des Sicherheitsrates verändert werden. Die Charta besteht aus der Präambel und 19 Kapiteln mit insgesamt 111 Artikeln.

M 7 ● Die Entstehung der Vereinten Nationen

„Non-Violence" – Bronzeskulptur des schwedischen Künstlers Carl Fredrik Reuterswärd vor dem UN-Hauptgebäude in New York

Die UN wurde 1945 von 51 Staaten gegründet. Zwei Weltkriege innerhalb weniger Jahrzehnte hatten ihnen die Notwendigkeit einer handlungsfähigen Organisation zur Aufrechterhaltung des Weltfriedens dramatisch vor Augen geführt. Das Scheitern des nach dem Ersten Weltkrieg gegründeten Völkerbundes hatte den Gründern der UN zudem klargemacht, dass ihre Organisation nur dann erfolgreich sein konnte, wenn sie alle wichtigen Großmächte[1] in die gemeinsame Verantwortung für Frieden und internationale Sicherheit einband. Eben dies war ihrer glücklosen Vorgängerinstitution, die erstmals überhaupt versucht hatte, eine weltweite Friedensordnung zu etablieren, nicht gelungen.

Sven-Bernhard Gareis, Weltorganisation in der Krise – die UN, in: Bundeszentrale für politische Bildung (Hg.), Sicherheitspolitik im 21. Jahrhundert, Informationen zur politischen Bildung, Heft 291, 2006, S. 54

[1] 1945 waren dies: USA, Sowjetunion (UdSSR), China, Großbritannien und Frankreich

M 8 ● Ziele und Grundsätze der UN

Artikel 1 – Ziele der UN

Die Vereinten Nationen setzen sich folgende Ziele:

1. den Weltfrieden und die internationale Sicherheit zu wahren [...];
2. freundschaftliche, auf der Achtung vor dem Grundsatz der Gleichberechtigung und Selbstbestimmung der Völker beruhende Beziehungen zwischen den Nationen zu entwickeln [...];
3. eine internationale Zusammenarbeit herbeizuführen, um internationale Probleme [...] zu lösen und die Achtung vor den Menschenrechten und Grundfreiheiten für alle [...] zu fördern und zu festigen;
4. ein Mittelpunkt zu sein, in dem die Bemühungen der Nationen zur Verwirklichung dieser gemeinsamen Ziele aufeinander abgestimmt werden.

Artikel 2 - Grundsätze der UN

Die Organisation und ihre Mitglieder handeln im Verfolg der in Artikel 1 dargelegten Ziele nach folgenden Grundsätzen:

1. Die Organisation beruht auf dem Grundsatz der souveränen Gleichheit aller ihrer Mitglieder. [...]
4. Alle Mitglieder unterlassen in ihren internationalen Beziehungen jede gegen die territoriale Unversehrtheit oder die politische Unabhängigkeit eines Staates gerichtete oder sonst mit den Zielen der Vereinten Nationen unvereinbare Androhung oder Anwendung von Gewalt. [...]
7. Aus dieser Charta kann eine Befugnis der Vereinten Nationen zum Eingreifen in Angelegenheiten, die ihrem Wesen nach zur inneren Zuständigkeit eines Staates gehören, oder eine Verpflichtung der Mitglieder, solche Angelegenheiten einer Regelung auf Grund dieser Charta zu unterwerfen, nicht abgeleitet werden; die Anwendung von Zwangsmaßnahmen nach Kapitel VII wird durch diesen Grundsatz nicht berührt.

© United Nations 2013, Charta der Vereinten Nationen, www.unric.org

M 9 Wer ist zuständig? Die Hauptorgane der Vereinten Nationen

Das im Laufe der Jahre entstandene, äußerst komplexe UN-System besteht aus den **Hauptorganen** und den durch die UNO geschaffenen Hilfsorganisationen (z.B. Kinderhilfswerk UNICEF, Entwicklungsprogramm UNDP) sowie den durch Abkommen an die UNO gebundenen Sonderorganisationen (z.B. Welterziehungsorganisation UNESCO, Internationaler Währungsfonds IWF). [...]

Die in der Regel einmal jährlich über mehrere Monate tagende **Generalversammlung**, in der alle Mitgliedstaaten gleichberechtigt vertreten sind, stellt in erster Linie ein Diskussionsforum für Weltprobleme dar. Sie gibt Empfehlungen, die allerdings die Mitgliedstaaten oder den Sicherheitsrat nicht binden, ist aber für Fragen der UN-Organisation, wie etwa von Reformvorhaben, das Entscheidungsorgan.

Der **Sicherheitsrat** besteht aus fünf ständigen und zehn nichtständigen, von der Generalversammlung auf zwei Jahre gewählten Mitgliedern. Der Sicherheitsrat stellt fest, ob eine Bedrohung des Friedens vorliegt, und kann Zwangsmaßnahmen zur Wahrung des Weltfriedens beschließen, die von Wirtschaftssanktionen bis zur Anwendung von Waffengewalt zur Herstellung und Sicherung des Friedens reichen. „Beschlüsse des Sicherheitsrates [...] bedürfen der Zustimmung von neun Mitgliedern einschließlich sämtlicher ständigen Mitglieder" (Art. 27 Charta der Vereinten Nationen). Mit einem Nein kann also jedes ständige Mitglied Beschlüsse verhindern, besitzt also das Vetorecht. Die UNO-Mitglieder sind verpflichtet, die Resolutionen des Sicherheitsrates umzusetzen; bei militärischen Einsätzen ist die UNO allerdings immer darauf angewiesen, dass ausreichend Streitkräfte zur Verfügung gestellt werden.

Der **UN-Generalsekretär** ist der höchste Verwaltungsbeamte und Repräsentant, der den Sicherheitsrat auf, seiner Ansicht nach, bedrohliche Entwicklungen hinweisen kann. Er wird auf Vorschlag des Sicherheitsrates von der Generalversammlung für fünf Jahre gewählt, mit der Möglichkeit einer einmaligen Wiederwahl.

Reinhard Reuter, in: Frieden, Sicherheit und internationale Wirtschaft, Bamberg 2011, S. 101

Der Sicherheitsrat der Vereinten Nationen
- trägt die Hauptverantwortung für die Wahrung des Weltfriedens und der internationalen Sicherheit
- fasst Beschlüsse mit bindender Wirkung für alle UN-Mitglieder

UN-Generalsekretär **Antonio Guterres** spricht am 18.2.2017 während der Münchner Sicherheitskonferenz.

UN-Resolution

Beschlüsse der Vereinten Nationen, die das Ergebnis einer Aussprache bestimmter Hauptorgane schriftlich festlegen. Sie enthalten Bewertungen und Forderungen, die sich auf Interpretationen beziehungsweise den Wortlaut der UN-Charta beziehen.
Resolutionen des UN-Sicherheitsrats sind völkerrechtlich bindend. Sie werden gegen Staaten oder Konfliktparteien ausgesprochen, deren Handlungen eine Gefährdung der internationalen Sicherheit oder eine Verletzung des Völkerrechts beziehungsweise der Menschenrechte darstellen.
Resolutionen der UN-Generalversammlung, des UN-Wirtschafts- und Sozialrates mit seinen diversen Kommissionen sowie auch weiterer Organe wie dem UN-Menschenrechtsrat sind in der Regel nicht verbindlich. Sie stellen lediglich eine Richtlinie, beziehungsweise eine Empfehlung dar.

M 10 ● Was passiert, wenn der Sicherheitsrat eingreift? Interventionsformen und militärische Aufgaben

UN-Soldaten der Philippinen auf den Golan-Höhen zwischen Israel und Syrien, 12.6.2013

Erklärfilm zur UNO

Mediencode: 8918-15

Auf die politische Frage, wie Interventionen gemäß Art. 42ff. der UN-Charta konkret ausgeführt werden, haben die Vereinten Nationen im Laufe ihrer Geschichte unterschiedliche Antworten gefunden:

[Als sich die Anforderungen an die globale Krisenintervention in den 1990er Jahren veränderten und die klassischen „Blauhelm-Missionen" der UN] ein neues [weiter reichendes] Format bekommen hatten, sprachen viele Autoren von einer neuen „*Peace-keeping*-Generation". Der Generationen-Begriff erleichtert zwar einerseits die Unterscheidung der verschiedenen Missionen anhand ihrer Aufgabenstellung. Er suggeriert andererseits eine Abfolge von verschiedenen Missionsformen, die so nicht zu finden sind. Vielmehr existieren verschiedene Missionen mit unterschiedlichen Mandaten [Aufträgen] nebeneinander. [...]

Bei der ersten Generation handelt es sich um die [...] klassischen Missionen [...]. Diese überwachen, mit leichter [ausschließlich der Selbstverteidigung dienenden] Bewaffnung ausgestattet, Waffenstillstände oder Friedensverträge, die zur Beendigung der zwischenstaatlichen Kriege geschlossen wurden [„Blauhelm"-Einsätze].

Ziel der zweiten Generation ist dagegen nicht die Überwachung, sondern die Implementierung von komplexeren Friedensverträgen. Diese erfolgt wie auch bei den klassischen Einsätzen mit Zustimmung der Konfliktparteien.

Bei Missionen der dritten Generation stimmen dagegen nicht alle Konfliktparteien einem UN-Einsatz zu. Die UN erlaubt daher ihrem Personal, das Mandat auch mit Waffengewalt durchzusetzen; den Frieden also zu erzwingen *(peace enforcement)*.

Wenn zu [diesen] robusten Mandaten zusätzlich auch noch Aufgaben des Verwaltungs- und Staatsaufbaus hinzu kommen, spricht man auch von der vierten Generation von Friedensmissionen [*State building*].

Tanja Brühl, Elvira Rosert, Die UNO und Global Governance, Wiesbaden 2014, S. 130

M 11 ● R2P – eine längst überfällige Neuausrichtung des Völkerrechts?

Seit den 1990er Jahren hat sich in der internationalen Gemeinschaft ein Verständnis dafür etabliert, dass Gerechtigkeit, wirtschaftliches Wachstum und Wohlstand eine Voraussetzung für dauerhaften Frieden in einem Land sind. Dabei werden Entwicklungs- und Menschenrechtsfragen zunehmend mit Fragen der internationalen Sicherheit verbunden. [...] Dieser wachsende Konsens spiegelt sich in der Vorstellung einer Schutzverantwortung der internationalen Gemeinschaft (englisch: Responsibility to Protect; abgekürzt R2P) wider. Diese Verantwortung zum Schutze des Menschen vor schweren Menschenrechtsverletzungen und Brüchen des humanitären Völkerrechts stellt einen neuen und ganzheitlichen Ansatz der internationalen Politik dar. Befürworter des Konzepts sehen dies als historischen Schritt zur Verhinderung schwerster Massenverbrechen. [...]

[Dieses Konzept erfordert] ein konzeptionelles Überdenken des Begriffs der staatlichen Souveränität und ein Abwiegen zwischen individuellen Rechten und staatlicher Verantwortung: Diese Ansätze sehen alle eine Verlagerung des Grundverständnisses von Souveränität weg von absoluten Rechten von Staatsoberhäuptern hin zu einer Respektierung des Volkswillens und internen Governance-Formen, basierend auf internationalen Standards der Demokratie und Menschenrechte. [...] Auf einer Werteskala steht die Souveränität eines Staates nicht höher als die Menschenrechte seiner Bewohner.

Die Schutzverantwortung der internationalen Gemeinschaft hat sich in den letzten Jahren zu einem der dringlichsten Anliegen der internationalen Politik zum Schutz vor massiven Menschenrechtsverletzungen, Kriegsverbrechen und Völkermord entwickelt. Auf der Plenarsitzung der UN-Vollversammlung im September 2005 in New York erkannten zum ersten Mal alle Mitgliedstaaten der Vereinten Nationen offiziell ihre Verantwortung zum Schutz ihrer Bürger an [...]. Die Legitimität der Intervention aus humanitären Gründen ist [dabei] die zentrale Frage.

Rolf Schwarz, Libyen und das Dilemma externer Interventionen, in: Der Bürger im Staat, 1-2/2012, S. 34 ff.

Responsibility to Protect (R2P)

- Verantwortung zur Prävention: wirtschaftliche oder politische Unterstützungsmaßnahmen, die das Entstehen von Gewaltkonflikten verhindern sollen
- Verantwortung zu reagieren: eingreifen, und zwar dann, wenn sich die Präventionsmaßnahmen als unzureichend erwiesen haben und eine akute Bedrohung des Lebens einer großen Anzahl von Menschen vorliegt
- Wiederaufbau nach dem Krieg

M 12 ● Der UN-Sicherheitsrat: ein unzeitgemäßes Organ?

a) Einem [...] denkbaren und wünschenswerten Übergang [zu einem „Weltinnenrecht“] steht jedoch ein Sachverhalt eklatant entgegen: die problematische Rolle des Sicherheitsrates – eines Gremiums, in dem sich eine althergebrachte Mächtekonstellation wiederfindet, deren Mitglieder de facto und gemäß der Konstruktion des Sicherheitsrates auch letztlich de jure nationale Interessenpolitik à la carte betreiben können, wenn sie dies nur wollen. Da die Entscheidungen dieses Gremiums überdies, sofern gemäß Kap. VII der Charta erfolgt, rechtsverbindlichen Charakter haben [...], ein parlamentarischer Vorlauf oder eine entsprechende institutionell verbindliche Begleitdiskussion auf breiter Basis innerhalb der VN, im Übrigen auch eine rechtliche Kontrolle der Beschlüsse des Sicherheitsrates nicht vorgesehen sind [...], handelt es sich beim Sicherheitsrat um ein Organ der Vereinten Nationen von [...] neoabsolutistischem Zuschnitt.

Dieter Senghaas, Weltordnung in einer zerklüfteten Welt, Berlin 2012, S. 148

Sitzung des UN-Sicherheitsrats in New York

Aufgaben

1. Fassen Sie Ziele und Grundsätze der Vereinten Nationen zusammen. (M 7, M 8)
2. Informieren Sie sich über Aufgaben und Befugnisse der UN-Generalversammlung, des Sekretariats sowie des UN-Sicherheitsrats und fassen Sie diese in einem übersichtlichen Schaubild zusammen. (M 9)
3. Diskutieren Sie – auch vor dem Hintergrund aktueller Konflikte – die Möglichkeiten der Vereinten Nationen zur Friedenssicherung und zum Schutz der Menschenrechte. (M 10, M 11)
4. Problematisieren Sie die Konstruktion des Sicherheitsrates. Beachten Sie dabei, welche Vor- und Nachteile dieses UN-Organ für die Erhaltung des Weltfriedens haben könnte. (M 9, M12)

F zu Aufgabe 3
Befürworter des Konzeptes R2P (M 11) sehen dies als historischen Schritt zur Verhinderung schwerster Massenverbrechen. Erläutern Sie Funktionen und Ziele der internationalen Schutzverantwortung.

ORIENTIERUNGSWISSEN

Klimawandel: Entstehung, Ursachen, Ausmaß und Folgen
M 1 – M 3

Unter dem Klimawandel versteht man die **messbare Veränderung des Klimas**, die natürlich oder durch den Menschen (anthropogen) verursacht sein kann. Als Hauptursachen für die Erderwärmung gilt die **erhöhte CO_2-Konzentration** in der Atmosphäre. Folgen sind **Wetterextreme** (Hitzewellen, Stürme, Überschwemmungen, das Abschmelzen der Gletscher und der daraus folgende Anstieg des Meeresspiegels sowie Dürre, Trockenheit und Ausweitung der Wüsten, knapper werdende **Ressourcen** wie Wasser und **fruchtbares Land** könnten in Zukunft zu **Verteilungskämpfen** führen und damit den Weltfrieden gefährden.

Internationale Klimapolitik
M 6

Um ein Fortschreiten des Klimawandels aufzuhalten, werden **Weltklimakonferenzen** unter dem Dach der Vereinten Nationen abgehalten. Nach erfolgversprechenden Anfängen in Rio de Janeiro 1992 und dem Abschluss des Kyoto-Protokolls 1997, bei dem das **völkerrechtlich verbindliche Ziel** der CO_2-Reduktion um 5,2 % bis 2012 formuliert wurde, stagnieren jedoch die Bemühungen. 2015 wurde in Paris ein neues Weltklimaabkommen beschlossen. Mit der Pariser Vereinbarung verpflichten sich nahezu alle Länder zum Klimaschutz. Das Ziel: die durch Treibhausgase verursachte Erderwärmung auf deutich unter 2° C zu begrenzen.

Nichtregierungsorganisationen (NGOs)
M 5

NGOs treten als **von Staaten und Regierungen unabhängige Akteure** vor allem in der **Entwicklungs-, Umwelt- und Klimapolitik** in Erscheinung. Sie sind durch ihre Verankerung in der Zivilgesellschaft und ihre flexiblen Strukturen in der Lage, schnell auf Veränderungen zu reagieren, und versuchen bei Verhandlungen **Einfluss auf die Entscheidungen** zu nehmen.

Interessen unterschiedlicher Akteure und Ziele

Ein Grund für die mühsamen und zähen Verhandlungen ist, dass unterschiedliche Länder und unterschiedliche Gruppen von Ländern verschiedene Interessen haben. Zudem gelten die Reduktionsziele bisher nicht für die wachstumsstarken Schwellenländer, in denen die Emission von Treibhausgasen besonders schnell zunimmt (z.B. China, Indien). Ziel ist ein Abkommen, das ab 2020 alle Länder verpflichtet, ihre **Treibhausgase zu reduzieren**. Um dieses Ziel zu erreichen, ist es notwendig, dass die größten Produzenten von Treibhausgasen (China, USA) sich ehrgeizige Reduktionsziele setzen und diese umsetzen. Zudem ist es wichtig, dass sich Industrieländer, Schwellenländer und Entwicklungsländer gemeinsam auf ein wirksames Reduktionsziel einigen.

Vereinte Nationen
M 7

Am **24. Oktober 1945** wurden die Vereinten Nationen (UN = United Nations Organization) **von 51 Staaten** gegründet. Sie entstanden unter dem Eindruck der Katastrophe des Zweiten Weltkriegs mit dem Ziel, durch eine globale Organisation künftig **Frieden und Sicherheit in der Welt** zu gewährleisten.

Ziele der Vereinten Nationen
M 8

Ziel der UN ist die **Erhaltung des Friedens** und der **internationalen Sicherheit**. Neben diesen zentralen Zielen stehen die Förderung freundschaftlicher Beziehungen zwischen den Staaten, die Einhaltung der Menschenrechte, sowie die Förderung des sozialen Fortschritts und die Bekämpfung von Hunger und Armut. Die 193 Mitgliedstaaten verpflichten sich zur Einhaltung folgender Grundsätze: Gleichheit und nationale Souveränität aller Mitgliedstaaten, friedliche Streitbeilegung, Verbot der Androhung oder Anwendung von Gewalt (nur zur individuellen und kollektiven Selbstverteidigung), Unterstützung von Maßnahmen der UN, keine Intervention bei inneren Angelegenheiten der Staaten, Achtung der Menschenrechte und der Grundfreiheiten.

Organe der Vereinten Nationen
M 9

Die **Generalversammlung (GV)** gehört zu den Hauptorganen der UN und nimmt eine organisatorisch-institutionelle **Zentralstellung** ein. In ihr werden globale Konflikte und zentrale Themen zu Frieden und Sicherheit **beraten**. Jedes Mitgliedsland hat unabhängig von seiner Größe eine Stimme. Beim **Sicherheitsrat (SR)** liegt die Hauptverantwortung für den **Weltfrieden**. Ihm gehören die **fünf ständigen Mitglieder (USA, GB, Frankreich, Russland, China) mit Vetorecht** und **zehn nichtständige Mitglieder** an. Der SR entscheidet, ob eine Bedrohung des Friedens vorliegt und wie reagiert wird. Die UN-Mitglieder müssen den Resolutionen des SR Folge leisten, gleichzeitig sind die Vereinten Nationen darauf angewiesen, dass die Mitgliedstaaten bei militärischen Sanktionen Streitkräfte zur Verfügung stellen. An der **Spitze der GV** steht der **Generalsekretär**, der die Vereinten Nationen **nach außen vertritt**. Er macht den SR auf Probleme und friedensbedrohende Situationen aufmerksam. Er wird **auf fünf Jahre von der GV gewählt** und kann einmal wieder gewählt werden.

Maßnahmen der UN-Friedenspolitik
M 10 – M 11

Zur Wahrung bzw. Wiederherstellung des Friedens gibt es u.a. folgende Maßnahmen und Instrumente:

1. **Vorbeugende Diplomatie:** u.a. diplomatische Gespräche; formelle Tatsachenermittlung; vorsorgliche Einrichtung von entmilitarisierten Zonen; vorbeugender Einsatz von UN-Truppen.
2. **Friedensschaffung**: u.a. friedliche Mittel (Vermittlung, Verhandlungen, Schiedsspruch, Entscheidungen durch den IGH); gewaltlose Sanktionen (Wirtschafts- und Verkehrsblockaden); Friedensdurchsetzung (abrufbereite, bewaffnete UN-Truppen); militärische Gewalt, wenn alle friedlichen Mittel versagen.
3. **Friedenssicherung**: u.a. Entsendung von Beobachtermissionen; Einsatz von UN Friedenstruppen; Grenzsicherung und -kontrolle; Beobachtung von Wahlen, Wahrnehmung von Polizeiaufgaben, Überwachung von Waffenstillstandsabkommen und Friedensvereinbarungen.
4. **Friedenskonsolidierung**: u.a. Entwaffnung verfeindeter Parteien; Wiederherstellung der öffentlichen Ordnung; Minenräumung; Schutz der Menschenrechte; Einsammeln von Waffen; Wiederherstellung der öffentlichen Ordnung; Ausbildung und Beratung von Sicherheitskräften; Neubau staatlicher Institutionen.

3.3 Die deutsche Außenpolitik zwischen Kontinuität und Wandel

3.3.1 Die Beziehungen Deutschlands zur Türkei auf der Probe

Spiegel-Titel Nr. 14 vom 2. April 2016

Auswärtiges Amt

Deutsches Außenministerium, es ist zuständig für die Außen- und Europapolitik.

M 1 Wie das Auswärtige Amt das deutsch-türkische Verhältnis sieht

Der menschliche Faktor

Die fast 3 Millionen in Deutschland lebenden Menschen türkischer Herkunft, von denen etwas mehr als die Hälfte die deutsche Staatsangehörigkeit besitzen, sind ein bedeutender Faktor in den bilateralen Beziehungen. Hinzu kommt die starke Anziehungskraft der Türkei als Reise- und Urlaubsland (2015 über 5,5 Millionen Besucher aus Deutschland). Beide Faktoren tragen wesentlich zu dem Bild bei, das Deutsche und Türken voneinander haben. [...] Türkische Verbände und Einzelpersonen türkischer Herkunft werden eng in Initiativen der Bundesregierung wie den Integrationsgipfel und die Islamkonferenz eingebunden. [...] Das Staatsangehörigkeitsgesetz von 1999 hat vielen Türken in Deutschland auch rechtlich neue Perspektiven eröffnet. [...]

Politische Beziehungen

[...] Die Beziehungen zwischen beiden Ländern sind grundsätzlich freundschaftlich, vielschichtig und belastbar [...]. Gegenstand des deutsch-türkischen Strategischen Dialogs sind jährlich Treffen der Außenminister sowie die Einrichtung mehrerer Arbeitsgruppen auf hoher Beamtenebene zu Themen wie bilaterale Fragen, Sicherheitspolitik, Terrorismusbekämpfung, regionale Fragen und Europa. Im Januar 2015 einigten sich zudem Bundeskanzlerin Merkel und der damalige türkische Ministerpräsident Davutoğlu auf die Durchführung von bilateralen zweijährlichen Regierungskonsultationen ab 2016 [...]. Unter deutscher EU-Ratspräsidentschaft wurden 1999 die Weichen für den EU-Kandidatenstatus der Türkei gestellt. Deutschland hat ein besonderes Interesse an einer Vertiefung der ge-

Info

Schlaglichter der innenpolitischen Situation in der Türkei

Mai 2013: Ein geplantes Bauprojekt auf dem Gelände des beliebten Gezi-Parks in Istanbul löst landesweite Proteste gegen die AKP-Regierung unter Ministerpräsident Recep Tayyip Erdoğan aus; die Staatsmacht reagiert autoritär und schlägt die Demonstrationen gewaltsam nieder.

März 2016: Ein im deutschen Fernsehen ausgestrahltes Schmähgedicht des Satirikers und Moderators Jan Böhmermann sorgt für diplomatische Verwicklungen zwischen der Türkei und Deutschland. Erdoğan stellt Strafantrag. Das Verfahren wird im Oktober 2016 eingestellt.

Juli 2016: Ein Putschversuch scheitert, die türkische Regierung geht massiv gegen ihre Kritiker vor. Erdoğan – inzwischen Staatspräsident – ruft den Ausnahmezustand aus, der ihm weitreichende Sondervollmachten einräumt; zehntausende Staatsbeamte und Militärangehörige werden der „Verschwörung" bezichtigt und vom Dienst suspendiert; Journalisten und Oppositionspolitiker werden verfolgt; Die Pressefreiheit wird de facto aufgehoben, dutzende Tageszeitungen und mehrere Fernsehsender von der Regierung geschlossen. Die Regierung nimmt den Putschversuch sowie Terroranschläge in mehreren Städten zum Anlass, den Friedensprozess mit den Kurden zu beenden.

Januar 2017: Das türkische Parlament billigt die von Erdoğan angestrebte Verfassungsreform. Sie räumt dem Staatspräsidenten weitreichende Machtbefugnisse ein: Er würde zugleich als Staats- und Regierungschef amtieren und könnte weitgehend per Dekret regieren. Sein Einfluss auf die Justiz nähme weiter zu, die Gewaltenteilung wäre weitgehend aufgehoben.

April 2017: Annahme der Verfassungsänderungen durch ein Referendum.

Autorentext

genseitigen Beziehungen zur Türkei und an einer Anbindung des Landes an die Europäische Union. Deutschland unterstützt die 2005 aufgenommenen Beitrittsverhandlungen. Diese sind ein Prozess mit offenem Ende. [...]

Wirtschaftliche Beziehungen

Deutschland ist der wichtigste Handelspartner der Türkei. Das bilaterale Handelsvolumen erreichte im Jahr 2015 mit 36,8 Mrd. Euro einen neuen Rekordwert. Die türkischen Exporte nach Deutschland erhöhten sich dabei im Vergleich zu 2014 um 8,4 Prozent auf 14,4 Mrd. Euro, während die Importe aus Deutschland sogar um 16 Prozent auf 22,4 Mrd. Euro anstiegen. [...] Mit einem kumulierten Investitionsvolumen von über 13,3 Mrd. Euro seit 1980 ist Deutschland nach den Niederlanden auch der größte ausländische Investor. Die Zahl deutscher Unternehmen bzw. türkischer Unternehmen mit deutscher Kapitalbeteiligung in der Türkei ist inzwischen auf über 6.800 gestiegen. [...] In Deutschland beschäftigen rund 96.000 türkischstämmige Unternehmer etwa 500.000 Mitarbeiter und erwirtschaften einen Jahresumsatz von ca. 50 Mrd. Euro.

Deutschland stand 2015 auch beim Fremdenverkehr in die Türkei an erster Stelle mit einem Anteil von ca. 15 % aller Touristen. [...] Im Zuge des Abschwungs im türkischen Tourismussektor im Jahr 2016 mit einem Besucherrückgang von fast 25 % ist auch die Anzahl der Besucher aus Deutschland zurückgegangen.

www.auswaertiges-amt.de, Stand 1/2017

M 2 ● Einflussfaktoren auf außenpolitische Entscheidungen

Einstellungen der Nachbarländer und Partner
Die finanziellen Möglichkeiten des Bundeshaushalts
Wirtschaftliche Beziehungen zu anderen Ländern und weltwirtschaftliche Entwicklungen
Konzeptionelle Überlegungen der Bundesregierung (und ggf. des Bundestags)
Einstellungen und Verhalten der Bürgerinnen und Bürger (z.B. als Konsumenten oder Touristen)
Verpflichtungen durch Mitgliedschaft in internationalen Organisationen (EU, UNO, NATO etc.)
Vorgaben und Wertvorstellungen des Grundgesetzes bzw. seine Interpretation durch das Bundesverfassungsgericht
Weltpolitische Entwicklungen und Konflikte, Machtverteilung im internationalen System
Geografische Lage und geopolitisches Umfeld in der Mitte Europas
Die auch durch Medien geprägte öffentliche Meinung zu Grundsatzfragen der Außenpolitik
Die aus der deutschen Vergangenheit abzuleitende Verantwortung

Autorentext

Aufgaben

1. Informieren Sie sich über die innenpolitische Situation in der Türkei angesichts des gescheiterten Putschversuchs im Juli 2016 und der Reaktion der türkischen Regierung. (Info)
2. Diskutieren Sie darüber, wie sich die Bundesregierung angesichts der politischen Lage des Landes verhalten sollte (siehe auch Randspalte). Beziehen Sie die Informationen und Einschätzungen des Auswärtigen Amtes (M 1) in Ihre Überlegungen ein.
3. Zeigen Sie, welche Einflussfaktoren auf die deutsche Außenpolitik im Fall des deutsch-türkischen Verhältnisses eine besondere Rolle spielen. (M 2)

Handlungsoptionen der Bundesregierung

a) Sie bricht die diplomatischen Beziehungen ab und ruft ihren Botschafter zurück. Die anderen europäischen Staaten fordert sie auf, dasselbe zu tun und insbesondere die EU-Beitrittsverhandlungen mit der Türkei sofort einzufrieren.

b) Sie ignoriert die innenpolitischen Probleme in der Türkei, da es sich um innere Angelegenheiten eines Staates handele, in die sich kein Außenstehender einmischen dürfe.

c) Sie macht sich gegenüber ihren Partnern für Sanktionen gegen die Türkei stark, um die türkische Regierung unter Druck zu setzen, auf einen demokratischen und rechtsstaatlichen Weg zurückzukehren.

d) Sie beschließt, mit der Türkei weiterhin einen „kritischen Dialog" zu führen, d.h. die bestehenden Probleme offen anzusprechen, gleichzeitig aber an der Zusammenarbeit festzuhalten.

3.3.2 Die deutsche Außenpolitik in der Kontroverse

M 3 Deutsche Rüstungsexporte – Außenpolitik mit militärischen Mitteln?

Ausfuhrgenehmigungen im ersten Halbjahr 2016
Angaben in Millionen Euro

Insgesamt wurden von der Bundesregierung in den ersten sechs Monaten 2016 Rüstungsexporte im Wert von 4,029 Milliarden Euro genehmigt – mehr als eine halbe Milliarde mehr als im Vorjahreszeitraum. Die meisten Waffen gehen in folgende Länder:

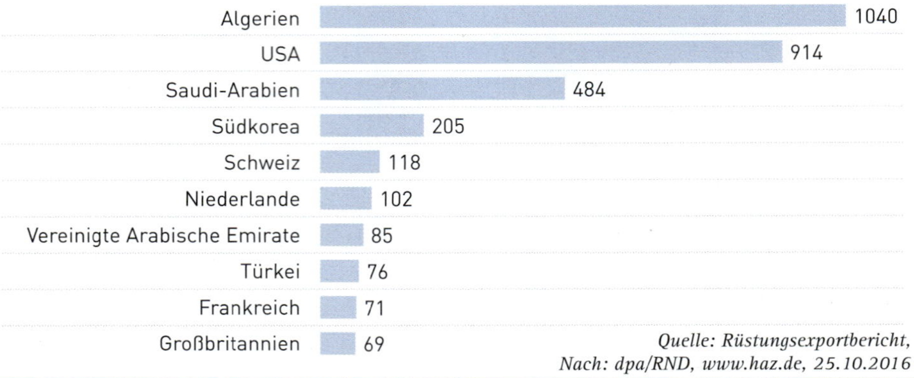

Quelle: Rüstungsexportbericht, Nach: dpa/RND, www.haz.de, 25.10.2016

Genehmigung von Rüstungsexporten

Rüstungsexporte (Waffen und militärisches Gerät) müssen in zwei Schritten genehmigt werden, im Vorfeld durch den Bundessicherheitsrat und danach durch die Bundesregierung. Lehnt die Bundesregierung eine Ausfuhr ab (z.B. wegen einer veränderten Sicherheitslage im Empfängerland), müssen die Rüstungsunternehmen entschädigt werden.

M 4 Deutschland liefert wieder Waffen an Kurden – eine kluge Entscheidung?

Die Bundeswehr hat ihre Waffenlieferungen an die kurdischen Peschmerga-Kämpfer im Nordirak wieder aufgenommen. Am Dienstag seien 70 Tonnen Material an die Regionalregierung in Erbil geliefert worden, sagte ein Sprecher des Verteidigungsministeriums. Darunter seien 1.500 G36-Gewehre, 100 Milan-Panzerabwehrraketen und drei gepanzerte Fahrzeuge vom Typ Dingo 1 gewesen.

Deutschland hatte zuvor von der kurdischen Regierung Aufklärung über den Verbleib von Ausrüstung aus Deutschland gefordert. Hintergrund waren Medienberichte, wonach solche Waffen auf Märkten angeboten wurden. Die kurdischen Einsatzkräfte sollten die Waffen eigentlich für den Kampf gegen die Extremistenmiliz „Islamischer Staat" (IS) verwenden.

Ermittlungen der kurdischen Regionalregierung ergaben inzwischen, dass von 28.000 von Deutschland gelieferten Waffen nur etwa 30 illegal verkauft oder auf anderen Wegen abhandengekommen sind. Außerdem bekräftigte die Verwaltung, keine der am Dienstag gelieferten Waffen weiterzuverkaufen.

Schon 2014 hatte die Bundesregierung damit begonnen, die Peschmerga im Nordirak mit Waffen auszurüsten, um sie im Kampf gegen den IS zu unterstützen. Zusätzlich wurden Bundeswehrsoldaten in den Nordirak entsandt, um die kurdischen Kämpfer zu trainieren.

Die Kurden spielen im Kampf gegen die radikalen Islamisten im Irak eine wichtige Rolle. Erst am Wochenende eroberten sie in der Nähe der IS-Hochburg Mossul mehrere Dörfer. Mit der Offensive soll die Rückeroberung der Großstadt vorbereitet werden, die seit 2014 in der Hand der Terrormiliz IS ist.

Zeit Online, Reuters, cz, www.zeit.de, 17.8.2016

Peschmerga-Kämpfer

Die Peschmerga („Die dem Tod ins Auge Sehenden") sind die Armee des kurdischen Autonomiegebiets im Norden des Irak. Ihre Aufgabe sehen die Peschmerga primär in der Verteidigung der kurdischen Autonomie. Ihr Einsatz gegen die in den Irak vordringenden IS-Milizen macht sie zu Verbündeten westlicher Staaten im Kampf gegen den internationalen Terrorismus.

Islamischer Staat

vgl. S. 2.3.2

M 5 ● Deutschland muss Verantwortung übernehmen

Verteidigungsministerin Ursula von der Leyen im Interview mit der Wochenzeitung Die Zeit. Auszüge aus dem Gespräch:

Bis zur vergangenen Woche galt der Grundsatz, kein militärisches Gerät in Krisengebiete zu liefern. Mit den Lieferungen in den Nordirak hat sich das geändert. Ist das der Beginn einer neuen Außenpolitik?

Nein, es ist eine Weiterentwicklung der Sicherheitspolitik. Die Anfänge reichen mehr als 20 Jahre zurück. Was längst vorbei ist, ist die Politik allein mit dem Scheckbuch. Deutschland bringt sich heute breiter ein. Das löst innenpolitisch oft schmerzhafte und dilemmareiche Debatten aus, aber dem müssen wir uns angesichts der gewachsenen wirtschaftlichen und politischen Bedeutung unseres Landes stellen. Auch unsere Partner erwarten, dass wir uns ohne Schere im Kopf beteiligen. Daraus folgt aber auch kein Muss. [...]

Warum geht das jetzt, was hat sich geändert?

Den Boden bereitet hat die Diskussion über eine veränderte Rolle Deutschlands in den letzten Monaten. Und die Dramatik der Situation bringt die Nagelprobe. Jeder sieht, dass Hunderttausende von Menschen nicht nur vom Hungertod bedroht sind, sondern auch durch die blanke Gewalt der IS-Milizen. [...]

Waffen bleiben selten bei denen, die man beliefert. Und die Guten von heute sind oft die Bösen von morgen. Wie können wir sicher sein, dass wir die Lage nicht verschlimmern, wenn wir Waffen liefern?

Diese Garantie gibt es nirgends – und das ist das Dilemma, in dem wir uns bewegen.

Interview: Peter Dausend, Tina Hildebrandt, www.zeit.de, 4.9.2014

Ursula von der Leyen (*1958), CDU, ist seit 2013 Bundesministerin für Verteidigung. Sie hat im Frieden und im Spannungsfall die Befehls- und Kommandogewalt über die deutschen Streitkräfte. Nur im Verteidigungsfall gehen diese Befugnisse auf die Bundeskanzlerin über.

M 6 ● Bremst die Rüstungsexporte

Deutschland schickt ungern Soldaten in fremde Länder, dafür umso mehr Waffen. Das ist abwegig. Es ist an der Zeit, Einspruch zu erheben. Deutschland ist heute der drittgrößte Waffenexporteur der Welt, es rangiert damit vor China, vor Japan, vor Frankreich und vor England, direkt hinter den USA und Russland. Eine Entwicklung, die mir sehr missfällt. [...]

Zwar sind diese Exporte ökonomisch nicht ganz irrelevant, selbst wenn dahinter bei den Kleinwaffen nur etwa 2.000 Arbeitsplätze stehen. Aber im Verhältnis zur Gesamtbeschäftigung sind sie vernachlässigenswert, denn gewiss kann unser Arbeitsmarkt eine Einschränkung der Waffenexporte verkraften. Eine am Frieden sich orientierende Außenpolitik sollte das Argument der Arbeitsplätze zur Kenntnis nehmen, aber gleichwohl bei ihrer Meinung bleiben.

Helmut Schmidt, www.zeit.de, 12.12.2013

Helmut Schmidt (1918-2015) war ein SPD-Politiker, u.a. Verteidigungsminister 1969-72, Finanzminister 1972-74, Bundeskanzler 1974-82, Mitherausgeber einer Wochenzeitung

Aufgaben

1. a) Recherchieren Sie arbeitsteilig in Gruppen die innenpolitische Situation in den zehn Hauptimportländern für deutsche Rüstungsgüter. (M 3)

   b) Welche der Staaten würden Sie als Krisenregion bezeichnen? (M 3)

2. Beurteilen Sie die Waffenlieferungen an die Peschmerga im Nordirak vor dem Hintergrund deutscher bzw. europäischer Sicherheitsinteressen. (M 4)

3. Wägen Sie die Argumente für bzw. gegen ein passiv militärisches Engagement Deutschlands durch Waffenlieferungen in Krisenregionen wie den Irak kritisch gegeneinander ab. (M 4 – M 6)

ORIENTIERUNGSWISSEN

Außenpolitik

Unter der **Außenpolitik** eines Landes versteht man alle Aktionen, Vorhaben und Interessen eines Staates, die an andere Staaten oder **internationale Organisationen** gerichtet sind. Im Gegensatz dazu spricht man von internationalen Beziehungen, wenn es um zwischenstaatliche Vereinbarungen, Handlungen und Reaktionen geht, an denen neben Staaten bzw. deren Regierungen auch internationale Regierungsorganisationen, Nichtregierungsorganisationen, Unternehmen oder Privatpersonen mitwirken können. Man unterscheidet Beziehungen zwischen zwei Staaten (**bilaterale Beziehungen**) und mehreren Staaten (**multilaterale Beziehungen**).

Auswärtiges Amt

Geleitet wird die Außenpolitik vom **Auswärtigen Amt** (**AA**), der deutschen Bezeichnung für das **Außenministerium**. Es ist unter der **Leitung des Außenministers** zuständig für die deutsche Außenpolitik, wobei diese auch die Europapolitik umfasst. Hauptaufgabe des Auswärtigen Amtes und der deutschen Auslandsvertretungen, dem Auswärtigen Dienst, ist die **Pflege der Beziehungen Deutschlands zu anderen Staaten** sowie zu **zwischen- und überstaatlichen Einrichtungen**.

Diplomatie

Als wichtigstes Instrument zur Gestaltung der auswärtigen Beziehungen gilt hierbei die Diplomatie, also die **friedliche Durchsetzung der Interessen** des eigenen Staates durch (mehr oder weniger formelle) Verhandlungen und Übereinkommen (z.B. bei Konflikten, im Handel oder zur Friedenssicherung).

Akteure der deutschen Außenpolitik

Die klassischen Akteure der deutschen Außenpolitik sind die staatlichen Organe des Bundes, also **Bundesregierung** und **Bundestag**. Dem **Bundeskanzler/der Bundeskanzlerin** kommt im Rahmen der Richtlinienkompetenz die **Weisungsfunktion** in der Außenpolitik zu. Das Auswärtige Amt koordiniert die gesamte deutsche Außenpolitik, in die auch andere Ministerien, z.B. das Ministerium für wirtschaftliche Zusammenarbeit und Entwicklung oder das Wirtschaftsministerium, eingebunden sind. Der **Bundestag** hat außenpolitisch eine **Kontrollfunktion**. Er muss internationalen Verträgen zustimmen und bestimmte außenpolitische Maßnahmen genehmigen. Sofern **Länderinteressen** berührt sind, ist auch der Bundesrat involviert.

Rahmenbedingungen der deutschen Außenpolitik
(M 1 – M 6)

Unabhängig von der politischen Ausrichtung und Schwerpunktsetzung der regierenden Partei(en) muss deutsche Außenpolitik eine **Reihe von Voraussetzungen und Bedingungen** berücksichtigen, die sich aus der **Vergangenheit Deutschlands**, seiner **geostrategischen Lage** in der Mitte Europas, den **Vorgaben des Grundgesetzes** und den **Verpflichtungen gegenüber internationalen Organisationen** wie NATO, EU oder UNO ergeben. Darüber hinaus beeinflussen aktuelle politische Entwicklungen im In- und Ausland (z.B. Übergriffe auf Ausländer in Deutschland, Krisen und Konflikte) die öffentliche Meinung in Deutschland. Auch **wirtschaftliche Interessen** und **finanzielle Spielräume** bestimmen das außenpolitische Agieren.

Vorgaben des Grundgesetzes

Die **Präambel** des Grundgesetzes verpflichtet Deutschland dazu, „**als gleichberechtigtes Mitglied in einem vereinten Europa dem Frieden der Welt zu dienen**". Artikel 26 verbietet „Handlungen, die geeignet sind und in der Absicht vorgenommen werden, das friedliche Zusammenleben der Völker zu stören, insbesondere die Führung eines Angriffskrieges". Die Streitkräfte des Bundes dienen der Verteidigung (**GG Art. 87a**), Einsätze außerhalb der Verteidigung sind durch das Grundgesetz geregelt. Nach einem Urteil des Bundesverfassungsgerichtes von 1994 sind Auslandseinsätze der Bundeswehr im Rahmen von UN- und NATO-Mandaten mit dem Grundgesetz vereinbar. Sie bedürfen der Zustimmung durch den Bundestag.

Leitlinien

Die Außen- und Sicherheitspolitik verfolgt das übergeordnete Ziel, **Sicherheit, Frieden, Demokratie und Freiheit für Deutschland** zu erhalten und die **Voraussetzungen für wirtschaftliches Wohlergehen** zu schaffen. Als Leitlinien gelten u. a. die **Integration in die westliche Staatenwelt** mit ihren Werten Demokratie und Rechtsstaatlichkeit, die **Förderung der europäischen Integration** und der **Einbindung der östlichen Nachbarstaaten**, die **Unterstützung kooperativer Konfliktbearbeitung** durch die UN und andere internationale Organisationen und die Durchsetzung einer globalen Geltung des **Völkerrechts** und der **Menschenrechte**.

Dilemma der deutschen Außenpolitik

Ein grundsätzliches Dilemma deutscher Außenpolitik besteht in der Verpflichtung, sich aufgrund der eigenen Vergangenheit und aus der historischen Verantwortung als Auslöser zweier Weltkriege und des Massenmords an den europäischen Juden heraus, auf internationalem Parkett besonders behutsam zu bewegen. So hat sich die Bundesrepublik Deutschland verpflichtet, sich für **Demokratie** und **Menschenrechte** weltweit einzusetzen. In der Praxis erweist sich dieser Ansatz aber oftmals als problematische **Gratwanderung** – etwa dann, wenn es um gute wirtschaftliche Beziehungen zu autoritären oder diktatorisch regierten Staaten (wie z.B. der Volksrepublik China oder Saudi-Arabien) geht.

Rüstungsexporte

M 3 – M 6

Rüstungsexporte unterliegen einem **Genehmigungsverfahren**. Dieses ist allerdings **wenig transparent**. Strenge Ausfuhrbestimmungen für Waffenexporte sollen dafür sorgen, dass deutsche Waffen nicht in die Hände von Kriegsparteien geraten, doch gibt es keine Garantie dafür, dass diese Waffen im Konfliktfall nicht von den Abnehmern gegen die eigene Bevölkerung oder andere Staaten eingesetzt bzw. auf illegalen Wegen weitergegeben werden.

Kleine Chronologie des „Brexit"

01/2013: Premierminister David Cameron verspricht ein Referendum über den Verbleib Großbritanniens in der EU, um der rechtspopulistischen UKIP den Wind aus den Segeln zu nehmen und seine eigene Position zu stärken.

05/2015: Camerons Partei, die Tories, gewinnen erneut die Parlamentswahlen mit absoluter Mehrheit. Der Premier erneuert sein Versprechen eines Referendums.

01/2016: Cameron gibt seinen Ministern freie Hand, sich für oder gegen einen Austritt aus der EU zu positionieren. Unerwartet viele Kabinettsmitglieder outen sich als EU-Gegner.

02/2016: Die EU kommt Großbritannien mit einem Reformpaket entgegen, um die Gefahr eines „Brexit" abzuwenden.

05/2016: Mit dem Beginn der heißen Phase des Wahlkampfs zum Referendum verschärft sich die Tonlage. Verbale Angriffe und falsche Fakten der rechtspopulistischen UKIP beherrschen die öffentliche Diskussion.

23.6.2016: Tag des Referendums. Noch in der Nacht schwankt das Ergebnis zwischen „Brexit" und „Bremain". Am nächsten Morgen steht fest: 51,9 Prozent der Briten wollen die EU verlassen.

3.4 Chancen und Probleme der europäischen Integration

3.4.1 Ist die Demokratie in Europa auf dem Rückzug?

M 1 ● Quo vadis Europa?

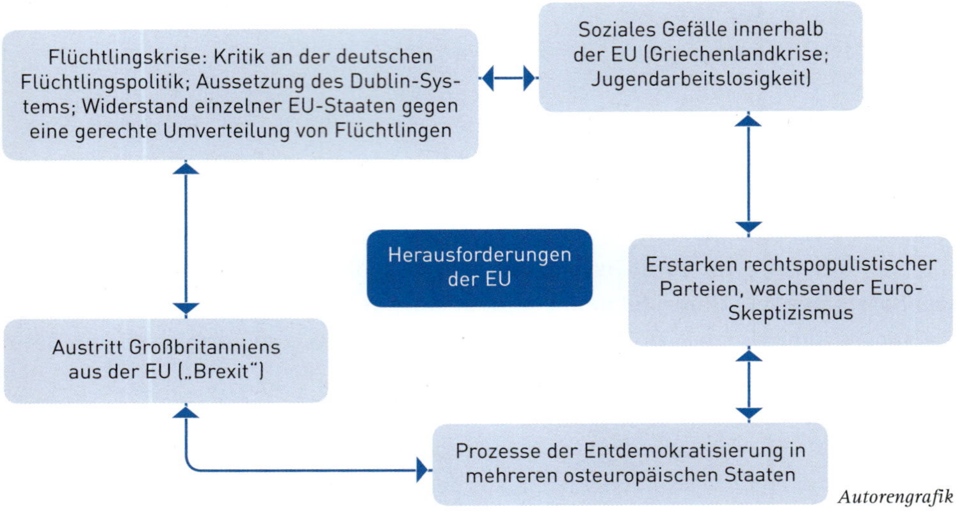

Autorengrafik

M 2 ● Warum (junge) EU-Bürger rechte Parteien wählen …

a) Slowakei – Abgehängt und frustriert

Milan Mazurek läuft mit drei Kumpanen Streife. Im Park sprechen sie eine Gruppe von Roma an: „Zwei Stunden seid ihr schon hier, verschwindet." Mazurek ist 23 Jahre alt und Abgeordneter im slowakischen Parlament für die rechtsextreme Partei „Kotleba – Volkspartei Unsere Slowakei" (L'SNS) und Teil einer selbsterklärten Bürgerwehr. […]

Bei der vergangenen Nationalratswahl im März 2016 sorgte die L'SNS für eine Überraschung. Als drittstärkste Kraft zog sie mit acht Prozent ins Parlament ein. […] Bei den Erstwählern konnten die Rechtsextremen mehr Stimmen sammeln als alle anderen Parteien: Mehr als jeder fünfte unter 22 Jahren stimmte für die Partei L'SNS. Fast 70 Prozent der Wähler sind jünger als 40 Jahre. Parteichef Marian Kotleba ist ein bekannter Neonazi. […]

Warum wählen so viele junge Menschen einen Rechtsextremen? Mit der Frage tut sich Pavol Baboš schwer. Der Politologe der Universität Bratislava hat zwar erst 2015 die Erstwähler und ihre Einstellungen untersucht. Bis zur Wahl 2016 jedoch tauchten die Rechtsextremen in den Umfragen kaum auf. […] Er kann aber einen generellen Trend ausmachen: Junge Slowaken sind frustriert. „Sie haben das Vertrauen in den politischen Mainstream verloren. Nach ihrer Meinung leben die ‚Eliten' in einem Elfenbeinturm, sind total korrupt und haben den Kontakt zu den normalen Menschen verloren", sagt Baboš.

Der Umschwung in den osteuropäischen Ländern nach 1989 habe trotz des Fortschritts auch viele Verlierer produziert, meint Tobias Spöri, Politikwissenschaftler der Uni Wien.

Camilla Kohrs, www.zeit.de, 31.3.2017

b) Österreich – Feindbild Migrant

„Sei auch du ein echter Patriot“, wirbt ein Video im November vergangenen Jahres für die Jugendorganisation der rechten FPÖ. Als Beispiel zeigt das Video zwei junge Österreicher: den Feuerwehrmann Gregor, der „auch für die Schwächsten durchs Feuer geht“ und Julia, die in kurzer Trachtenlederhose gekleidet einen Baum pflanzt. [...] Immer mehr würde die Jugend von heute erkennen, dass die FPÖ die einzige Partei sei, die ihre Probleme und Ängste ernst nehme, schreibt eine Bezirksgruppe der Jugendorganisation auf der Seite der FPÖ. Die FPÖ profiliert sich als die Partei, die das Volk beschützen wolle: Der Sozialstaat werde von den Migranten ausgenutzt – für den Österreicher bleibe hingegen kaum noch was übrig. Die Regierung sei nur mit sich selbst beschäftigt und vernachlässige ihre Heimat. Bei der Präsidentschaftswahl 2016 trat ihr Kandidat Norbert Hofer gegen den grünen Alexander Van der Bellen an. Van der Bellen konnte die Stichwahl knapp für sich entscheiden. [...] Die unter 30-Jährigen wählten zwar mehrheitlich Van der Bellen, Statistiken zeigen aber einen Unterschied zwischen Männern und Frauen: 53 Prozent der männlichen Wähler unter 30 Jahren stimmten für den FPÖ-Kandidaten, aber nur 31 Prozent der weiblichen.

Camilla Kohrs, www.zeit.de, 31.3.2017

07/2016: Theresa May wird nach dem Rückzug des radikalen Brexit-Befürworters Boris Johnson neue Premierministerin.

10/2016: Die Tories plädieren für einen „harten Brexit“ ohne Teilnahme am EU-Binnenmarkt.

03/2016: Das britische Parlament stimmt für das von der Regierung vorgelegte Brexit-Gesetz. Am 29. März überreicht der britische EU-Botschafter den Austrittsantrag in Brüssel.

c) Deutschland – „Enttäuschte Demokraten“

Da war der Galgen vor der Dresdner Semperoper, „reserviert für Angela Mutti Merkel“ und „reserviert für Sigmar das Pack Gabriel“. Ein Demonstrant drohte, die Kanzlerin und den Vizekanzler zu hängen. Da waren Sätze wie „euch sollte man im Fluss ertränken“ oder „denen sollte man die Augen ausstechen“, auf den Internetseiten von Politikern zu lesen, jeden Tag aufs Neue. Da sind die Lauten, die das System verachten – doch zeigt eine neue Studie, dass sie nicht die Mehrheit stellen, nicht einmal unter den sogenannten Populisten. In Deutschland seien populistische Einstellungen zwar weit verbreitet, heißt es in einer repräsentativen Studie der Bertelsmann Stiftung, die meisten dieser Menschen aber seien „enttäuschte Demokraten“ und „keine Feinde der Demokratie“. Für den Bundestagswahlkampf bedeute das, mit radikalen Thesen könnten Politiker beim Großteil der Wähler nicht punkten.

Etwa ein Drittel der Deutschen stimmt populistischen Aussagen grundlegend zu, wobei das erst einmal heißt: Die Menschen wünschen den Bürgern mehr Einfluss, die Politiker seien zu weit weg von deren Belangen.

Wer Populist ist und wer nicht, machen die Autoren vor allem an drei Merkmalen fest: Diese Menschen wünschen sich mehr Macht

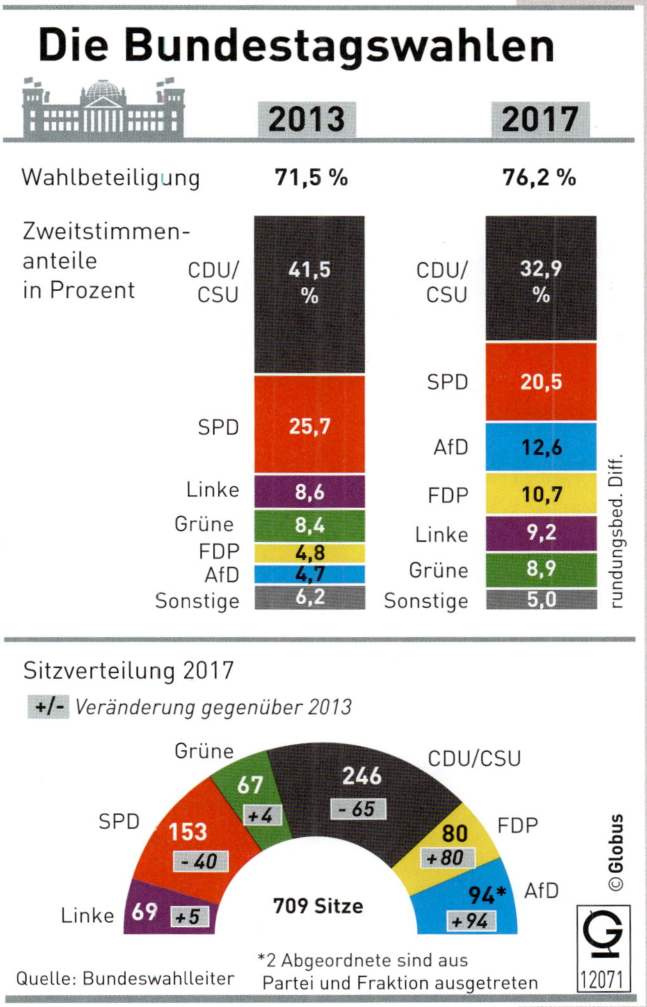

Dpa: 96402517

Rechtspopulismus
politische Strategie, die die breite, häufig unterprivilegierte Bevölkerungsschichten gegen „die da oben" aufwiegelt. Rechtspopulisten gerieren sich als Fürsprecher der „kleinen Leute", stellen politische Probleme übertrieben vereinfacht dar und nutzen dazu häufig ein simples Freund-Feind-Schema. Dadurch grenzen sie die eigene soziale Gruppe gegen andere Gruppen ab und schüren z.B. gezielt Ängste vor einer „Überfremdung" durch Migranten. Bewusst spielen Rechtspopulisten mit Tabubrüchen, fordern z.B. mehr Härte gegen Randgruppen und Minderheiten.

für das Volk. Sie kritisieren das Establishment. Und sind gegen den Pluralismus. Denn sie gehen davon aus, dass das Volk einen gemeinsamen Willen teilt, einen volonté générale, deshalb halten sie von der Vielfalt der Meinungen nicht viel. [...]
Die Deutschen sind der Studie zufolge eher moderate Populisten als radikale, sie lehnen weder die Demokratie generell ab, noch die Europäische Union. Während unter den unpopulistischen Wählern fast neun von zehn die Mitgliedschaft in der EU „voll und ganz" oder zumindest „eher" für eine gute Sache halten, tut das auch bei den populistischen Wählern noch immer die klare Mehrheit. Genauso glauben die meisten daran, dass die Demokratie „alles in allem" die beste Staatsform sei.

Es geht also nicht um das Ob, sondern um das Wie. Zum Beispiel ist etwa die Hälfte der Populisten nicht der Meinung, dass die Demokratie momentan besonders gut funktioniere, dass die Europäische Integration zu weit gegangen sei. „Eine Kampagne wie der Brexit aber hätte in Deutschland derzeit nicht den Hauch einer Chance", sagt Robert Vehrkamp, einer der Autoren der Studie.
Ein moderater Populismus müsse für eine Demokratie ohnehin nicht schädlich sein, betonen er und sein Kollege Christopher Wratil. Solch eine Bewegung kann auf Fehler der Politiker hinweisen, letztendlich deren Arbeit verbessern, wie eine Opposition im Bundestag.

Pia Ratzesberger, www.suedeutsche.de, 25.7.2017

Aufgaben

1. Keine der aktuellen Herausforderungen der Europäischen Union steht unverbunden für sich. Stellen Sie plausible Bezüge zwischen ihnen her. (M 1)
2. Erschließen Sie aus den Länderbeispielen die Beweggründe vieler (junger) Europäer, rechtspopulistische Parteien zu wählen (M 2) und kontrastieren Sie sie kritisch mit den Werten und Zielen der Europäischen Union. (vgl. Kap. 3.4.3, M 9)
3. Auch in anderen europäischen Staaten, etwa Frankreich, den Niederlanden, Großbritannien oder Dänemark, gibt es politisch relevante rechtspopulistische Strömungen. Diskutieren Sie, inwieweit diese eine Gefahr für die Demokratie und den Zusammenhalt in Europa darstellen können.

H zu Aufgabe 1
Hinweise geben Ihnen auch die Materialien M 2 a–c.

3.4.2 Meilensteine der europäischen Integration

M 3 ● Friedensnobelpreis 2012 – im Wortlaut

„Die Union und ihre Vorgänger haben über sechs Jahrzehnte zur Förderung von Frieden und Versöhnung beigetragen. Seit 1945 ist diese Versöhnung Wirklichkeit geworden. Das furchtbare Leiden im Zweiten Weltkrieg zeigte die Notwendigkeit eines neuen Europa. Über 70 Jahre hatten Deutschland und Frankreich drei Kriege ausgefochten. Heute ist Krieg zwischen Deutschland und Frankreich undenkbar. Das zeigt, wie historische Feinde durch gut ausgerichtete Anstrengungen und den Aufbau gegenseitigen Vertrauens enge Partner werden können. In den 80er-Jahren sind Griechenland, Spanien und Portugal der EU beigetreten. Die Einführung der Demokratie war Voraussetzung für ihre Mitgliedschaft. Der Fall der Berliner Mauer machte den Beitritt möglich für mehrere zentral- und osteuropäische Staaten. Dadurch wurde eine neue Ära der europäischen Geschichte eingeleitet. Die Teilung zwischen Ost und West ist in weiten Teilen beendet. [...] Die EU erlebt derzeit ernste wirtschaftliche Schwierigkeiten und beachtliche soziale Unruhen. Das norwegische Nobelkomitee wünscht den Blick auf das zu lenken, was es als wichtigste Errungenschaft der EU sieht: den erfolgreichen Kampf für Frieden und Versöhnung und für Demokratie sowie die Menschenrechte; die stabilisierende Rolle der EU bei der Verwandlung Europas von einem Kontinent der Kriege zu einem des Friedens."

dpa, Friedensnobelpreis für die EU, Die Begründung des Nobelkomitees im Wortlaut, www.tagesschau.de, 12.10.2012

M 4 ● Friedensnobelpreis für die EU in der Karikatur

Karikatur: Schwarwel, 2012

Friedensnobelpreis

Der schwedische Erfinder und Unternehmer Alfred Nobel (1833 – 1896) verfügte in seinem Testament, den Friedensnobelpreis an denjenigen zu vergeben, der im jeweiligen Jahr am meisten darauf hingewirkt hat, den Frieden unter den Völkern zu fördern. Der Friedensnobelpreis wird seit 1901 jährlich vergeben.

→ vgl. Kap. 3.3.2

Erklärfilm zur Europäischen Union

Mediencode: 8918-16

EU-Zeitstrahl

1950: Schuman-Plan

1951: Gründung der Montanunion (EGKS)

1957: Verträge von Rom, Gründung der Europäischen Wirtschaftsgemeinschaft (EWG) und Europäischen Atomgemeinschaft (Euratom)

1967: Zusammenlegung von EWG, EGKS und Euratom zu EG (Europäische Gemeinschaften)

1979: Erste Direktwahlen des Europäischen Parlaments

1985: Schengener Abkommen

1993: Europäischer Binnenmarkt, Europäische Union

1994: Europäischer Wirtschaftsraum

1999: Euro-Einführung

2002: Einführung von Euro-Bargeld

2009: Inkrafttreten des Vertrags von Lissabon

M 5 ● Werte und Ziele der EU

Auszüge aus dem Vertrag von Lissabon, der seit dem 1. Dezember 2009 in Kraft ist und den Höhepunkt einer umfassenden Reform der Europäischen Union darstellt.

Artikel 2

Die Werte, auf die sich die Union gründet, sind die Achtung der Menschenwürde, Freiheit, Demokratie, Gleichheit, Rechtsstaatlichkeit und die Wahrung der Menschenrechte einschließlich der Rechte der Personen, die Minderheiten angehören. Diese Werte sind allen Mitgliedstaaten in einer Gesellschaft gemeinsam, die sich durch Pluralismus, Nichtdiskriminierung, Toleranz, Gerechtigkeit, Solidarität und die Gleichheit von Frauen und Männern auszeichnet.

Artikel 3

(1) Ziel der Union ist es, den Frieden, ihre Werte und das Wohlergehen ihrer Völker zu fördern.

(2) Die Union bietet ihren Bürgerinnen und Bürgern einen Raum der Freiheit, der Sicherheit und des Rechts ohne Binnengrenzen, in dem – in Verbindung mit geeigneten Maßnahmen in Bezug auf die Kontrollen an den Außengrenzen, das Asyl, die Einwanderung sowie die Verhütung und Bekämpfung der Kriminalität – der freie Personenverkehr gewährleistet ist.

(3) Die Union errichtet einen Binnenmarkt. Sie wirkt auf die nachhaltige Entwicklung Europas auf der Grundlage eines ausgewogenen Wirtschaftswachstums und von Preisstabilität, eine in hohem Maße wettbewerbsfähige soziale Marktwirtschaft, die auf Vollbeschäftigung und sozialen Fortschritt abzielt, sowie ein hohes Maß an Umweltschutz und Verbesserung der Umweltqualität hin. Sie fordert den wissenschaftlichen und technischen Fortschritt. Sie bekämpft soziale Ausgrenzung und Diskriminierungen und fordert soziale Gerechtigkeit und sozialen Schutz, die Gleichstellung von Frauen und Männern, die Solidarität zwischen den Generationen und den Schutz der Rechte des Kindes. Sie fördert den wirtschaftlichen, sozialen und territorialen Zusammenhalt und die Solidarität zwischen den Mitgliedstaaten. Sie wahrt den Reichtum ihrer kulturellen und sprachlichen Vielfalt und sorgt für den Schutz und die Entwicklung des kulturellen Erbes Europas.

(4) Die Union errichtet eine Wirtschafts- und Währungsunion, deren Währung der Euro ist.

(5) In ihren Beziehungen zur übrigen Welt schützt und fördert die Union ihre Werte und Interessen und trägt zum Schutz ihrer Bürgerinnen und Bürger bei. Sie leistet einen Beitrag zu Frieden, Sicherheit, globaler nachhaltiger Entwicklung, Solidarität und gegenseitiger zu freiem und gerechtem Handel, zur Beseitigung der Armut und zum Schutz der Menschenrechte, insbesondere der Rechte des Kindes, sowie zur strikten Einhaltung und Weiterentwicklung des Völkerrechts, insbesondere zur Wahrung der Grundsätze der Charta der Vereinten Nationen.

© Europäische Union 1998-2013, Amtsblatt der Europäischen Union, http://eur-lex.europa.eu, 30.3.2010

Aufgaben

1. Geben Sie mit eigenen Worten wieder, warum die EU den Friedensnobelpreis erhalten hat. (M 3)
2. Kontrastieren Sie die Begründung des Nobelkomitees anlässlich der Verleihung des Friedensnobelpreises an die EU mit der politischen Realität. (M 3, M 4)
3. a) Erschließen Sie aus dem Textauszug des Vertrags von Lissabon, welche Ziele die EU verfolgt. (M 5)

   b) Schätzen Sie die Umsetzbarkeit der Ziele angesichts der anstehenden Herausforderungen kritisch ein.

3.4.3 Die EU-Institutionen und ihr Zusammenspiel bei der Gesetzgebung

M 6 ● So funktioniert die EU ...

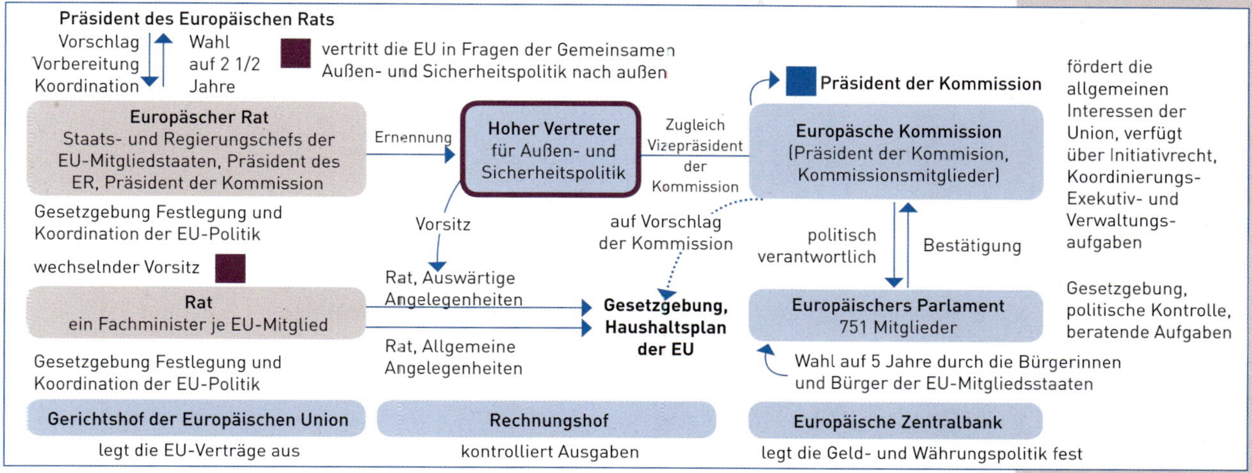

M 7 ● Wie demokratisch ist die EU?

Aus einem Interview mit dem Politikwissenschaftler Wolfgang Wessels:

Welches Demokratieverständnis liegt der Europäischen Union zugrunde?

Wessels: Der Ausgangspunkt dafür ist der Vertrag über die Europäische Union. Die Mitgliedstaaten haben hier viele Kompetenzen an die EU übertragen. [...] Aus dem Vertrag kann man wesentliche Elemente des Demokratieverständnisses herauslesen. Die EU definiert sich laut Artikel 2 als Wertegemeinschaft, hier sind beipielsweise die Menschenwürde oder der Schutz von Minderheiten festgeschrieben. Die EU versteht sich als repräsentative Demokratie, so steht es in Artikel 10 des Vertrags. Kennzeichnend ist zudem eine ausgeprägte Gewaltenteilung zwischen den Institutionen, das direkt gewählte Parlament entscheidet nicht alles. Darüber hinaus sind in den EU-Verfahren demokratische Prinzipien festgeschrieben. Die eigentliche Legitimationsquelle der EU sind weiterhin die nationalen Parlamente, die die nationalen Regierungen wählen. [...]

Sie haben das Europaparlament angesprochen. Manche Kritiker monieren, es verfüge nicht über genug Macht.

Das stimmt, das Europäische Parlament wird oft kritisiert. Es hat in den vergangenen Jahrzehnten und insbesondere noch einmal mit dem Vertrag von Lissabon, der 2009 in Kraft getreten ist, deutlich mehr Kompetenzen bekommen. Das Parlament ist neben dem Rat gleichberechtigter Gesetzgeber. [...]

Welche Möglichkeiten zur politischen Beteiligung haben die Bürger außer der Wahl des Europäischen Parlaments und wie nutzen sie diese?

[...] Außerhalb der Wahlen gibt es die Europäische Bürgerinitiative als Möglichkeit der direkten Partizipation: Wenn mindestens eine Millionen EU-Bürger aus mindestens sieben Mitgliedstaaten einer Initiative zustimmen, können sie die Europäische Kommission auffordern, einen Rechtsakt vorzuschlagen, also beispielsweise ein neues Gesetz. Bislang nutzten allerdings nur sehr wenige Bürger dieses Instrument und haben eine Initiative eingeleitet.

Matthias Klein, www.bpb.de, 7.4.2014

M 8 ● Das „Ordentliche Gesetzgebungsverfahren" der EU im Überblick

Das „Ordentliche Gesetzgebungsverfahren" regelt die Mitwirkung des Europäischen Parlaments bei der „Gesetzgebung" der EU. Als „Gesetze" werden hier nur die Richtlinien und Verordnungen bezeichnet.

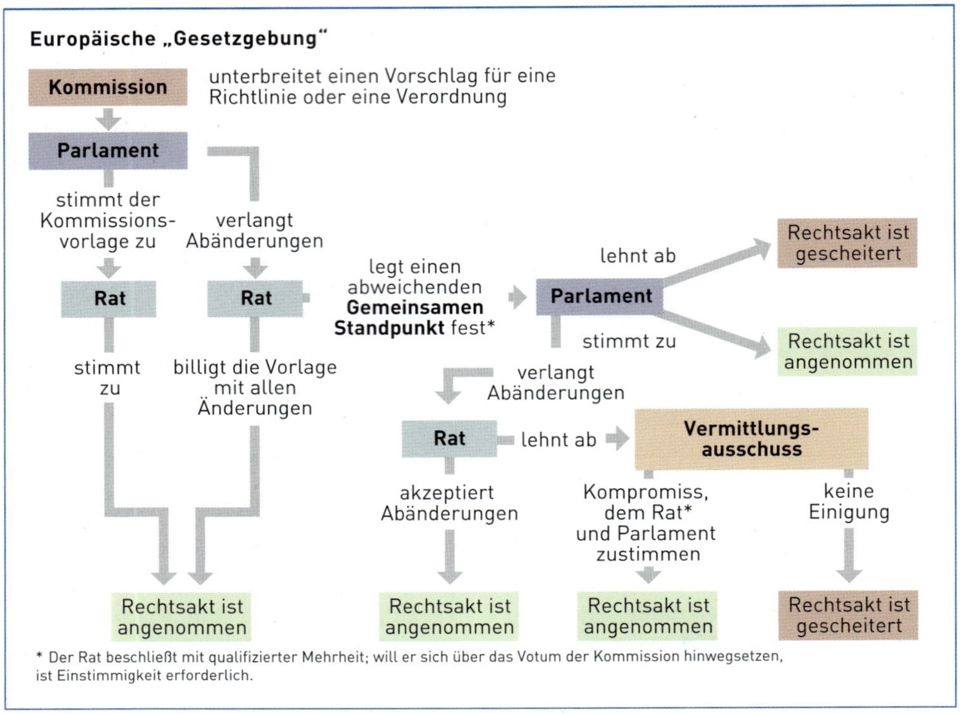

© *Bergmoser + Höller Verlag AG, Zahlenbilder 715420*

M 9 ● „Gesetze" der EU – Verordnungen, Richtlinien und sonstige Rechtsakte

Die in den EU-Verträgen niedergelegten Ziele werden mithilfe unterschiedlicher Rechtsakte verwirklicht. Einige dieser Rechtsakte sind verbindlich, andere nicht. Des Weiteren gelten manche für alle und andere nur für bestimmte EU-Länder.

Verordnungen
Eine Verordnung ist ein verbindlicher Rechtsakt, den alle EU-Länder in vollem Umfang umsetzen müssen. Als die EU beispielsweise die Ursprungsbezeichnung von Agrarerzeugnissen aus bestimmten Regionen schützen lassen wollte (Beispiel: der Parmaschinken), erließ der Rat der Europäischen Union eine entsprechende Verordnung.

Richtlinien
Eine Richtlinie ist ein Rechtsakt, in dem ein Ziel festgelegt wird, das alle EU-Länder verwirklichen müssen. Wie sie dies bewerkstelligen, können die einzelnen Länder selbst entscheiden. […] Die konkrete Umsetzung dieser Vorgaben regelt allerdings jedes EU-Land durch seine eigenen Gesetze.

Entscheidungen
Eine Entscheidung ist für den Adressatenkreis, den sie betrifft (z.B. ein EU-Land oder ein einzelnes Unternehmen), verbindlich und unmittelbar anwendbar. Als die Euro-

Rechtsakte in der EU seit dem Vertrag von Lissabon

Vor Inkrafttreten des Lissabon-Vertrags gab es 14 verschiedene Arten von Rechtsakten, die von den Organen der EU angenommen werden konnten. Diese große Zahl ergab sich insbesondere aus der alten Pfeilerstruktur der EU; jeder Pfeiler verfügte dabei über eigene Rechtsinstrumente.

päische Kommission beispielsweise eine Entscheidung über die Verhängung einer Geldstrafe für den Softwaregiganten Microsoft wegen Missbrauchs seiner beherrschenden Marktposition erließ, galt diese ausschließlich für Microsoft.

Empfehlungen

Eine Empfehlung ist nicht verbindlich. Als die Kommission eine Empfehlung darüber verabschiedete, dass die Struktur der Vergütung von Beschäftigten des Finanzdienstleistungssektors nicht zum Eingehen übermäßiger Risiken ermutigen sollte, hatte dies keine rechtlichen Konsequenzen. In einer Empfehlung können die Institutionen ihre Ansichten äußern und Maßnahmen vorschlagen, ohne denjenigen, an die sich die Empfehlung richtet, eine rechtliche Verpflichtung aufzuerlegen.

Stellungnahmen

Eine Stellungnahme ist ein Instrument, das es den Institutionen erlaubt, sich in unverbindlicher Form zu äußern. Mit einer Stellungnahme wird also denjenigen, an die sich die Stellungnahme richtet, keine rechtliche Verpflichtung auferlegt – sie ist nicht verbindlich. Die wichtigsten EU-Organe (Kommission, Rat und Parlament), der Ausschuss der Regionen und der Europäische Wirtschafts- und Sozialausschuss dürfen Stellungnahmen abgeben.

http://europa.eu, ©Europäische Union, 1995-2015, Für die Wiedergabe und Anpassung ist allein die C.C.Buchner Verlag GmbH verantwortlich.

Der Vertrag von Lissabon hebt diese Pfeilerstruktur auf und nimmt eine neue Klassifizierung der Rechtsakte vor. Seitdem können die Organe der EU nur noch fünf Arten von Rechtsakten annehmen:

- Verordnungen;
- Richtlinien;
- Beschlüsse;
- Empfehlungen;
- Stellungnahmen.

Organe und -Institutionen

Organe erfüllen die Aufgaben des Staatswesens und verfügen über eine aktive und passive Klagebefugnis. Die Organe eines politischen Systems handeln nach Maßgabe der Befugnisse, die ihnen die jeweiligen Verfassungen zuweisen. Institutionen helfen den Organen, ihre Aufgaben zu erfüllen.
Seit dem Vertrag von Lissabon (2009) verfügt die EU über insgesamt sieben Organe: Europäischer Rat, Europäisches Parlament, Ministerrat, EU-Kommission, Gerichtshof der EU und Europäische Zentralbank und Europäischer Rechnungshof.
EU-Institutionen sind z.B. der Ausschuss der Regionen oder die Europäische Investitionsbank.

M 10 ● Zuständigkeiten in der EU

Nach: Bundeszentrale für politische Bildung, Zuständigkeitsbereiche in der EU, www.bpb.de, (29.10.2014)

Aufgaben

1. Erläutern Sie die Verfahren demokratischer Entscheidungsfindung der EU, insbesondere das „Ordentliche Gesetzgebungsverfahren". (M 6 – M 8)
2. Fertigen Sie ein Schaubild an, wohin Sie einzelne Rechtsakte der EU nach ihrem Grad der Verbindlichkeit ordnen, und recherchieren Sie für jeden Rechtsakt aktuelle Beispiele im Internet. (M 9)
3. Erläutern Sie das Schaubild M 10 und diskutieren Sie, inwieweit Ihnen die dargestellte Trennung der Zuständigkeiten sinnvoll erscheint bzw. dem Prinzip der Subsidiarität (vgl. Randspalte S. 164) entspricht.

3.4.4 Nationale und gesamteuropäische Interessen im Widerstreit

M 11 Die Etappen der deutschen Pkw-Maut

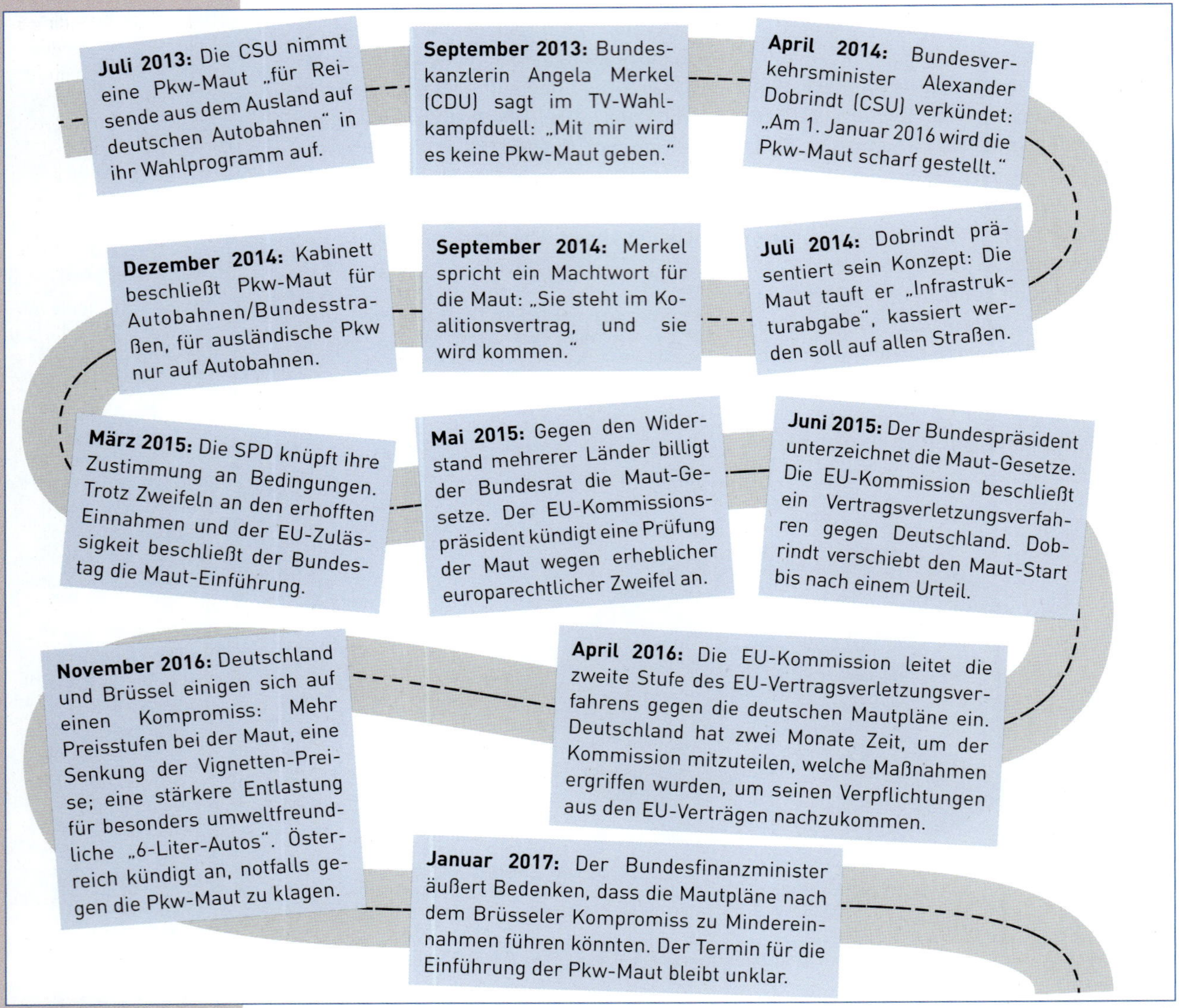

Autorengrafik

Info

Kernpunkte der geplanten Pkw-Maut

Die Pkw-Maut soll für inländische Autobesitzer auf Autobahnen und Bundesstraßen gelten, für Fahrer aus dem Ausland nur auf Autobahnen. Die Kosten richten sich nach Größe und Umweltfreundlichkeit des Autos – im Schnitt sollen sie bei 74 Euro im Jahr liegen. Für Ausländer soll es zudem eine Kurzzeitmaut geben. Belastet werden unter dem Strich nur Ausländer. Inländer bekommen ihr Geld durch eine Senkung der Kfz-Steuer zurück. Kontrolliert werden soll per elektronischem Abgleich mit dem Autokennzeichen. *Autorentext*

M 12 ● Das Diskriminierungsverbot – ein zentraler Grundsatz des EU-Rechts

Brüssel, 28. April 2016. Die Europäische Kommission leitet heute rechtliche Schritte gegen Straßennutzungsgebühren in Deutschland [...] ein, da diese die Bestimmungen des EU-Binnenmarktes missachten. Die Kommission befürwortet das „Verursacherprinzip", wonach Nutzer eine Straßennutzungsgebühr entrichten, die anschließend in die Verkehrsinfrastruktur fließen kann. [...] In zwei Fällen muss die Kommission nun jedoch Schritte setzen, um zu verhindern, dass Fahrer wegen ihrer Staatsangehörigkeit diskriminiert werden.

Im ersten Fall handelt es sich um Deutschland, wo am 8. Juni 2015 ein Gesetz zur Einführung einer Straßennutzungsgebühr für Pkw verabschiedet wurde. Gleichzeitig wurde ein Gesetz verabschiedet, das ausschließlich Haltern von in Deutschland zugelassenen Pkws die Befreiung von der Kfz-Steuer in Höhe der Straßennutzungsgebühr garantiert. Somit werden in Deutschland zugelassene Pkw – und ausschließlich diese – de facto von der Straßennutzungsgebühr ausgenommen.

Die Kommission ist der Auffassung, dass es auf zwei Ebenen zu Diskriminierung kommt: Zum einen werden deutsche Nutzer – und ausschließlich diese – von der Straßennutzungsgebühr befreit, weil ihre Kfz-Steuer genau um den Betrag der Gebühr gesenkt wird. Zum anderen sind die Preise für Kurzzeitvignetten, die typischerweise für ausländische Nutzer vorgesehen sind, überproportional teuer.

Trotz regelmäßiger Kontakte mit den deutschen Behörden seit November 2014 und zahlreicher Vorschläge seitens der Kommission, wie die deutsche Nutzungsgebühr EU-rechtskonform gestaltet werden kann, sind die grundlegenden Bedenken der Kommission nicht ausgeräumt worden. Aus diesem Grund leitet die Kommission heute die zweite Stufe des am 18. Juni 2015 eröffneten Vertragsverletzungsverfahrens gegen Deutschland ein. In ihrer Begründeten Stellungnahme von heute fordert die Europäische Kommission Deutschland auf, die Gesetzgebung innerhalb von zwei Monaten mit dem EU-Recht in Einklang zu bringen. Andernfalls könnte die Kommission entscheiden, den Fall vor den Gerichtshof der Europäischen Union zu bringen. [...]

Ein Hauptmerkmal nicht-diskriminierender Straßennutzungsgebühren ist, dass alle Nutzer den gleichen Preis für die Nutzung der Straßen entrichten. Die Erhebung von Straßennutzungsgebühren für Personenkraft- und Lastkraftwagen liegt im Zuständigkeitsbereich der Mitgliedsstaaten. Falls ein Mitgliedsstaat ausländische Nutzer für die Nutzung der Straßen bezahlen lassen will, muss diese Gebühr für alle Nutzer gelten – also sowohl für in- als auch ausländische. Eine Einführung einer Straßennutzungsgebühr ausschließlich für Ausländer wäre diskriminierend.

©Europäische Kommission 2016

Zuständigkeiten des Europäischen Gerichtshofs (EuGH)

1. Vorabentscheidungsersuchen: Nationale Gerichte können den EuGH vorab anrufen, um die ordnungsgemäße Anwendung von EU-Recht auf nationaler Ebene überprüfen zu lassen.

2. Vertragsverletzungsklagen: Dieses Verfahren kann von der EU-Kommission eingeleitet werden, wenn Grund zu der Annahme besteht, dass ein Mitgliedsstaat seine Verpflichtungen gemäß EU-Recht missachtet. Bei fortgesetzter Nichtbeachtung eines positiven EuGH-Urteils droht dem Mitgliedsstaat ein Bußgeld.

3. Nichtigkeitsklagen: Wenn ein EU-Mitgliedsstaat, der Rat, die Kommission oder (unter bestimmten Umständen) das EU-Parlament der Auffassung ist, dass ein bestimmter EU-Rechtsakt rechtswidrig ist, kann er vom EuGH für nichtig erklärt werden.

4. Untätigkeitsklagen: Sollten die Kommission, der Rat oder das EU-Parlament ihrer vertraglich festgelegten Verpflichtung zu einer Entscheidungsfindung nicht nachkommen, haben die Mitgliedsstaaten, die anderen EU-Organe, Privatpersonen oder Unternehmen die Möglichkeit, die Untätigkeit vom Gericht offiziell feststellen zu lassen.

Aufgaben

1. Zeichnen Sie den politischen Prozess der Einführung einer deutschen PKW-Maut nach. Nutzen sie die Methode der Konfliktanalyse (vgl. Kap. 3.1.3), um die Interessen, Ziele und Mittel auf dem Weg zu einem tragfähigen Kompromiss zu erschließen. (M 11, M 12)
2. Diskutieren Sie, inwieweit der gefundene Kompromiss zwischen der Bundesregierung und der Brüsseler Kommission im Falle einer Klage vor dem Europäischen Gerichtshof Bestand hätte.
3. Beurteilen Sie die Rolle der Europäischen Institutionen: Sehen Sie sie eher als Bremser berechtigter einzelstaatlicher Interessen oder als Sachwalter der Rechte der EU-Bürger?

3.4.5 Die Europäische Union in der Kritik

M 13 ● „Am Morgen danach …" war Großbritannien nicht mehr dabei

Karikatur: Axel Scheffer, 2016

Interpretationshilfe

Wappen des Vereinigten Königreichs

Britannia: Nationalallegorie Großbritanniens
Löwe: Wappentier Englands
Einhorn: Wappentier Schottlands

M 14 ● „Roll back" zum Nationalstaat – das Europa-Programm der AfD

Wir stehen für die Freiheit der europäischen Nationen von fremder Bevormundung. Rechtsstaatliche Strukturen, wirtschaftlicher Wohlstand und ein stabiles, leistungsgerechtes Sozialsystem gehören in die nationale Verantwortung. Wir unterstützen Strukturreformen, um die internationale Wettbewerbsfähigkeit der europäischen Staaten zu stärken, wenden uns jedoch entschieden gegen eine Transferunion und zentralistische Tendenzen.

Die Politik in Europa ist durch eine schleichende Entdemokratisierung gekennzeichnet, die EU ist zu einem undemokratischen Konstrukt geworden, dessen Politik von demokratisch nicht kontrollierten Bürokratien gestaltet wird. Damit die Staaten Europas wieder zu Leuchttürmen für Freiheit und Demokratie in der Welt werden können, ist eine grundlegende Reform der EU erforderlich.

Die politischen Eliten haben mit dem Vertrag von Maastricht 1992 und besonders mit dessen Veränderung in Lissabon 2007 den Versuch unternommen, die EU unumkehrbar zu einem Staat fortzuentwickeln. Dies geschah trotz der Volksabstimmungen in Frankreich und den Niederlanden von 2005. In beiden Ländern hatten die Bürger den sogenannten Verfassungsvertrag zur Gründung eines europäischen Großstaates abgelehnt. Die politische Führung der großen EU-Länder will dieses Projekt jedoch gegen den offenkundigen Mehrheitswillen der Völker in der EU auf Biegen und Brechen durchsetzen. Wir fordern im Gegenteil das Subsidiaritätsprinzip konsequent beizubehalten und Kompetenzen an die Nationalstaaten zurückzugeben. Die Vision eines europäischen Großstaates läuft zwangläufig darauf hinaus, dass die EU-Einzelstaaten, mit den sie tragenden Völkern, ihre nationale Souveränität verlieren. Aber nur die nationalen Demokratien, geschaffen

Zu den europäischen Vertragswerken
→ vgl. Kap. 3.4.3, M 9 und Randspalte

Subsidiaritätsprinzip
(lat. subsidium: Hilfe) Wahrnehmung einer (staatlichen) Aufgabe auf möglichst niedriger Ebene. So darf z.B. die Europäische Union nur tätig werden, wenn die Maßnahmen der Mitgliedsstaaten nicht ausreichen oder die politischen Ziele ein gemeinschaftliches Handeln sinnvoller erscheinen lassen.

durch ihre Nationen in schmerzlicher Geschichte, vermögen ihren Bürgern die nötigen und gewünschten Identifikations- und Schutzräume zu bieten. Nur sie ermöglichen größtmögliche individuelle und kollektive Freiheitsrechte. Nur sie können diese hinreichend sichern. Die Versprechen, durch multinationale Großstaaten und internationale Organisationen einen Ersatz für funktionierende demokratische Nationalstaaten zu schaffen, werden nicht eingehalten und sind nicht einhaltbar. Es handelt sich dabei um ideengeschichtlich alte Utopien. Sie zu realisieren, hat stets großes Leid über die Menschen gebracht. Stabile demokratische Nationalstaaten sind das Fundament einer friedlichen Weltordnung.

Grundsatzprogramm der AfD, beschlossen auf dem Bundesparteitag in Stuttgart am 30.4./01.5.2016

M 15 ● „Europa beherzt voranbringen"

Aus der Rede des ehemaligen SPD-Vorsitzenden Martin Schulz auf dem Bundesparteitag der SPD im Dezember 2017:

„Warum nehmen wir uns jetzt eigentlich nicht vor, [...] spätestens im Jahre 2025 diese Vereinigten Staaten von Europa verwirklicht zu haben? Ich will, dass es einen europäischen Verfassungsvertrag gibt, der ein föderales Europa schafft. Dieser Verfassungsvertrag, der muss mit den Menschen erarbeitet werden, und wenn wir ihn haben, dann muss er in den Mitgliedsstaaten vorgelegt werden. Ja, und wer dann dagegen ist, der geht dann eben aus der Europäischen Union raus. Lasst uns endlich den Mut aufbringen, Europa beherzt voranzubringen – nicht dieses Drehen an Stellschräubchen! Lasst uns Mut haben!"

Martin Schulz, 2017, Transkript des Redetextes

Martin Schulz
2012-2017: Präsident des EU-Parlaments
2017–2018: Parteivorsitzender der SPD

M 16 ● Argumente für und wider die Europäische Union

1. Nie wieder Krieg!

Krieg war sozusagen Europas „Werkseinstellung". Tausende Jahre Konflikte gipfelten in einem unvergleichlichen Blutvergießen in der ersten Hälfte des 20. Jahrhunderts. Konservative Schätzungen gehen von insgesamt 110 Millionen Opfern in Kriegen zwischen 1900 und 1950 aus, die von europäischen Nationen begonnen wurden. Seitdem gab es keine weiteren Toten in Kriegen zwischen europäischen Staaten. Die EU ist daher das beste Beispiel für ehemalige Gegner, die jetzt zusammenarbeiten, um Probleme durch Diskussionen und Kompromisse zu schlichten. [...]

2. Wohlstand

Abgesehen von jüngsten Problemen ist die EU wirtschaftlich ein Riesenerfolg. Die Errichtung eines gemeinsamen Binnenmarkts mit über 500 Millionen Menschen schuf die größte Handelszone der Welt. Der Handel zwischen EU-Nationen hat sich seit dem Beginn des Binnenmarkts verdreifacht – auf fast 2,5 Billionen Euro jedes Jahr. Nirgendwo leben so viele Menschen so gut. Firmen nutzen

1. Wiederherstellung nationaler Souveränität

Nationalstaaten sind souverän. Versuche, unterschiedliche Menschen in einem künstlichen „Superstaat" zusammenzupferchen, funktionieren nicht. Großbritannien, Frankreich, Deutschland und die anderen Länder sind stolze Nationen mit ihrer eigenen Geschichte und Traditionen. Sie unterwerfen sich nicht Kräften von außen. Denn die Völker Europas sind einfach zu unterschiedlich [...]. Es ist an der Zeit, diese Realitäten zu erkennen und eine geordnete Auflösung der EU zu veranlassen. Geschieht dies nicht, dann können die internen Spannungen eine unbändige, sogar gewalttätige Trennung verursachen. [...]

2. Befreit die Wirtschaft

Europas Wirtschaft mag vielleicht die der USA in den glorreichen Jahren nach dem Zweiten Weltkrieg überholt haben, aber seitdem ist sie zunehmend sklerotisch geworden, begraben unter bürokratischen Regulierungen, die von Brüssel aus aufgezwungen werden. Befreit von den Ketten der EU könnten Länder wieder wirtschaftlichen Richtlinien folgen, die ihren nationalen Interessen entsprechen. Großbritannien müsste keine billigen Arbeitskräfte aus dem Osten akzeptieren, Frankreich könnte den zollfreien Zugang, Verbraucher kriegen ein großes Angebot und gute Preise und Arbeiter können ohne Begrenzung reisen und sich niederlassen. Der Euro hat diese Vorteile noch verstärkt, indem er Stabilität bietet und ein einfacheres und günstigeres Reisen für Unternehmen und Touristen ermöglicht. EU-Finanzierung nutzt außerdem den ärmeren Ländern und schafft lukrative, neue Märkte für die reicheren Staaten. Offene Märkte schaffen Arbeitsplätze, geschlossene Grenzen vernichten sie.

3. Stärker zusammen

Unsere multipolare Welt wird regiert von Großmächten – die Vereinigten Staaten, China, Russland, Indien. Bald könnten andere Gemeinschaften von regionalen Kräften dazukommen, aus Südamerika, Südostasien oder sonstwo. Selbst die großen Länder der EU wie Deutschland, Frankreich und Großbritannien hätten dann ihre Probleme, ihrer Stimme in der Welt Gehör zu verschaffen. Kleinere Länder würden völlig an den Rand gedrängt werden. Gemeinsam aber wird die EU zu einer starken Macht – sowohl Führer in der Entwicklungshilfe als auch beim Thema Umweltschutz und eine wichtige Kraft im Kampf gegen Terrorismus und grenzübergreifende Kriminalität. [...]

4. Europäische Werte

Europa ist reich an unterschiedlichen Kulturen und Ideen, aber die Nationen teilen auch gemeinsame Werte. Sie verteidigen beispielsweise die Menschenrechte, Demokratie und den Rechtsstaat. Sie stehen für eine Marktwirtschaft mit einem sozialen Sicherungsnetz. Sie unterstützen faire, pluralistische und säkulare Gesellschaften. Trotz ihrer Unterschiede sind Europas Nationen sich selbst die engsten Freunde und Verbündeten. Die oft geschmähten Gesetze und Regulierungen der EU helfen dabei, diese gemeinsamen Werte zu schützen und zu festigen. In diesen unsicheren Zeiten brauchen Bürger das mehr denn je.

seine Firmen vor ausländischem Wettbewerb schützen und Griechenland und Italien können ihre nationalen Währungen entwerten und so das Wachstum anheizen. Die Wirtschaften der EU sind einfach zu unterschiedlich um sie zusammen unter einen Hut zu bekommen.

3. Demokratie, nicht Bürokratie

Die Europäische Union ist fundamental undemokratisch. Gewählte nationale Parlament werden durch gesichtslose, weit entfernte Bürokraten überstimmt, die sich völlig von den unterschiedlichen Realitäten überall auf dem Kontinent entfernt haben. Das Europäische Parlament funktioniert nicht, weil es kein europäisches „demos" gibt. Die Bürger fühlen sich nicht europäisch, sondern irisch, slowakisch oder spanisch, und sie wollen nicht, dass ihre Demokratien, Traditionen und Freiheiten von einer ausländischen Macht untergraben werden. Europas alte Nationen wären stärker durch Kooperation als unabhängige Länder verbunden aber nicht aneinander gebunden in einem undemokratischen Reich. [...]

4. Geldverschwendung

Europäische Länder könnten in einem losen Verbund von handeltreibenden, unabhängigen Ländern zusammenarbeiten, ohne dass sie 115 Milliarden Euro jedes Jahr an eine Gruppe nichtgewählter, überbezahlter [Bürokraten] abdrücken müssen. Die EU ist eine Riesengeldverschwendung. Reichere Länder verschwenden dabei das hartverdiente Geld der Steuerzahler an Korruption, ineffiziente Landwirtschaft oder sinnlose Infrastrukturprojekte, die niemandem etwas bringen. Regierungen täten besser daran, das Geld einfach zu behalten.

www.debatingeurope.eu (14.12.2017)

Aufgaben

1. Informieren Sie Ihre Mitschüler über die Hintergründe und den aktuellen Stand des sogenannten „Brexit" (vgl. auch Kap. 3.4.1, Randspalte)
2. Beurteilen Sie, ausgehend von einer Analyse der Karikatur (M 13), die möglichen Folgen des Austritts Großbritanniens aus der Gemeinschaft für das Land, seine Bürgerinnen und Bürger sowie die Europäische Union insgesamt.
3. Führen Sie auf der Grundlage der Materialien M 14 bis M 16 sowie eigener Erfahrungen und Recherchen eine Podiumsdiskussion zum Thema „Hat die EU eine Zukunft?" durch.
4. In vielen Städten Europas hat sich 2016 die proeuropäische Bewegung „Pulse of Europe" formiert. Sie tritt mit dem Kernziel auf, den stillen Befürwortern Europas eine Stimme zu geben, aber auch europakritische Bürgerinnen und Bürger zu motivieren, an einer bürgerfreundlichen Reform der EU mitzuwirken.

   Begründen Sie in einem kurzen schriftlichen Statement, ob Sie sich eine Teilnahme an Aktionen der Bewegung vorstellen könnten.

H zu Aufgabe 3
Vereinbaren Sie vorab, welche Rollenträger auf dem Podium vertreten sein sollten, um ein breites Meinungsspektrum abzubilden.

Die Anfänge der EU
M 7

Die **Montanunion** wurde **1951** als erste der Europäischen Gemeinschaften zwischen der **Bundesrepublik Deutschland**, **Frankreich**, **Italien** und den **Benelux-Staaten** gegründet. **1958** traten die im Jahr zuvor in Rom unterzeichneten **Römischen Verträge** zur Gründung der **Europäischen Wirtschaftsgemeinschaft (EWG)** und der **Europäischen Atomgemeinschaft (Euratom)** in Kraft. Die Römischen Verträge gelten deshalb als die Gründungsverträge der Europäischen Gemeinschaft.

Der Vertrag von Maastricht

Der Vertrag von Maastricht, auch **Vertrag der Europäischen Union** genannt, gilt als Startschuss auf dem Weg zu einer politischen Union Europas. In ihm vereinbarten die Mitgliedsländer **1992**, die Europäische Gemeinschaft fortan Europäische Union (EU) zu nennen. Zudem verpflichteten sich die Vertragspartner zu einer **gemeinsamen Außen- und Sicherheitspolitik** sowie zu einer **engeren Zusammenarbeit in der Innen- und Justizpolitik**. Schließlich wurde als bedeutendste Neuerung die Schaffung einer Wirtschafts- und Währungsunion mit der Einführung des Euro beschlossen.

Europäischer Binnenmarkt

Bis Ende des Jahres 1992 wurde der **europäische Binnenmarkt** vollendet, d.h. alle Grenzen der Mitgliedstaaten wurden vollständig geöffnet für **Waren, Personal, Dienstleistungen und Kapital**. Zwischen den Mitgliedstaaten bestehen seitdem keine Zölle oder sonstige Handelshemmnisse; der Außenhandel mit Drittstaaten unterliegt einem gemeinsamen Außenzoll. Zudem wurde 2002 der Euro eingeführt. Heute ist der europäische Binnenmarkt der **größte einheitliche Markt der industrialisierten Welt**.

Der Vertrag von Lissabon
M 5

Der **Vertrag von Lissabon** (seit 2009 in Kraft) hat zum Ziel, die EU **effizienter, demokratischer und transparenter** zu machen. So wurden zum einen die **Rechte des Europäischen Parlaments ausgeweitet,** während auf der anderen Seite auch die nationalen Parlamente **größere Mitsprachemöglichkeiten** erlangten. Darüber hinaus wurden **neue Abstimmungsregeln** eingeführt und **Mehrheitsentscheidungen ausgeweitet**, um die Entschluss- und Handlungsfähigkeit der EU zu gewährleisten und reine Blockadepolitik einzelner Staaten zu verhindern. Mit der Einführung der zwei neuen Ämter eines **Hohen Vertreters der Union für die Außen- und Sicherheitspolitik** und des auf zweieinhalb Jahre gewählten **Ratspräsidenten** sollte zudem die internationale Reputation [= guter Ruf] der Union ausgebaut werden. Schließlich wurde ein **europäisches Bürgerbegehren** eingeführt.

Das Europäische Parlament
M 6 – M 10

Das Europäische Parlament in **Straßburg** mit seinen **751 Abgeordneten** wird von allen Bürgern der EU-Mitgliedstaaten für jeweils **fünf Jahre gewählt**. Die Abgeordneten, deren Zahl pro Mitgliedsland sich an der Größe der jeweiligen Bevölkerung orientiert, diese aber nicht direkt proportional widerspiegelt, finden sich dabei je nach politischer Ausrichtung in länderübergreifenden Fraktionen zusammen. Das Parlament übt die **politische Kontrolle** über die Tätigkeiten der EU aus, bewilligt den **EU-Haushalt** mit und entscheidet zusammen mit dem Rat gemeinsam und in der Regel gleichberechtigt über die **europäische Gesetzgebung**. Zudem ist die **Ernennung der Kommissare** an die Zustimmung des Parlaments gebunden.

ORIENTIERUNGSWISSEN

Der Rat (der Europäischen Union)/Ministerrat
M 6, M 8

Der Rat, das eigentliche Machtzentrum der EU, setzt sich aus den **jeweiligen Fachministern** der Mitgliedstaaten zusammen und tagt deshalb je nach Politikbereich unterschiedlich häufig in verschiedener Besetzung. Daher wird er oft nicht amtlich auch als **Ministerrat** bezeichnet. Zusammen mit dem Europäischen Parlament entscheidet der Rat über die **Gesetzesvorschläge der Kommission** und teilt die **Verantwortung für den Haushalt**.

Die Europäische Kommission
M 6, M 8

Die Europäische Kommission ist ein **überstaatliches Organ** und **in ihrer Art einzigartig**. Sie besteht aus dem **Präsidenten und den Kommissaren**. Jeder Kommissar ist für ein bestimmtes Sachgebiet zuständig und darf keine Weisungen von nationalen Regierungen oder sonstigen Institutionen entgegennehmen. Die EU-Kommission ist das **Exekutivorgan der Europäischen Union** und gilt als **Hüterin der EU-Verträge**, da sie für die Umsetzung und die Einhaltung des EU-Rechts sorgt. Zudem verfügt sie alleine über das **Gesetzesinitiativrecht**.

Der Europäische Rat
M 6

Der Europäische Rat ist das politisch **wichtigste beschlussfassende Organ der EU**, da hier alle **Staats- und Regierungschefs** der Mitgliedstaaten sowie der **Präsident der EU-Kommission** und der **Präsident des Europäischen Rates** vertreten sind.

Der Europäische Gerichtshof
M 6, M 12

Auch wenn in den Verträgen viele Vereinbarungen gefunden und von den Mitgliedstaaten unterzeichnet wurden, kommt es immer wieder zu Streitigkeiten und juristischen Auseinandersetzungen zwischen „Brüssel“ – als dem Synonym für die EU-Organe – und einzelnen Mitgliedstaaten bzw. deren Regierungen, Politikern, Gerichten oder einzelnen Bürgern. Der **oberste Hüter des EU-Rechts** ist der Gerichtshof der Europäischen Union (EuGH), dessen Richter und Generalanwälte von den Regierungen der Mitgliedstaaten in gegenseitigem Einvernehmen auf sechs Jahre ernannt werden. Dieses Gericht ist für die **Auslegung des EU-Rechts** zuständig und gewährleistet, dass es in allen Mitgliedstaaten auch auf die gleiche Art und Weise angewendet wird. Auch entscheidet der EuGH in **Rechtsstreitigkeiten zwischen einzelnen Regierungen der EU-Mitgliedstaaten und den EU-Organen** selbst. Zudem können sich **Privatpersonen** und Organisationen an den Gerichtshof wenden, wenn sie der Auffassung sind, dass ein EU-Organ ihre Rechte verletzt hat.

Dublin-Verordnungen

Die Flüchtlingsfrage wurde europaweit erstmals 1990 im Dubliner Übereinkommen geregelt. **Seit 2013** gilt die **Dublin-III-Verordnung**. Sie regelt, **welcher Staat für die Bearbeitung eines Asylantrags innerhalb der EU zuständig ist**. Auf diese Weise soll sichergestellt werden, dass ein Antrag innerhalb der EU nur einmal geprüft werden muss. Geflüchtete müssen **in dem Staat um Asyl bitten**, in dem sie den EU-Raum **erstmals betreten** haben.

In welchem europäischen Haus werden wir 2030 wohnen?

„Das Zeitalter der Konfrontation und der Teilung Europas ist zu Ende gegangen", erklärten am 21. November 1990 34 Staats- und Regierungschefs aus Europa und Nordamerika in der „Charta von Paris". Der symbolische Schlussstrich unter den Kalten Krieg rückte das Ziel eines gemeinsamen „europäischen Hauses" in greifbare Nähe. Im Sommer 2014 hatte die Friedrich-Ebert-Stiftung 20 Experten aus zwölf Ländern eingeladen, die Frage zu beantworten: In welchem „europäischen Haus" werden wir leben. Hier sind ihre vier Szenarien:

1. Mietskaserne
2. Einfamilienhaus
3. Ruine
4. Reihenhaus

Europäer leben Tür an Tür, aber getrennt
Die EU und Russland sind wirtschaftlich aufeinander angewiesen, aber das Misstrauen wächst. Die Staaten der „östlichen Partnerschaft" sind der Integrationskonkurrenz zwischen EU und Eurasischer Union ausgesetzt. Darunter leiden alle: Europa fällt weit hinter die neuen globalen Machtzentren in Asien und Amerika zurück.

Alle Europäer leben in einem Haus – nicht aus Überzeugung, sondern aus Notwendigkeit
Die Beziehungen zwischen der EU und ihren östlichen Nachbarn sind pragmatisch: Alle Staaten sind Mitglied einer Freihandelszone. Die einst zwischen Russland und der EU umstrittenen Länder sind nicht länger gezwungen, sich für die eine oder andere Seite zu entscheiden.

Das europäische Haus liegt in Trümmern
Europa ist geteilt: Die Länder der „östlichen Partnerschaft" sind zum Objekt einer anhaltenden Konfrontation zwischen der EU und Russland geworden. Entlang einer Trennlinie von der Ostsee bis zum Schwarzen Meer ist eine Zone der Instabilität entstanden.

Das gemeinsame Europäische Haus ist Realität
2030 tritt die sechs Jahre zuvor demokratisch gewählte Präsidentin Russlands ihre zweite Amtszeit an. Sie vereinbart visafreien Reiseverkehr mit der EU und den Staaten der „östlichen Partnerschaft".

Felix Hett, www.fer.de, Abruf am 11.4.2018

Aufgaben

1. Ordnen Sie die beschriebenen Szenarien den einzelnen Haustypen zu.
2. Wählen Sie mindestens ein Szenario aus und spinnen Sie es weiter. Welche Konsequenzen ergäben sich für die Sicherheit und den Frieden in Europa bzw. weltweit? Wie würde sich das Leben der Menschen (in Deutschland/in den östlichen Staaten) im Vergleich zu heute verändern?
3. In welchem Haus möchten Sie persönlich am liebsten leben? Begründen Sie Ihre Entscheidung.
4. Entwickeln Sie nötigenfalls ein eigenes Haus-Szenario, das Ihren Vorstellungen am besten entspricht. (→ Methode Zukunftsszenario)

4 Einflussfaktoren auf die Lebenswirklichkeit

Medien beeinflussen uns und prägen als Mittler zwischen uns und der Außenwelt entscheidend unser Bild von der Wirklichkeit. Gleichzeitig kommt ihnen als Kontrollinstanz eine immense Bedeutung im politischen System zu. Doch diese Funktion können Medien nur erfüllen, wenn Journalisten frei arbeiten und ihre Meinung publizieren dürfen. Ist die Meinungs- und Pressefreiheit in einem Land eingeschränkt, sind auch andere Freiheitsrechte in Gefahr.

Kunst ist in den größeren Zusammenhang von Kultur eingebettet. Allgemein bezeichnet dieser Begriff alles, was der Mensch selbst hervorgebracht hat und was ihm nicht als unveränderbare Natur gegenübersteht. Das folgende Kapitel befasst sich mit verschiedenen Teilaspekten von Kunst und Kultur. Es zeigt an ausgewählten Beispielen zum einen, welche Chancen sich aus kultureller Teilhabe für den Einzelnen und die Gesellschaft erwachsen; zum anderen diskutiert es Probleme, die aus dem Zusammenleben unterschiedlicher Kulturen resultieren.

Angebot und Nachfrage bestimmen den Preis, Nachfrage und Angebot hängen wiederum vom Preis ab – dies ist die einfache Formel dafür, wie ein Markt und Wirtschaft funktionieren. Das Handeln von Anbietern und Nachfragern ist allerdings von verschiedenen Voraussetzungen und Rahmenbedingungen abhängig. Unterschiedliche Gesellschaften können unterschiedliche Wirtschaftssysteme haben, auch wenn sie in einer globalisierten Welt miteinander in Verbindung stehen.

Was wissen und können Sie schon?

1. Ordnen Sie die Fotos den Bereichen Wirtschaft, Medien sowie Kunst/Kultur zu.
2. Diskutieren Sie, auf welche Weise die drei Bereiche ineinanderwirken und welche Folgen sich daraus für unser Leben und die Gesellschaft ergeben.

KOMPETENZEN

Am Ende dieses Kapitels sollten Sie Folgendes wissen und können:

... die Funktion der Medien als Einflussfaktor auf unsere Lebenswelt bewerten.
... darlegen, wie Medien und Politik gegenseitig aufeinander einwirken.
... begründen, warum unabhängige Medien für eine Demokratie unverzichtbar sind.

... die Bedeutung von Kunst und Kultur für den Einzelnen und die Gesellschaft erläutern.
... interkulturelle Kompetenz als Schlüsselfertigkeit für das friedliche Zusammenleben wertschätzen.
... die Vielfalt regionaler Kunst und Kultur erschließen und ihre Funktionen beurteilen.

... die Funktionen der Wirtschaft in verschiedenen Gesellschaften bewerten.
... die Probleme und Chancen, die sich aus den wirtschaftlichen Unterschieden ergeben, beurteilen.
... die Auswirkungen ordnungspolitischer Entscheidungen und deren Folgen analysieren.

Lernaufgabe – Gemeinsam aktiv

Mediencode: 8918-04

4.1 Medien – unser Fenster zur Welt

4.1.1 Sind Medien die vierte Gewalt im demokratischen Staat?

Gewalteneinteilung
→ vgl. Kap. 2.2.2

M 1 Wer braucht wen?

Karikatur: Burkhard Mohr/Baaske Cartoons, 2012

M 2 Merkmale der Mediendemokratie

Der Begriff Mediendemokratie bezeichnet eine Form der Demokratie, in der sich die politische Meinungs- und Willensbildung im Wesentlichen über Massenmedien vollzieht. [...] Meinungsbildung über Medien beinhaltet, dass die Medien durch die Auswahl und Ausgestaltung von Inhalten darüber bestimmen, was auf welche Weise zum öffentlichen Thema wird. Indem z.B. Zeitschriften oder Fernsehsendungen bestimmte Themen in der Berichterstattung durch häufige Erwähnung und gute Platzierung betonen, haben sie Einfluss darauf, welche Probleme von der Bevölkerung als besonders wichtig angesehen werden. Schon mit der Auswahl der Themen wie auch mit ihrer Darstellung und Bewertung kann Berichterstattung zur Manipulation werden. Politikvermittlung durch Medien bedeutet darüber hinaus, dass sich die Politik bzw. die Politiker mediengerecht präsentieren, um Erfolg zu haben. Denn die Bevölkerung tendiert dazu, nur ihre Medienexistenz mit den dazugehörenden Images wahrzunehmen. Die Medien sind demnach nicht nur Beobachter, Kritiker und Kontrolleure politischer Ereignisse und staatlicher Macht („vierte Gewalt"). Sie stellen vielmehr einen Faktor dar, der politische Einstellungen und Stimmungen beeinflusst und ein bestimmtes Meinungsklima zugunsten oder zuungunsten einer Partei, einer Person oder einer politischen Forderung vermittelt. Medien bestimmen dadurch die Politik mit.

Schülerduden Politik und Gesellschaft, 5. Aufl., Mannheim 2005, S. 260

M 3 ● Die Aufgaben der Medien in der Demokratie

Informationsfunktion:
Die Massenmedien sollen so vollständig, sachlich und verständlich wie möglich informieren, damit ihre Nutzerinnen und Nutzer in der Lage sind, das öffentliche Geschehen zu verfolgen. Da unsere Gesellschaft viel zu großräumig geworden ist, kommen wir mit dem direkten Gespräch, der unmittelbaren Kommunikation, nicht mehr aus. [...]

Meinungsbildungsfunktion:
Diese ergibt sich aus der Überzeugung, in der Demokratie sei allen am meisten damit gedient, wenn Fragen von öffentlichem Interesse in freier und offener Diskussion erörtert werden. Es besteht dann die Hoffnung, dass im Kampf der Meinungen das Vernünftige die Chance hat, sich durchzusetzen. [...]

Kritik- und Kontrollfunktion:
Im parlamentarischen Regierungssystem obliegt in erster Linie der Opposition die Aufgabe der Kritik und Kontrolle. Diese wird unterstützt und ergänzt durch die Kritik- und Kontrollfunktion der Medien. Ohne Presse, Hörfunk und Fernsehen, die Missstände aufspüren und durch ihre Berichte unter anderem parlamentarische Anfragen und Untersuchungsausschüsse anregen, liefe die Demokratie Gefahr, der Korruption oder der bürokratischen Willkür zu erliegen. [...]

Thematisierungsfunktion:
Diese „agenda setting function", wie sie in den USA heißt, bedeutet, dass diejenigen, die die unterschiedlichen Medien lesen, hören und sehen, genau die Themen für wichtig halten, die darin behandelt werden.

Nach: Hanni Chill, Hermann Meyn, Funktionen der Massenmedien in der Demokratie, in: Informationen zur politischen Bildung Nr. 260, Bundeszentrale für politische Bildung, Bonn 3/1998, S. 3 ff.

Pluralismus
Gleichberechtigte Geltung einer Vielzahl konkurrierender Standpunkte und Interessen in einer Gesellschaft. Ziel ist die Herstellung eines Interessenausgleichs durch Kompromiss, der möglichst alle Beteiligten zufriedenstellt.

M 4 ● Themenmanagement und Berichterstattung

Agenda-Setting: Beim aktiven Setzen der politischen Tagesordnung wird versucht, jene Themen in die Medienberichterstattung zu lancieren oder sie dort zu halten, bei denen entweder die eigene Partei bzw. der eigene Kandidat von der Bevölkerung als kompetent angesehen werden oder bei denen die Bevölkerung bei der gegnerischen Partei und dem gegnerischen Kandidaten Defizite wahrnimmt.

Agenda-Cutting: Es wird aktiv versucht, jene Themen aus der Medienberichterstattung fernzuhalten oder sie von dort verschwinden zu lassen, bei denen entweder die eigene Partei bzw. der eigene Kandidat von der Bevölkerung nicht als kompetent angesehen werden oder die Bevölkerung der gegnerischen Partei und dem gegnerischen Kandidaten größere Problemlösungsfähigkeit zuschreibt.

Agenda-Surfing: Wenn man das in der Medienberichterstattung existierende Themen-Set nicht beeinflussen kann – beispielsweise, weil sich ein Thema aufdrängt, [...] dann wird versucht, dieses Themen-Set zum eigenen Vorteil zu nutzen.

Frank Brettschneider, www.bpb.de, 3.12.2002

Aufgaben

1. Beschreiben Sie, welche Aufgaben Medien in einer Demokratie zukommen. (M 2, M 3)
2. Erläutern Sie die drei Arten, die Themen-Agenda zu lenken (M 4), indem Sie geeignete Beispiele aus der Politikberichterstattung anführen.
3. Interpretieren Sie die Karikatur M 1 unter Einbeziehung von M 2 und M 4.

4.1.2 Die Tageszeitung als Wächter

Wächterpreis

Der „Wächterpreis der Tagespresse" ist ein angesehener Preis für Journalisten. Mit ihm werden mutige Journalistinnen und Journalisten ausgezeichnet, die sich für eine saubere Verwaltung einsetzen oder über Übergriffe der Bürokratie oder anderer Machtgruppen berichten. Die Journalisten nehmen dabei keine Rücksicht auf Namen und Verhältnisse und decken Missstände schonungslos auf.
Uschi Ach erhielt für ihre Recherchen und Berichte über die Wahlmanipulation bei den Kommunalwahlen 2014 in Geiselhöring, Landkreis Straubing, den Preis.

M 5 ● Das Märchen vom Lohn, vom Brot und von den Stiften

Es war einmal eine Stadt im Herzen des schönen Bayernlandes, in der Milch und Honig flossen. Und weil es sich bei dieser Stadt nicht nur um die reichste, sondern auch um die schönste Stadt im weiten Umkreis handelte, tobte um deren Regentschaft ein heftiger Streit. Denn ein Nachteil plagte seit Jahren Bürger und Regenten: Die Stadt hatte die schlechteste Wegeverbindung im ganzen Umland. Weder mit Kutschen noch mit Pferdefuhrwerken konnten die Passagiere schnell genug die nahegelegene Landeshauptstadt erreichen. So geschah, was geschehen musste: Es herrschten in der Bürgerschaft Hader und Streit.
Da begab es sich, dass in dieser Stadt wieder das Amt des Regenten zu vergeben war und mit dieser ehrenvollen Aufgabe auch die Ratssitze für seine Hofschranzen. Und so herrschte Ratlosigkeit, wie man dem aktuellen Regenten seinen Thron streitig machen könnte. Ein kleines, besonders machtgieriges Häuflein begann sich die Haare zu raufen, bis ihr Schädel fast kahl war, und sie beratschlagten, was zu tun sei. Da traf es sich gut, dass zu dieser Zeit fahrendes Volk in der Gegend lagerte, und so beschlossen die Machtgierigen, diese kurzfristig ansässig zu machen. Dadurch sei es ihnen erlaubt, an der Wahl des Regenten teilzunehmen. Der reiche Großgrundbesitzer vermittelte ihnen Herberge und gab ihnen Lohn, Brot und einen Stift. Und weil das Völkchen sehr arm war, war es ihm dafür aus ganzem Herzen dankbar.
Als dann der Wahltag nahte, rieb sich das Häufchen der Machtgierigen die Hände, konnte es sich doch der schriftlichen Unterstützung der fremdländischen Menschen sicher sein.
Siegessicher harrten sie dann auch am Wahltag der Auszählung und tatsächlich geschah das Unfassbare: Der bisherige Regent wurde abgewählt und so klopfte der neue Herrscher den Seinigen nichtsahnend auf die Schulter.
Im Volk aber machte sich Unmut breit. Den stolzen Bürgern wurde immer klarer, dass ein fahrendes Völkchen bestimmt hatte, wer sie in den kommenden sechs Jahren regieren würde. Da wurden sie von Tag zu Tag wütender. Und weil sie als ehrliche Demokraten aber nichts machen konnten – alles schien nach außen rechtens – beschlossen sie, sich jedes Mal wegzudrehen, wenn der neue Regent und seine Hofschranzen ihren Weg kreuzen sollten. Und so geschah es auch.
Dem neuen Herrscher war dies peinlich, aber er vertraute die ersten Tage darauf, dass die Menschen solche Geschehnisse gemeinhin schnell vergessen, und freute sich, das erste Mal im Schlosse Hof halten zu dürfen. Voller Freude erhob er sich bei der Sitzung von seinem Throne, doch als er zu reden anhub, versteinerte seine Zunge und er brachte kein Wort mehr heraus. Erschrocken eilten ihm drei der Hofschranzen zu Hilfe, doch bei jedem, der ihn berührte, versteinerte die Zunge ebenso. Da eilten alle nach Hause und versteckten sich – in der Stadt fielen nie mehr böse Worte.
In Folge wurden die Stadt und das sie umgebende Land von einer großen Dürre heimgesucht und so verarmte auch der Großgrundbesitzer. Das fahrende Volk aber zog weiter. Seither freuen sie sich auf die nächsten Wahlen, bei denen sie wieder selbst bestimmen dürfen, wer sie die kommenden Jahre regieren wird.

Anmerkung: Alle Personen und Ereignisse sind nicht gänzlich frei erfunden.

Uschi Ach, Straubinger Tagblatt, 21.3.2014

M 6 Wie die Berichterstattung über die Wahlfälschung entstand

Stadtratswahl am 16. März 2014: [...] In der Stadt Geiselhöring stellen sich zwei Bürgermeisterkandidaten zur Wahl. Der seit einer Amtsperiode amtierende Bürgermeister der Freien Wähler, Bernhard Krempl, und ein Kandidat der CSU, Herbert Lichtinger. Die Aussichten des jüngeren Lichtinger sind nicht schlecht, dennoch gilt Krempl als „gesetzt".

Sonntag, 16. März:
Bürgermeister Krempl wird abgewählt. Er erhält 303 Stimmen weniger als sein Konkurrent. Schon bei der Wahlparty in Geiselhöring am Abend werden diskret die auffälligen Ergebnisse bei drei der Briefwahlbezirke diskutiert. [...]

Dienstag, 18. März:
Rufe bei Krempl an und lasse mir die Auffälligkeiten beschreiben. Er gibt mir zwar Hinweise, hält sich aber bedeckt, will die Ergebnisse selbst noch genauer analysieren. Deutet allerdings an, möglicherweise die Wahl anzufechten. Ich versuche über einen Vergleich zu den Vorjahreswahlen den Beweis zu finden, dass tatsächlich alle Rumänen gewählt haben – das ist aber schwierig.

Mittwoch, 19. März:
Bürgermeister Krempl will offiziell immer noch nichts sagen. Somit überlege ich mir eine Möglichkeit, wie ich den Sachverhalt – ohne angreifbar zu sein – trotzdem schreiben kann. Ich entwerfe den Artikel [M 5].

Mittwoch, 26. März:
Die Wahlaufsicht entschließt sich, nach einer kurzen Sichtung, die Unterlagen an die Staatsanwaltschaft weiterzuleiten. Ab dem Zeitpunkt ist klar, dass die Unregelmäßigkeiten bei den Wahlunterlagen sehr deutlich gewesen sein müssen. Da überraschend schnell entschieden wurde, mussten die Unterlagen sehr auffällig gewesen sein. Dies war die Grundlage für alle meine weiteren Überlegungen und Berichte. Danach laufen Recherchen und Veröffentlichungen parallel zu den offiziellen Statements. Die Kripo durchsucht die Räume von fünf Geiselhöringern.
In den Wochen und Monaten danach, bewahrheiten sich alle meine Recherchen und sogar das Märchen. Es haben zahlreiche Rumänen gewählt, ohne berechtigt gewesen zu sein. Zum Teil waren sie nicht einmal vor Ort. Es wurde nach einem Muster gewählt – vermutlich haben nur fünf Personen die Briefwahlunterlagen ausgefüllt. Da sich dies auf das Wahlergebnis aller drei Wahlen ausgewirkt hat, werden alle drei Wahlen annulliert. Anschließend versucht die CSU, die Wahlen des Kreistags auf Geiselhöring beschränken zu lassen. Sie scheitert. Am 1. Februar findet die Wahl statt. In Geiselhöring gewinnt Herbert Lichtinger die Bürgermeisterwahl, die Landkreis-CSU verliert im Kreistag die absolute Mehrheit. Noch immer wartet die Bevölkerung auf ein Ergebnis der Staatsanwaltschaft bezüglich der Täter.

Uschi Ach, www.anstageslicht.de, 5.5.2015

Die Journalistin **Uschi Ach** erreichte mit ihren Recherchen und Berichten den dritten Platz beim Wächterpreis der Tagespresse 2015.

Aufgabe

1. Stellen Sie sich vor, Sie sind ein Jurymitglied beim Wächterpreis: Begründen Sie für ein kurzes TV-Interview, warum Uschi Ach mit dem Wächterpreis der Tagespresse ausgezeichnet wurde.

METHODE

Nachrichtenformate vergleichen

Leitfragen zur Analyse von Nachrichtensendungen

1 Auswahl und Platzierung:

- Mit welchem Thema beginnt die Sendung („Aufmacher")?
- In welcher Reihenfolge werden die übrigen Themen platziert und wie umfangreich wird über sie berichtet?
- In welchem Verhältnis stehen Sachthemen zu unterhaltenden Themen?
- Fehlen wichtige Themen des Tages?

2 Textinformation:

- Wird das gesprochene Wort durch Schrifteinblendungen etc. unterstützt?
- Ist der Redestil des Moderators bzw. des Sprechers aus dem „Off" sachlich-neutral oder eher locker und umgangssprachlich gefärbt?

3 Bildinformation:

- Illustrieren grafische Mittel (Hintergrundbilder, Schaubilder, Animationseffekte etc.) die Textaussage oder sind sie verwirrend und stören die Konzentration auf die Inhalte?
- Welchen Eindruck macht die Studioausstattung? Zielt sie auf Seriosität ab oder betont sie den Entertainment- oder Show-Charakter des Nachrichtenformats?

4 „Text-Bild-Schere":

- Passen Text und Bild der einzelnen Beiträge überhaupt immer zusammen?
- Unterstützt die Bildaussage die Textinformation oder lenkt sie eher davon ab?

5 Information und Meinungsäußerung:

- Werden Sachverhaltsdarstellung und Meinungsäußerung klar getrennt?
- Kommen mehrere Meinungen zu Wort?
- Verhält sich der Moderator neutral oder lässt er durch Verhalten und Sprache eine persönliche Wertung in seine Aussagen einfließen?

6 Zusammenfassende Beurteilung:

- Wie kommt die Präsentation der Nachrichten beim Zuschauer an? Trägt sie zu seiner umfassenden Information bei? Hilft sie ihm, sich eine eigene Meinung zu bilden oder spricht sie eher die Gefühlsebene an?
- Inwieweit hält sich die Sendung an die Regeln der journalistischen Ethik?

Diese Auflistung gibt nur eine Auswahl der möglichen Analysefragen wieder. Wichtig ist aber in jedem Fall, dass Sie jede Ihrer Einzelbeobachtungen auf ihre denkbare Wirkungsabsicht hin untersuchen und möglichst viele davon in einen Gesamtzusammenhang bringen.

Aufgaben

1. Zeichnen Sie mehrere Nachrichtensendungen des gleichen Tages auf und vergleichen Sie Auswahl und Präsentation der zur Sprache kommenden Themen.
   - Worüber wird berichtet?
   - Wie viel Raum wird den angesprochenen Themen gewährt?
   - Wo werden sie im Ablauf der Sendung platziert?
2. Untersuchen Sie die Machart einzelner Sendungen oder Nachrichtenbeiträge anhand der Leitfragen.
3. Setzen Sie die gefundenen Merkmale in Beziehung zum Auftrag und Programmangebot von öffentlich-rechtlichen und privaten Sendern. Berücksichtigen Sie hierbei auch die unterschiedlichen Nutzungsgewohnheiten jüngerer bzw. älterer Fernsehzuschauer.

4.1.3 Wie selbstverständlich ist die Pressefreiheit?

M 7 ● Pressefreiheit weltweit

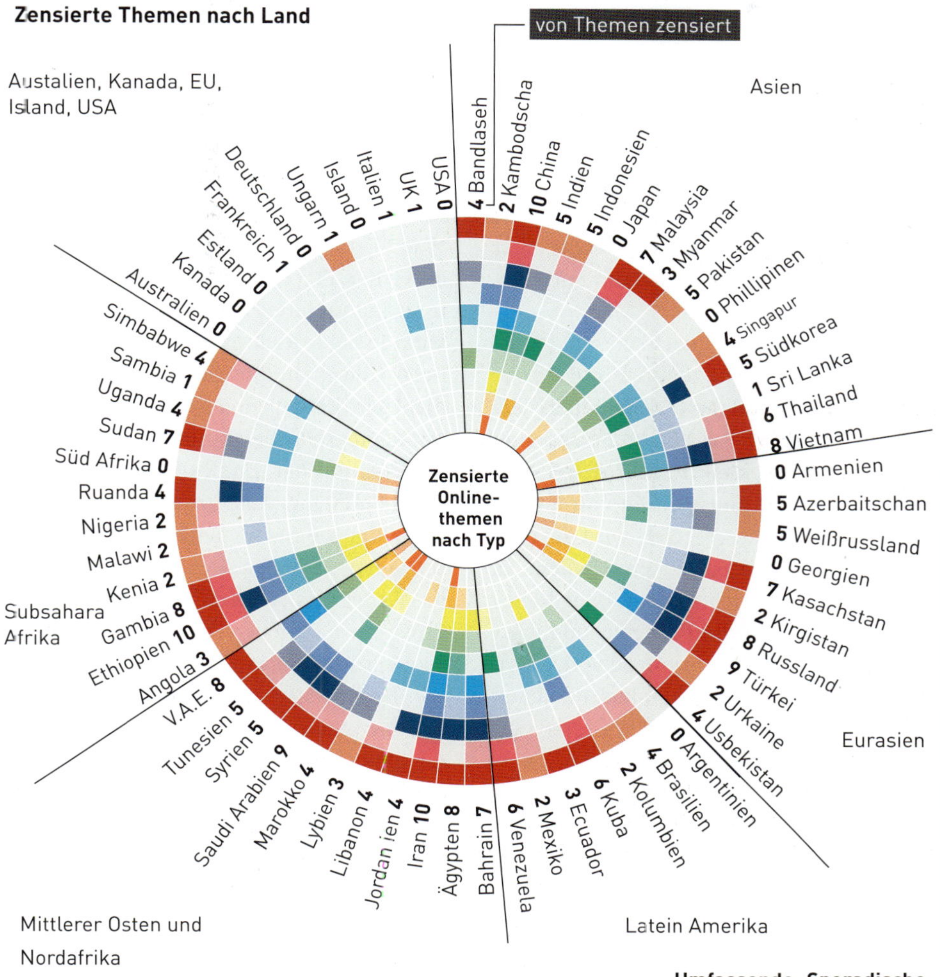

Zensur wird in der Grafik erfasst, wenn Staatliche Gewalt Inhalte zu den in der Legende angeführten Themen gesperrt, deren Entfernung angeordnet oder Internetnutzer aufgrund deren Postings inhaftiert oder anderweitig mit Strafe belegt hat. Die Grafik beinhaltet keine unrechtmäßigen Maßnahmen, wie Gewaltanwendung, die Androhung von Gewalt, „freiwilliger" Zensur oder Cyberangriffen, auch wenn angenommen wird, dass der Staat hinter diesen steckt.

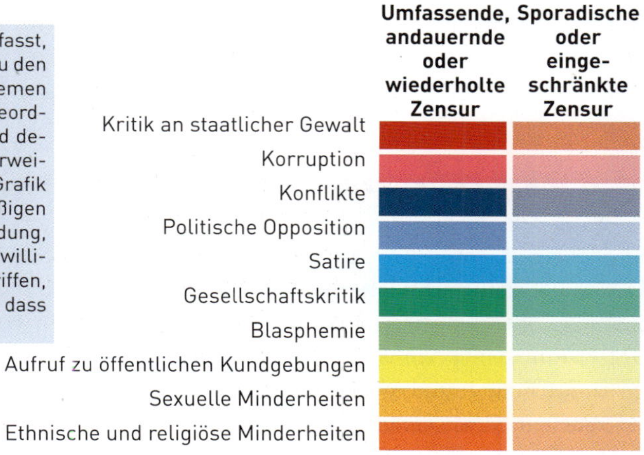

Nach: www.freedomhouse.org, 2015

Meinungs- und Pressefreiheit als Grundrechte

GG Art. 5 (1): Jeder hat das Recht, seine Meinung in Wort, Schrift und Bild frei zu äußern und zu verbreiten und sich aus allgemein zugänglichen Quellen ungehindert zu unterrichten. Die Pressefreiheit und die Freiheit der Berichterstattung durch Rundfunk und Film werden gewährleistet. Eine Zensur findet nicht statt."

Charta der Grundrechte der Europäischen Union, Art. 11: (1) Jede Person hat das Recht auf freie Meinungsäußerung. Dieses Recht schließt die Meinungsfreiheit und die Freiheit ein, Informationen und Ideen ohne behördliche Eingriffe und ohne Rücksicht auf Staatsgrenzen zu empfangen und weiterzugeben.
(2) Die Freiheit der Medien und ihre Pluralität werden geachtet.

Erklärfilm zur Meinungsfreiheit

Mediencode: 8918-17

Otfried Höffe (*1943) ist emeritierter Professor für Philosophie an der Universität Tübingen. Er befasst sich in seinem aktuellen Werk „Kritik der Freiheit" auch mit bedenklichen Entwicklungen im Medienbereich.

M 8 ● Vom Unsinn der Sensation

Der Fall hatte für Aufregung gesorgt – und für viel Kritik. In der Folge des Absturzes der Germanwings-Maschine war es zu Szenen gekommen, in denen Angehörige von Todesopfern regelrecht von Fotografen gejagt worden waren im Ringen um möglichst emotionale Bilder. Und als die Identität des unglücksauslösenden Co-Piloten bekannt war, wurde dessen Familie belagert, in der Suche nach möglichst persönlichen Eindrücken. Mediale Überhitzung angesichts einer Katastrophe, ja – aber was hat das mit Pressefreiheit zu tun?

Bei Otfried Höffe ist es nachzulesen. [...] Er schreibt: „Auf Einschaltquoten und Auflagenhöhe erpicht, suchen Medien teils aus journalistischen, teils aus kommerziellen Gründen Aufmerksamkeit. Dieses Ziel wird durch Zuspitzung und Wecken von Emotionen erleichtert [...]." Forciert wird die Entwicklung durch die digitalen Medien. Es geht darum, Nachrichten in immer höherem Takt zu liefern und sie mit möglichst spektakulären Schlagwörtern zu verkaufen. Da zieht Emotionalität besonders, und auch Politisches und Wirtschaftliches lässt sich besser verkaufen, wenn es personalisiert erzählt wird. Die Phänomene haben sich längst auf die traditionellen Medien übertragen. Aber noch mal: Wo ist das Problem für die Pressefreiheit?

Bei Höffe wird die Bedrohung durch die Verwurzelung des Begriffs deutlich. Denn die Pressefreiheit ist ja keine Freiheit als Selbstzweck – also keine Gewähr für ein willkürliches Handeln der Medien. Sondern sie leitet sich vielmehr aus ihrer Funktion in der Gesellschaft ab. Sie soll als „vierte Gewalt" das Werkzeug der Aufklärung sein – in der Überwachung der ersten drei Gewalten einerseits, in der Information des Volkes und als Forum für Debatten andererseits. Und um diese Aufträge sinnvoll zu erfüllen, müssen die Medien gerade als tragendes Element der Demokratie frei sein – im Sinne der Demokratie.

Was aber nun im Wettkampf um Quoten durch den Zug hin zu Sensation, Emotionalisierung und die Personalisierung passiert, wirkt in beide Richtungen – Volk und staatliche Gewalten. Die Berichterstattung bedient ein Reizschema beim Publikum, das mit demokratischer Aufklärung immer weniger zu tun hat; und es begleitet etwa die Politik mit einer Zuspitzung, in der es nicht mehr um die Sache geht [...]. In der herrschenden medialen Beschleunigung führt das ferner dazu, dass die an sich komplexen Prozesse nationalen und internationalen Handelns immer weniger vermittelt werden [...]. Höffe fragt: „Wie viel Tempo und wie viel nur noch symbolische Politik verträgt die Demokratie?" Und die Frage schließt sich an: Wie viel Sensationsgier verträgt die Pressefreiheit?

Stattdessen droht die missverstandene, missbrauchte Freiheit auszuufern: in Willkür. Sie herrscht, wenn Medien selbst zu Akteuren werden, indem sie dank ihrer Macht Sensationen kreieren, nur um Aufmerksamkeit zu erregen.

Wolfgang Schütz, Augsburger Allgemeine, 2.5.2015

M 9 ● Hip, jung und gewissenlos – das sind Putins Trolle

Polarlichter, Kreativ City und Mix Info heißt es auf Papierschildern an einem Bürokomplex in einem ruhigen Sankt Petersburger Wohngebiet. Vor dem Betonbau stehen einige Frauen und Männer Anfang 20 und rauchen. Unter ihnen ein Bärtiger in Jeans und mit Sankt-Pauli-Hoodie. [...] Was genau sie in dem Bürokomplex in dem ruhigen Wohngebiet machen, will niemand von ihnen sagen. Er habe eine Verschwiegenheitserklärung unterzeichnet, sagt der Bartträger, und verschwindet schnell im Gebäude. [...]

Ludmilla Sawtschuk weiß, was genau darin

vorgeht. Um das herauszufinden, hat die 34-jährige Journalistin im vergangenen Jahr hier gearbeitet – zwei Monate undercover. Hinter den Firmennamen verbergen sich nämlich nicht etwa IT-Start-ups. 400 sogenannte Internet-Trolle sollen in dem Bürobau arbeiten – es ist die Zentrale der russischen Online-Propaganda. Sawtschuk kämpft gegen die Trollfabrik, und sie riskiert viel dafür. [...]
In ihrem Lieblingscafé in Sankt Petersburger Vorort Puschkin erzählt sie von ihrer Zeit in der Trollfabrik. Sie arbeitete in einer Abteilung, in der Mitarbeiter Blogs von fiktiven Personen schrieben. [...] Blogger bekommen genaue Anweisungen, was und über welche Themen sie schreiben sollen. Sawtschuk beschreibt eine solche Themenliste vom Januar 2015: die Ukraine, die USA, der oppositionelle Politiker Alexei Nawalny, die EU und das russische Verteidigungsministerium sollten in den Blogposts vorkommen. Außerdem mussten ihre Kollegen auf Russisch über Pegida-Demonstrationen in Deutschland und das Scheitern des Multikulturalismus schreiben. In gesonderten Abteilungen wurden Karikaturen gezeichnet, Videos produziert sowie auf Englisch Blogs und Online-Kommentare verfasst. Die Arbeit der Trolle geht mittlerweile weit über Hasskommentare hinaus: Sie erfinden Nachrichten. 2014 etwa verbreiteten sie die falsche Information, dass es in einer Chemiefabrik im US-Bundesstaat Louisiana eine Explosion gegeben habe. Auch ein Video, in dem die Terrormiliz „Islamischer Staat" die Verantwortung für die fiktive Explosion übernahm, brachten sie im Internet in Umlauf.

Julia Smirnova, www.welt.de, 29.5.2016

Troll
Mit Troll ist im Internet-Kontext eine Person gemeint, die absichtlich die Kommunikation in Online-Foren stört bzw. manipuliert. Eine Besonderheit sind professionelle Trolle, die im staatlichen Auftrag arbeiten und falsche Informationen im Internet verbreiten.

Islamischer Staat
→ vgl. Kap. 2.3.2

M 10 ● Die Regierung zensiert sich das Netz zurecht

Heute twittern 17 Prozent aller Türken, etwa 50 Prozent sind in sozialen Netzwerken angemeldet. Die sozialen Netzwerke haben sich als alternative Medien etabliert. Mit ihrem Aufstieg begann auch die türkische Internetzensur, schreiben die türkischen Wissenschaftler Mustafa Akgül und Melih Kirlidog in einer im Internet Policy Review veröffentlichten Studie.
Twitter startete im Jahr 2006. Zur gleichen Zeit beriet die türkische Regierung über das Gesetz 5651. Als Hauptgrund, den Zugang zum Netz beschränken zu wollen, gab man damals Kinderpornografie an. Ein Jahr später trat das Gesetz in Kraft. Heute ermöglicht es den türkischen Behörden eine weitgehende Zensur des Internets. Die Türkei spielt in dieser Hinsicht in einer Liga mit dem Iran und China. Im Press Freedom Index von Reporter ohne Grenzen liegt die Türkei mittlerweile hinter Staaten wie dem Irak und Afghanistan.
Zentraler Pfeiler der türkischen Zensur ist noch heute das Gesetz 5651. [...] Die türkische Regierung hat seit Inkrafttreten des Gesetzes im Jahr 2007 über 80.000 Internetseiten gesperrt. [...]
Im vergangenen Jahr baute die türkische Regierung die Kontrolle weiter aus. [...] Der Zusatz zum Gesetz 5651 schreibt den türkischen Providern zum einen vor, sich in einer Union zu organisieren, so dass Seiten flächendeckender zensiert werden können. Zum anderen sind sie verpflichtet, die Daten türkischer Internetnutzer auf Vorrat zu speichern. Anders als in Deutschland geht es hierbei nicht um Wochen, sondern um ein bis zwei Jahre. Türkische Behörden können, wenn sie einen Gerichtsbeschluss vorlegen, auf diese Daten zugreifen.
[...] Die Autoren vermuten eine zweite Absicht hinter den Gesetzen. Mit ihnen schützen sich die Regierenden auch selbst, etwa vor Korruptionsvorwürfen. Deutlich wird das am Transparenzbericht von Twitter. 2014 stellten türkische Behörden und Gerichte demnach mehr Löschanfragen als alle anderen Staaten zusammen. Akgül und

Kirlidog stellten fest, dass die Konten von Regierungskritikern, die über Korruption berichteten, nicht mehr in dem Netzwerk erreichbar waren. Akgül und Kirlidog schreiben weiter, dass die Türkei bei Korruptionsvorwürfen rigider vorgeht als die chinesische Regierung.

Auf der anderen Seite liegt die Türkei bei der Zahl reiner Informationsanfragen an Twitter eher im Mittelfeld. Eine mögliche Schlussfolgerung ist, dass die Regierung weniger an Strafverfolgung als an Meinungshoheit interessiert ist. Ein ähnliches Bild ergibt sich im Transparenzbericht von Facebook. Auch hier ließ die Türkei zusammen mit Indien die meisten Seiten sperren.

Johannes Wendt, www.zeit.de, 5.6.2015

M 11 ● Wie Social Bots das Meinungsklima manipulieren

Bot-Accounts kapern soziale Medien wie Twitter, um dort politisch Stimmung zu machen. Vor ein paar Wochen gab es auf dem Kurznachrichtendienst Twitter ein interessantes Streitgespräch.

@pegida2016: „IHR EXISTIERT NOCH? Was War [sic!] denn gestern los mit euch? 40 Leute mit refugees... Unsere Redner haben versucht euch zu animieren ;-)“

@prblbot: „Nazis schnallt den Fallschirm an – macht es so wie alle hier, mia san da, Niederbayern Antifa!“

@pegida2016: „Wir sehen uns, Zecke“.

@prblbot: „Nieder mit dem Gerede von Angst, Zeit welche zu haben, deine Leibwächter zu schlagen mit Messern und Knarren.“

Nun ist der Austausch von Nettigkeiten zwischen Rechten und der Antifa nichts Besonderes. In diesem Fall aber doch: Denn @prblbot ist kein Mensch, sondern ein kleines Programm, das auf einem Algorithmus basiert – kurz: ein Bot. Das hat der Bot-Vater im Interview bestätigt. Der nötige Code dafür steht offen zugänglich auf der Coder-Plattform Github.

„Ein Algorithmus ist ein Computerprogramm, das nach vordefinierten Abläufen eine Aufgabe erfüllt“, erklärt Jürgen Pfeffer. Pfeffer ist Professor für Computational Social Science und Big Data an der TU München und forscht über den Einfluss der kleinen Roboter-Helfer. Pfeffer sagt, dass die meisten Bots ziemlich simpel gestrickt seien: „Warte auf einen Tweet mit einem bestimmten Wort, wenn der kommt, like den Tweet – gib also dem Absender der Nachricht ein positives Feedback.“

Komplexere Bots können laut Pfeffer automatisch Internetseiten „lesen“ und jede neue Geschichte, die dort zu einem bestimmten Thema gepostet wird, automatisch weiterverbreiten. Und fortgeschrittene Bots können aus vorgegebenen Wörterbüchern sogar selbstständig mehr oder minder sinnvolle Texte dichten. Im Fall von @prblbot ist dieses Wörterbuch eine lose Sammlung von Antifa-Demo-Sprüchen der Plattform „Anarchopedia“ und Songzitaten, die dem Bot-Macher gefielen [...].

Dieses Rohmaterial kombiniert @prblbot dann mal mehr und mal weniger gut und schickt die Neuschöpfungen raus an seine mittlerweile gut 500 Follower. Seit seiner „Geburt“ im Frühling 2015 hat er so schon über 17.000 Tweets abgesetzt. Und ab und zu verwickelt er echte Menschen in absurde

Mensch-Maschinen-Diskussionen.

[...] Die beiden Forscher Emilio Ferrara und Alessandro Bassi von der University of Southern California haben in einem kurz vor der US-Präsidentschaftswahl veröffentlichten Aufsatz gezeigt, dass im Wahlkampf zwischen Donald Trump und Hillary Clinton fast 20 Prozent der politischen Kommunikation auf Twitter von Bots bestritten wurde.

Dabei war Donald Trumps Computer-Armee klar in der Mehrheit. Eine Snapshot-Analyse unter Leitung der Oxford University hat zutage gefördert, dass am Tag der Wahl auf einen Bot mit Pro-Clinton-Hashtag fünf Pro-Trump-Bots kamen. Bei einer Wahl, die so knapp ausging wie diese, ist also nicht auszuschließen, dass die republikanische Bot-Armee die Wahl mitentschieden haben könnte. Die Forscher warnen also nicht ganz zu Unrecht: Bots sind eine Gefahr für die Demokratie.

[...] „Nicht jeder Bot ist etwas Schlechtes", sagt Wolf. „Die entscheidende Frage ist, ob die Bots als Dienstleister oder als Manipulatoren eingesetzt werden." Dienstleister sind politische Bots dann, wenn sie Inhalte von Parteien automatisch an Social-Media-Nutzer weiterverteilen oder wenn der CDU-Bot auf Nachfrage über das Programm der Partei aufklärt. Zu Manipulatoren werden Bots, wenn sie sich als normale Menschen ausgeben. [...]

„Social Bots können ein verzerrtes Bild der Realität aufbauen", sagt Andre Wolf. Und das kann schwerwiegende Folgen haben. Die Minderheit schreit so laut, dass die Mehrheit sich nichts mehr zu sagen traut oder nicht mehr will. [...]

„Medien berichten gerne darüber, welche Themen online diskutiert werden oder welcher Politiker mehr Freunde auf Facebook hat. Das alles beruht auf der Annahme, dass das Verhalten von Millionen Menschen diese Ergebnisse produziert. Aber vielleicht sehen wir hier gar nicht das Verhalten von vielen, sondern eher das Ergebnis der Manipulation von ganz wenigen," [warnt Pfeffer]. [...] Wichtig ist deshalb bei allem, was im Netz steht, vor allem eine gesunde Portion Skepsis, meint Informatikprofessor Pfeffer: „Wir wissen, dass nicht jedes Gerücht wahr ist, das wir im Wirtshaus hören. Ebenso wenig ist alles wahr, was auf Facebook steht. Und jetzt kommt eben noch hinzu, dass vieles, was wir im Internet sehen, nicht einmal von Menschen geschrieben worden sein muss." Oder einfacher ausgedrückt: „Glaub nicht alles, was du im Internet liest."

Max Muth, www.fluter.de, 14.12.2016

Aufgaben

1. a) Analysieren Sie die Grafik zur Internetfreiheit. (M 7)

   b) Führen Sie Beispiele eingeschränkter Meinungs- und Pressefreiheit an, von denen Sie bereits gehört oder gelesen haben. Ordnen Sie diese den Ländern und Themen in der Grafik zu.

2. a) Nennen Sie Strategien, mit denen Medien auf die Inhalte, die sie vermitteln, Einfluss nehmen. (M 8)

   b) Diskutieren Sie, inwiefern die derzeitigen medialen Entwicklungen sogar eine Gefahr für die Demokratie und die Pressefreiheit darstellen können.

3. Erschließen und bewerten Sie anhand von M 9, welche Funktion Medien in defekten Demokratien wie Russland erfüllen.

4. Untersuchen Sie staatliche Motive, den freien Zugang zum Internet einzuschränken. (M 10)

5. Beurteilen Sie die Bedeutung von Bots für das Meinungsbild der Bevölkerung und die Politik und entwickeln Sie Strategien zum Umgang mit dieser Erscheinung. (M 11)

F zu Aufgabe 1
Recherchieren Sie die Situation der Pressefreiheit in einigen ausgewählten Ländern. Orientieren Sie sich dabei an Informationen von „Reporter ohne Grenzen" oder Ihrer Tageszeitung.

4.1.4 Was bedeutet „Laptop und Lederhose"?

Laptop und Lederhose

Roman Herzog (1934-2017) war von 1994 bis 1999 Bundespräsident. Der gebürtige Niederbayer sprach 1998 von einer geglückten „Symbiose aus Lederhose und Laptop", als er den Wandel Bayerns vom Agrar- zum Hightech-Standort charakterisierte.

M 12 ● Medienstandort im Speckgürtel

In der Zentrale eines Medienunternehmens in Unterföhring

Betina Mäusel (CSU), 2. Bürgermeisterin von Unterföhring: „Bei uns, im Speckgürtel von München, lässt es sich gut leben und arbeiten: Wir haben im Gemeindegebiet etwa 18.000 Arbeitsplätze bei 10.759 Einwohnern – wir sind Deutschlands Medienstandort Nr. 1. [...] Attraktiv sind wir auch wegen der Nähe zu München, der Hauptbahnhof ist von Unterföhring aus nur gut zehn Kilometer entfernt. Und zum Flughafen sind es gerade mal vier S-Bahn-Stationen. Daher ist die Nachfrage nach Bauplätzen und Wohnungen hoch – zumal wir mit einem attraktiven Vereinsangebot sowie guten Kinderbetreuungen punkten können; die Grundschule wurde jüngst erweitert und wir werden bald ein eigenes Gymnasium haben."

BW/Mk, www.tz.de, 14.8.2015

Info

Medienstandort Bayern

Bayern ist der führende Medienstandort Deutschlands und nimmt auch international einen Spitzenrang ein. [...] Allein im Großraum München sind mehr als 29.000 Medienunternehmen ansässig (Quelle: IHK-Studie 2010). Bayern ist ein bedeutender Standort für Druck- und Printmedien und nimmt durch sein vielfältiges und kreatives Angebot eine herausragende Stellung ein. Bemerkenswert ist sowohl das Zeitungs- und Zeitschriftenaufkommen [...] als auch die Stellung im Verlagswesen, wo rund 6.000 Mitarbeiter ganz Bayern flächendeckend durch Zeitungen, Webportale oder E-Paper-Ausgaben mit Informationen versorgen. Die Anzahl täglich verkaufter Zeitungen von den Mitgliedsverlagen des Verbands Bayerischer Zeitungsverleger beträgt ca. 2,5 Mio. Auch als Fernseh- und Radiostandort belegt Bayern einen Spitzenplatz, da sich die bayerische Medienlandschaft durch fünf bundesweite Voll- und 13 Spartenprogramme sowie 56 Pay-TV- und fünf Teleshopping-Kanäle auszeichnet. Ein ähnlich hohes Aufkommen gilt für den Hörfunk mit drei bundesweiten Angeboten, einem landesweiten Programm, 62 Lokalradios sowie drei landesweiten und 13 lokalen Digitalradios. Zusätzliche Attraktivität wird durch die Film- und Gamesproduktion verliehen. Da Bayern auch einer der führenden Filmstandorte Deutschlands ist, reicht das Angebot von der Produktion über den Vertrieb bis zur Technik; wobei sämtliche Schritte des Produktionsprozesses abgedeckt sind.

MedienCampus Bayern e. V., www.medienwiki.org, 16.11.2015

M 13 Streit über den Bayerischen Rundfunk geht weiter

Nach der heftigen FDP-Kritik am öffentlich-rechtlichen Rundfunk, insbesondere dem BR, kontert jetzt der stellvertretende BR-Intendant Albrecht Hesse. Die Behauptung, der BR wäre träge, sei unsinnig.

Die Welt: [Die Bayern-FDP] will eine grundlegende Reform des öffentlich-rechtlichen Rundfunks: Die teure Fußball-Bundesliga zum Beispiel könne man getrost den Privaten überlassen.

Hesse: Sport ist ein äußerst wichtiges Bindeglied zwischen den unterschiedlichsten gesellschaftlichen Gruppen und hat eine herausragende integrative Kraft. Daher ist der Sport auch für die öffentlich-rechtlichen Sender ein wichtiger Eckpfeiler im Programm und unerlässlicher Bestandteil unseres Auftrags. Dabei geht es auch nicht nur um Fußball: Das Erste berichtet im Jahr über rund 50 verschiedene Sportarten, gemeinsam mit den Dritten Programmen sind es sogar rund 100. Und was die Kosten angeht: Sie liegen pro Haushalt für das ARD-Sportangebot bei gerade mal 69 Cent im Monat.

Die FDP findet den BR „träge" und „aufgebläht". Der BR sei zu groß, die redaktionelle Leistung zu gering – die Korrespondenten in den Regionalstudios würden jeder für sich gerade mal einen 30-Sekunden-Beitrag pro Woche zustande bringen.

Schade, dass eine so unsinnige Behauptung in die Welt gesetzt wurde [...]. Zu den Fakten: Bayerische Themen sind der Kern unserer Angebote. Dafür gibt es in allen Regionen Korrespondentenbüros, die für die Programme und auch für das umfangreiche Onlineangebot von BR24 im Web und in der News-App arbeiten.

Ein Beispiel: Das Hörfunkprogramm Bayern 1 schaltet zweimal pro Stunde in die sechs bayerischen Regionen, und das jeden Werktag zwischen sechs und 18 Uhr. Dazu kommt mittags eine Stunde Regionalsendung, ebenfalls aus den sechs Regionen. Am Nachmittag läuft das „Bayernmagazin" mit Informationen und Berichten aus ganz Bayern. Unsere Korrespondenten beliefern das Onlineangebot und die News-App BR24, einige berichten auch

Ein weiterer Vorwurf der Bayern-FDP lautet, dass im öffentlich-rechtlichen Rundfunk Bildung und Information, Politik und Kultur zu kurz kommen. Auch ein Angebot für Flüchtlinge fehle.

Das Gegenteil ist der Fall: Wir haben mit B5 aktuell das erfolgreichste Inforadio der ARD, mit Bayern 2 ein eigenes Wissens- und Kulturprogramm und mit BR-Klassik ein eigenes Angebot für die klassische Musik. [...] Abgerundet wird das Angebot seit einem halben Jahr durch die News-App BR24, die Nutzern ein umfassendes, multimediales und personalisierbares Nachrichtenangebot aus Politik, Wirtschaft, Kultur, Sport und den Regionen macht. Und nicht zuletzt: Der BR hat ARD-alpha ins Leben gerufen – den Bildungskanal schlechthin. Von einer Vernachlässigung von Bildung und Information, Politik und Kultur kann also keine Rede sein.

Interview: Hermann Weiß, www.welt.de, 23.2.2016

Rundfunkbeitrag

Jeder Haushalt muss in Deutschland monatlich 17,50 Euro Rundfunkbeitrag bezahlen – unabhängig davon, wie viele Rundfunkgeräte in einer Wohnung vorhanden sind oder wie viele Menschen dort leben.

Bayerischer Rundfunk (BR)

Der BR ist eine öffentlich-rechtliche Rundfunkanstalt und die viertgrößte dieser Art in Deutschland. Der BR hat ein 70.000 km^2 großes, mit rund 13 Millionen Einwohnern relativ dünn besiedeltes Sendegebiet. 2015 gab es 2.929 Planstellen bei dem Sender. Seine Zentrale ist in München.

Aufgaben

1. Fassen Sie mit Ihren Worten die Bedeutung des Medienstandorts Bayern zusammen. (M 12, Info)
2. Angenommen, Sie wachsen in Unterföhring auf. Diskutieren Sie, welche Vor- und Nachteile es mit sich bringt, an einem Medien-Hotspot zu leben. (M 12)
3. Wägen Sie Kosten und Nutzen des öffentlich-rechtlichen Programms für den Einzelnen in Bayern ab. (M 13)

ORIENTIERUNGSWISSEN

Merkmale der Mediendemokratie

In einer Demokratie besteht die Hauptaufgabe der Medien darin, **Öffentlichkeit zu schaffen,** d.h. über Sachverhalte, Ereignisse und Probleme so unverzerrt und wahrhaftig zu berichten, dass offen darüber diskutiert, gestritten und nötigenfalls nach Lösungen gesucht werden kann. Dazu gehört es, aus dem unüberschaubaren Angebot an Ereignissen diejenigen auszuwählen, die von öffentlichem Interesse sind. Die Massenmedien bestimmen folglich darüber mit, welche Ereignisse zu Nachrichten werden und für wie bedeutsam wir sie halten sollen (**Thematisierungsfunktion**). Nicht zuletzt diese Rolle macht sie zur „vierten Gewalt" neben Legislative, Exekutive und Judikative.

Aufgaben der Medien

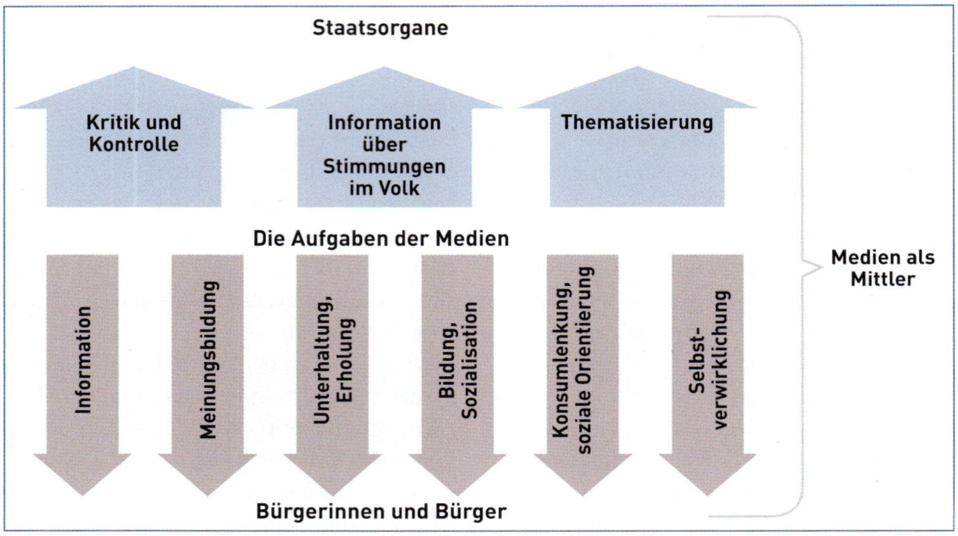

Autorengrafik

Meinungs- und Pressefreiheit als Grundrecht

Artikel 5 des Grundgesetzes garantiert die Meinungs-, Informations- und Pressefreiheit und bildet die **rechtliche Grundlage für unabhängige Medien**. Der Staat ist verpflichtet, das Grundrecht der Meinungs- und Pressefreiheit zu gewährleisten und ihren Gefährdungen entgegenzutreten. Staatliche Eingriffe in die Arbeit der Presse und anderer Massenmedien sind verboten.

Schranken der Pressefreiheit

Ihre Schranken findet die Pressefreiheit dort, wo Persönlichkeitsrechte verletzt, gegen Bestimmungen zum Schutz der Jugend verstoßen oder die freiheitliche-demokratische Grundordnung angetastet werden. Die sich daraus ergebenden Rechte und Pflichten für Journalisten und Medienschaffende sind u.a. in den **Pressegesetzen** der Bundesländer und den „**Richtlinien des Deutschen Presserats**" („Pressekodex") verankert.

Situation der Pressefreiheit

In zahlreichen Staaten ist die Pressefreiheit nicht ausreichend gewährleistet. Neben **obrigkeitlichen Eingriffen** in die Presse- und Rundfunkberichterstattung wird auch die **Zensur des Internets** aus unterschiedlichen Gründen zu einem stetig wachsenden Problem. Gleichzeitig versuchen einige Staaten im Internet durch das **Verbreiten von falschen Nachrichten** ihre Ziele zu verfolgen.

M 1 Türkische Medien – zu nah dran an Erdogan?

„Unsere Araber haben ein schönes Sprichwort, um auszudrücken, dass man jemanden sehr gerne hat", sagt Ethem Sancak bei einer Rede an den türkischen Staatspräsidenten Erdogan gewandt. Und fährt fort, „Ich würde Dir meine Mutter, meinen Vater und meine Kinder opfern."

Keine Frage, dass Sancaks Journalisten niemals ein schlechtes Wort über Erdogan und die von ihm gegründete AK Partei verlieren würden. Drei Zeitungen, drei Fernsehsender, zwei Radiosender, zwei Magazine und verschiedene Internetseiten darf der türkische Unternehmer sein Eigen nennen, zählt die Organisation Reporter ohne Grenzen auf. Sancak hat in den Achtzigern mit einem kleinen Unternehmen in der Medizinbranche seine Karriere gestartet. Inzwischen gehört ihm das türkische Fahrzeug- und Rüstungsunternehmen BMC. Er ist millionenschwer.

Sancaks Laufbahn und seine Engagement im Medienbusiness stehen beispielhaft für das Netzwerk aus türkischen Wirtschaftsunternehmen und Nachrichtenhäusern. Genau das bis ins kleinste Detail aufzuzeigen, hat sich die für die Presse- und Informationsfreiheit weltweit kämpfende Organisation Reporter ohne Grenzen zur Aufgabe gemacht. Dafür kooperiert sie seit drei Monaten mit der türkischen Medienwerkstatt bianet. [...]

Die meisten Eigentümer seien von Regierungsaufträgen für deren Industrieunternehmen abhängig, ergibt die Recherche der bianet Journalisten, denn das eigentliche Geld verdienten die Chefs der Medienhäuser im Energie-, Transport oder Bausektor.

Im Fernsehen – in der Türkei immer noch das meistgenutzte Medium – hätten sieben der zehn wichtigsten Eigentümer starke Verbindungen zur Regierungspartei, so Reporter ohne Grenzen. „Es ist wirklich schwierig eine Familie eines türkischen Medientycoons zu finden, bei der Präsident Erdogan nicht zu einer Hochzeit eingeladen war oder als Trauzeuge teilgenommen hat", so Christian Mihr, Geschäftsführer der Organisation für Pressefreiheit.

Die Konsequenz aus diesen extremen Bindungen sei, dass sich viele Journalisten selbst zensierten, weil sie ihre Jobs nicht verlieren wollten, sagt der bianet-Koordinator Evren Gönül. Eines der schrillsten Sprachrohre der türkischen Regierung ist sicherlich die Tageszeitung „Yeni Safak". Deren Journalisten glauben stets zu wissen, welche ausländische Macht der türkischen Regierung, aber vor allem dem Land und dem Volk nur Böses will.

Hinter „Yeni Safak" steht die Albayrak Familie, bestehend aus sechs Brüdern. Bei Dutzenden öffentlichen Ausschreibungen, insbesondere von Städten und Gemeinden, habe die Albayrak Holding den Zuschlag bekommen, kritisieren Reporter ohne Grenzen und bianet.

Oliver Mayer-Rüth, www.tagesschau.de, 27.10.2016

Aufgaben

1. Geben Sie mit Ihren Worten den Inhalt des Berichts wieder.
2. Erläutern Sie, warum eine zu geringe Distanz zwischen Medien und Politikern problematisch ist.
3. Beschreiben Sie anhand geeigneter Beispiele, wodurch die weltweite Pressefreiheit derzeit eingeschränkt ist und welche Folgen dies für das Leben jeweils unterschiedlicher dort lebender Personengruppen hat.

4.2 Kunst und Kultur

4.2.1 Kunst und Kultur als Entfaltungsraum unserer Persönlichkeit

M 1 Was Kunst für unser Leben bedeutet

„Kunst wäscht den Staub des Alltags von der Seele."
Pablo Picasso (1881-1973)

„Wir haben die Kunst, damit wir nicht an der Wahrheit zu Grunde gehen."
Friedrich Nietzsche (1844-1900)

„Die Kunst ist die stärkste Form von Individualismus, welche die Welt kennt."
Oscar Wilde (1854-1900)

„KUNST = Mensch = Kreativität = Freiheit"
Joseph Beuys (1921-1986)

„Kunst ist Anarchie."
Heinrich Böll (1917-1985)

„Kunst ist Magie, befreit von der Lüge, Wahrheit zu sein."
Theodor W. Adorno (1903-1969)

„Kunst gibt nicht das Sichtbare wieder, sondern Kunst macht sichtbar."
Paul Klee (1879-1940)

„Das Kunstwerk ist eine imaginäre Insel, die rings von Wirklichkeit umbrandet ist."
José Ortega y Gasset (1883-1955)

M 2 Graffiti – (m)ein Leben für die Kunst

Graffiti findet sich in Hamburg an allen möglichen freien Flächen. Heute ist es kaum möglich, während einer Bahnfahrt aus dem Fenster zu schauen und kein Graffiti-Bild – auch Piece genannt – zu sehen. Sie fallen in der ganzen Stadt auf, an Hauswänden, Bahnhöfen, Brücken, Bahnstrecken, in U-Bahn-Tunneln und auf Zügen.

Graffiti-Sprüher riskieren teilweise ihr Leben, nur um ihren Namen so auffällig wie möglich in Form eines Graffiti-Pieces zu platzieren. Es geht ihnen um Ruhm [...] und Anerkennung dafür, dass sie ihren Namen so oft wie möglich an den auffälligsten und auch gefährlichsten Orten platziert haben.

Das Zug-Sprühen wird dabei immer mehr zum Trend. Die Sprüher dringen dafür teilweise gewaltsam in sogenannten Zug-Yards – das sind Abstellgelände – ein. Die Züge fahren dann am nächsten Tag durch die ganze Stadt, und vielen Leuten fallen die Graffiti-Bilder dann ins Auge.

Im Jahre 2015 wurden allein bei der Deutschen Bahn mehr als 35.000 Graffiti- und Vandalismusdelikte registriert, deren Schäden mehr als 30 Millionen Euro verursachten. [...]

Die Absicht der Sprayer ist die Verschönerung der Stadt, nicht die Zerstörung. Die Sprayer beklagen, dass es zu wenige legale Flächen zum Sprühen gibt. Einige Ex- aber auch noch aktive Sprüher verdienen mit dem Sprühen sogar Geld – mit legalen Aufträgen von Hauseigentümern und Firmen. Diese bestehen darin, eine freie Häuserwand anspruchsvoll und schön zu gestalten, sodass diese zum einen nicht mehr mit irgendeinem Namenszug vollgeschmiert wird, aber auch damit sie nicht mehr so langweilig aussieht.

Noah Bielenberg, www.abendblatt.de, 4.4.2017
Der Beitrag von Noah Bielenberg wurde 2017 im Rahmen des Projekts „Schüler machen Zeitung" vom Hamburger Abendblatt veröffentlicht.

M 3 ● Die Philosophie des Sprayens

„Das Bedürfnis von Menschen, Wände anzumalen ist schon ziemlich alt. Also ich glaube, 30.000 Jahre vor Christus gab es bereits erste Höhlenmalereien. Wenn man von dem Wort Graffiti ausgeht, von der Wortbedeutung: Graffito, Kratzbild, eigentlich Kratzinschriften, dann gibt es so was schon ewig. Seit es Menschen gibt, wird irgendwas in Wände eingekratzt."

„Graffiti ist für mich die direkteste Weise, wie man sich ausdrücken kann. In Form von einer Kunst, von einer impulsiven Kunst. Es ist ein Stück weit auch ein sichtbares Zeichen von Kreativität - und zwar in einer Stadt, in der Urbanität. Für mich gehört das fest zusammen."

„Ich hatte keinen Mentor in dem Sinne, wenn es um Graffiti geht. Ich habe mir das selber beigebracht. Autodidaktisch. Ich habe mich immer für die Hip-Hop-Kultur interessiert. Und Graffiti ist ein Teil der Hip-Hop-Kultur. Und da gibt es dieses Prinzip: Each one teach one. Man soll ja das weitergeben, was man weiß und was man kann."

Carlos Lorente alias „Crow", www.br.de (5.12.2017)

Carlos Lorente alias „Crow"

Der künstlerische Autodidakt und gelernte Mediengestalter Carlos Lorente alias „Crow" ist Gründer von Deutschlands einziger Graffiti-Akademie in Nürnberg. In Workshops unterrichtet er Schüler, Jugendliche und sogar Senioren in der Kunst des Graffiti.

Mentor

Ratgeber oder Lehrer, der angehende Künstler oder Wissenschaftler in ihrer Entwicklung besonders fördert

M 4 ● Das Graffiti aus juristischer Perspektive

§ 304 StGB (Gemeinschädliche Sachbeschädigung)

(1) Wer rechtswidrig Gegenstände der Verehrung einer im Staat bestehenden Religionsgesellschaft oder Sachen, die dem Gottesdienst gewidmet sind, oder Grabmäler, öffentliche Denkmäler, Naturdenkmäler, Gegenstände der Kunst, der Wissenschaft oder des Gewerbes, welche in öffentlichen Sammlungen aufbewahrt werden oder öffentlich aufgestellt sind, oder Gegenstände, welche zum öffentlichen Nutzen oder zur Verschönerung öffentlicher Wege, Plätze oder Anlagen dienen, beschädigt oder zerstört, wird mit Freiheitsstrafe bis zu drei Jahren oder mit Geldstrafe bestraft.

(2) Ebenso wird bestraft, wer unbefugt das Erscheinungsbild einer in Absatz 1 bezeichneten Sache oder eines dort bezeichneten Gegenstandes nicht nur unerheblich und nicht nur vorübergehend verändert.

(3) Der Versuch ist strafbar.

www.gesetze-im-internet.de (5.12.2017)

Aufgaben

1. Unter Kunst verstehen viele etwas anderes. Wählen Sie das Zitat aus, das Ihrer Auffassung von Kunst am nächsten kommt, und begründen Sie Ihre Wahl. (M 1)
2. Erschließen Sie die Motive von Graffiti-Sprayern. Wie legitimieren sie ihre Aktionen? (M 2, M 3)
3. Setzen Sie die „Philosophie" des Graffiti-Sprayens in Beziehung zu Ihrer eigenen Kunstauffassung bzw. zu den Meinungen aus M 1.
4. Der Schweizer Harald Naegli alias „Sprayer von Zürich" oder der britische Anonymus „Banksy" haben mit ihren weltweit bekannten Werken das Graffiti zur Kunstform erhoben. Gleichwohl gilt nicht nur in Deutschland das unautorisierte Besprühen von Wänden als Straftatbestand. (M 4)
   Diskutieren Sie das Spannungsfeld zwischen der Freiheit, sich künstlerisch auszudrücken, und dem juristisch garantierten Schutz des privaten bzw. öffentlichen Eigentums.

F zu Aufgabe 1

Befragen Sie Ihre Lehrer, Mitschüler oder Freunde zu deren Kunstauffassung. Werten Sie die Umfrage aus, indem Sie die Antworten in eine plausible Ordnung bringen.

H zu Aufgabe 4

Beziehen Sie diese Fragen in Ihre Argumentation ein:

- Wie nehmen Sie Graffitis in Ihrer Umgebung wahr?
- Ist eine Grenzziehung zwischen Kunst und Vandalismus möglich?

4.2.2 Regionalkulturen – Bewährtes in neuem Gewand

M 5 ● Klein anfangen, groß rauskommen – Festivals in Bayern

1995 begann das Chiemsee Summer Festival als eintägige Veranstaltung für Insider, heute dauert es mehrere Tage und zieht im Sommer bis zu 35.000 Besucher an den Chiemsee.

M 6 ● Die dopen Zipfeschwinga

Zwei Rapper, DJ und Tuba – für Bayern eine ganz normale Bandbesetzung. Die niederbayerischen Wahlberliner Dicht & Ergreifend tragen ihren Bazi-Rap in den Norden von Deutschland und bleiben dabei aber down mit dem Dorfflair.

Viele glauben immer noch, dass es keine bayerische Version von Atzen-Rap gibt. Gibt‘s aber: Bazi-Rap nämlich. Und in dieser Genre-Schublade sind Dicht & Ergreifend nicht allein, sondern in ziemlich bunter Gesellschaft: BBou und Liquid sind da zum Beispiel auch schon. Laaft oiso!

Musik für Volksfeste und Rapclubs. Zwischen diesen beiden Polen schaukeln die Niederbayern recht wild hin und her, aber von der Stimmung ist beides eh nicht so weit voneinander entfernt. Die beiden Wahlberliner verbinden dabei außerdem Großstadtflair und Kleinstadtgeschichten – optimal also für Gangster und Bazis.

Mögen wir, weil die beiden Rapper zwischen den üblichen Battlerap-Phrasen und HipHop-Sexismen auch immer gern mal aufblitzen lassen, dass sie gesellschaftliche und politische Entwicklungen sehr genau unter die Lupe nehmen. Egal ob Bankenkrise, Alltagsrassismus oder Leistungsgesellschaft – Dicht & Ergreifend geben ihren scharfen Senf dazu.

Sie werden berühmt, weil sie so auf alles sch..., dass sie eigentlich im Punk besser aufgehoben wären. Vom einen Volksfest zur nächsten Party bleibt aber immer noch Zeit für ein paar Handyvideos und Facebook-Posts. Sagen wir also so: Man kann ja auch wissen, was man tut und trotzdem die Sau raus lassen.

Ihre neue Platte wird es nicht unbedingt in jede Deutschunterrichtsstunde schaffen. Dicht & Ergreifend ist bestimmt nicht das Eloquenteste, was je aus der HipHop-Schublade rausgesprungen ist. Aber wie das bei echten Bazis so ist: Sie könnten schon schlau sein, aber blöd daherreden macht halt einfach mehr Spaß.

Band der Woche, www.br.de, 18.5.2015

Regionalkultur

Der Begriff Regionalkultur bezeichnet im Wesentlichen die Vielfalt kultureller Erscheinungen aus dem eigenen Lebensumfeld. „Region“ wird hierbei häufig gleichgesetzt mit traditionell gewachsenen Gebietseinheiten. Diese Sichtweise spiegelt sich wider in einem breiten Angebot sogenannter „Regionalia“, also kulturgeschichtlich inspirierter Literatur, z.B. über Franken, die Oberpfalz oder Schwaben.
Diese relativ enge Sichtweise verstellt allerdings den Blick auf Erscheinungsformen einer Regionalkultur, die sich aus der Vielfalt unterschiedlicher kultureller Strömungen vor Ort speist und ihren Ausdruck z.B. in multiethnischen Stadtteilfesten findet oder in lokalen Events, deren Erfolg nicht selten auch überregional Beachtung findet.

Zipfeschwinga

bayer. von Zipfelklatscher, was je nach Tonfall Draufgänger, Idiot oder Kumpel bedeutet

M 7 Ultras – Bewahrer der atmosphärischen Seele des Fußballs?

„Als Fußballfan ist der Fußball ja dein Leben, alles andere wie `ne Freundin, dein Leben quasi, leidet da ja drunter, wenn du ein Hardcore-Supporter bis. Wir wollen für die Jungen und für alle, die die Idee der Ultras gut finden, ein Auffangbecken sein. Zu uns kommen Leute, weil sie ihren Spaß haben wollen. Sie sehen, die Jungs da gehen ab, da wird gefeiert."

„Ich bin Fan des 1. FC Nürnberg. Die Gruppe ist dafür geschaffen worden, um den 1. FCN zu unterstützen. Und deshalb sind für mich die Ultras Nürnberg im Leben das Wichtigste. Das bedeutet, dass im Alltag die Prioritäten klar verteilt sind, und bei meiner Funktion bleibt da fast keine Zeit mehr für Aktivitäten außerhalb der Gruppe. Dadurch sind natürlich alle Kontakte zu Menschen, die nicht zum Fußball fahren, komplett abgebrochen. Meine gesamten Freunde sind bei den Ultras Nürnberg. Ich lebe ultra, den ganzen Tag denke ich nur an die Ultras, an den FCN, an die Kurve."

Gunter A. Pilz, www.bpb.de, 9.5.2006

M 8 Das Stadion als Ort der Selbstfindung in einer durchrationalisierten Welt

Das Fußballstadion, die Ultragemeinschaft wird zu einem wichtigen Ort des Ausgleichs des Seelenhaushaltes der Menschen moderner Industriegesellschaften. In einer Gesellschaft, wo die Menschen nur noch daran gemessen werden, was sie haben, und nicht danach, was sie sind, steigt auch das Bedürfnis selbst kreativ zu sein, etwas schaffen, nach eigenen Vorstellungen aufbauen und verändern zu können, etwas zu bewegen, auf etwas Einfluss zu haben. [...] Dieses ganz normale Bedürfnis – zusätzlich durch die Zurückdrängung der Affekte und Emotionen, den Zwang zur Selbstdisziplin und -kontrolle genährt – stößt aber permanent an seine Grenzen.

Wo die meisten Menschen hinkommen, ist meist schon alles fertig, organisiert, wirklich nicht mehr beeinflussbar, sind sie von Vorschriften, Verordnungen oder gesetzlichen Normen umgeben, die ihre Handlungsmöglichkeiten, ihren Spielraum erheblich einengen. Genau diese Gefahr droht den Ultras nun [durch Verbote und Reglementierungen der Vereine und Sicherheitsbehörden] auch im Stadion. Daraus entstehen Enttäuschungen, Gefühle der Ohnmacht und Einflusslosigkeit, die in Resignation, Flucht oder in Vandalismus und Gewalt enden können. Dem Fußballstadion kommt deshalb eine wichtige Rolle im Sinne der Kompensation zu. Hier wird es deshalb in Zukunft sehr entscheidend sein, wie weit es gelingt, den Ultras Räume zur (Selbst-)Inszenierung zu geben, zu belassen, das heißt den (überwiegenden) Teil der Ultras, der sich vorwiegend der Stimmungsmache und dem Herstellen einer fußballspezifischen Atmosphäre verschrieben hat, zu stärken.

Gunter A. Pilz, www.bpb.de, 9.5.2006

Aufgaben

1. Recherchieren Sie ausgehend von M 5 weitere kulturelle Großveranstaltungen in Bayern.
2. Überprüfen Sie die Gültigkeit der in der Randspalte wiedergegebenen Definition von Regionalkultur.
3. Erörtern Sie die spezifischen Aufgaben der Regionalkultur in einer zunehmend vernetzten und globalisierten Welt.
4. Diskutieren Sie am Beispiel der Band „Dicht & Ergreifend", welcher Gewinn aus dem Cross-over von Elementen traditioneller und zeitgenössischer Kultur entstehen kann und warum derartige Experimente auf breite Publikumsresonanz stoßen. (M 6)
5. Erarbeiten Sie am Beispiel der „Ultras", warum Fan-Kulturen trotz der Probleme, die sie verursachen, wichtige gesellschaftliche Funktionen erfüllen. (M 7, M 8)

Ultras

Seit Mitte/Ende der 1990er Jahre bilden sich bundesweit sogenannte Ultraszenen. Angelehnt an die Ultraszenen in Italien, Frankreich und Spanien ist es Ziel dieser Fans, eine neue Art der Atmosphäre in die Stadien zu bringen. Zu ihrem Repertoire gehören Choreografien, Kurvenshows, Spruchbänder, Schwenkfahnen, Gesänge und andere Stimmungsrituale. Ultras werden häufig sehr pauschal mit Gewalt und Rechtextremismus in Verbindung gebracht. Das ist eine grobe Pauschalisierung. Die Gewalt in Fußballstadien geht in den meisten Fällen von Hooligans aus.

F zu Aufgabe 5
Diskutieren Sie, inwieweit die Behauptung, Ultras seien besonders anfällig für rechtes Gedankengut, berechtigt ist.

4.2.3 Das Eigene und das Andere – was Kulturen trennt und verbindet

M 9 ● Stereotype

Stereotyp
vereinfachte, starre und verallgemeinernde Vorstellungsbilder von Mitgliedern einer sozialen Gruppe

Die Fotografin Seren Başoğlu zeigt in ihrer Porträtserie Frauen, die in Deutschland leben, aber unterschiedlicher Herkunft sind. Jede Person wird innerhalb einer Serie mit verschiedenen Kopfbedeckungen gezeigt – ein Spiel mit den Wahrnehmungen der Betrachter, das Denkprozesse anregen soll.

M 10 ● Interkulturelle Kompetenz – Die Schlüsselfertigkeit im 21. Jahrhundert?

Interkulturelle Kompetenz
Die Fähigkeit, sich in anderen Kulturen effektiv und angemessen zu verhalten. Dazu gehören die Kenntnis von Einstellungen, emotionale Aspekte, die Sprache, das Wissen um kulturelle Besonderheiten und vieles mehr.

In Europa und anderen Regionen der Welt wächst das Bewusstsein für das Konflikt- und Chancenpotenzial, das der kulturellen Vielfalt in der Gesellschaft, im professionellen und privaten Umfeld immanent ist. Angesichts des aus der Internationalisierung resultierenden Pluralisierungsprozesses werden die ethnische, religiöse und kulturelle Heterogenität unserer Gesellschaften wie auch die Kontakte zwischen Menschen mit verschiedenen kulturellen Werten und Normen zunehmen. Umso bedeutender wird in den kommenden Jahren die Fähigkeit auf zwischenmenschlicher Ebene, mit kultureller Vielfalt und verschiedensten Einstellungen, Werten, Normen, Glaubenssystemen und Lebensweisen konstruktiv umgehen zu können. Diese Fähigkeit, mit kultureller Vielfalt positiv umzugehen, ist eine Schlüsselkompetenz nicht nur für international agierende Führungskräfte, sondern auch für jeden Einzelnen, um am gesellschaftlichen Leben teilzunehmen, einen Beitrag zur sozialen Integration und Kohäsion zu leisten sowie dem Ausschluss von Menschen aus der Gemeinschaft entgegen zu wirken. [...]
Ein förderlicher Rahmen für interkulturelle Verständigung ist insbesondere gegeben, wenn er auf Inklusion aller Mitglieder einer

Gesellschaft gerichtet ist und nicht der Vorstellung einer kulturell homogenen und demzufolge exklusiven Gruppe Vorschub leistet. Ein solches System ist dann gegeben, wenn sich die Akteure in interkulturellen Situationen „auf Augenhöhe" begegnen können. [...]
Wichtige Bausteine für einen förderlichen Rahmen auf der schulischen Ebene sind zum Beispiel die Anerkennung von Vielfalt als etwas, was eine Gesellschaft bereichert, oder das Bemühen, gleichwertige Lernbedingungen für alle Schüler sicherzustellen. [...]
Als Ausgangspunkt für den Erwerb interkultureller Kompetenz gilt eine grundlegend positive Einstellung gegenüber interkulturellen Situationen. Diese interkulturelles Lernen motivierende Einstellung ist in ihrem Kern emotional und gefühlsbezogen und deshalb nur schwierig zu vermitteln, wie Trainer von interkultureller Kompetenz oftmals feststellen müssen. Für den Lernprozess in Bezug auf interkulturelle Kompetenz ist diese persönliche Motivation aber mindestens so wichtig wie explizites kulturelles Wissen. Entscheidende Einstellungen und Grundhaltungen sind eine allgemeine Offenheit und Wertschätzung für kulturelle Vielfalt sowie eine offene, neugierige und vorurteilsfreie Begegnung mit Personen aus fremden Kulturen (indem beispielsweise ethnozentrische Urteile vermieden und die eigenen spontanen Gefühle, Reaktionen etc. erkannt und reflektiert werden). [...] Interkulturelle Kompetenz setzt die Fähigkeit voraus, die Perspektive zu wechseln, d.h. das eigene Referenz-, Werte- oder Verständnissystem zu verändern, zu relativieren, zu erweitern oder zu verallgemeinern.

Bertelsmann-Stiftung / Fondazione Cariplo, www. bertelsmann-stiftung.de, 10/2008

Schule ohne Rassismus – Schule mit Courage ist ein Projekt des Vereins Aktion Courage e.V. und wurde in Deutschland 1995 unter dem Namen „Schule ohne Rassismus" ins Leben gerufen.

Info

Was versteht man unter „Kultur"?

Lat. „colere": bebauen, bestellen, pflegen
Jede Kultur hat ihre Besonderheiten und eigene, für sie typischen Orientierungen. Diese prägen ihre Angehörigen und formen deren Identität. Kulturen beeinflussen das Wahrnehmen, Denken und Handeln sowie die Werthaltungen der Individuen und definieren deren Zugehörigkeit zu einer Gesellschaft.

Der niederländisch-französische Kommunikationsforscher Fons Trompenaars vergleicht Kultur mit einem Eisberg, dessen größerer Teil sich unter der Wasseroberfläche befindet und daher unsichtbar bleibt. Übertragen heißt das: Wir sind uns nur zu einem kleinen Teil unserer kulturellen Prägung bewusst. Wie wir uns von kulturell andersartig geprägten Menschen unterscheiden, hängt weitgehend vom unsichtbaren Teil des Eisbergs ab.

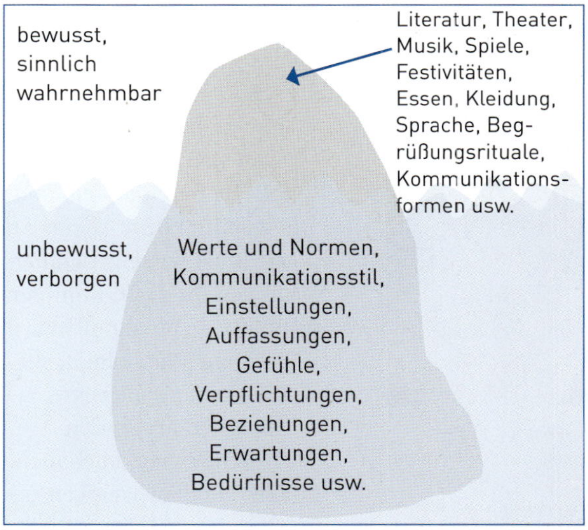

Autorentext/-grafik

Aufgaben

1. Überprüfen Sie Ihre Denkmuster: Welcher Kultur ordnen Sie der Kopftuchträgerin (M 9) jeweils zu? Welche Eigenschaften assoziieren Sie mit den einzelnen Kopfbedeckungen?
2. Vergleichen Sie die Definitionsansätze des Begriffs Kultur. Welche Aspekte rücken sie in den Vordergrund? (Info, Rand)
3. Fassen Sie zusammen, was man unter interkultureller Kompetenz versteht. (M 10)
4. Diskutieren Sie, welche Chancen mit dem Erwerb einer umfassenden interkulturellen Kompetenz individuell und gesellschaftlich verbunden sind. (M 10)

F zu Aufgabe 1
Wählen Sie ein anderes bedeutungstragendes Attribut (z.B. männliche Kopfbedeckungen, Haar- oder Barttracht, weiblicher Kleidungs- oder Schminkstil) und zeigen Sie, welche Stereotype in diesem Fall aktiviert werden.

4.2.4 Wir oder die Anderen – Kultur als Kampfbegriff

GG Art. 1, 2
→ vgl. Kap. 2.1.1

GG Art. 4
→ vgl. Kap. 2.1.1

Burkini
→ vgl. Kap. 2.1.1

M 11 ● Burka, Nikab & Co. – sollen sie in Deutschland erlaubt sein?

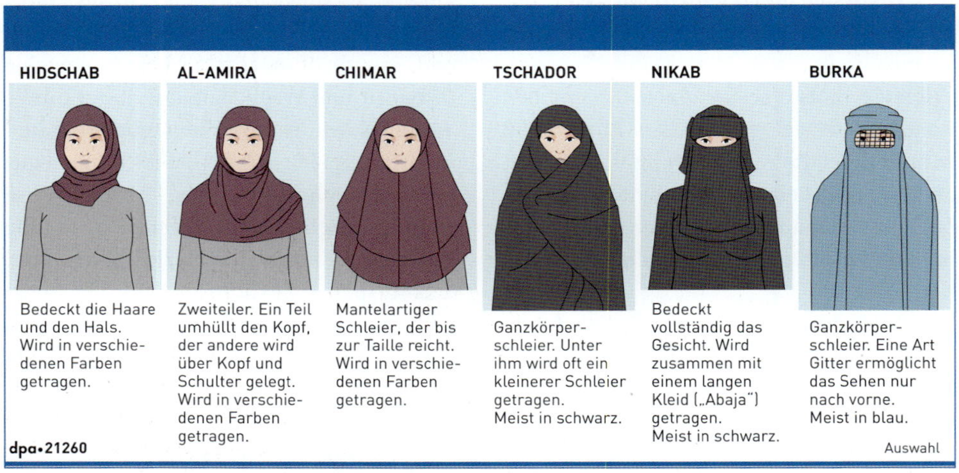

M 12 ● „Religionsfreiheit als Totschlagargument“

Seyran Ateş (*1963) engagiert sich seit vielen Jahren für die Rechte der Frauen, kämpft gegen Zwangsheirat und Ehrenmorde. Die Anwältin, Autorin und Frauenrechtlerin tritt für ein Verbot der Burka ein.

Es ist beeindruckend und sehr auffällig, dass sich wieder sehr viele weiße Männer gegen ein Burkaverbot aussprechen. Ähnlich wie bei dem Thema Kopftuch. Sie gefallen sich darin, den rechten Rand der Politik zu beschimpfen und auf mangelnde Sensibilität beim Thema Fremdenfeindlichkeit hinzuweisen. Männer führen Abrechnungen über den Kopf der Frauen hinweg. Die einen missbrauchen die Burkadebatte für ihren Wahlkampf, die anderen wollen sich damit als die besseren Demokraten und Deutschen profilieren.

Ich ziehe es vor, mich nicht nur in Deutschland, sondern weltweit mit den Frauen zu solidarisieren, die gegen die Verschleierung und somit gegen die Verdinglichung und Entmenschlichung der Frauen kämpfen. Auch der Westen hat die verdammte Pflicht, beim Thema Verschleierung über den eigenen Tellerrand hinaus zu blicken und zu schauen, welches Leid Frauen in der islamischen Welt wegen der Halb- oder Vollverschleierung ertragen müssen.

Wir leben in einer freien Welt und jede Frau soll frei entscheiden, ob sie sich halb oder voll verschleiert. Mit diesem Argument gibt man eine schöne einfache Antwort auf eine der kompliziertesten Fragen, mit der sich die islamische Welt, vor allem Frauenrechtlerinnen, auseinandersetzen müssen. [...] Die Vollverschleierung, also das Tragen der Burka, ist in Deutschland zwar äußerst selten, die Teilverschleierung nimmt allerdings deutlich zu. Noch vor 20 Jahren gab es bei uns kaum ein Kind, das im Kindergarten oder in der Grundschule ein Kopftuch trug. [...] Die Religionsfreiheit ist das Totschlagargument. Vor allem wenn es um Frauenrechte geht. Viele Menschen in Europa, vor allem auch Nichtmuslime, machen es sich sehr einfach, indem sie die Verschleierung ausschließlich unter dem Gesichtspunkt der Religionsfreiheit sehen. Als Frauenrechtlerin wundert mich das nicht.

[...] Gilt das Recht auf Gleichberechtigung der Geschlechter in Deutschland nur für Nichtmuslime?

Seyran Ateş, www.ndr.de, 18.8.2016

M 13 Ideologischer Schleier

Ein Gespenst geht um in Deutschland. Es trägt ein langes dunkles Gewand, das allenfalls die Augen ausspart. Kaum jemand hat es je selbst gesehen. Und doch dominiert die Burkaträgerin die politische Debatte in diesem Sommer [2016]. Die Landesinnenminister der Union machen sich für das Verbot der Vollverschleierung in Deutschland stark. [...] Wie viele Frauen [...] nur mit Gesichtsschleier das Haus verlassen, darüber gibt es keine verlässlichen Angaben. Aber klar ist: In einem Bundesland, in dem sich die Polizei außerstande sieht, Flüchtlingsunterkünfte vor Gewalttaten Einheimischer zu schützen, gibt es für einen Innenminister drängendere Probleme.

„Besorgte Bürger", die vor Flüchtlingsheimen krakeelen oder Migranten bedrohen, passen ebenso wenig zum Ideal einer demokratischen, offenen Gesellschaft wie eine Burkaträgerin. Trotzdem hat noch kein Innenminister das Verbot szenetypischer Kleidung und Codes gefordert, mit denen Rechtsradikale ihre Ablehnung für diesen Staat offen zur Schau stellen.

Zu Recht, denn das Grundproblem ist in beiden Fällen dasselbe: Entscheidend ist nämlich nicht, was die Leute auf ihrer Haut tragen, entscheidend ist die Burka in ihrem Kopf. Der Staat wird den Kampf gegen die islamistische Ideologie und Integrationsverweigerer nicht mit Bekleidungsvorschriften gewinnen. Den „Käfig aus Stoff", von dem Berlins CDU-Innensenator Frank Henkel spricht, kann man per Gesetz wegziehen. Das Gefängnis der Ideologie wird bleiben. Es wird im Zweifel sogar noch undurchlässiger.

Die Unionspolitiker gehen davon aus, dass die betroffenen Frauen von ihren Männern unter die Burka oder den Nikab gezwungen werden. Die logische Folge wäre, dass die Frauen nach einem Verbot der Vollverschleierung überhaupt nicht mehr das Haus verlassen dürfen und gar nicht mehr am öffentlichen Leben teilhaben. Damit würden die Befürworter des Burkaverbots das Gegenteil dessen erreichen, was sie erklärtermaßen bewirken wollen. [...]

Mit einem Burkaverbot würde sich Deutschland auf eine Stufe mit Iran und Saudi-Arabien stellen. Dort maßen sich die Regierenden an zu entscheiden, wie eine Frau sich in der Öffentlichkeit zu kleiden hat – nämlich mit Kopftuch. Die Bundesrepublik sollte es ihnen nicht gleichtun, das passt nicht zu einer liberalen Demokratie.

Christoph Sydow, www.spiegel.de, 16.8.2016

Aufgaben

1 a) Stellen Sie die Argumentation dar, mit der die beiden Kommentatoren das Für und Wider eines Burkaverbots begründen. (M 12, M 13)

b) Vergleichen Sie die Argumente kritisch und bestimmen Sie Ihre eigene Position in dieser Frage.

2 Entwerfen Sie mögliche Kompromisslösungen zwischen einem totalen Verbot und der uneingeschränkten Erlaubnis zur Vollverschleierung von Frauen.

3 Hinter der Diskussion um ein Verbot der Vollverschleierung verbergen sich neben rationalen Argumenten grundsätzliche, häufig auch ideologisch motivierte Auffassungen, auf welche Weise die verschiedenen Ethnien in einer Gesellschaft zusammenleben sollen. Diskutieren Sie die Konzepte und prüfen Sie, welche Chancen oder Gefahren damit verbunden sind (vgl. Rand).

4 Entwickeln Sie auch vor dem Hintergrund der Zuwanderung aus Ländern der südlichen Hemisphäre denkbare Szenarios über das gesellschaftliche Zusammenleben im Europa des Jahres 2050.

Leitkultur

Ende der 1990er-Jahre von konservativen Kräften eingeführter ideologisch gefärbter Begriff, der in der Debatte um die Integration von Menschen mit Migrationshintergrund den Vorrang der eigenen Kultur gegenüber den Herkunftskulturen der Migranten behauptet. Dementsprechend wird Anpassung an Werte und Normen des Einwanderungslandes zum Kernziel einer gelungenen Integration erhoben; Gegenbegriff zum sog. Multikulturalismus.

Multikulturalismus

Oberbegriff für eine Reihe sozialwissenschaftlicher Ansätze, die von der grundsätzlichen Gleichberechtigung verschiedener Kulturen ausgehen und in diesem Sinne für den Aufbau einer Gesellschaft ohne Anpassungszwänge eintreten. Dahinter steht die Idee, dass das soziale Miteinander verschiedener Kulturen u.a. einen wechselseitigen Lernprozess in Gang setzt, der den Einzelnen, aber auch die Gesamtgesellschaft bereichern. Kritiker hingegen betonen die Gefahr einer Entstehung von isolierten Parallelgesellschaften und daraus resultierenden ethnischen Spannungen.

H zu Aufgabe 4

Hinweise zur Szenariotechnik finden Sie im Methodenglossar (Anhang).

4.2.5 Der Schutz des kulturellen Erbes

M 14 ● So gefährdet ist das Weltkulturerbe

Der Grund für die Zerstörungen [von islamischen Kulturdenkmälern] ist die fundamentalistische Ideologie des IS. „Der IS ist radikal im Kampf gegen Ungläubige und gegen alles, was aus seiner Sicht nicht islamisch ist", sagt Johanna Pink, Professorin am Orientalischen Seminar der Universität Freiburg. Dabei beanspruche der IS die direkte Nachahmung der Zeit des Propheten im 7. Jahrhundert für sich. Zeitlich will der IS also zurückgehen.

Die Zerstörungen der Kulturgüter seien Teil einer Strategie, die Existenz von anderen Kulturen zu verneinen, so die UNESCO. Mit den Zerstörungen wolle der IS die Geschichte und damit das kulturelle Gedächtnis auslöschen. Irina Bokova, Generaldirektorin der UNESCO, bezeichnete dies als „kulturelle Säuberung".

„Indem der IS Kulturgüter von welthistorischem Rang zerstört, bricht er mit allem, was wir kennen", sagt Sönke Neitzel von der London School of Economics. Der IS wolle eine neue Identität schaffen und andere Identitäten zerstören. [...]

Für die Menschen im Irak und in Syrien ist das vorislamische Kulturerbe identitätsstiftend und einigend. „Wir haben es mit Staaten zu tun, die ihre Hoffnung auf politischen und sozialen Frieden nicht zuletzt auf ein kulturelles Erbe gründen, das eines Tages wieder für die gesamte Menschheit zugänglich sein und eine Brücke zwischen diesen Ländern und der Welt bilden soll. Es gibt kaum etwas, was die Menschen im Irak und Syrien mit uns stärker verbindet als dieses starke Band der gemeinsamen Kulturgeschichte", sagt Experte Hilgert.

Barbara Schmickler, www.tagesschau.de, 24.8.2015

IS-Kämpfer zerstörten in Mossul, Irak, ein Monument und dokumentierten ihre Tat im Internet.

Timbuktu

Die Wüstenstadt Timbuktu war jahrhundertelang ein wichtiges Kulturzentrum des Islam. Die 2012 zerstörten Bauwerke konnten zwischenzeitlich zum größten Teil wieder restauriert werden. Der Angeklagte wurde im September 2016 zu neun Jahren Haft verurteilt.

M 15 ● Ist die Zerstörung von Weltkulturerbe ein Kriegsverbrechen?

Zum ersten Mal muss sich ein mutmaßlicher Dschihadist wegen eines vorsätzlichen Angriffs auf religiöse oder historische Monumente vor Gericht verantworten. Am Internationalen Strafgerichtshof in Den Haag hat [...] der Prozess um die zerstörten Unesco-Weltkulturerbestätten von Timbuktu begonnen. Der Islamist Ahmad al-Faqi al-Mahdi soll 2012 die Zerstörung von neun Mausoleen und eines Teils der Sidi-Yahia-Moschee in der Wüstenstadt im Norden Malis angeordnet haben. Die Anklage des Internationalen Strafgerichtshofes wirft ihm Kriegsverbrechen vor. [...] Chefanklägerin Fatou Bensouda sagte im Gericht, dass eine Verurteilung einen klaren Präzedenzfall schaffen und eine positive Botschaft an die gesamte Welt senden würde.

www.zeit.de, 22.8.2016

M 16 „Die Zerstörung von Weltkulturerbe sollte uns alle angehen“

Der Berner Archäologe Mirko Novak im Interview. Er ist Co-Organisator einer internationalen Konferenz zum Kulturgüterschutz an den Universitäten Bern und Genf.

Herr Novak, der sog. Islamische Staat (IS) zerstört antike Kulturschätze im Irak und in Syrien – wieso sollte uns das hier in Europa interessieren?

Die Zerstörung von Weltkulturerbe sollte uns immer etwas angehen – egal wo auf der Welt sie stattfindet. Diese Kulturschätze „gehören“ allen Menschen und werden deswegen auch von der UNESCO als unser aller Erbe aufgelistet. Dies gilt umso mehr, wenn dabei Monumente betroffen sind, die unsere eigenen kulturellen Wurzeln repräsentieren. Die modernen Staaten Syrien und Irak erstrecken sich auf dem Gebiet der antiken Kulturlandschaft Mesopotamien, dem „Land zwischen den Strömen“ Euphrat und Tigris. Diese war Schauplatz einiger der bedeutendsten Etappen der globalen Menschheitsgeschichte, so bereits um 10.000 v. Chr. als der Mensch sesshaft wurde und während der „Neolithischen Revolution“ Pflanzen und Tiere domestizierte. [...]

Gibt es historische Beispiele für ähnliche Bilderstürme, für ähnlichen Raub und Vernichtung von Kulturschätzen?

Die Zerstörung von Bildern und Monumenten einer unliebsam gewordenen Kultur, Religion oder Nation hat leider eine lange Tradition, durchaus auch im christlichen Europa. Zu erwähnen wären die Zerstörungen heidnischer Tempel und Götterbilder nach der Christianisierung im 4. und 5. Jahrhundert [...] oder die Entfernung von Heiligenbildern und Malereien in Kirchen im Zuge der Reformation. In jüngster Vergangenheit ist auf die Bücherverbrennungen durch die Nazis in Deutschland zu verweisen.

Interview: Martin Zimmermann, www.unibe.ch, 22.6.2015

UNESCO

Sonderorganisation der Vereinten Nationen für Bildung Wissenschaft und Kultur. Das Welterbekomitee, ein Gremium der UNESCO, verwaltet die Liste des Weltkultur- und Naturerbes der Menschheit. In Bayern sind sieben Stätten in der Liste verzeichnet.

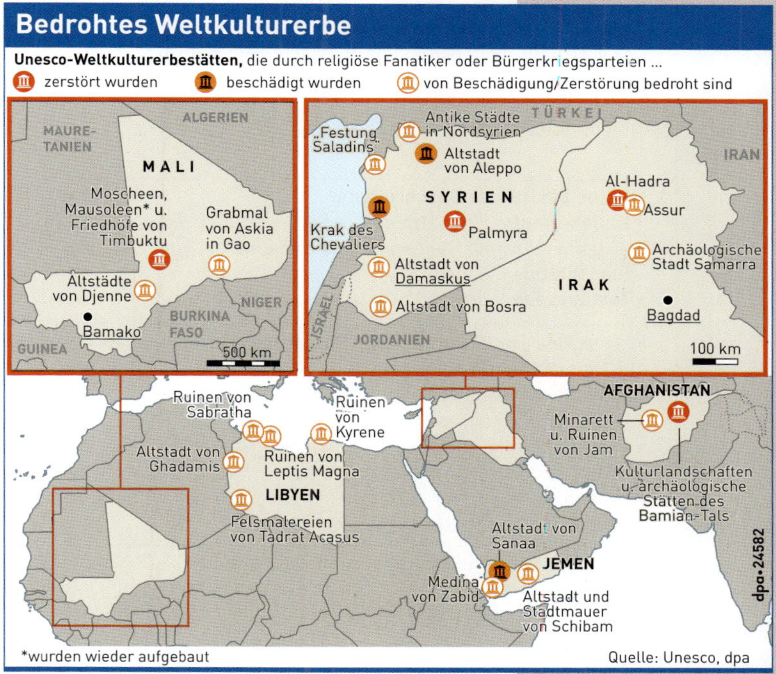

Aufgaben

1. Recherchieren Sie den aktuellen Stand der Zerstörungen von Weltkulturerbestätten durch den islamistischen Terrorismus.
2. Erschließen Sie aus den Materialien die Motive der Täter sowie die Folgen für die Menschen vor Ort und zeigen Sie, was die Vernichtung ihres kulturellen Erbes für die Menschheit insgesamt bedeutet. (M 14 – M 16)
3. Angesichts der zahllosen nicht geahndeten Verbrechen gegen die Menschlichkeit blieb die Initiative des Internationalen Strafgerichtshofs nicht unkritisiert, die Zerstörung von Sachen als Kriegsverbrechen zu werten. Nehmen Sie zu diesem Schritt Stellung und tauschen Sie Ihre Positionen in der Klasse aus. (M 15)

METHODE

Cover-Check

Der Cover-Check ist eine Form der kriteriengeleiteten Bildanalyse, für die Auswertung von Zeitschriftentiteln und den visuellen Aufmachern anderer Printmedien (z.B. Tageszeitungen). Beiden kommt eine besondere Bedeutung zu: Handelt es sich um politische Medien, z.B. die deutschen Nachrichtenmagazine „Der Spiegel“ und „Focus“ oder ihr amerikanisches Pendant „Time“, rücken sie in vielen Fällen das Thema der Woche in den Blickpunkt und leisten damit ihren Beitrag zum sog. Agenda Setting (Thematisierungsfunktion der Medien). Gleichzeitig pointieren sie das gewählte Thema und wirken damit auf die öffentliche Meinungsbildung ein. Und die oft aufwendig gestalteten Titelbilder tragen als „Eyecatcher“ nicht zuletzt dazu bei, dem Medium Aufmerksamkeit zu verleihen und als Kaufanreiz zu dienen. Folgende Untersuchungsaspekte sollten beachtet werden.

Untersuchungsaspekte	Unterstützende Leitfragen
1. Angabe von **Quelle** und **Erscheinungsdatum**; hilfreich sind darüber hinaus Hinweise zum **Vorgehen bei der Recherche**	• Wie heißt das Publikationsorgan? • Wann ist die Ausgabe erschienen? • Wie bin ich auf das Cover gestoßen?
2. Kurze Nennung des **Themas** sowie Informationen zum **Anlass und Ereignishintergrund,** auf den sich das Cover bezieht; gegebenenfalls Hinweise zum **Kontext**	• Welches Thema behandelt das Cover, welches Geschehen wird dokumentiert? • Inwieweit sind Hintergrund- und Kontextkenntnisse nötig, um das Cover zu verstehen? • Weshalb ist das gewählte Cover eine genauere Betrachtung wert? Ist es aktuell? Steht es für ein grundsätzliches politisches oder gesellschaftliches Problem?
3. Genaue **inhaltliche Beschreibung**: • **Bildelemente**, z.B. dargestellte Personen, Orte oder aussagerelevante Gegenstände sowie eine bedeutungshaltige Symbolik • **Textaussage**, auch im Verhältnis zum Bild	• Welche Bildelemente wurden ausgewählt, um das Thema zu veranschaulichen? In welchem Verhältnis stehen sie zueinander? • Wenn das Cover Text und Bild kombiniert: Wie beeinflussen sich deren Aussage wechselseitig?
4. Präzise Analyse der **grafischen Gestaltung** mit Bezug auf Thema und Inhalt, aber auch auf **Wirkung** bzw. vermeintliche (wertende) **Aussageabsicht**, z.B. • Bildaufbau, Bildausschnitt • Farbgestaltung • Grafische Verfremdungstechniken • Einfluss rhetorischer Mittel (z.B. Ironie, satirische Überspitzung oder Understatement)	• Wie wirkt das Foto auf Sie? Wann erregt es (nicht) Ihre Aufmerksamkeit? Warum bzw. warum nicht? • Welchen Beitrag leisten die erkannten Gestaltungsmerkmale zum Verständnis des Covers? • Ist die Covergestaltung auf schnelle Wirkung aus oder lädt sie zu einer genaueren Betrachtung ein?
5. Zusammenfassende **Interpretation der Gesamtaussage**	• Was soll das Cover beim Betrachter bewirken? Will es informieren, Emotionen auslösen, provozieren, sensibilisieren, appellieren oder manipulieren? • Ist das Cover in seiner Gesamtgestaltung überzeugend? Kann es seine Wirkung auf den Betrachter entfalten?
6. **Kritische Reflexion** in Hinblick auf **Wahrheitsgehalt, Plausibilität** und mögliche Versuche einer **Manipulation** des Betrachters	• Ist eine eindeutige Stellung- bzw. Parteinahme erkennbar? Woran ließe sie sich festmachen? • Stimmt der Blick auf das illustrierte Thema mit den Fakten überein oder verzerrt es die Wirklichkeit? • Trägt das Cover zur reflektierten Meinungsbildung des Betrachters bei oder will es ihn überwältigen und zu schneller Parteinahme verleiten?
7. Falls möglich: Einbettung der Cover-Aussage in die **weltanschauliche Grundausrichtung** des Publikationsorgans	• In welchem Umfang bildet das Cover die politische bzw. weltanschauliche Ausrichtung des Publikationsorgans ab? • Schwimmt das Cover im Mainstream oder bezieht es erkennbar eine abweichende Position?

Beispielanalyse

1 Analysiert wird hier die Titelseite des Nachrichtenmagazins „Der Spiegel", Ausgabe Nr. 29 vom 11.07.2015. Die Signatur weist den Designer und Illustrator Samson (aka Samson J. Goetze) als Urheber der Grafik aus.

2 Das Jahr 2015 stand im Zeichen der griechischen Staatsschuldenkrise, die das Land an den Rand eines Staatsbankrotts brachte. Die Unfähigkeit der griechischen Regierung, eingegangene Kreditverpflichtungen zu erfüllen, führte zu massiven Wohlstandsverlusten großer Teile der Bevölkerung, die noch weiter reichende Sparmaßnahmen im Zuge eines Referendums ablehnte. Das wiederum gab der Diskussion über einen Austritt Griechenlands aus der Europäischen Union („Grexit") Auftrieb, den viele Beobachter als Bedrohung für die Stabilität der Gemeinschaft betrachteten. Im weiteren Sinne veranschaulicht die Titelseite beispielhaft spezifische kulturelle Wahrnehmungsmuster und regt Antworten auf die Frage an, inwieweit diese durch mediale Darstellungsformen reproduziert bzw. verstärkt werden.

3 Leitende Bildidee ist der Sirtaki-Tanz eines Griechen mit einem (deutschen?) Touristen vor einer klassischen ägäischen Inselkulisse aus tiefblauem Meer, Segelschiff und orthodoxer Kuppelkirche. Beide Figuren charakterisieren Nationalitätenstereotype, den Touristen vor allem seine prall gefüllte, ängstlich behütete Geldbörse und sein schmalspuriger Versuch, das Urlaubsland mit „Sokrates für Dummies" in der Hosentasche zu ergründen. Im Kontrast dazu steht die nicht minder klischeehafte Unbeschwertheit und Lebensfreude des Ouzo trinkenden Einheimischen in traditioneller Kleidung. Besonders auffällig und deutungswirksam: Das Paar tanzt bedrohlich nah am Abgrund.

Die Aussage der Titelschlagzeile ist unklar oder zumindest mehrdeutig. Was ist mit der Zuschreibung „unsere" im Haupttitel gemeint? Sind es die Deutschen mit ihrem romantisch verklärten Griechenbild (was einer der Beiträge im Heft tatsächlich nahelegen könnte) oder wird hier Griechenland als Teil der EU angesprochen? Auch eine herablassend-abschätzige Grundhaltung gegenüber den Griechen lässt sich evtl. heraushören. Darüber hinaus widersprechen sich Haupt- und Untertitel: Was „unser" ist, bedarf keiner „Annäherung", wird schwerlich als „seltsam" wahrgenommen. Und schließlich gestaltet sich auch das Text-Bild-Verhältnis als paradox: Von glaubhafter kultureller „Annäherung" kann bei diesem Sirtaki gewiss keine Rede sein.

4 Die Grafik weist alle Merkmale einer Karikatur auf; „Eyecatcher" sind die nahezu formatfüllenden, grotesk überzeichneten Figuren; betont werden vor allem deren Mimik sowie einzelne charakterisierende Attribute. Die Arbeit mit Klischees und grellen (Farb-)Kontrasten (im Stil eines Reisekatalogs) trägt zur ironischen Brechung der „Message" bei.

5 Die Gesamtaussage lässt sich nicht eindeutig bestimmen. Warnt das Cover vor der Gefahr, dass ein einzelnes selbstverliebtes und genusssüchtiges Land den Rest Europas ins Verderben ziehen könnte? Oder sind vielleicht die Anderen „seltsam" mit ihrer ängstlichen Distanz und ihrer Weigerung, dem ins Straucheln gekommenen Land wirksam (z.B. durch Schuldenerlass) zu helfen?

6 Fest steht allerdings, dass die Art der Darstellung zur unkritischen Übernahme gängiger Nationalitätenstereotype beiträgt, da die komplexen Zusammenhänge der griechischen Schuldenkrise und die nicht minder schwierige Frage, wer dafür verantwortlich ist, krass vereinfacht werden. Die harmlos und humorvoll daherkommende, gleichwohl klischeehafte Aufmachung des Covers steht einer differenzierenden, den Ernst der Lage widerspiegelnden Einschätzung entgegen. Bedient werden stattdessen bekannte Vorurteile und Ressentiments auf Stammtischniveau.

Aufgaben

1. Analysieren Sie eines der in diesem Buch wiedergegebenen Cover (z.B. in Kap. 3). Nutzen Sie nach Möglichkeit weitere Lehrbuchmaterialien zur Erschließung des thematischen Hintergrunds bzw. Kontexts.

Facetten von Kunst und Kultur
M 1, M 2

Theater und Oper, ebenso aber **spezifische Tischsitten** und die **Eigenheiten der Küche**, der **Stil der Kleidung** und die **Art, sich zu begrüßen**, die Eigenheiten der **Rechtsprechung** und das **politische System** – Kultur hat unendlich viele Facetten, die eine klare Bestimmung ihres Begriffs erschweren. Gleichwohl sind sich die meisten Menschen darin einig, dass Kultur und ihr vielleicht überzeitlichster Ausdruck, die Kunst, die **Essenz des (Zusammen-)Lebens** darstellen.

Aufgaben einer demokratischen Kultur
M 5

Kultur erfüllt vielfältige Aufgaben. Sie stiftet **Identität** und vermittelt ihren Teilhabern das lebensnotwendige Gefühl **sozialer Zusammengehörigkeit** sowie der **Orientierung** in einer sich stetig individualisierenden und gleichzeitig globalisierenden Welt. Damit sorgt sie für ein **Mindestmaß an Verbindlichkeit**, das soziale Gruppen, regionale Gemeinschaften und auch Gesellschaft als Ganzes zusammenhält.
Kultur schafft aber auch den Raum, worin sich **Unterschiedlichkeit** ausdrücken kann. Sie fördert **Toleranz, Austausch und Partizipation** für alle ihre Angehörigen. Als **demokratische Streitkultur** hält sie darüber hinaus Regeln bereit, um Konflikte friedlich und kooperativ zu lösen. Auf der anderen Seite läuft jede Kultur Gefahr, sich gegen andere Kulturen abzugrenzen, ihre eigene gegenüber der Bedeutung von anderen Kulturen überzubetonen.

Bedeutung interkulturelle Kompetenz
M 6

Im Zeichen der Globalisierung rücken die Kulturen zusammen. Der Austausch von Informationen, Gütern und anderen Ressourcen, vor allem aber die Migration von Arbeitnehmern oder Schutzsuchenden lässt überall auf der Welt Menschen unterschiedlicher Herkunft aufeinandertreffen. Interkulturelle Kompetenz schafft die Voraussetzungen dafür, dass ein **gleichberechtigtes Zusammenleben** möglich ist. Zu ihren Grundvoraussetzungen zählt die Bereitschaft, die Welt nicht nur aus der eigenen, sondern auch aus der Perspektive des anderen zu sehen (**Empathiefähigkeit**) und das eigene Normen- und Wertesystem kritisch zu hinterfragen, um zu einer für alle tragfähigen Basis des Zusammenlebens zu gelangen. Interkultureller Kompetenz geht es darum, den Blick für die **Vielfalt kultureller Eigenheiten und Erscheinungen** zu erweitern.

Missbrauch der Kultur als Kampfbegriff
M 11 – M 12

Nicht erst das Aufkommen etlicher rechtspopulistischer Parteien und Bewegungen in Europa und anderswo in der Welt zeigt, wie sehr der Begriff **Kultur als ideologischer Kampfbegriff missbraucht** wird. Bereits Ende der 1990er-Jahre hat der US-amerikanische Politologe **Samuel Huntington** mit seinem Buch „**Kampf der Kulturen**" für Aufsehen gesorgt. Der Verfasser äußerte darin die Hypothese, dass es im 21. Jahrhundert aufgrund unüberbrückbarer Gegensätze zu schwerwiegenden Konflikten zwischen der westlichen Kultur und anderen kulturellen Sphären, allen voran der chinesischen und der islamischen, kommen würde. Seine Gegner warfen ihm hingegen ein unreflektiertes und ideologisch gefärbtes Freund-Feind-Denken vor, womit er die vermeintlichen Gegensätze überhaupt erst herbeirede. Außerdem vernachlässige er die Chancen interkultureller Verständigung im Zeitalter globaler Informations- und Kommunikationssysteme. Tatsächlich ist Huntington den Nachweis für die Schlüssigkeit seiner These bis heute schuldig geblieben.

M 1 Kunst und Kultur vor Ort: ZAMMA – Kulturfestival Oberbayern

ZAMMA findet alle zwei Jahre statt. Während des achttägigen Festivals sind 50 bis 80 Veranstaltungen zu sehen. Veranstalter sind der Bezirk Oberbayern, der Bezirksjugendring Oberbayern mit einer ausgewählten Kommune und dem jeweiligen Kreisjugendring. Laut den Veranstaltern geht das Konzept von einem soziokulturellen, inklusiven Kulturbegriff aus und hat den Anspruch, allen Menschen das kreative Mitgestalten von Kultur zu ermöglichen sowie aktiv das soziale Miteinander zu fördern.

Auszug aus dem Veranstaltungsprogramm des ZAMMA Kultur-Festivals Oberbayern 2015

Abu Hassan – das Schlitzohr
Ein orientalisches Märchenspiel
KP Querspiel / Peter Thomas; Tanzgruppe Masala Rangila; 3klang e.V. / Suleyman Erdoan; Kardinal-Döpfner-Haus; KULTUR-gut

Freising – deine Stimmen
Mehrsprachige Lesung „Kids"
KP Bücher Pustet; VHS Freising; MiBiKids e.V.; KulTourZelt

HEIMAT contemporary
Symposium zum Heimatbegriff in Film und zeitgenössischer Kunst
KP Schafhof – Europäisches Künstlerhaus Oberbayern; Fachberatung Heimatpflege des Bezirks Oberbayern; Dr. Björn Vetter / Kunstwissenschaftler und Philosoph; FilmFreunde Freising

KOA DRITTE!
Freiluftausstellung Wachstumskritik und Umweltschutz
KP Jugendorganisation Bund Naturschutz; einfach selber machen e.V.; AufgeMUCkt; Plane Stupid Germany

Ku.Li.Mu
Kunst – Literatur – Musik
KP Stadtjugendpflege Freising; Lese.Zeichen

KulTourZelt
Freisinger Vielfalt erleben
KP Stadt Freising / Interkulturelle Arbeit; Arbeitskreis Mädchen- und Frauenarbeit im Landkreis Freising

Moosach im flow
Mantra- und Kirtan-konzert
KP Yogaflows-Yogastudio Freising; Kinderträume Weihenstephan e. V.; Eternal Now / Band für Mantra und Kirtanmusik

Neue Blickwinkel
Fotografie inklusiv
KP Lebenshilfe Freising e.V. / Offene Behindertenarbeit; Karl-Meichelbeck-Realschule: Michael Kunz / People-Pictures

No limits!
Inklusives Chorkonzert
KP Vokabelensemble Cantabile Freising; Chor LUBNIK; Inklusiver Chor Insieme

„Ois singt boarisch"
Erlebnissingen für Jung und Alt
KP Elterninitiative Boarisch Singa; Volksmusikarchiv des Bezirks Oberbayern; Stadtjugendpflege Freising

Ruhepol
Stille in Klang, Bild und Wort
KP Gitarrenduo Chitarra Vanora; Renate Erbacher / Künstlerin und Julia Bluhme

Nach: Bezirk Oberbayern (Hg.), www.zamma-festival.de, 2016

KP
Kulturpartner

Aufgaben

1. Das Kunstwort „ZAMMA" ist ein sprechender Name. Schließen Sie von dessen Wortbedeutung auf die grundsätzliche Zielsetzung dieses oberbayerischen Kulturfestivals.
2. Erschließen Sie aus dem Ausschnitt des Veranstaltungsprogramms, welcher Kulturbegriff dem Festival zugrunde liegt und wie sich seine Konzeption in der Auswahl der Themen, Kulturpartner und Veranstaltungen widerspiegelt.
3. Diskutieren Sie – auch im Rückblick auf die Schwerpunkte dieses Kapitels –, welche Aufgaben ein Festival wie „ZAMMA" für das Zusammenleben der Bürgerinnen und Bürger vor Ort und in der Region erfüllt.
4. Recherchieren Sie, ob es auch in Ihrer Heimatregion vergleichbare Festivals gibt, und vergleichen Sie deren Ziel- und Schwerpunktsetzungen.
5. Nutzen Sie Ihre gewonnenen Erkenntnisse für die Planung und Organisation einer schulischen Veranstaltung, z.B. des nächsten Schulfests.

4.3 Wirtschaft in der Bundesrepublik Deutschland

4.3.1 Wie kann ein Markt geordnet werden?

M 1 Ordnungsprinzipien von Wirtschaftssystemen

Was ist ein Wirtschaftssystem?
Mit dem Begriff Wirtschaftssystem wird das grundsätzliche System bezeichnet, nach dem in einem Staat gewirtschaftet wird (Zentralverwaltungswirtschaft, Freie oder Soziale Marktwirtschaft). Wirtschaftssysteme bedingen Wirtschaftsordnungen

1. Planung der Produktion

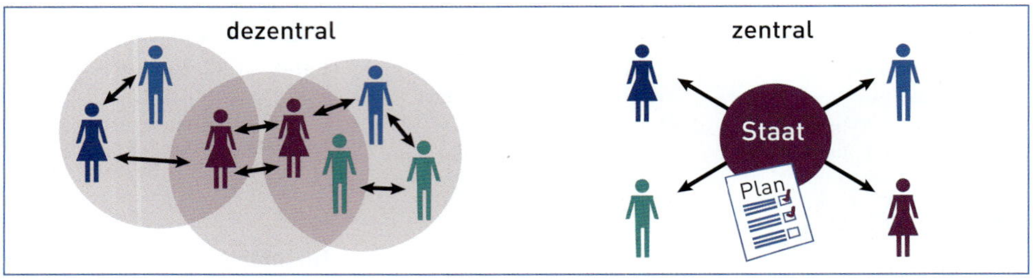

2. Eigentum der Produktionsmittel

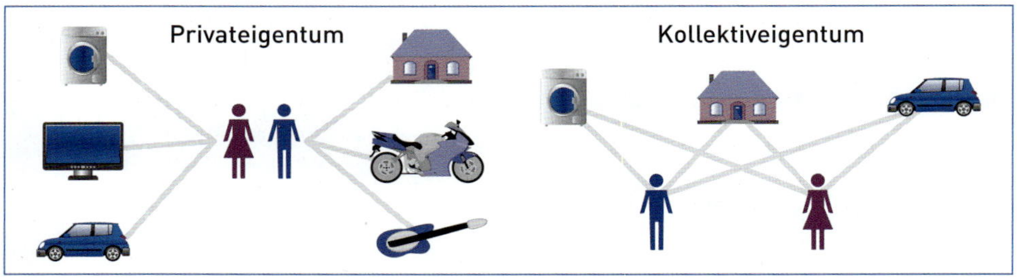

Ziele von Wirtschaftssystemen
Jedes Wirtschaftssystem muss grundsätzlich die Fragen beantworten, wer (Entscheidungssystem), was und wie viel (Koordinationssystem) und für wen (Verteilungssystem) produzieren soll.

3. Preisbildung

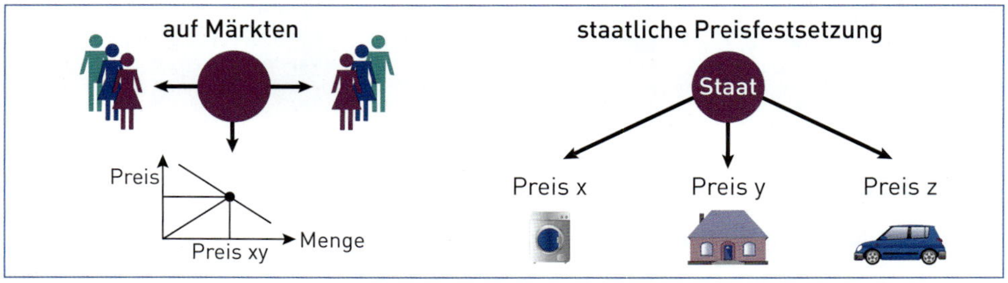

4. Güterangebot

Nach: Unsere Wirtschaftsordnung, www.handelsblattmachtschule.de, 21.1.2014

M 2 ● Wirtschaftssysteme im Vergleich

Zur vollständigen Beschreibung eines Wirtschaftssystems […] spielen zwei der Bausteine […] in der Diskussion eine besondere Rolle:

- der Koordinationsmechanismus und
- die Eigentumsordnung für Produktionsmittel.

Es ist fraglich, ob diese beiden Elemente einer Wirtschaftsordnung voneinander unabhängig sind. Wahrscheinlich funktioniert die Koordination über Preise bei Privateigentum anders als bei Gemeineigentum an Produktionsmitteln. Und möglicherweise setzt eine zentrale Planung die Aufhebung des Privateigentums voraus. […] Im Rahmen des bereits beschriebenen Koordinationsmechanismus unterscheidet man:

- die zentrale Planung, auch zentrale Verwaltungswirtschaft, Kommandowirtschaft, vertikale Koordination oder verkürzt nur Planwirtschaft genannt, und
- die dezentrale Planung, auch Marktwirtschaft, horizontale Koordination oder freie Verkehrswirtschaft genannt.

Die Eigentumsordnung gilt als zentrales Element, bisweilen sogar als entscheidendes Element eines Wirtschaftssystems, weil sie die Art des Sanktionssystems bestimmt. Dabei geht es nur um die Frage des Eigentums an Produktionsmitteln (Maschinen, Anlagen, Fabriken: kurz, um das „Kapital"), weil die Handlungsmotive von Unternehmern von zentraler Bedeutung sind. Das Eigentum an Konsumgütern wird dagegen in allen Wirtschaftssystemen immer als Privateigentum vorgesehen. Eigentum an Produktionsmitteln kann grundsätzlich zwei Formen annehmen:

- Privateigentum und
- Gemeineigentum (Gesellschafts-, Volks- oder Staatseigentum).

Während in kapitalistischen Wirtschafts- und Gesellschaftsordnungen die Produktionsmittel den Privaten gehören, sind sie in kommunistischen Gesellschafts- und Wirtschaftsordnungen Gemeineigentum.

Nach: Ulrich Baßeler, Jürgen Heinrich, Burkhard Utecht, Grundlagen und Probleme der Volkswirtschaft, 19. Aufl., Stuttgart 2010, S. 29

Zigarrenproduktion in Kuba. Das Land ist einer der letzten Staaten mit Planwirtschaft.

Bekannte Wirtschaftssysteme

Die bekanntesten Wirtschaftssysteme sind (freie) Marktwirtschaft und Zentralverwaltungswirtschaft. Allerdings kommen diese Idealtypen in der Realität nicht vor. Alle existierenden Wirtschaftssysteme sind Mischformen zwischen Markt- und Planwirtschaft.

Aufgaben

1. a) Stellen Sie den Aufbau der Schaubilder in M 1 dar.
   b) Analysieren Sie die in den Schaubildern dargestellten Ordnungsprinzipien zentral und dezentral gelenkter Wirtschaftssysteme.
   c) Erörtern und beurteilen Sie die Schaubilder.
2. Beschreiben Sie anhand von M 2 Deutschlands Wirtschaftssystem.
3. Sammeln Sie in Gruppenarbeit Vor- und Nachteile der einzelnen Wirtschaftssysteme und diskutieren Sie diese im Kurs. (M 1 – M 2)

H zu Aufgabe 1
Verwenden Sie dafür die Methode „Schaubilder analysieren" auf der Folgeseite.

METHODE

Schaubilder analysieren

Bei der Erörterung und Beurteilung eines Schaubildes sollten Sie sich mit der Aussagekraft und Qualität des Schaubildes auseinandersetzen und Ihr Urteil detailliert begründen. Dabei können die folgenden Aspekte bedeutsam sein:

- fehlende Angaben (z.B. zur Quelle, zum Zeitraum, zu wichtigen Daten, u.a.)
- Vollständigkeit der Angaben
- Unklarheiten oder Mängel in der Darstellung
- manipulative Darstellung von Ergebnissen

Zum Abschluss sollten Sie unter Abwägung der positiven und negativen Aspekte ein abschließendes Urteil fällen.

Hinweise zur Erörterung und Beurteilung von Schaubildern

Schritt 1:

Stellen Sie in einem Einleitungssatz zunächst den Bezug zu Ihrer Erläuterung der unterschiedlichen Ordnungsprinzipien der Wirtschaftssysteme her.

Schritt 2:

In der sich daran anschließenden Erörterung sollten Sie möglichst viele Aspekte untersuchen, wie z.B.

- die Verständlichkeit und Klarheit der Darstellungen
- die Qualität der Zeichnungen
- den Informationsgehalt der Darstellungen der einzelnen Schaubilder: Überzeugen die Darstellungen aller Schaubilder? Gibt es bei einzelnen Schaubildern Stärken und Schwächen? Werden zu umfangreiche Kenntnisse vorausgesetzt, um die Darstellungen zu verstehen?
- Informieren die Darstellungen hinreichend über alle zentralen Ordnungsprinzipien? Vergleichen Sie dazu die Informationen in der Randspalte und ziehen Sie ggf. weitere Informationsquellen (Internet) hinzu.

Schritt 3:

Beurteilen Sie abschließend, ob Sie sich durch die Schaubilder gut über die Ordnungsprinzipien der Wirtschaftssysteme informiert fühlen.

4.3.2 Welchen Einfluss hat das Wirtschaftssystem auf uns?

M 3 ● Die soziale Marktwirtschaft im Grundgesetz

Im Grundgesetz findet sich keine Entscheidung für eine bestimmte Wirtschaftsordnung. Seine „wirtschaftspolitische Neutralität" ermöglicht es dem Gesetzgeber, die ihm jeweils sachgemäß erscheinende Wirtschaftspolitik zu verfolgen. Die gegenwärtige Wirtschafts- und Sozialordnung ist keinesfalls die verfassungsrechtlich einzig mögliche. (BVerfGE 4, 8/18). Der Gesetzgeber ist nur verpflichtet, die von der Verfassung an jede Wirtschaftspolitik gestellten Mindestanforderungen zu beachten: Die Wirtschaftspolitik muss dem Grundrecht der freien Entfaltung der Persönlichkeit einerseits und der in Art. 20 Abs. 1 getroffenen Entscheidung für den Sozialstaat (vgl. dazu Art. 20) andererseits gerecht werden.

Dieter Hesselberger, Das Grundgesetz, Kommentar für die politische Bildung, 9. Auflage, Bonn 1995, S. 69

Verfassungsrechtliche Grundlagen der sozialen Marktwirtschaft

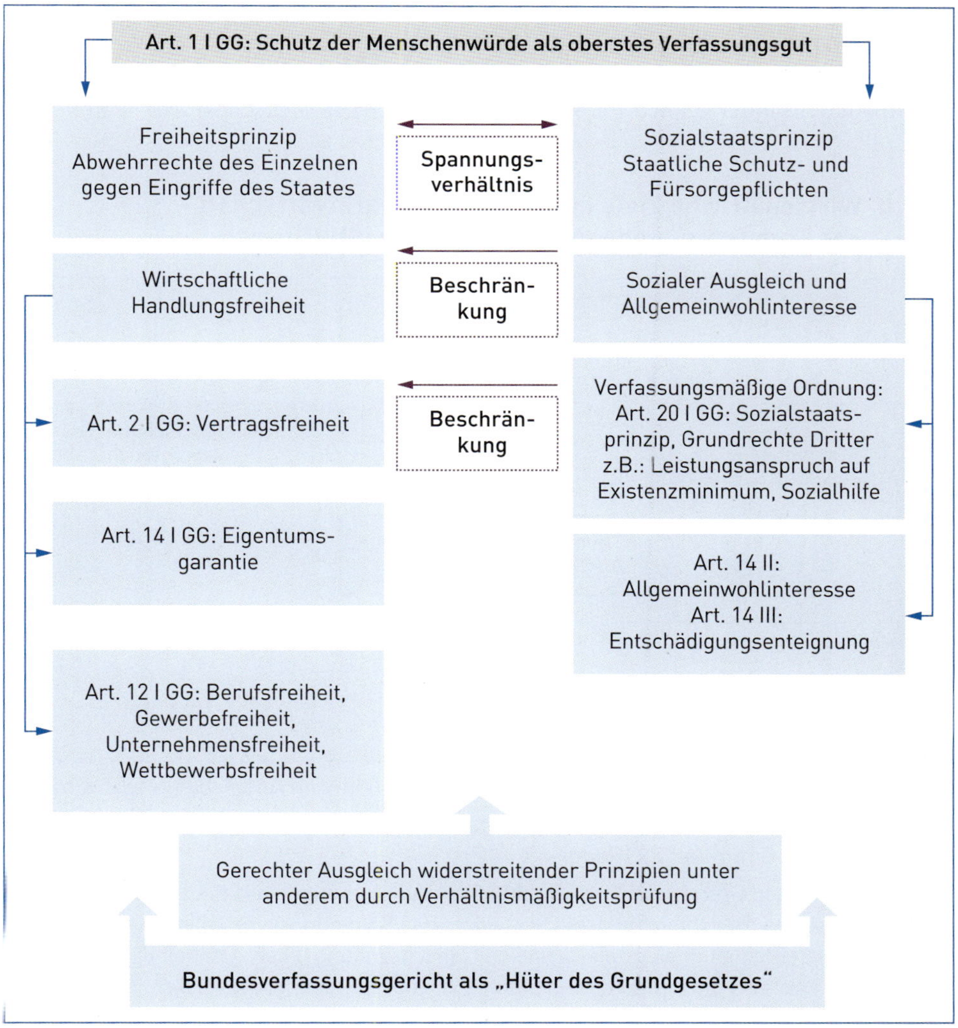

Nach: Unterricht Wirtschaftspolitik, 2/2010, S. 10

Prinzipien der sozialen Marktwirtschaft

Die Konzeption der sozialen Marktwirtschaft basiert auf drei zentralen Prinzipien:

(1) Nach dem **Wettbewerbsprinzip** muss der Staat dafür Sorge tragen, dass in allen Branchen und Sektoren möglichst (große) Konkurrenz herrscht.

(2) Das **Prinzip der Marktkonformität** besagt, dass kein (wirtschafts-) politischer Eingriff des Staates die Preisbildung aus Angebot und Nachfrage stören darf.

(3) Allerdings bleibt es nach dem **Sozialstaatsprinzip** möglich, aus sozialen Gründen Mitglieder der Gesellschaft zu unterstützen, sodass sie (durch Konsum) am Markt teilnehmen können.

M 4 ● Wirtschaftliche Freiheit und Sozialstaat

„Sozial“ steht für soziale Gerechtigkeit und Sicherheit, „Marktwirtschaft“ für wirtschaftliche Freiheit. Die soziale Marktwirtschaft hält grundsätzlich an der Souveränität des Individuums fest. Diese sollte allerdings dort ihre Grenze finden, wo fundamentale Rechte und Interessen anderer beeinträchtigt werden. Das Grundziel der sozialen Marktwirtschaft heißt entsprechend: „So viel Freiheit wie möglich, so viel staatlicher Zwang wie nötig.“ Ihre Aufgabe ist es, auf der Grundlage von Markt und Wettbewerb das Prinzip der Freiheit mit dem des sozialen Ausgleichs und der sozialen Gerechtigkeit zu verknüpfen. Wirtschaftliche Freiheit bedeutet, dass die Verbraucher frei entscheiden können, wie sie ihr Einkommen verwenden. Die Eigentümer der Produktionsmittel können frei wählen, ob sie ihre Arbeitskraft, Sachgüter oder unternehmerischen Fähigkeiten zur Verfügung stellen (Gewerbefreiheit, Berufsfreiheit, Freiheit der Eigentumsnutzung). Unternehmer haben die Freiheit, Güter nach ihrer Wahl herzustellen und abzusetzen. Käufern und Verkäufern von Gütern steht es frei, sich neben anderen um das gleiche Ziel zu bemühen (Wettbewerbsfreiheit). [...] Die wirtschaftliche Freiheit soll durch den Staat dort beschränkt werden, wo sie die soziale Gerechtigkeit und die soziale Sicherheit gefährdet. Der Staat übernimmt Aufgaben, die der Markt nicht oder nur sehr eingeschränkt erfüllen kann, wie etwa struktur- und bildungspolitische Aufgaben.

Herbert Buscher u.a., Wirtschaft heute, Bundeszentrale für politische Bildung, Bonn 2009, S. 30

M 5 ● Wirtschaftliche Ziele in der sozialen Marktwirtschaft – das Stabilitäts- und Wachstumsgesetz (StWG)

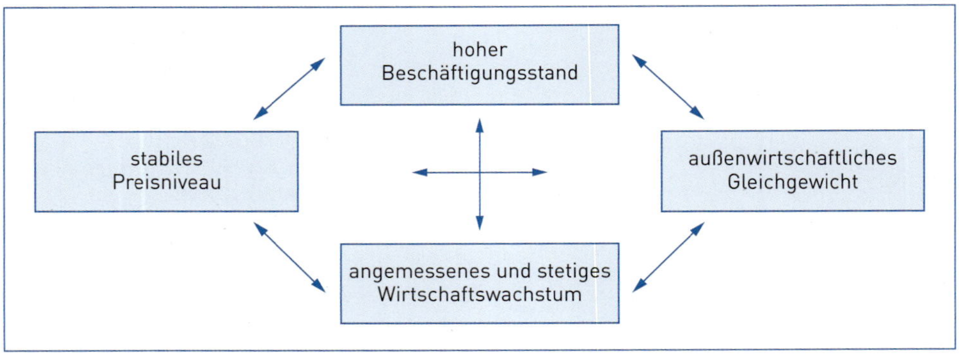

Autorengrafik

Aufgaben

1. Beschreiben Sie, wie in M 4 die soziale Marktwirtschaft vom Autor dargestellt wird.
2. Erklären Sie die Prinzipien der sozialen Marktwirtschaft anhand geeigneter Beispiele aus Ihrem Alltag. (Rand)
3. Erarbeiten Sie in Gruppenarbeit die rechtlichen Bestimmungen des deutschen Wirtschaftssystems. Beachten Sie dabei besonders das Spannungsverhältnis zwischen der individuellen Freiheit des Einzelnen und der Einschränkung dieser Freiheit durch den Staat und zweitens die Aufgaben des Staates in einer sozialen Marktwirtschaft. Stellen Sie Ihre Ergebnisse vor. (M 3 – M 5)

Vom Viereck zum Vieleck

Neben den im Stabilitätsgesetz von 1967 festgelegten Zielen der Wirtschaftspolitik wird von Zeit zu Zeit diskutiert, ob nicht eine Ergänzung des Zielkatalogs erforderlich ist. Schon 1994 wurde der Umweltschutz als allgemeines Staatsziel in das Grundgesetz (Art. 20a) aufgenommen, sodass eine umweltverträgliche Wirtschaftsentwicklung als weiteres Stabilitätsziel angesehen werden kann. Umstritten ist das Ziel der Verteilungsgerechtigkeit, da die Definition von Gerechtigkeit einem dauernden Wandel unterworfen ist.

4.3.3 Welche Auswirkungen haben ordnungspolitische Entscheidungen?

M 6 Tüten auf See

„Sealife"-Mitarbeiter feiern am 17.7.2013 am Strand von Niendorf (Schleswig-Holstein) ihren Guinness-Rekord für die längste Plastiktütenkette der Welt. Mit dem Rekord aus mehr als 5.000 gebrauchten Plastiktüten möchte das „Sealife" auf die wachsende Menge von Plastikmüll in den Meeren aufmerksam machen.

Temperaturbeständig, stabil und fest – das macht Plastik aus. Jedoch bringen gerade diese Eigenschaften viele Probleme mit sich: Plastikmüll wird für die Umwelt zu einer wachsenden Gefahr.

Verschmutzter Strand im Süden Indiens: Nur 15 Prozent des Plastikmülls spült das Meer an Land – der Rest bleibt im Wasser.

Die Welt macht mobil gegen Umweltverschmutzung – zumindest gegen Plastiktüten. Im Jahr 2008 startete Australien eine Anti-Tüten-Kampagne: Demnach könnte die Zahl von rund vier Milliarden Einkaufstüten, die dort jährlich aus den Geschäften getragen werden, bald der Vergangenheit angehören. Und auch China sagt der „weißen Umweltverschmutzung" den Kampf an: Fortan sind Gratis-Plastiktüten ebenso verboten wie Tüten mit einer Stärke von weniger als 0,025 Millimetern, denn die lassen sich kaum recyceln. [...]

Doch was ist mit dem übrigen Plastikdreck? Ob Plastikflaschen, Feuerzeuge oder ausrangierte Barbies: Plastikmüll ist eine zunehmende Gefahr globalen Ausmaßes. Am schlimmsten betroffen sind die Meere. Von den jährlich etwa 100.000 Millionen Tonnen weltweit produzierten Plastiks landen ungefähr zehn Prozent in den Ozeanen – allmählich verwandeln sich die Weltmeere in gigantische Mülldeponien. [...] Die schwimmenden Müllhalden haben fatale Auswirkungen. Expertenmeinungen zufolge verenden jedes Jahr eine Million Seevögel, hunderttausend Seehunde und andere Meeressäuger sowie unzählige Fische: Sei es, dass die Tiere sich in den Plastikgegenständen verheddern und erdrosseln, sei es, dass sie Plastikteilchen fressen, die sie irrtümlich für Nahrung halten. Auch in die Nordsee gelangen jedes Jahr rund 20.000 Tonnen Müll. So ergeben Studien von Meereswissenschaftlern aus den Nordsee-Anrainerstaaten, dass die meisten der dort lebenden Hochseevögel Plastikmüll in ihren Mägen haben.

Verschluckte Flaschendeckel, Feuerzeuge oder Luftballons führen zur Anreicherung von Giftstoffen im Gewebe der Tiere. Erkrankungen, erhöhte Sterblichkeit und eingeschränkte Fortpflanzung sind die Folgen - und zwar nicht nur für die Tiere:

Durch den Verzehr von Fisch ist Plastikmüll auch für den Menschen ein Gesundheitsrisiko.

Yvonne Schmidt, www.lexi-tv.de, 13.9.2013

M 7 ● Zahlen und Fakten über Plastiktüten

- Plastiktüten sind im Durchschnitt 25 Minuten lang in Gebrauch.
- Je nach Kunststoffsorte dauert es zwischen 100 und 500 Jahren, bis eine Plastiktüte sich zersetzt.
- Weltweit werden pro Minute eine Million Plastiktüten verwendet.
- In der Europäischen Union werden im Jahr 3,4 Millionen Tonnen Plastiktragetaschen produziert (Stand: 2008). Das entspricht dem Gewicht von über zwei Millionen Autos.
- Rund 500 Plastiktüten verwendet der Durchschnittseuropäer jährlich, inklusive der dünnen Obst- und Gemüsebeutel.
- In Deutschland lag der Pro-Kopf-Verbrauch zuletzt bei 65 pro Jahr.

Messe Düsseldorf GmbH, www.k-online.de, 13.9.2013

M 8 ● Plastiktüten – Verbot oder Zwangsabgabe?

EU-Kommission
→ vgl. Kap. 3.4.5

Die EU-Kommission Umwelt arbeitet forciert an einer europaweiten Vorgabe zur Gewährleistung eines umwelt- und ressourcengerechten Gebrauchs von Plastiktragetaschen [...]. Anlass [...] war die Verabschiedung eines kompletten Verbots der Ausgabe von Plastiktüten in der kalifornischen Metropole Los Angeles im Mai.
Mit einem Verbot wie in Kalifornien rechnen Beobachter in Brüssel zur Zeit nicht. In einer vom Nachrichtenmagazin *Spiegel* zitierten internen Studie der Kommission heißt es, ein völliges Verbot wäre zwar umwelttechnisch sinnvoll, werfe aber schwierige juristische Fragen auf. Bezweifelt wurde unter anderem die Vereinbarkeit eines Verbots mit geltenden Direktiven des EU-Binnenmarkts und dem internationalen Handelsrecht. Zu bedenken sei außerdem, dass ein Verbot die Existenz der insgesamt 275 europäischen Hersteller von Plastiktüten und deren 17.500 Beschäftigten gefährde, so das 133-seitige Dokument. [...]
Dagegen befürwortete die Studie einen europaweiten Stopp der unentgeltlichen Ausgabe von Plastiktüten. Der Preis müsse für Verbraucher spürbar sein, um langfristig zum Umstieg auf alternative Lösungen anzuregen und zudem periodisch erhöht werden, um einen Gewöhnungseffekt auszuschließen. Derzeit bestehen deutliche Unterschiede zwischen den Regelungen zur Ausgabe von Plastiktragetaschen in den einzelnen EU-Mitgliedsstaaten. Während in Dänemark, Bulgarien und Irland Plastiktüten besteuert werden, erheben Supermärkte in Deutschland, Frankreich, Portugal, Ungarn und den Niederlanden von sich aus darauf eine Gebühr. In vielen anderen Mitgliedsländern, darunter auch in Großbritannien, werden Plastiktüten weiterhin umsonst ausgegeben. Ziel einer europaweiten Regelung wäre es, den Verbrauch von Plastiktüten in Europa bis 2020 um rund 80 Prozent zu senken. Im März 2011 hatte die EU-Kommission Umwelt angekündigt, sämtliche Möglichkeiten zur Reduzierung des Gebrauchs von Plastiktragetaschen in der EU eingehend zu prüfen und dabei auch ein völliges Verbot nicht ausgeschlossen.

Pavel Pietruczuk, www.law-europe.eu, 29.4.2013

Aufgaben

1. Beschreiben Sie anhand von M 6 und M 7, inwiefern Probleme aus unserem hohen Plastikverbrauch resultieren.
2. a) Stellen Sie die in M 8 vorgestellte Lösung des Plastikproblems dar.
   b) Schlussfolgern Sie, welche Argumente Befürworter und Kritiker gegenüber diesem staatlichen Markteingriff vorbringen könnten.

F Stellen Sie Forderungen auf, die das Plastikproblem lösen helfen.

4.3.4 Wie verändert sich unsere Arbeitswelt?

M 9 ● Wie verändert die Automatisierung die Arbeit?

Karikatur: Thomas Plaßmann/Baaske Cartoons

M 10 ● Wie die Automatisierung den Arbeitsmarkt verändert

Die Industrie 4.0 steht in den Startlöchern. Lydia Meyer vom magazin:bpb sprach mit dem Soziologen Ortwin Renn über Chancen und Risiken der fortschreitenden Automatisierung.

Ist die Angst vor der Automatisierung berechtigt?

Mit allen Wellen der Automatisierung hatten wir immer Personengruppen, deren Arbeitskraft und deren Arbeitstätigkeit ersetzt werden konnte, beispielsweise durch neue Maschinen oder durch neue Formen der Arbeitsorganisation. Und dann ist natürlich klar, dass sich Menschen in ihrem eigenen Arbeitsleben bedroht fühlen, wenn wieder eine neue Automatisierungswelle droht. Und sie fragen sich, ob ihre Kompetenzen dann noch gefragt sind. Im Moment erleben wir ja eine sogenannte Welle hin zur Industrie 4.0. [...]

Wie wird sich die Arbeitswelt verändern?

Bei allen neuen Innovationswellen sind erst mal die Versprechungen größer als das, was sie realistischer weise leisten können. Gleichzeitig sind auch die Befürchtungen meist größer als das, was schlimmstenfalls eintreten würde. Aber, wenn man zwischen diesen beiden Aspekten, also auf der einen Seite Verharmlosung der Folgen und auf der anderen Seite Verherrlichung der Chancen, den realistischen Mittelweg nimmt, würde ich sagen: Ja, wir haben eine Ten-

Wandel der Arbeitswelt

→ vgl. Kap. 1.4.2

Industrie 4.0

Schlagwort, das besagt, dass Maschinen miteinander kommunizieren und auch eigenständig Entscheidungen treffen. Das bedeutet, dass viele der Berufstätigkeiten, bei denen es um die Kontrolle von Maschinen oder die Überwachung und Steuerung von Produktionsabläufen ging, jetzt durchaus von Maschinen, also von Robotern oder Computern, übernommen werden können. Und diese neuen dispositiven Fähigkeiten des Computers könnten die Gruppe der Arbeitenden mit in ihrer Tätigkeit bedrohen, weil ganz wesentliche Elemente ihrer Arbeit dann nicht mehr gefragt sind.

Roboterarm mit einer 5-Finger-Greifhand

denz hin zu diesem Automatisierungsprozess, zu Industrie 4.0 und der Strukturierung von Produktionsprozessen. Wir sehen eine zunehmende Digitalisierung im Arbeitsleben, und damit sind auch wirklich Veränderungen in den Tätigkeitsfeldern, in den Arbeitsfeldern verbunden. Es wird aber nicht so sein, dass wir die menschenleere Fabrik haben werden. Das ist schon seit 30 Jahren immer wieder vorhergesagt worden, und ich denke, in den nächsten 30 Jahren wird es immer noch vorhergesagt werden. Das wird nicht kommen.

Es wird also nicht weniger Arbeit geben?
Ich gehe davon aus, dass es insgesamt nicht weniger Arbeit geben wird, sondern dass die Arbeit sich verlagern wird. Man muss Menschen dann auch entsprechend auf diese neue Realität hin eingewöhnen. Und ihnen vor allem durch Fortbildung und Weiterbildung die Möglichkeit geben, in dieser neuen digitalen Welt ihre Nische und ihre wichtige Funktion zu finden. Nichtsdestotrotz werden wir im Produktionsprozess weniger Arbeitskräfte brauchen als früher. Das ist ein Trend, den wir schon seit 100 Jahren haben. Und es geht stärker in Dienstleistungsbereiche hinein und in Bereiche, die eher ins Kreative, ins Soziale, ins Künstlerische gehen werden. Und wenn die Maschinen das tun, was sie tun sollen, haben wir auch die Mittel, diese anderen Möglichkeiten der Arbeit mit zu unterstützen. Wir leben heute in einer Zeit, in der eben Wohlstand sehr ungleich verteilt wird. Und wenn Wohlstand so ungleich verteilt wird, heißt es, dass genau diese sozialen und kreativen Tätigkeiten unterbezahlt sind. Und da, denke ich, ist es eine Frage des politischen Willens zu sagen, dass man den Produktivitätsfortschritt, den wir leben, dann auch für verbesserte Lebensqualität, das heißt auch für interessante und erfüllende Lebensaufgaben, zur Verfügung stellt.

Verändert sich das Verhältnis zur Arbeit?
In dem Moment, wo wir tatsächlich Dispositive, also Entscheidungen, den Maschinen überlassen, geben wir Souveränität ab. Das wird nicht ganz einfach sein. Da es nicht nur darum geht, manuelle Arbeit einzusparen, sondern Entscheidungen, auch Kontrolle und Steuerungsfunktionen der Maschine selber zu überlassen, ist es natürlich eine Herausforderung, möglicherweise sogar eine Kränkung der Menschen, die das vorher gemacht haben. Dass jetzt irgend so ein „blöder" Roboter daherkommt und ihnen sozusagen die Entscheidungen abnimmt. Das sind Dinge, mit denen wir einfach umgehen müssen. Auf der anderen Seite werden natürlich die Berufe, die dann wiederum die Steuerung von Maschinen steuern, noch mehr Souveränität und noch mehr Gestaltungskraft haben können. Aber es wird im Übergang sicherlich nicht einfach sein, weil wir uns daran gewöhnen müssen, dass Menschen dann auch von Maschinen lernen und nicht nur umgekehrt.

Interview: Lydia Meyer, www.bpb.de, 19.10.2016

M 11 ● Ultimative Freiheit auf allen Ebenen

Trends in der Berufswelt
→ vgl. Kap. 1.4.3

Wir arbeiten von unterwegs, wir sind nicht mehr ans Büro gekoppelt, wir brauchen nur ein stabiles Internet und unseren Laptop. Wir haben angefangen mit Freelance-Kunden und unseren Fähigkeiten, die wir jahrelang in verschiedenen Unternehmen gesammelt haben. Wir haben Sachen ausprobiert und unser Profil geschärft. Für uns ist der Lifestyle der digitalen Nomaden deshalb so perfekt, weil wir freiheitsliebend sind, und digitale Nomaden haben die ultimative Freiheit auf allen Ebenen, sei es zeitunabhängig, ortsunabhängig zu sein, oder auch die Art der Arbeit. Gerade der neuen Generation sind Werte wie Firmenwagen und hohe Gehälter nicht mehr so wichtig wie ihre Freiheit und Selbstbestimmtheit. Ich bin davon überzeugt, dass in der Zukunft die Arbeit sehr viel flexibler sein wird und dass die Unternehmen das auch erkennen. In Deutschland kommen die ersten Unternehmen auf uns zu, zum Beispiel Personalabteilungen. Sie sagen, sie kriegen die Leute nicht mehr über das Auto oder [das Einkommen], sondern sie wollen flexibel sein, von überall arbeiten können. Wir denken, 9 to 5 ist ein überaltertes System, und man merkt gerade ganz extrem, wie unzufrieden die Menschen damit sind.

Marcus Meurer, Felicia Hargarten, www.bpb.de, 20.10.2016

M 12 ● Karriereverweigerung: Gute Arbeit ist selbstbestimmt

Viele preisen die Arbeit und den Fleiß, und insgeheim streben sie doch nach Faulheit: Man erledigt Arbeit nicht, weil sie so viel Spaß macht. Deshalb glaube ich, dass eine gewisse schizophrene Situation entstanden ist, und die nenne ich ‚Stockholm-Syndrom'. Wir schmusen mit unseren Kidnappern und auch mit der Politik, die uns ständig eintrichtert, dass wir uns noch mehr anstrengen müssen, damit es allen gut geht, aber im Endeffekt füllen wir damit nur die Konten einiger weniger. Gute Arbeit ist für mich selbstbestimmt, wo ich im Kollektiv oder alleine bestimme, was ich als sinnvoll erachte, und eine Arbeit, die mich nicht zum Burn-out führt. Die Schlagworte, dass die Arbeitswelt jetzt freier geworden ist, fallen immer wieder. Das stimmt zum Teil auch, weil natürlich die Zahl der Selbstständigen unheimlich wächst. Die haben gewisse Freiheiten, aber es sind oft Freiheiten in der Armutszone. In Deutschland haben wir eine Selbstständigenquote von 11 Prozent, aber in der sogenannten Generation Y sind es 29 Prozent. Das wird die Zukunft der Arbeit sein, die Quote der Selbstständigen wird immer weiter steigen. Das wird Freiheiten bringen im Alltag, aber es wird auch eine Arbeit in Armut sein.

Patrick Späť, www.bpb.de, 20.10.2016

Generation Y
vgl. Kap. 1.4.2

Eine junge Frau sitzt im Agora Collective Center for Contemporary Practices in Berlin. Hier arbeiten 70 Programmierer, Künstler und Kreative unter einem Dach.

Aufgaben

1. Interpretieren Sie die Karikatur in M 9.
2. a) Legen Sie die Ursachen und Merkmale der Veränderung der Arbeitswelt dar. (M 10)
   b) Erläutern Sie die Auswirkungen dieser Veränderung auf den Einzelnen.
   c) Diskutieren Sie, ob bestimmte Gesellschaften eher von den Auswirkungen dieser Veränderung betroffen sind als andere.
3. a) Stellen Sie Gestaltungsmöglichkeiten der „Arbeit von heute" zusammen. (M 11, M 12)
   b) Ermitteln Sie Chancen und Probleme, die sich daraus für den Einzelnen, die Gesellschaft und die wirtschaftliche Entwicklung ergeben können.

4.3.5 Was macht den Wirtschaftsstandort Bayern aus?

Lederhose und Laptop
→ vgl. Kap. 4.1.4

M 13 ● Laptop und Lederhosen

M 14 ● Verfügbares Nettoeinkommen

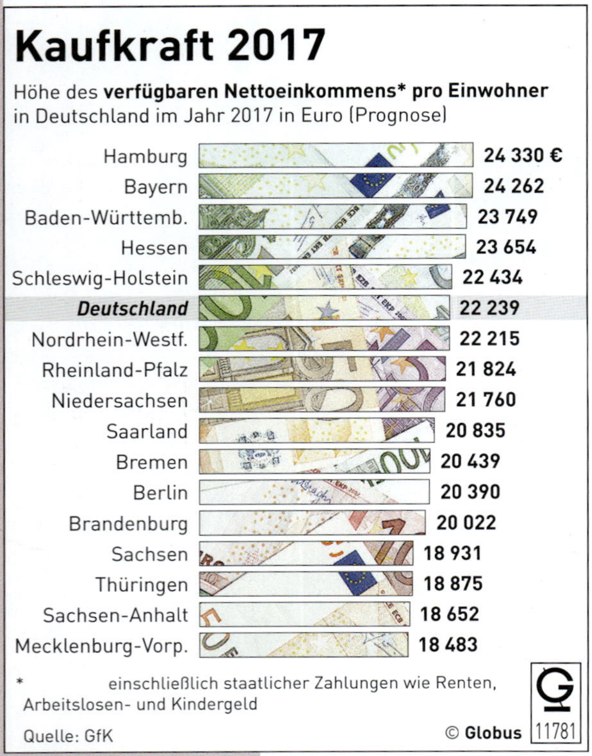

M 15 ● Arbeitslosenquoten 2016

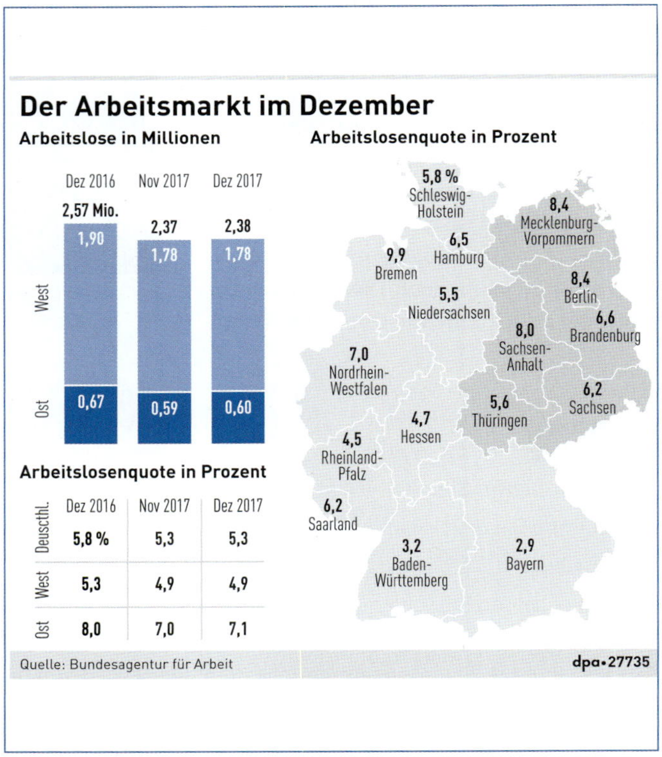

M 16 ● Was macht Bayern so erfolgreich?

Interview mit Dr. Hans Schleicher, stellvertretender Vorsitzender des Vorstands der LfA Förderbank Bayern.

Herr Dr. Schleicher, Bayern zählt zu den wirtschaftlich stärksten Regionen Europas. Was macht den Standort Bayern so erfolgreich? Salopp gefragt: Was hat Bayern, was andere nicht haben?

Ideenreiche Unternehmer, tüchtige Mitarbeiter und eine vorausschauende Politik. Dieser Dreiklang geht zum Wohl der bayerischen Bürger auf. Finanzpolitische Solidität in Bayern schafft Spielräume, um moderne Infrastruktur in den Bereichen Verkehr, Energie und Telekommunikation und eine Bildungs-, Forschungs- und Innovationskultur zu finanzieren, die in Deutschland ihresgleichen sucht. Die zentrale Lage in Europa, die landschaftliche Schönheit und der kulturelle Reichtum kommen dazu, um Unternehmer, Existenzgründer und Fachkräfte im Land zu halten und nach Bayern zu holen. „Laptop und Lederhose“ oder „Bayern, des samma mia“: Auf unseren wirtschaftlichen Spitzenleistungen gründet sich ein gesundes Selbstbewusstsein.

Was tut die Politik, um diesen Spitzenplatz zu halten? Nennen Sie drei oder vier wichtige Programme oder Projekte, mit denen die Wirtschafts- und Standortpolitik in Bayern auf die Zukunft ausgerichtet werden soll.

Der Wirtschaftsstandort Bayern soll auch 2030 eine Spitzenstellung in Deutschland und Europa einnehmen. Die Bayerische Staatsregierung stellt sich bei ihren wichtigsten Projekten deshalb den zentralen Herausforderungen und treibt sie programmatisch voran: Sie gestaltet mit dem Programm „Energie Innovativ“ eine Energiewende, die nicht nur den Ausbau der erneuerbaren Energien und die Klimaverträglichkeit, sondern auch die Bezahlbarkeit und die preisliche Wettbewerbsfähigkeit im Auge hat. Der volkswirtschaftlich wichtige Generationenwechsel in den Betrieben steht bei der „Offensive Unternehmensnachfolge Bayern“ im Fokus. Gleichwertige Lebensbedingungen im ganzen Land erreicht man mit einer regionalen Strukturpolitik nach dem Motto „Arbeit zu den Menschen bringen“, nicht andersherum. Ein Megathema ist die Förderung von Innovationen in der bayerischen Wirtschaft, damit sie global wettbewerbsfähig bleibt und sich neue Vorsprünge erarbeitet. Hier setzt die Staatsregierung mit der Agenda „Bayern Digital“ einen Schwerpunkt, um die enormen Chancen der Digitalisierung bestmöglich für Bayern zu nutzen.

Welche Branchen sind aus heutiger Sicht besonders zukunftsträchtig?

Natürlich werden immer wieder Zukunftsbranchen wie die Medizintechnik, die Bio- und Gentechnologie, die Energietechnik, die Luft- und Raumfahrt, die Informationstechnik oder die Mikrosystemtechnik genannt. Bayern ist in der Vergangenheit jedoch bestens damit gefahren, in allen Wirtschaftsbereichen auf innovationsstarke und wettbewerbsfähige Unternehmen zu setzen und vor allem möglichst die komplette industrielle Wertschöpfungskette am Standort Bayern zu pflegen. Außerdem hat natürlich auch in Bayern der Dienstleistungssektor ein großes Wachstumspotenzial. Den Strukturwandel muss man fördern, nicht bremsen oder aufhalten. Die Kombination von Global Players, Hidden Champions und leistungsfähigem Mittelstand, das ist unser Rezept für die Zukunft. An dieser Strategie der Vielfalt der Stärken sollte man meines Erachtens festhalten. [...]

„Laptop und Lederhose“ – inwieweit hat dieser Slogan heute noch Gültigkeit bzw. wie könnte das Pendant 2030 heißen?

Ich denke, der Slogan spiegelt den Markenkern eines lebens- und liebenswerten Bayern wider: weltoffen, modern und traditionsbewusst. Damit ist der Slogan zeitlos – auch wenn sich für das digitale und wirtschaftlich weltweit erfolgreiche Bayern künftig neue Bilder finden lassen, die über den Laptop ja schon heute weit hinausgehen. Die Kombination von Tradition und Fortschritt, in der

Dr. Hans Schleicher war von 2007 bis 2014 Amtschef des Bayerischen Staatsministeriums für Wirtschaft, Infrastruktur, Verkehr und Technologie, seit 2016 ist er stellvertretender Vorsitzender des Vorstands der LfA Förderbank Bayern.

Global Player

Konzern, der in seiner Branche weltweit eine Vormachtstellung einnimmt und global in zahlreichen Staaten vertreten ist. In der Automobilindustrie, Elektrotechnik oder Softwarebranche gibt es z.B. solche Konzerene, ebenso im Handel oder der Energiewirtschaft.

Hidden Champion

engl.: heimlicher Gewinner; mit diesem Begriff werden größere Unternehmen bezeichnet, die der Öffentlichkeit kaum bekannt sind, aber in ihrer Branche zu den Weltmarktführern gehören.

Welt zuhause, in Bayern dahoam, wäre viel zu lang. Wie wär's mit „What's app in bavaria"? [...]

Was können Unternehmer künftig vom Freistaat erwarten, um im globalen Wettbewerb mithalten zu können?

Die bayerischen Unternehmen können sich auch in Zukunft darauf verlassen, dass sich die Staatsregierung auf Landes-, Bundes- und europäischer Ebene nachdrücklich dafür einsetzt, dass in Bayern beste Standortbedingungen vorherrschen, mit einer modernen Infrastruktur, mit wettbewerbsfähigen Produktionskosten und mit einer dynamischen Innovationskultur. Die mittelständischen Unternehmen begleitet die staatliche Förderband LfA mit passenden Finanzierungsangeboten für Gründer und etablierte Unternehmen – von Wachstumsvorhaben über Innovationen, Betriebsnachfolgen oder Infrastrukturmaßnahmen. Ideale Voraussetzungen also, um am Standort Bayern international konkurrenzfähig wirtschaften zu können.

MittelPunkt-Redaktion, MittelPunkt@bayernlb.de, 1/2013

M 17 ● Darum steht Bayern so gut da

Jeder lernt: Bayern war lange, lange ein Agrarland. Erst nach dem Zweiten Weltkrieg setzte eine sprunghafte Entwicklung in die Moderne, zum Industriestaat ein. Diese Lesart [...] ist, sagt Dirk Götschmann, schlicht falsch. [Der] Professor für Landesgeschichte an der Universität Würzburg [...] hat ein dickes, einschlägiges Buch geschrieben („Wirtschaftsgeschichte Bayerns – 19. und 20. Jahrhundert").

Götschmann betont: Bayern war 1945 längst schon ein Industriestaat mit den großstädtischen Zentren Nürnberg, München und Augsburg. Dazu gab es viele meist familiär geführte Klein- und Mittelbetriebe im ganzen Land. Bayern sei eben kein Agrarland gewesen, sondern musste schon vor dem Krieg landwirtschaftliche Güter importieren. Und eben dieser Mangel an Agrargütern war ein entscheidendes Argument fürs Durchstarten der Industrie nach Kriegsende.

Bayerns Volksvertreter hatten es nach 1945 gegen die US-Militärverwaltung nicht leicht, die entschied alles. Und war gerade dabei, Industrieanlagen im großen Stil zu demontieren. Nun fragten die Bayern: „Wie sollen wir unsere Bevölkerung ernähren?" Das ging schon vor dem Krieg nicht, nun kamen Millionen Vertriebene und Flüchtlinge dazu. „Wir brauchen Fabriken", sagten sie. Das zog: Die Demontage der Industrie wurde gestoppt, Bayerns Industrie-Zentren konnten fast nahtlos an die Vorkriegsentwicklung anknüpfen. [...]

Der Grundstein für das Industrieland Bayern wurde allerdings anderthalb Jahrhunderte früher gelegt. [...] Von 1799 bis 1817 wälzte [Montgelas] [...] Bayern um: Aus dem zersplitterten Kurfürstentum mit seinen vielen fürstlichen, kirchlichen und städtischen Klein-Territorien formte er einen geschlossenen Staat mit einer Verwaltungsstruktur, die im Kern bis heute Bestand hat. Fallende Zollschranken und klare Zuständigkeiten sorgten dafür, dass sich die Wirtschaft entwickeln konnte.

Auch die moderne Staatsverwaltung selbst schuf Nachfrage: Sie brauchte Geräte – etwa zur Landvermessung oder zur Erschließung von Bodenschätzen. Vor allem durch diesen Bedarf entwickelte sich in München ab 1804 die optische und feinmechanische Industrie [...]. Und der Staat war Großkunde.

[...] Vor 200 Jahren litt Bayern an einer erdrückenden Erblast: Das Land saß in der Schuldenfalle [...]. Vor allem die gigantischen Ausgaben für das viel zu große Heer hatten es ruiniert. Bauern und Bürger ächzten schon unter den Abgaben, da war nichts mehr zu holen. Also blieb keine Wahl: Man musste sich wirtschaftlich entwickeln – denn nur wer genug Geld erwirtschaftet, kann vom Staat wieder zur Kasse gebeten werden. So wurden die Könige und ihre Verwaltungen aus purer Geldnot zum Motor des wirtschaftlichen und gesellschaftlichen Fortschritts [...]. Im Zentrum stand Montgelas mit seiner Staatsreform. Wo es ging, hat er die Bedingungen für Unternehmen verbessert. Aber er legte nur die Basis: Die Gewerbefreiheit, die er wollte, konnte er gegenüber den Zünften nicht durchsetzen, Gewerbe- und Industrieansiedlungen blieben bis in die 1870er-Jahre streng reglementiert. Die Bauernbefreiung scheiterte am Landadel. Sie kam in Bayern erst spät: 1849.

[...] Bayern ist ein rohstoffarmes Land. Als bei der Metallverarbeitung Steinkohlekoks die Holzkohle ablöste, war die Oberpfalz als Ruhrgebiet des Mittelalters aus dem Rennen. [Deshalb] [...] musste Bayern [...] durch hochwertige Produkte den Mangel an Bodenschätzen ausgleichen. Kurz: Man setzte auf eine hohe industrielle Wertschöpfung. Die Folge: Die optische Industrie in München war um 1850 Weltklasse, ebenso die Textilindustrie in Augsburg. Weil dort die Fabriken mangels anderer Energiequellen auf die Wasserkraft des Lechs angewiesen waren, entwickelte sich in Augsburg auch der Maschinenbau – aus purer Not. Als woanders noch Wasserräder verschwenderisch mit der Kraft des fließenden Wassers umgingen, holten in Augsburg bereits Turbinen das letzte bisschen Energie aus dem Fluss. So konnte der steigende Bedarf von immer mehr Maschinen gedeckt werden. Wieder einmal galt der Satz: Vorsprung durch Mangel. [...] Waren müssen von der Fabrik zum Kunden kommen, Rohstoffe in die Fabrik. [...] So begannen königliche Beamte das Verkehrsnetz in Bayern auszubauen. Moderne Straßen verbanden Dörfer, Brücken überwanden Flüsse. Auch in Marktflecken und kleinen Städten entstanden Fabriken, die für Wohlstand sorgten – und für Steuergelder. [...] Nach den privaten Pionier-Linien Nürnberg–Fürth und München–Augsburg entstand zwischen 1843 und 1854 die Ludwig-Süd-Nord-Bahn, eine 548 Kilometer lange Bahnverbindung zwischen Lindau und Hof, die zum wirtschaftlichen Rückgrat Bayerns wurde. [...] König Maximilian II. Joseph (1811-1864) war ein Vordenker der Wissensgesellschaft: Er scharte die geistige Elite um sich, holte Gelehrte als Professoren an die Landesuniversität, die [...] geballte Expertise schlug auch auf die Ökonomie durch. Aus Gewerbeschulen wurden allmählich Polytechnische Hochschulen. Erfinder wie Rudolf Diesel (1858-1913) oder Carl von Linde (1842-1934) lernten und lehrten dort. In der wachsenden Industrie fanden sie die Basis, um ihre Ideen zum wirtschaftlichen Erfolg zu führen. Von damals lässt sich eine direkte Linie ins Hightech-Land Bayern von heute ziehen. [...] Bis 1990 war die Randlage Bayerns lange Zeit ein Standortnachteil. Doch dann kam Michail Gorbatschow, dann die Wiedervereinigung, später die EU-Beitritte von Österreich (1995) und Tschechien (2004). Die Barrieren fielen. Das Land rutschte vom Rand ins Zentrum Europas.

www.merkur.de, 20.12.2011

Aufgaben

1. Analysieren Sie das Bild (M 13) und diskutieren Sie in der Klasse, welches Bild von Bayern transportiert werden soll.
2. Werten Sie die Grafiken M 14 und M 15 aus.
3. a) Recherchieren Sie arbeitsteilig die Programme und Projekte, die Dr. Schleicher nennt.
   b) Beurteilen Sie die Chancen und Probleme der Projekte, auch vor dem Hintergrund der Globalisierung und dem damit verbundenen Wettbewerb.
4. „Die Kombination von Global Players, Hidden Champions und leistungsfähigem Mittelstand, das ist unser Rezept für die Zukunft". Erläutern Sie dieses Zitat Schleichers und setzen Sie sich kritisch damit auseinander. (M 16)
5. Erläutern Sie, welche Grundlagen und Entwicklungen zum heutigen wirtschaftlichen Erfolg Bayerns führten. (M 17)

F zu Aufgabe 1
Finden Sie anschließend einen Slogan, mit dem man das Bild betiteln könnte.

H zu Aufgabe 3a)
Einigen Sie sich zuvor im Kurs, welche Aspekte Sie betrachten möchten (z.B. Zeitraum, Finanzierung, Ziele, Umsetzung, Bewertung von unterschiedlichen Akteuren usw.).

H zu Aufgabe 4
Beachten Sie dabei auch den Hintergrund des Interviewpartners. (vgl. Rand)

H zu Aufgabe 5
Erstellen Sie einen Zeitstrahl, in dem Sie die Entwicklung Bayerns zum erfolgreichen Wirtschaftsstandort darstellen. (M 17)

ORIENTIERUNGSWISSEN

Marktwirtschaft
M 1, M 2

Bei der Marktwirtschaft handelt es sich um ein Wirtschaftssystem, das seine Ressourcen durch die **dezentralisierten Entscheidungen** zahlreicher Unternehmen und Haushalte zuteilt, die zu diesem Zweck auf **Märkten für Güter und Produktionsfaktoren** (Arbeit und Kapital) zusammenwirken. Der Bürger kann sich **uneingeschränkt** wirtschaftlich betätigen (**Freiheit des Eigentums, der Berufswahl, der Produktion, Niederlassungsfreiheit / Freizügigkeit, Vertragsfreiheit**). Der Staat übernimmt nur die Minimalaufgaben der inneren und äußeren Sicherheit, der Justiz sowie die Bereitstellung nicht handelbarer (öffentlicher) Güter (z.B. Deichbau).

Zentralverwaltungswirtschaft
M 1, M 2

Im Unterschied zur Marktwirtschaft wird die **Güterverteilung** in der Zentralverwaltungswirtschaft nicht über den Markt, sondern **über eine staatliche Behörde** geregelt. Auch **Preise werden festgesetzt** und bilden sich nicht über Angebot und Nachfrage.

Soziale Marktwirtschaft
M 3 – M 5

Die soziale Marktwirtschaft ist das **Wirtschaftssystem Deutschlands**. Sie ergänzt die **Marktprozesse** durch eine vom Staat durchgesetzte und kontrollierte **Wettbewerbsordnung** und eine **staatliche Sozialordnung**. Auf diesem Wege sollen die unerwünschten Ergebnisse eines rein marktwirtschaftlichen Systems korrigiert und persönliche Freiheit mit sozialer Sicherheit verbunden werden. Im System der sozialen Marktwirtschaft setzt der Staat die Rahmenbedingungen für wirtschaftliches Handeln: Er garantiert einen Rechtsrahmen, der die Freiheitsrechte für alle Akteure sichert (Vertragsfreiheit, Konsumfreiheit, Freiheit der Berufswahl, Gewerbefreiheit, Privateigentum an Produktionsmitteln). Er sorgt für die Sicherung des Wettbewerbs, indem wettbewerbswidrige Kartelle (Zusammenschlüsse von Unternehmen) verhindert werden. Er etabliert ein System der sozialen Sicherung, welches durch eine gerechte Ausgestaltung des Steuersystems, durch eine Sozialversicherungspflicht für jeden Einzelnen und staatliche Transferzahlungen für sozialen Ausgleich sorgen soll.

Arbeitswelt im Wandel
M 10

Die Arbeitswelt unterliegt einem ständigen Wandel. Sie hat sich durch den **Strukturwandel** der Wirtschaft völlig verändert: Mehr als 70 % aller Beschäftigten arbeiten mittlerweile im **Dienstleistungssektor**, die Tendenz ist steigend. Ursache des Strukturwandels sind vor allem die rasante technologische Entwicklung und die Globalisierung.

Neue Beschäftigungsverhältnisse
M 11 – M 12

Auch wenn das **Normalarbeitsverhältnis** nach wie vor das am meisten verbreitete Beschäftigungsverhältnis ist, hat sich daneben eine Vielfalt **neuer Beschäftigungsformen** entwickelt. Neben den neuen **Selbstständigen**, **befristet Beschäftigten**, **Leiharbeitern** oder **Home-Office-Arbeitern**, sind es vor allem die Beschäftigten in **Teilzeit** und mit **flexiblen Arbeitszeitmodellen**, die die Beschäftigungslandschaft in Deutschland zunehmend prägen. Dieser Trend wird von vielen Experten und Beteiligten auch mit großer Sorge betrachtet, denn die **atypischen Beschäftigungsverhältnisse** führen zu einer **Belastung der Sozialversicherungssysteme** und bieten den Beschäftigten oft keine ausreichende Vorsorge für ihre Rente.

M 1 ● Wirtschaftsinteressen und Umweltschutz

Karikatur: Heiko Sakurei, 21.5.2016

Karikatur: Thomas Plaßmann/Baaske Cartoons

Aufgaben

1. Analysieren Sie die Karikaturen in arbeitsteiliger Gruppenarbeit. Arbeiten Sie dabei das Spannungsverhältnis zwischen Wirtschaft und Umwelt heraus.

Erläuterungen zu den Operatoren im Fach Sozialkunde

Operatoren, die Leistungen im Anforderungsbereich I (Reproduktion) verlangen:	
aufzählen **nennen** **wiedergeben** **zusammenfassen**	Kenntnisse (Fachbegriffe, Daten, Fakten, Modelle) und Aussagen in komprimierter Form unkommentiert darstellen
benennen **bezeichnen**	Sachverhalte, Strukturen und Prozesse begrifflich präzise aufführen
beschreiben **darlegen** **darstellen**	Wesentliche Aspekte eines Sachverhaltes im logischen Zusammenhang unter Verwendung der Fachsprache wiedergeben

Operatoren, die Leistungen im Anforderungsbereich II (Reorganisation und Transfer) verlangen:	
analysieren	Materialien oder Sachverhalte kriterienorientiert oder aspektgeleitet erschließen, in systematische Zusammenhänge einordnen und Hintergründe und Beziehungen herausarbeiten
auswerten	Daten oder Einzelergebnisse zu einer abschließenden Gesamtaussage zusammenführen
charakterisieren	Sachverhalte in ihren Eigenarten beschreiben und diese dann unter einem bestimmten Gesichtspunkt zusammenführen
einordnen	Eine Position zuordnen oder einen Sachverhalt in einen Zusammenhang stellen
erklären	Sachverhalte durch Wissen und Einsichten in einen Zusammenhang (Theorie, Modell, Regel, Gesetz, Funktionszusammenhang) einordnen und deuten
erläutern	Wie erklären, aber durch zusätzliche Informationen und Beispiele verdeutlichen
herausarbeiten **ermitteln** **erschließen**	Aus Materialien bestimmte Sachverhalte herausfinden, auch wenn sie nicht explizit genannt werden, und Zusammenhänge zwischen ihnen herstellen
interpretieren	Sinnzusammenhänge aus Materialien erschließen
vergleichen	Sachverhalte gegenüberstellen, um Gemeinsamkeiten, Ähnlichkeiten und Unterschiede herauszufinden
widerlegen	Argumente anführen, dass Daten, eine Behauptung, ein Konzept oder eine Position nicht haltbar sind

Operatoren, die Leistungen im Anforderungsbereich III (Reflexion und Problemlösung) verlangen:	
begründen	Zu einem Sachverhalt komplexe Grundgedanken unter dem Aspekt der Kausalität argumentativ und schlüssig entwickeln
beurteilen	Den Stellenwert von Sachverhalten oder Prozessen in einem Zusammenhang bestimmen, um kriterienorientiert zu einem begründeten Sachurteil zu gelangen
bewerten **Stellung nehmen**	Wie beurteilen, aber zusätzlich mit Reflexion individueller und politischer Wertmaßstäbe die Pluralität gewährleisten und zu einem begründeten eigenen Werturteil führen
entwerfen	Ein Konzept in seinen wesentlichen Zügen erstellen
entwickeln	Zu einem Sachverhalt oder zu einer Problemstellung ein konkretes Lösungsmodell, eine Gegenposition, ein Lösungskonzept oder einen Regelungsentwurf begründend skizzieren
erörtern	Zu einer vorgegebenen Problemstellung eine reflektierte, kontroverse Auseinandersetzung führen und zu einer abschließenden, begründeten Bewertung gelangen
erwägen	Prüfend überlegen, in Betracht ziehen, mögliche Positionen gegeneinander abwägen, mit Begründungen bzw. Sachkenntnis unterlegen
gestalten	Produktorientierte Bearbeitung von Aufgabenstellungen. Dazu zählen unter anderem das Entwerfen von eigenen Reden, Strategien, Beratungsskizzen, Karikaturen, Szenarien, Spots und von anderen medialen Produkten sowie das Entwickeln von eigenen Handlungsvorschlägen und Modellen
problematisieren	Widersprüche herausarbeiten, Positionen oder Theorien begründend hinterfragen
prüfen **überprüfen**	Inhalte, Sachverhalte, Vermutungen oder Hypothesen auf der Grundlage eigener Kenntnisse oder mithilfe zusätzlicher Materialien auf ihre sachliche Richtigkeit bzw. auf ihre innere Logik hin untersuchen
sich auseinander setzen **diskutieren**	Zu einem Sachverhalt, zu einem Konzept, zu einer Problemstellung oder zu einer These etc. eine Argumentation entwickeln, die zu einer begründeten Bewertung führt

Einheitliche Prüfungsanforderungen in der Abiturprüfung Sozialkunde/Politik (i.d.F. vom 17.11.2005), S. 17 f.

Unterrichtsmethoden

Amerikanische Debatte

Ziele: Perspektivübernahme, Erarbeitung, Artikulation und Argumentation kontroverser Positionen; kommunikatives Handeln

Orte im U.: Phase der Urteilsbildung

Ablauf: Variante der Pro-Kontra-Debatte: Die Klasse wird in Pro- und Kontra-Gruppen eingeteilt, die auf der Grundlage von Texten oder des vorangegangenen Unterrichts unterschiedliche Positionen zur Debattenfrage erarbeiten. Die Gruppen bestimmen die jeweiligen Diskutanten, deren Anzahl je nach Klassenstärke unterschiedlich sein kann. Die Diskutanten sitzen gegenüber und der Moderator eröffnet die Debatte und erteilt einer Seite das Wort. Das erste Argument wird genannt, die gegnerische Seite greift das Argument auf, versucht es zu widerlegen und nennt ein weiteres Argument, das wiederum von der anderen Seite aufgegriffen wird (siehe Abbildung). Sollten am Ende der Reihe noch nicht alle Argumente ausgetauscht sein, wird von vorne begonnen.
Der Moderator achtet auf die Einhaltung der Reihenfolge sowie der Redezeit und beendet die Debatte. Die Zuschauer bewerten im Anschluss die Diskussion.

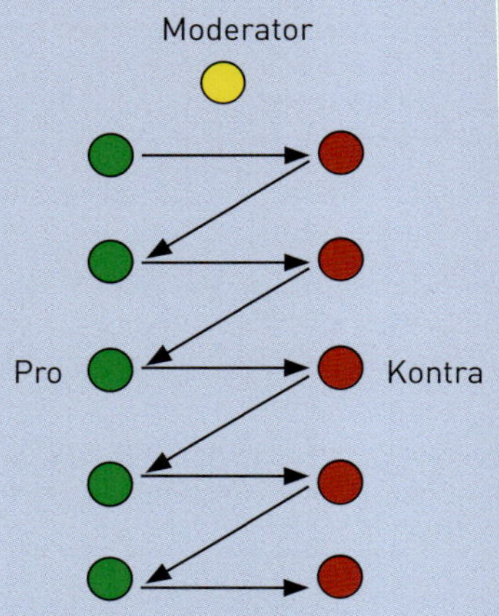

Bitte beachten: Zuspitzung der Themenstellung auf eine Ja-Nein-Frage (Entscheidungsfrage).
Da die Debatte eine hoch formalisierte Form der Diskussion ist, sollten die Regeln unbedingt eingehalten werden. Die Redezeit sollte unbedingt begrenzt werden. Die Amerikanische Debatte ist deutlich anspruchsvoller als die „einfache" Pro-Kontra-Debatte, da die Diskutanten mit jedem Beitrag Bezug auf den Vorredner nehmen müssen. Sie empfiehlt sich vor allem für „starke" Lerngruppen.

Ampelkartenabfrage

Ziele: Festlegung auf eine eindeutige eigene Position; Ermittlung eines Meinungsbildes der Gesamtgruppe

Orte im U.: erste Meinungsabfrage, Einleitung der abschließenden Urteilsbildung

Ablauf: Jeder Teilnehmer erhält eine grüne und eine rote Karte. Zu einer politischen Streitfrage (die als Entscheidungsfrage formuliert ist) oder einer kontroversen These positionieren Sie sich nach kurzer Bedenkzeit auf ein Zeichen des Lehrers, indem Sie entweder die grüne (Zustimmung) oder die rote Karte (Ablehnung) deutlich sichtbar hochhalten. Enthaltungen oder Zwischenpositionen sind nicht zugelassen. Einzelne Teilnehmer (ggf. im Blitzlichtverfahren auch alle) werden aufgefordert, ihre Meinung mit ihrem Hauptargument zu begründen. Dieses Argument kann auch in der Vorbereitungszeit stichwortartig bereits auf der (laminierten) Karte notiert werden.

Bitte beachten: Alle Teilnehmer müssen sich gleichzeitig positionieren. Ein Meinungswechsel und eine Diskussion sind während der Ampelkartenabfrage nicht vorgesehen.

Fish-Bowl-Diskussion

Ziele: Perspektivübernahme, Erarbeitung, Artikulation und Argumentation unterschiedlicher Positionen; kommunikatives Handeln

Orte im U.: Phase der Urteilsbildung

Ablauf: Eine Kleingruppe diskutiert in einem Innenkreis in der Mitte des Raumes ein Thema, während die übrigen Schüler in einem Außenkreis darum herumsitzen („Fish-Bowl"), die Diskussion genau verfolgen und den Diskutanten im Anschluss eine Rückmeldung zum Diskussionsverhalten und Argumentation geben. Ein Moderator im Innenkreis leitet die Diskussion. In der Diskussionsrunde steht ein Stuhl mehr als es Teilnehmer gibt. Den freien Platz kann jemand aus der Beobachtergruppe einnehmen, um Fragen zu stellen oder seine Meinung einzubringen. Danach verlässt er die Diskussionsrunde wieder.

Variante: Der Zuschauer verbleibt in der Diskussionsrunde, dafür verlässt ein anderer Diskutant die Runde und macht seinen Stuhl für einen anderen frei.

Bitte beachten: Fragestellung sollte möglichst offen sein und in der Diskussion verschiedene Richtungen ermöglichen.

Pro-Kontra-Debatte

Ziele: Perspektivübernahme, Erarbeitung, Artikulation und Argumentation unterschiedlicher Positionen; kommunikatives Handeln

Orte im U.: Phase der Urteilsbildung

Ablauf: Einteilung der Klasse in Pro- und Kontra-Gruppen und Erarbeitung der jeweiligen Positionen. Die Gruppen benennen einen Diskutanten. Moderator gibt das Thema bekannt und führt im Publikum eine erste Abstimmung durch. Jeder Debattenteilnehmer stellt seine Position in einem Kurzstatement vor (max. 2 Minuten). Hier empfiehlt sich ein Wechsel zwischen den Pro-Kontra-Positionen. In dieser Phase wird noch nicht aufeinander Bezug genommen. In der folgenden freien Aussprache (max. 10 Minuten) tauschen die Teilnehmer ihre Argumente aus, nehmen aufeinander Bezug. Am Ende sollen Mehrheiten für eine bestimmte Position gewonnen werden. Nach der freien Aussprache geben die Diskutanten ein Schlussplädoyer (max. 1 Min.) ab und werben noch einmal für ihre Position. Im Anschluss wird eine Schlussabstimmung im Publikum, den Adressaten der Debattenteilnehmer, durchgeführt.

Bitte beachten: Zuspitzung der Themenstellung auf eine Ja-Nein-Frage (Entscheidungsfrage)
Da die Debatte eine hoch formalisierte Form der Diskussion ist, sollten die Regeln unbedingt eingehalten werden. (Zeitmanagement)

Zukunftsszenario

Ziele: Mögliche *„Zukünfte"* ganzheitlich erfassen, wodurch sie sowohl sinnlich als auch gedanklich nachvollziehbar werden. Szenarien sind also weder (genaue) Zukunftsprognosen auf der Grundlage quantitativer Informationen aus Gegenwart und Vergangenheit noch realitätsferne Utopien.

Drei Szenarien lassen sich unterscheiden:
- ein **positives Extremszenario**: Dieses bezeichnet die bestmögliche Zukunftsentwicklung
- ein **negatives Extremszenario**: Dieses bezeichnet den schlechtest-möglichen Entwicklungsverlauf
- u.U. ein **Trend-Szenario**: Dieses beinhaltet die Fortschreibung der heutigen Situation

Orte im U.: abschließende, prognostische Urteilsbildung

Ablauf:

Phase 1 Problemanalyse	Ausgangspunkt ist ein *gesellschaftliches bzw. politisches Problem*, d.h. ein von einer größeren Anzahl von Gesellschaftsmitgliedern als dringend lösungsbedürftig angesehener, genau definierter Sachverhalt. Dieses Problem wird sachlich, zeitlich und räumlich eingegrenzt. Besonders wichtig ist festzuhalten, wer von diesem Problem in welcher Weise (besonders) betroffen ist.

Phase 2 Einflussanalyse und Kenngrößen-bestimmung	Nunmehr sind alle *Einflussbereiche* zu identifizieren, die unmittelbar auf das Untersuchungsfeld einwirken. Diese Bereiche werden durch die Bestimmung von Einflussfaktoren für jeden Bereich weiter ausdifferenziert. Um die Entwicklungsdynamik der Einflussfaktoren beschreiben zu können, sind Kenngrößen zu bestimmen. Dabei unterscheidet man zwischen quantitativen und qualitativen Kenngrößen: • *z. B. quantitative*: Entwicklung der Bevölkerung; Einkommensentwicklung, Menge der aufzufindenden Bodenschätze etc. • *z. B. qualitative*: Interessen von Staaten oder Konzernen und deren Durchsetzungsmacht; Wertehaltungen oder Gewöhnung an Gewalt in einer Gesellschaft etc.
Phase 3 Szenarien-entwicklung und -interpretation	In die Szenarien sollen alle in den vorangegangenen Phasen entwickelten Einflussfaktoren eingehen. Diese Elemente werden *fantasievoll* mit Beispielen angereichert und daraus stimmige *Situationsbeschreibungen* zweier möglicher Zukünfte erstellt, nämlich einer best-möglichen und einer schlechtest-möglichen (Extremszenarien). Dabei muss die Grenze zur Utopie erreicht werden, ohne diese Grenze zu überschreiten. Die Szenarien präsentieren Sie allen Kursteilnehmern möglichst lebendig. Sie müssen bei der Erstellung der Szenarien besonders darauf achten, dass diese nicht bei der Änderung eines Faktors in sich zusammenbrechen.
Phase 4 Gewichtung der Einflussfaktoren und Analyse von Wirkbeziehungen	In dieser Phase analysieren Sie, welche Kombination von Einflussfaktoren in besonderer Weise extrem positive bzw. extrem negative Entwicklungen in der Zukunft hauptsächlich bedingt haben. Wichtig ist es dabei, die Wechsel- bzw. Wirkbeziehungen in den Blick zu nehmen (z.B. Verstärkung, gegenläufige Tendenzen, Wirkungsneutralität).
Phase 5 Maßnahmen und Handlungsmöglichkeiten	In dieser Phase knüpfen Sie an die Gewichtung der Einflussfaktoren an. Dabei haben Sie die Aufgabe, Konsequenzen aus den entwickelten Szenarien zu ziehen und *Handlungs- bzw. Gestaltungsstrategien* zu entwickeln, die dazu dienen, gewünschte Entwicklungslinien zu unterstützen sowie unerwünschten Entwicklungen entgegenzuwirken bzw. sie abzuschwächen. Sie erarbeiten gemeinsam einen Maßnahmenkatalog, um sich möglichst dem positiven Extremszenario anzunähern. Dabei sollten Sie sich die Frage stellen, was gesellschaftliche Akteure zur Zielerreichung beitragen können, z.B.: • Was kann ich, kann jeder Einzelne tun? • Was können wir gemeinsam in Gruppen tun (Verbände, Parteien, Vereine, Bürgerinitiativen ...)? • Was können/sollten Unternehmen tun? • Was können/sollten die großen Verbände und NGOs tun? • Was kann/sollte der Staat tun? • Was können/sollten überstaatliche Verbünde (z.B. die EU) und die internationale Staatengemeinschaft tun?

Bitte beachten: Ausreichend Zeit einplanen; Szenarios sind keine utopischen Luftschlösser, die Elemente eines Szenarios müssen sich auf Nachfrage plausibel begründen lassen.

Alternative für Deutschland (AfD) – S. 106, 110;

Baaske Cartoons / Harm Bengen, Müllheim – S. 128; - / Gerhard Mester – S. 71, 90, 113; - / Burkhard Mohr – S. 40, 82, 172; - / Thomas Plaßmann – S. 28, 207, 215; Seren Basogul, Aachen – S. 190; Bayerisches Staatsministerium des Innern, München – S. 112; Bergmoser + Höller Verlag AG, Aachen – S. 69, 75, 82, 84, 87, 101, 133, 143, 160; Bundesministerium für Familie, Senioren, Frauen und Jugend, Berlin – S. 23; Bundeszentrale für politische Bildung, Bonn – S. 68, 161; Bündnis 90/Die Grünen – S. 106, 110;

CDU/CSU-Fraktion im Deutschen Bundestag – S. 106;

ddp images / AP / Mary Altaffer – S. 145; - / Sven Simon – S. 62; - / Steffens – S. 192; Der Spiegel, Hamburg – S. 121(2), 148, 197; dieKLEINERT.de / Jutta Kleinert – S. 52; dpa Infografik – S. 57 (2), 60, 88, 107, 136, 155, 192, 195, 210 (2); dpa Picture Alliance – S. 72; - / 91050 United Archives TopFo – S. 124; - / akg-images – S. 88; - / AP Photo – S. 194 (2); - / AP Photo / Jorge Saenz – S. 124; - / AP Photo / Ivan Sekretarev – S. 131; - / Matthias Balk – S. 143, 188; - / Ulrich Baumgarten – S. 201, 208; - / blickwinkel / Blinkcatcher – Cover; - / Jörg Carstensen – S. 209; - / Jochen Eckel – S. 34; - / EPA FILE / Ralf Hirschberger – S. 151; - / Horst Galuschka – S. 178; - / Maurizio Gambarini – S. 88; - / Geisler-Fotopress / Petra Schönberger – S. 170; - / Ralph Goldmann – S. 76; - / Peer Grimm – S. 86; - / Sven Hoppe – S. 33, 182; - / Rainer Jensen – S. 88; - / Daniel Karmann – S. 86; - / Daniel Kalker – Cover; - / Sophia Kembowski – S. 66; - / Wolfgang Kumm – S. 88; - / MAXPPP / Vcg – S. 125; - / Stefan Puchner – S. 210; - / Reiss – S. 124; - / REUTERS / Denis Balibouse – S. 124; - / Revierfoto – S. 81; - / Christoph Schmidt – S. 175; - / SZ Photo / Stephan Rumpf – S. 33; - / Angelika Warmuth – S. 205; - / Jan Woitas – S. 170; - / ZB / Ralf Hirschberger – S. 62; - / ZB / Karlheinz Schindler – S. 151; - / ZB / Sascha Steinach – S. 62; - / ZB / Jan Woitas – S. 170;

FH Münster / Wilfried Gerharz – S. 35; FOCUS Magazin Verlag GmbH / FOCUS 31/15 vom 25. Juli 2015, Berlin– S. 122; Fotolia / Kzenon – S. 24; Freie Demokratische Partei – S. 106; Friedrich-Ebert-Stiftung e.V., Bonn – S. 107, 110; Friedrich-Naumann-Stiftung für die Freiheit, Potsdam – S. 110;

Felipe Galindo, NYC – S. 140; Prof. Dr. Rainer Geißler, Universität Siegen – S. 12; Getty Images / Menahem Kahana – S. 144;

Heidelberger Institut für Internationale Konfliktforschung – S. 126;

Jürgen Janson, Landau – S. 138;

mauritius images / United Archives – S. 47;

Partei DIE LINKE – S. 106; photothek.net / Thomas Köhler – S. 86; Presse- und Informationsamt der Bundesregierung / Steffen Kugler – S. 86;

Horst Sakurai, Köln – S. 215; Dr. Hans Schleicher, LfA Förderbank Bayern – S. 211; SINUS Markt- und Sozialforschung GmbH, Heidelberg – S. 13; Sozialdemokratische Partei Deutschlands (SPD) – S. 106; Statista GmbH, Hamburg – S. 20; Statistisches Bundesamt, Wiesbaden – S. 20, 21, 29, 61 (2), 100; Klaus Stuttmann, Berlin – S. 54, 64, 95, 141;

Thinkstock / Getty Images / Photos.com – S. 12; - / Ingram Publishing – S. 10; - / iStockphoto – S. 10; - / iStockphoto / Bimmer_E30 – S. 47; - / iStockphoto / DGLimages – S. 56; - / iStockphoto / dolgachov – S. 41; - / iStockphoto / gpointstudio – S. 22; - / iStockphoto / KatarzynaBialasiewicz – S. 10, 47 (2); - / iStockphoto / Kerkez – S. 25; - / iStockphoto /mheim 3011 – S. 47; - / iStockphoto / omgimages – S. 26; - / iStockphoto / Solovyova – S. 53; - / iStockphoto / undefined undefined – Cover; - / iStockphoto / Wavebreakmedia – S. 10, 22; - / iStockphoto / zeremski – S. 47; - / Polka Dot / Jupiterimages – S. 10; - / Stockbyte / altrendo images – S. 39;

ullstein bild / phalanx Photoagentur – S. 142; Katja Urbatsch, ArbeiterKind.de – S. 55;

Thomas Volkert, Nürnberg – S. 186;

www.boeckler.de, Hans-Böckler-Stiftung – S. 42; www.wikimedia.org – S. 30 (2), 96; - / Bundesarchiv, Bild 146-1991-039-11 / cc-by-sa 3.0 – S. 96; - / Sandro Halank / cc-by-sa 3.0 – S. 96; - / Michael Lucan / cc-by-sa 3.0 – S. 96; - / Sven Mandel / cc-by-sa 4.0 – S. 23; - / Sodacan / cc-by-sa 3.0 – S. 164; - / Raimond Spekking / cc-by-sa 4.0 – S. 165; - / Superbass / cc-by-sa 4.0 – S. 72.